Jörg Winter

Staatskirchenrecht
der Bundesrepublik Deutschland

Jörg Winter

Staatskirchenrecht der Bundesrepublik Deutschland

Eine Einführung mit kirchenrechtlichen Exkursen

2., völlig neu bearbeitete Auflage

Luchterhand 2008

Bibliografische Information Der Deutschen Bibliothek
Die Deutsche Bibliothek verzeichnet diese Publikation in der Deutschen Nationalbibliografie; detaillierte bibliografische Daten sind im Internet über **http://dnb.ddb.de** abrufbar

ISBN 978-3-472-07096-2

www.wolterskluwer.de
www.luchterhand-fachverlag.de

Satz: Typoscript, München
Umschlag: Martina Busch, Grafikdesign, Fürstenfeldbruck
Druck, Verarbeitung: Wilco, NL

∞ Gedruckt auf säurefreiem, alterungsbeständigem und chlorfreiem Papier.

Vorwort

Die Einführung in das Staatskirchenrecht mit Exkursen zu einzelnen kirchenrechtlichen Fragestellungen, die sich mit dem Staatskirchenrecht berühren, ist ursprünglich hervorgegangen aus den Skripten für die Vorlesungen „Staatskirchenrecht" und „Kirchenrecht", die der Autor regelmäßig an der Juristischen Fakultät der Universität Heidelberg anbietet. Nachdem die erste Auflage von der Fachwelt freundlich aufgenommen worden und seit einiger Zeit vergriffen ist, hat sich der Verlag freundlicher Weise bereit erklärt, eine zweite Auflage herauszubringen. Der Autor hat das zum Anlass genommen, nicht nur die inzwischen eingetretenen staatskirchenrechtlichen Entwicklungen zu berücksichtigen, sondern das gesamte Werk gründlich zu überarbeiten. Bei der bisherigen Konzeption einer Verschränkung der staatskirchenrechtlichen Ausführungen mit Exkursen zum evangelischen Kirchenrecht ist es geblieben, allerdings mit anderen Schwerpunktsetzungen. Neu ist der Exkurs zur kirchlichen Dienstgemeinschaft. Dafür sind andere Exkurse, insbesondere der zum kirchlichen Verfassungsrecht entfallen. Insofern wird auf die erste Auflage verwiesen. Eine Neubearbeitung dieser Abschnitte ist im Zusammenhang mit der geplanten Kommentierung zur neuen Grundordnung der Evangelischen Landeskirche in Baden beabsichtigt, die im gleichen Verlag erscheinen soll.

Den einzelnen Abschnitten sind jetzt jeweils am Ende Literaturhinweise angefügt. Diese sind lediglich eine Auswahl und erheben keineswegs den Anspruch auf Vollständigkeit. Eine ausführliche Zusammenstellung staatskirchenrechtlicher Literatur findet sich bei *A. v. Campenhausen/H. de Wall,* Staatskirchenrecht^4, München 2006 und bei *G. Czermak*, Religions- und Weltanschauungsrecht, Berlin-Heidelberg 2008, auf die zusätzlich verwiesen wird.

Entsprechend der bisherigen Konzeption enthält auch die zweite Auflage vergleichsweise viele wörtliche Zitate, insbesondere aus der Rechtsprechung des Bundesverfassungsgerichts, damit sich die Leserinnen und Leser eine eigene Meinung bilden können. Der Autor hat aber seine frühere Zurückhaltung in der Bewertung zugunsten einer stärkeren Profilierung der eigenen Position aufgegeben. Dabei sei nicht verschwiegen, dass diese von den Erfahrungen einer langjährigen Mitarbeit in der Kirchenleitung der Evangelischen Landeskirche in Baden geprägt ist. Das festzuhalten ist nicht unwichtig, denn: *„Gewiß besteht gerade für das Staatskirchenrecht, bewirkt durch seinen Gegenstand und die Weite seiner Begriffe die Gefahr, daß die Standortgebundenheit des Denkens sich stärker geltend macht als anderwärts, dass das, was Recht ist, ‚auf subjektive Zwecke und Meinungen, auf das subjektive Gefühl und die par-*

tikulare Überzeugung' gestellt wird" [1] Das mindert aber nicht den Anspruch, die nachfolgenden Ausführungen als die Behandlung von *Rechts*fragen und als Beitrag zu deren wissenschaftlichen Erörterung zu verstehen. Darin eingeschlossen ist der Hinweis, dass die hier vertretenen Positionen selbstverständlich nur die persönliche Auffassung des Autors wiedergeben und niemanden sonst binden.

Herzlichen Dank schulde ich Herrn Kirchenoberverwaltungsrat *Wolfgang Linz* in Karlsruhe für die Mithilfe beim Lesen der Korrekturen.

Karlsruhe im August 2008
Jörg Winter

1 *K. Hesse*, ZevKR 6 (1975/58), S. 177 (179).

Abkürzungen

ArchKathKR	Archiv für katholisches Kirchenrecht
Art.	Artikel
Abs.	Absatz
Abl.	Amtsblatt
AöR	Archiv des öffentlichen Rechts
ADW	Archiv Diakonisches Werk
AuR	Arbeit und Recht
AVR	Arbeitsvertragsrichtlinien
Bd.	Band
BGB	Bürgerliches Gesetzbuch
BGH	Bundesgerichtshof
BVerfGE	Entscheidungen des Bundesverfassungsgerichts
BVerwGE	Entscheidungen des Bundesveraltungsgerichts
Can.	Canon
CA	Confessio Augustana
CIC	Codex Iuris Canonici
Ders./Dies.	Derselbe/Dieselben
DÖV	Die öffentliche Verwaltung
DVBl	Deutsches Verwaltungsblatt
Ebd./ebd.	Ebenda
EvStL	Evangelisches Staatslexikon
GG	Grundgesetz
GVBl.	Gesetzes- und Verordnungsblatt
f./ff.	folgende
HdbStKirchR	Handbuch des Staatskirchenrechts
HdbKathKR	Handbuch des katholischen Kirchenrechts
Hrsg.	Herausgeber
i.V.m.	in Verbindung mit
JZ	Juristenzeitung
JuS	Juristische Schulung
KirchE	Entscheidungen in Kirchensachen
KiStG	Kirchensteuergesetz
KuR	Kirche und Recht

LthuK	Lexikon für Theologie und Kirche
MDR	Monatschrift für Deutsches Recht
N.F.	Neue Folge
NordÖR	Zeitschrift für öffentliches Recht in Norddeutschland
NJW	Neue Juristische Wochenschrift
NVwZ	Neue Zeitschrift für Verwaltungsrecht
NZA	Neue Zeitschrift für Arbeitsrecht
öarr	Österreichisches Archiv für Recht und Religion
OVG	Oberverwaltungsgericht
RdA	Recht der Arbeit
Rd.Nr.	Randnummer
S.	Seite
SchVwBW	Schulverwaltungsblatt Baden-Württemberg
Sp.	Spalte
VBlBW	Verwaltungsblätter Baden-Württemberg
Vergl.	Vergleiche
VGH	Verwaltungsgerichtshof
VWGO	Verwaltungsgerichtsordnung
WRV	Weimarer Reichsverfassung
ZbayKG	Zeitschrift für bayerische Kirchengeschichte
ZEE	Zeitschrift für Evangelische Ethik
ZevKR	Zeitschrift für evangelisches Kirchenrecht
ZMV	Die Mitarbeitervertretung
ZThK	Zeitschrift für Theologie und Kirche

Hinweis: Die hochgestellten Ziffern bezeichnen die jeweilige Auflage.

Inhalt

Erster Teil
Allgemeine Grundlagen

I. Begriff und Rechtsquellen des Staatskirchenrechts 9
A. Zum Begriff des Staatskirchenrechts 9
B. Rechtsquellen des Staatskirchenrechts 13
1. Nationale verfassungsrechtliche Regelungen 13
2. Zur Zuständigkeit der Europäischen Union 15
3. Das Vertragsstaatskirchenrecht 21

II. Die historischen Grundlagen des Staatskirchenrechts 27
A. Die Antike 27
B. Das Mittelalter 28
C. Die Reformation 29
D. Der Westfälische Friede 32
E. Das Staatskirchentum im 17. und 18. Jahrhundert 33
F. Das Zeitalter der Aufklärung 33
G. Die Entwicklung im 19. Jahrhundert 35
H. Die Weimarer Republik 40
I. Das „Dritte Reich" 42

III. Zu den Lehren der Kirchen über das Verhältnis von Staat und Kirche 50
A. Biblische Grundlagen 50
B. Zur Lehre der römisch-katholischen Kirche 51
C. Zur Lehre der evangelischen Kirche 54
D. Exkurs zum so genannten „Kirchenasyl" 61

IV. Herausforderungen heute 65

Zweiter Teil
Das Staatskirchenrecht der Bundesrepublik Deutschland

I. Staatskirchenrechtliche Grundentscheidungen 67
A. Das Neutralitätsgebot 67
1. Neutralität als Grundprinzip 67
2. Gott in der Verfassung 70
3. Staatliche Neutralität im Schulwesen 76
a. Christliche Gemeinschaftsschule 76
b. Kruzifix im Klassenzimmer 80
c. Der Streit um das Kopftuch 87
d. Zusammenfassung 96
4. Informationsarbeit des Staates 97
B. Das Toleranzgebot 100
C. Das Paritätsgebot 102

II. Die Gewährleistung der allgemeinen Religionsfreiheit 105
A. Historische Erinnerungen 105
B. Der Inhalt der Religionsfreiheit 107
1. Rechtsquellen 107
2. Der Inhalt der Religionsfreiheit nach Artikel 4 GG 110
3. Zur Abgrenzung der Religionsausübung von einer wirtschaftlichen Betätigung 115
C. Die Grenzen der Religionsfreiheit 118
1. Artikel 4 GG als vorbehaltloses Grundrecht 118
2. Zum Verhältnis von Artikel 4 GG zu den allgemeinen Staatsgesetzen 119
a. Zur Anwendbarkeit Art. 140 GG i. V. m. Art. 136 Abs. 1 WRV 119
b. Steuerverweigerung aus religiösen Gründen 121
c. Religionsfreiheit und Schächtverbot 123
d. Religionsfreiheit und Strafrecht 125

III. Der Religionsunterricht nach Artikel 7 GG 128
A. Der Religionsunterricht als ordentliches Lehrfach 128
B. Das Prinzip der „Konfessionalität“ des Religionsunterrichts 134
C. Zur Problematik eines muslimischen Religionsunterrichts 140
D. Zum „Ersatzfach“ Ethik 142
E. Zur Problematik des Faches „Lebensgestaltung – Ethik – Religionskunde“ in Brandenburg 144

IV. Die theologischen Fakultäten an staatlichen Hochschulen 148
A. Zur verfassungsrechtlichen Stellung theologischer Fakultäten 148
B. Vertragsrechtliche Regelungen 150
C. Theologische Fakultäten als „res mixtae“ 157

V. Die verfassungsrechtlichen Garantien nach Artikel 140 GG i. V. m. Artikel 137 WRV 161
A. Das Verbot der Staatskirche (Art. 137 Abs. 1 WRV) 161
B. Die Vereinigungsfreiheit (Art. 137 Abs. 2 WRV) 164
C. Das Selbstbestimmungsrecht der Religionsgemeinschaften (Art. 137 Abs. 3 WRV) 167
1. Bedeutung und Inhalt des Selbstbestimmungsrechts 167
2. Exkurs zur Zuordnung diakonischer Einrichtungen zur evangelischen Kirche 173
3. Die Schranken des „für alle geltenden Gesetzes“ 180
4. Exkurs zur Eigenständigkeit und Eigenart des Evangelischen Kirchenrechts 187
5. Zur Grundrechtsfähigkeit und Grundrechtsbindung der Religionsgemeinschaften 193
6. Selbstbestimmungsrecht im kirchlichen Dienst- und Arbeitsrecht 198
7. Exkurs zur kirchlichen Dienstgemeinschaft 205
8. Gerichtsbarkeit im kirchlichen Bereich 212
a. Zur Geschichte und Begründung kirchlicher Gerichtsbarkeit 212
b. Zur innerkirchlichen Gerichtsbarkeit 214
c. Staatlicher Rechtsschutz im kirchlichen Bereich 215
D. Der Erwerb der Rechtsfähigkeit (Art. 137 Abs. 4 WRV) 222
E. Die Religionsgemeinschaften als Körperschaften des öffentlichen Rechts (Art. 137 Abs. 5 WRV) 224
F. Das Kirchensteuersystem (Art. 137 Abs. 6 WRV) 237
G. Exkurs zur Kirchenmitgliedschaft 244
H. Die Weltanschauungsgemeinschaften (Art. 137 Abs. 7 WRV) 251

VI. Das Vermögen der Religionsgemeinschaften (Artikel 138 WRV) 253
A. Die Staatsleistungen nach Art. 138 Abs. 1 WRV 253
B. Die Vermögensgarantie nach Art. 138 Abs. 2 WRV 254

VII. Der Schutz von Sonn- und Feiertagen (Artikel 139 WRV) 257

VIII. Die Anstaltsseelsorge (Artikel 141 WRV) 265

IX. Schlussbetrachtung 268

Anhang Zusammenstellung von Rechtsquellen zum Staatskirchenrecht 271

A. Historische Texte 271

B. Geltende Texte 273

Erster Teil
Allgemeine Grundlagen

I. Begriff und Rechtsquellen des Staatskirchenrechts

A. Zum Begriff des Staatskirchenrechts

Der Begriff „Staatskirchenrecht"[1] ist die in der Bundesrepublik Deutschland – ebenso wie in Österreich und der Schweiz – traditionell eingeführte Bezeichnung für die spezifischen Rechtsregeln, durch die der Staat seine Beziehungen zu den Kirchen und darüber hinaus zu allen anderen Religionsgemeinschaften regelt.[2] Es ist zu unterscheiden vom (inneren) Kirchenrecht, das die Kirche in ihren eigenen Angelegenheiten selbst setzt, und von der Rechtstheologie, deren Gegenstand die theologische Begründung des Rechtes allgemein[3] oder speziell die des Kirchenrechts ist. Der Begriff hat nichts mehr zu tun mit einem „Staatskirchentum" oder mit einer besonderen „Staatskirchenhoheit", obwohl er aus der Zeit von vor 1918 stammt, die von diesen Systemen beherrscht war. Das „Staatskirchenrecht" ist also nicht etwa das Recht einer „Staatskirche",[4] die es in Deutschland spätestens seit 1918 nicht mehr gibt.

Seit längerer Zeit wird die Frage diskutiert, ob das Rechtsgebiet nicht zutreffender mit den Begriffen „Religionsrecht"[5] bzw. „Religionsverfassungsrecht"

1 Zum Begriff vergl.: *A. Hollerbach*, Grundlagen des Staatskirchenrechts, in: J. *Isensee*, *P. Kirchhof* (Hrsg.), Handbuch des Staatsrechts, Bd. VI Freiheitsrechte², Heidelberg 2001, S. 472 ff.

2 Auch in Ländern anderer Sprache findet sich eine entsprechende Terminologie. Vergl.: *S. Mückl*, Europäisierung des Staatskirchenrechts, Baden-Baden 2005, S. 54 f. (Neue Schriften zum Staatsrecht Bd. 1).

3 Vergl dazu etwa: *K. Barth*, Rechtfertigung und Recht², Zürich 1979 (Theologische Studien 104); *H.-M. Pawlowski*, Recht und Rechtsbegründung in christlicher Verantwortung, ZevEthik, 40 (1996), S. 1 ff.

4 Zum Begriff der Staatskirche vergl.: *B. Jeand'Heur*, Der Begriff der „Staatskirche" in seiner historischen Entwicklung, Der Staat 1991, S. 442 ff.; *A. Hollerbach*, Staatskirche, LthuK² Bd. 9, Freiburg 2000, Sp. 899.

5 Nach der Definition von *P. Mikat*, der den Begriff ursprünglich eingeführt hat, bezeichnet dieser *„nicht nur das Staatskirchenrecht im engeren Sinne, sondern die Gesamtheit der staatlichen Rechtsnormen, die den religiösen Interessen Rechnung tragen, z. B. der strafrechtliche Schutz des religiösen Friedens, die Berücksichtigung spezifischer kirchlicher Ordnungs- und Wertvorstellungen im Bereich des bürgerlichen Ehe- und Familienrechts, des Strafrechts oder auch in dem des Bildungswesens"*, vergl: *Ders.*, Zur rechtlichen Bedeutung religiöser Interessen, in: *Ders.* (Hrsg.), Kirche und Staat in der neueren Entwicklung, Darmstadt 1980, S. 319 ff. (323, Anm. 9), (WdF Bd. 566).

zu umschreiben ist.[6] Dafür lassen sich angesichts der inzwischen eingetretenen religiösen und kulturellen Pluralisierung der Gesellschaft durchaus pragmatische Gründe ins Feld führen. Insofern bestehen gegen eine alternative Verwendung der Begriffe keine grundsätzlichen Bedenken. Problematisch ist die begriffliche Änderung jedoch, soweit sie dazu dient, einen dogmatischen Grundsatzstreit zu führen, mit dem Ziel, die korporative und institutionelle Seite der Religionsfreiheit zugunsten einer weitgehenden Privatisierung des Religiösen zurückzudrängen.[7] Unbestrittener maßen handelt es sich beim „Staatskirchenrecht" im modernen Verständnis in der Sache um ein Rechtsgebiet, das nicht nur das institutionelle Verhältnis des Staates zu den etablierten großen christlichen Kirchen zum Thema hat. Unabhängig von der verwendeten Terminologie erfasst es im weitesten Sinne alle Materien, die in irgendeiner Form die rechtliche Stellung des einzelnen Menschen in seiner religiösen Dimension und die institutionellen Beziehungen des Staates zu den Religionsgemeinschaften betreffen. Darin eingeschlossen sind auch das nicht religiöse weltanschauliche Bekenntnis und die Weltanschauungsgemeinschaften.[8]

Deshalb kann die weitere Verwendung des traditionellen Begriffs „Staatskirchenrecht" auch heute nicht als *„immer unangemessener"*[9] bezeichnet werden. Er hat nämlich den großen Vorzug, die konkrete geschichtliche Herkunft dieser Rechtsmaterie bewusst zu machen, ohne die sie in Kontinuität und Wandel nicht verständlich gemacht werden kann.[10] Auch die religiöse und weltanschauliche Pluralisierung ändert ja nichts daran, dass die verfassungsrechtlichen Regelungen untrennbar verbunden sind mit der Entwicklung der staatlichen Rechtsbeziehungen zu den großen christlichen Konfessionen und davon bis heute maßgeblich geprägt sind. Dem Bundesverfassungsgericht ist darin zuzustimmen, wenn es in seiner Entscheidung zur Zulässigkeit eines Kruzifixes in bayerischen Volksschulen feststellt:

„Auch ein Staat, der die Glaubensfreiheit umfassend gewährleistet und sich damit selbst zur religiös-weltanschaulichen Neutralität verpflichtet, kann die kulturell vermittelten und historisch verwurzelten Wertüberzeugungen und Einstellungen nicht abstreifen, auf denen der gesellschaftliche Zusammenhalt beruht und von denen auch die Erfüllung seiner eigenen Aufgaben abhängt. Der christliche Glaube und die christlichen Kirchen sind dabei, wie immer man ihr Erbe heute beurteilen mag, von überragender Prägekraft gewesen. Die darauf zurückgehenden Denktraditionen, Sinnerfahrungen und Verhaltensmuster können dem Staat nicht gleichgültig sein."[11]

---

6 Zur Literatur siehe die Hinweise am Ende des Abschnitts.

7 In diesem Sinne zu Recht *W. Huber*, Kirche und Verfassungsordnung, in: *B. Kämper, H.-W. Thönnes* (Hrsg.), Essener Gespräche zum Thema Staat und Kirche, Bd. 42, Münster 2008, S. 7 ff. (24).

8 Das ergibt sich aus der verfassungsrechtlichen Gleichstellung in Art. 4 Abs. 1 GG und in Art. 140 GG i. V. m. Art. 137 Abs. 7 WRV.

9 *G. Czermak*, Religions- und Weltanschauungsrecht, Rd.Nr. 26.

10 In diesem Sinne: *A. Hollerbach*, KuR 1997, S. 1 (= 110, S. 49).

11 BVerfGE 93, S. 1 ff. (22).

In diesem Sinne besteht nach wie vor kein Anlass, den historischen Hintergrund zu ignorieren, wie er im Begriff des „Staatskirchenrechts" manifest geworden ist. Das ist auch keineswegs notwendig, um die Angehörigen nichtchristlicher Religionen und deren Vereinigungen zu ihrem Recht kommen zu lassen. Eine wichtige Errungenschaft der staatskirchenrechtlichen Entwicklung in Deutschland besteht nämlich gerade darin, dass es durch den Augsburger Religionsfrieden von 1555 und den Westfälischen Frieden von 1648 nach schweren konfessionellen Auseinandersetzungen gelungen ist, ein System zu etablieren, das eine friedliche Koexistenz unterschiedlicher religiöser Positionen und Gemeinschaften ermöglicht hat. Dieses Erbe gilt es für die heutige Pluralisierung auch im Blick auf Religions- und Weltanschauungsgemeinschaften fruchtbar zu machen, die diesem historischen Kontext nicht entstammen. Dazu bedarf es keiner Verschiebung der Achse zur Interpretation des verfassungsrechtlichen Systems in Richtung auf ein rigides Trennungsmodell, wie sie mit der Verwendung der neueren Terminologie gelegentlich einhergeht.[12] Im europäischen Vergleich kann die im deutschen staatskirchenrechtlichen System gefundene *„mittlere Linie"*, die extreme Lösungen vermeidet, durchaus Modernität und vielleicht sogar Vorbildhaftigkeit und Zukunftsträchtigkeit für sich in Anspruch nehmen.[13]

Das Festhalten an dem überkommenen Begriff des „Staatskirchenrechts" steht freilich in der Gefahr, sich seinerseits dem Verdacht auszusetzen, einseitig nur an der Erhaltung eines Systems interessiert zu sein, das historisch überholte Privilegien der beiden großen christlichen Kirchen begünstigt. Demgegenüber soll im Folgenden der Versuch gemacht werden, zu verdeutlichen, dass es dem heutigen Selbstverständnis der christlichen Kirche entspricht und in ihrem eigenen vorrangigen Interesse liegt, einer staatlichen Religionsverfassung das Wort zu reden, die auf den Prinzipien einer umfassenden Religionsfreiheit, der Toleranz und der Gleichberechtigung beruht, die allen Menschen und ihren religiösen Vereinigungen zu gute kommt. Dabei soll nicht bestritten werden, dass die christlichen Kirchen in einem eigenartig diffusen Licht dastehen, wenn es um die Beurteilung ihres Beitra-

12 Bereits im „Dritten Reich" gab es in der Akademie für Deutsches Recht den 1938 gegründeten „Ausschuss für Religionsrecht", dessen Name gewählt wurde, um die Bezeichnung „Kirchen" und die damit verbundene Verengung des Gesichtskreises zu vermeiden. In Wahrheit ging es vor allem darum, das Monopol der kirchlichen und geistlichen Kirchenrechtslehrer zu brechen und die nicht kirchlich gebundenen Kirchenrechtslehrer auf dem Boden des Nationalsozialismus zusammenzuführen. Auch dieser Vorgang zeigt, dass der Begriff „Religionsrecht" anfällig ist für ideologisch begründete antikirchliche Affekte. Vergl. dazu *meine* Dissertation, Die Wissenschaft vom Staatskirchenrecht im Dritten Reich, Frankfurt a. M. u. a. 1979, S. 78 f. (Europäische Hochschulschriften Reihe II, Bd. 212); die Protokolle des Ausschusses sind veröffentlicht in *W. Schubert*, Akademie für Deutsches Recht 1933–1945, Protokolle der Ausschüsse Bd. XV, Frankfurt a. M. 2003.

13 So: *A. Hollerbach*, Religion und Kirche im freiheitlichen Verfassungsstaat, Bemerkungen zur Situation des deutschen Staatskirchenrechts im europäischen Kontext, Berlin, New York 1998, S. 28 (Schriftenreihe der Juristischen Gesellschaft zu Berlin, Nr. 156).

ges zur historischen Entstehung dieser Grundsätze geht, so wie sie sich heute als gemeinsame Verfassungsüberlieferung der europäischen Staaten darstellen. Der moderne Verfassungsstaat verdankt sich mehreren Wurzeln, zu denen neben der Gedankenwelt der griechisch-römischen Antike, des Judentums und des aus ihm hervorgegangenen Christentums[14] vor allem die Errungenschaften der europäischen Aufklärung gehören. Es gehört zur „Tragik der europäischen Entwicklung“[15], dass die Vorstellung vom säkularen Verfassungsstaat, der die gleiche Würde jedes Menschen und ebenso die Gleichheit vor dem Gesetz unabhängig von der Religionszugehörigkeit garantiert, in der Zeit der Aufklärung und durch die französische Revolution in einer antiklerikalen, ja antichristlichen Frontstellung durchgesetzt werden musste.[16] Diese historisch ambivalente Situation ändert aber nichts daran, dass die Grundsätze der Freiheit, der Demokratie, der Achtung der Menschenrechte und Grundfreiheiten sowie der Rechtsstaatlichkeit jedenfalls heute von den christlichen Kirchen uneingeschränkt befürwortet und nachhaltig unterstützt werden.[17] Auch das rechtfertigt es, den Begriff des „Staatskirchenrechts“ nicht kurzer Hand über Bord zu werfen, weil er die besondere Mitverantwortung der christlichen Kirche für die Erhaltung und Pflege der freiheitlichen Prinzipien des modernen Verfassungsstaates unterstreicht und sie dafür besonders in die Pflicht nimmt.

Literatur:

A. Hollerbach, Grundlagen des Staatskirchenrechts, in: J. *Isensee, P. Kirchhof* (Hrsg.), Handbuch des Staatsrechts, Bd. VI Freiheitsrechte², Heidelberg 2001, S. 472 ff.; *Ders.*, Staatskirchenrecht oder Religionsrecht?, in: *Aymans/Geringer* (Hrsg.), Iuri Canonico promovendo, (FS *Heribert Schmitz*), Regensburg 1994,

14 Vergl. dazu: *Chr. Starck*, Die Bedeutung des Christentums und der Kirchen für die Europäische Union, in: *J. Krautscheidt, H. Marré*, Essener Gespräche zum Thema Staat und Kirche, Bd. 31, Münster 1997, S. 5 ff.; *Chr. Hillgruber*, Staat und Religion, DVBl 1999, S. 1155 ff. (1178).

15 *W. Huber*, Europa als Wertegemeinschaft, Seine christlichen Grundlagen, Gestern, Heute, Morgen, Ansprache in der Bayerischen Landesvertretung in Berlin am 28. März 2001.

16 Zur Bewertung der geschichtlichen Entwicklung auf römisch-katholischer Seite vergl. das Arbeitspapier der Päpstlichen Kommission Justitia et Pax, Die Kirche und die Menschenrechte, München 1976, S. 7 ff.; *J. Isensee*, Die katholische Kritik an den Menschenrechten, Der liberale Freiheitsentwurf in der Sicht der Päpste des 19. Jahrhunderts, in: *E.-W. Böckenförde, R. Spaemann* (Hrsg.), Menschenrechte und Menschenwürde, Stuttgart 1987, S. 138 ff.; *T. Bloch*, Die Stellungnahmen der römisch-katholischen Amtskirche zur Frage der Menschenrechte seit 1215, Frankfurt a. M. 2008 (Schriften zum Staatskirchenrecht Bd. 41); zur historischen Distanz des deutschen Protestantismus zu den Menschenrechten vergl. *W. Huber, E. Tödt*, Menschenrechte, Perspektiven einer menschlichen Welt, Berlin 1977, S. 45 ff.

17 Vergl. dazu *meinen* Beitrag Die Stellung der Kirchen und Religionsgemeinschaften zu den Grundwerten und Grundsätzen des Art. 6 EUV, in: *P. C. Müller-Graff, H. Schneider* (Hrsg.), Kirchen und Religionsgemeinschaften in der Europäischen Union, Baden-Baden 2003, S. 157 ff. (Schriften des Arbeitskreises Europäische Integration e. V. Bd. 50).

S. 869 ff. (wieder abgedruckt in: *G. Robbers* (Hrsg.), *A. Hollerbach*, Ausgewählte Schriften, Berlin 2066, S: 291 ff.); *Ders.*, Staatskirchenrecht oder Religionsrecht?, KuR 1997, S. 1 ff.(= 110, S. 49 ff.); *P. Häberle*, „Staatskirchenrecht" als Religionsrecht der verfaßten Gesellschaft, DÖV 1976, S. 67 ff.,(wiederabgedruckt in *P. Mikat* (Hrsg.), Kirche und Staat in der neueren Entwicklung, Darmstadt 1980, S. 452 ff.); *G. Czermak*, „Religions-(verfassungs)recht" oder Staatskirchenrecht?, NVwZ 1999, S. 743 ff.; *Chr. Walter*, Staatskirchenrecht oder Religionsverfassungsrecht?, in: *R. Grote, T. Maraun* (Hrsg.), Religionsfreiheit zwischen individueller Selbstbestimmung, Minderheitenschutz und Staatskirchenrecht – Völker- und verfassungsrechtliche Perspektiven, Berlin u. a. 2001, S. 215 ff. (Beiträge zum ausländischen öffentlichen Recht und Völkerrecht Bd. 146); *A. v. Campenhausen, H. de Wall*, Staatskirchenrecht^4, München 2006, S. 39 f.; *G. Czermak*, Religions- und Weltanschauungsrecht, Berlin, Heidelberg 2008, Rd.Nr. 26 f.

B. Rechtsquellen des Staatskirchenrechts

1. Nationale verfassungsrechtliche Regelungen

Die verfassungsrechtlichen Grundlagen des Staatskirchenrechts finden sich im nationalen Recht im Wesentlichen in den Artikeln 4 und 140 des Grundgesetzes[18] in Verbindung mit den in das Grundgesetz übernommenen Bestimmungen der Weimarer Reichsverfassung vom 11. August 1919.[19] Die Ausgestaltung im Einzelnen ist aber nach Art. 140 GG i. V. m. Art 137 Abs. 8 WRV Sache der Gesetzgebung durch die Länder. Trotz erheblicher Unterschiede im Einzelnen stimmen die Verfassungen der Bundesländer in der Gewährleistung der Religionsfreiheit substantiell überein und sprengen auch hinsichtlich der institutionellen Garantien nicht den vom Grundgesetz vorgegebenen Rahmen. Sie bieten eine zweite verfassungsrechtliche Ebene, der selbstständige Bedeutung vor allem in den Bereichen zukommt, die in die Gesetzgebungskompetenz der Länder fallen. Das ist in erster Linie das Schul- und Hochschulwesen.[20]

Im Gefüge des Grundgesetzes nimmt das Staatskirchenrecht eine eigentümliche Stellung ein. Eigentümlich ist zunächst, dass die Väter und die wenigen Mütter des Grundgesetzes in Art. 140 GG die wesentlichen kirchenpolitischen Bestimmungen der Weimarer Reichsverfassung in unverändertem Wortlaut zum Bestandteil des Grundgesetzes erklärt haben. Es handelt sich dabei um das Ergebnis eines Verfassungskompromisses, weil die aus der Mitte des Parlamentarischen Rates gemachten Vorschläge zur Regelung des Verhältnisses von Staat und Kirche nicht mehrheitsfähig waren. Das ändert aber nach der ständigen Rechtsprechung des Bundesverfassungsgerichts

18 Zur Entstehungsgeschichte der staatskirchenrechtlichen Normen des Grundgesetzes vergl.: *A. Hollerbach,* Grundlagen, S. 484.

19 Zur Entstehungsgeschichte der staatskirchenrechtlichen Normen der Weimarer Reichsverfassung vergl.: *L. Richter*, Kirche und Schule in den Beratungen der Weimarer Nationalversammlung, Düsseldorf 1996 (Schriften des Bundesarchivs Bd. 47).

20 Zu den Landesverfassungen vergl. *A. Hollerbach*, Grundlagen, S. 489 ff.

nichts daran, dass die aus der Weimarer Reichsverfassung in das Grundgesetz übernommenen Artikel vollgültiges Verfassungsrecht der Bundesrepublik Deutschland geworden sind und gegenüber den anderen Artikeln des Grundgesetzes nicht etwa auf einer Stufe minderen Ranges stehen.[21] Das staatskirchenrechtliche System der Bundesrepublik steht damit hinsichtlich seiner normativen verfassungsrechtlichen Grundlagen in der ungebrochenen Tradition des deutschen Staatskirchenrechts, wie sie in ihrem Kern bereits auf die „Paulskirchenverfassung" vom 28. März 1849 zurückgeht. Die 1919 getroffenen staatskirchenrechtlichen Grundentscheidungen gelten hinsichtlich ihres substantiellen Gehaltes bis heute. Bei ihrer Anwendung und Auslegung sind allerdings der veränderte Sinnzusammenhang des Grundgesetzes und die inzwischen eingetretenen faktischen Veränderungen der sozialen und politischen Verhältnisse zu berücksichtigen, so dass sich diese Artikel heute anders auswirken, als dies vor dem Inkrafttreten des Grundgesetzes der Fall war. Im Hinblick auf die Normwirkungen kann also von einem Bedeutungswandel des Staatskirchenrechtes gesprochen werden.[22] In der Ausprägung, die das staatskirchenrechtliche System der Weimarer Reichsverfassung bis heute in der Bundesrepublik gefunden hat, sind seine wesentlichen Merkmale die Gewährleistung des Grundrechts der allgemeinen Religionsfreiheit in Art. 4 des Grundgesetzes, die grundsätzliche Trennung von Staat und Kirche in Art. 137 Abs. 1 WRV bei gleichzeitiger Aufrechterhaltung und Anerkennung einer hervorgehobenen Stellung der Religionsgemeinschaften als Teil der öffentlichen Ordnung, die sich vor allem in ihrem Status als Körperschaft des öffentlichen Rechts (Art. 137 Abs. 5 WRV) und dem damit verbundenen Recht zur Erhebung von Kirchensteuern (Art. 137 Abs. 6 WRV) ausdrückt. Wichtig ist dabei, dass die institutionellen Garantien zugunsten der Religionsgemeinschaften nicht von den grundrechtlichen Positionen des Einzelnen isoliert werden. Man muss sie vielmehr in ihrem inneren Zusammenhang sehen. Die rechtliche Sonderstellung ist den Kirchen und Religionsgemeinschaften nicht um ihrer selbst willen eingeräumt, sondern weil sie die Religionsfreiheit des Einzelnen institutionell umhegen, d. h. sie gegenüber dem Staat schützen und stärken.[23]

Bei all diesen Bestimmungen sind die Grundsätze der weltanschaulichen Neutralität des Staates und der Gleichbehandlung (Parität) zu beachten, so dass die genannten Rechte und Gewährleistungen nicht nur den großen christlichen Kirchen zustehen, sondern allen Religionsgemeinschaften, sofern sie bestimmte Voraussetzungen erfüllen, wie z. B. hinsichtlich ihrer Verfassung, der Zahl ihrer Mitglieder und der Gewähr der Dauer, wenn sie den Sta-

21 BVerfGE 19, S. 206 (219).

22 Vergl. dazu: *R. Smend*, Staat und Kirche nach dem Bonner Grundgesetz, ZevKR 1 (1951), S. 4 ff.; *M. Heckel*, Kontinuität und Wandel des deutschen Staatskirchenrechts unter den Herausforderungen der Moderne, ZevKR 44 (1999), S. 340 (348 ff.); *M. Heinig*, Zwischen Tradition und Transformation, ZEE 1999, S. 294 ff. (295).

23 Vergl.: *A. Hollerbach,* Grundlagen, S. 473; siehe dazu auch: *M. Morlok*, *M. Heinig,* Parität im Leistungsstaat – Körperschaftsstatus nur bei Staatsloyalität?, NVwZ 1999, S. 697 ff. (700 f.).

tus einer Körperschaft des öffentlichen Rechts erhalten wollen (Art. 137 Abs. 5 WRV). Zu beachten ist darüber hinaus, dass das Grundgesetz in Art. 140 i. V. m. Art. 137 Abs. 7 WRV den Religionsgemeinschaften solche Vereinigungen gleichstellt, die sich die gemeinschaftliche Pflege einer Weltanschauung zu eigen gemacht haben.

2. Zur Zuständigkeit der Europäischen Union

Für die Abgrenzung der Zuständigkeiten der Europäischen Union gilt der „Grundsatz der begrenzten Einzelermächtigung", nach dem die Union nur innerhalb der Grenzen der Zuständigkeiten tätig wird, die die Mitgliedstaaten ihr in den Verträgen zur Verwirklichung ihrer darin niedergelegten Ziele übertragen haben. Alle der Union nicht übertragenen Zuständigkeiten verbleiben bei den Mitgliedstaaten.[24] Da eine Übertragung von Zuständigkeiten zur unmittelbaren Regelung der Rechtsbeziehungen zu den Religionsgemeinschaften bisher nicht stattgefunden hat, bleibt diese in der Verantwortung der einzelnen Nationalstaaten. Die Begründung einer unmittelbaren Zuständigkeit der Europäischen Union für diese Fragen ist auch in Zukunft nicht zu erwarten, da sie sich verpflichtet hat, die *„jeweilige nationale Identität"* ihrer Mitgliedstaaten, *„die in ihren grundlegenden politischen und verfassungsmäßigen Strukturen ... zum Ausdruck kommt"*, zu achten.[25] Dazu sind auch die Regelungen über die institutionelle Stellung der Religionsgemeinschaften zu rechnen, wie sie sich historisch in den einzelnen Nationalstaaten entwickelt haben.[26] In den Mitgliedstaaten der Europäischen Union finden sich sowohl Systeme einer engen Verbindung von Staat und Kirche – wie z. B. in England, Griechenland und Dänemark[27] – als auch solche, die auf eine strikte Trennung von Staat und Kirche Wert legen – wie z. B. in Frankreich, Irland oder den Niederlanden.[28] Die Bundesrepublik Deutschland gehört – neben Österreich,[29] Belgien, Italien[30] und Spanien – zu den Ländern, die zwar vom Prinzip der Trennung von Staat und Kirche ausgehen, gleichwohl aber Elemente

---

24 Art. 3 a und 3 b des Vertrages von Lissabon zur Änderung des Vertrages über die Europäische Union und des Vertrages zur Gründung der Europäischen Gemeinschaft vom 13. 12. 2007.

25 Ebd. Art. 3 a Abs. 1 (bisher Art. 6 Abs. 3).

26 So auch: Kirchenamt der EKD/Sekretariat der Deutschen Bischofskonferenz (Hrsg.), Zum Verhältnis von Staat und Kirche im Blick auf die Europäische Union, Gemeinsame Stellungnahme zu Fragen des europäischen Einigungsprozesses (Gemeinsame Texte 4), Hannover/Bonn 1995, S. 5.

27 Vergl. dazu: *M. Hallet*, Staat und Kirche in Dänemark, Frankfurt a. M. u. a. 2001.

28 Zu den Grundformen der staatskirchenrechtlichen Systeme in der Europäischen Union vergl. *S. Mückl*, Europäisierung, S. 59 ff.; zu den einzelnen Ländern vergl.: *G. Robbers* (Hrsg.), Staat und Kirche in der Europäischen Union², Baden-Baden, 2005.

29 Vergl. dazu: *K. W. Schwarz*, Das Verhältnis von Staat und Kirche in Österreich, ZevKR 52 (2007), S. 464 ff.

30 Vergl. dazu: *G. Long*, Das Verhältnis von Staat und Kirche in Italien, ZevKR 52 (2007), S. 524 ff.

einer institutionellen Verbindung und Kooperation beibehalten haben. Wie unterschiedlich die Verhältnisse in dieser Hinsicht selbst in den einzelnen Staaten sein können, mag der Hinweis zeigen, dass in Elsass – Lothringen das Gesetz vom 9. Dezember 1905, mit dem in Frankreich das System der strikten Trennung von Staat und Kirche eingeführt worden ist, nicht gilt, weil dieses Gebiet damals zu Deutschland gehörte. Nach der Rückkehr zu Frankreich im Jahre 1918 wurde der Status quo beibehalten, d. h. wir haben es in diesem Teil Frankreichs auf der Grundlage des napoleonischen Konkordats vom 15. Juli 1801[31] bis heute mit einem System zu tun, das auf einer engen Verbindung von Staat und Kirche beruht.[32]

Vor diesem Hintergrund wird verständlich, dass es nicht sinnvoll wäre, der Europäischen Union Regelungskompetenzen zu übertragen, die sich unmittelbar auf das institutionelle Verhältnis der einzelnen Staaten zu den Religionsgemeinschaften beziehen. Diese Zurückhaltung findet auch in der Erklärung ihren Niederschlag, die zuerst zur Schlussakte zum Vertrag von Amsterdam vom 2. Oktober 1997 abgeben worden ist und durch die Lissabonner Beschlüsse jetzt als neuer Art. 16 c in den Vertrag zur Gründung der Europäischen Gemeinschaft eingefügt werden soll. Diese Bestimmung lautet:

„(1) Die Union achtet den Status, den Kirchen und religiöse Vereinigungen in den Mitgliedstaaten nach deren Rechtsvorschriften genießen und beeinträchtigen ihn nicht.[33]

(2) Die Europäische Union achtet den Status von weltanschaulichen Gemeinschaften in gleicher Weise.

(3) Die Union pflegt mit diesen Kirchen und Gemeinschaften in Anerkennung ihrer Identität und ihres besonderen Ranges einen offenen, transparenten und regelmäßigen Dialog.“[34]

Damit erkennt die Union die Bedeutung und Vielfalt der unterschiedlichen staatskirchenrechtlichen Systeme in den Mitgliedstaaten an, *„mit der Folge, daß die Auslegung und Anwendung des Gemeinschaftsrechtes die Stellung der Religionsgemeinschaften nach mitgliedstaatlichem Recht nicht beeinträchtigen darf.“*[35]

---

31 Der Text ist abgedruckt bei: *E.-R. Huber, W. Huber*, Staat und Kirche, Bd. 1, S. 12 ff.

32 Vergl. dazu: *B. Basdevant-Gaudemet*, Staat und Kirche in Frankreich, in *G. Robbers*, Staat und Kirche, S. 127 ff.

33 Die von kirchlicher Seite ursprünglich vorgeschlagene Formulierung, die sich auch der deutsche Bundesrat zu Eigen gemacht hatte *„Die Union achtet die verfassungsrechtliche Stellung der Religionsgemeinschaften in den Mitgliedstaaten als Ausdruck der Identität der Mitgliedstaaten und als Bestandteil des gemeinsamen europäischen Erbes“* hat sich nicht durchgesetzt.

34 Vergl. dazu: *M. Triebel*, Der Kirchenartikel im Verfassungsentwurf des Europäischen Konvents, ZevKR 49 (2004), S. 644 ff.

35 *G. Robbers*, Partner für die Einigung, Die Kirchenerklärung der Europäischen Union, Herder Korrespondenz 1997, S. 622.

Die Erklärung wird mit dem Inkrafttreten des **Lissabonner Vertrages**[36] Bestandteil des primären Gemeinschaftsrechts.

Gegen diese Bestimmung kann der kritische Einwand erhoben werden, sie zementiere die staatskirchenrechtlichen Verhältnisse zugunsten der etablierten Kirchen und Religionsgemeinschaften. Diese Befürchtung ist freilich unbegründet, da die Freiheit der innerstaatlichen Entwicklungen von ihr nicht berührt wird. Die Bestimmung stellt lediglich klar, dass nach dem Willen der Vertragspartner das Verhältnis der Mitgliedstaaten zu den Religions- und Weltanschauungsgemeinschaften nicht im Sinne eines einheitlichen religionsrechtlichen Systems in Europa nivelliert werden darf. Zugleich besteht damit die Pflicht bei der Ausgestaltung und Interpretation des Gemeinschaftsrechtes auf die spezifisch religiösen und weltanschaulichen Dimensionen Rücksicht zu nehmen, die sich wirtschaftlichen Zielsetzungen nicht ohne weiteres unterordnen lassen.

Das Drängen auf eine solche Erklärung geht aus deutscher Sicht nicht zuletzt auf die Befürchtung zurück, auf europäischer Ebene könnte sich am Ende das der Laizität verpflichtete französische System der Trennung von Staat und Kirche durchsetzen.[37] Das heute in Art. 2 der französischen Verfassung verankerte Prinzip hatte bei seiner Einführung 1905 ursprünglich das Ziel, die Neutralität des Staates gegenüber der übermächtigen römisch-katholischen Kirche zu verteidigen und die Religionsausübung zu privatisieren.[38] Demgemäß haben auch die Religionsgemeinschaften – anders als in Deutschland nach Art. 140 GG i. V. mit Art. 137 Abs. 5 WRV – nicht mehr den Status einer öffentlichen Institution. Das deutsche Staatskirchenrecht will sich bewusst von einem solchen System der Trennung von Staat und Kirche in religionsfeindlicher Absicht absetzen. Allerdings ist festzustellen, dass auch in Frankreich an die Stelle eines Laizismus im Sinne einer indifferenten, das Phänomen der Religion privatisierenden und ignorierenden staatlichen Neutralität, wie sie dem ursprünglichen Konzept entsprach, ein neues offenes Verständnis der Laizität getreten ist, das der Ausübung religiöser Grundrechte größeren Raum lässt.[39] Auch an dieser Stelle bestätigt sich die von *Gerhard Robbers* aufgestellte These, dass es in den letzten Jahren eine Entwicklung zur Konvergenz der staatskirchenrechtlichen Systeme in Europa gibt.[40] Die enge Verbindung von Staat und Kirche in den staatskirchlichen

36 Der Vertrag soll zum 1. Januar 2009 in Kraft treten, was durch das negative Referendum in Irland allerdings in Frage gestellt ist.

37 Siehe dazu: *A. Hollerbach*, Religion und Kirche im freiheitlichen Verfassungsstaat, Bemerkungen zur Situation des deutschen Staatskirchenrechts im europäischen Kontext, Berlin, New York 1998 (Schriftenreihe der Juristischen Gesellschaft zu Berlin, Nr. 156).

38 Zum französischen System vergl. im Ganzen: *A. v. Campenhausen*, Staat und Kirche in Frankreich, Göttingen 1962 (Göttinger Rechtswissenschaftliche Studien, Bd. 41).

39 Zu den begrifflichen Unterschieden zwischen Laizismus (laicisme) und Laizität (laicité) vergl. *A. v. Campenhausen* ebd., S. 158 f.

40 *G. Robbers*, ZevKR 42 (1997), S. 127.

Systemen lösen sich immer mehr auf – wie z. B. neuerdings in Schweden[41] –, während umgekehrt in den Ländern mit striktem Trennungssystem – wie das Beispiel Frankreich zeigt – die Anerkennung der öffentlichen Religionsausübung und die Einsicht in die Notwendigkeit der Kooperation mit den Religionsgemeinschaften wächst. Das Erfreuliche an dieser Entwicklung ist, dass damit alte Frontstellungen, wie sie vor allem für das 19. Jahrhundert kennzeichnend waren, allmählich überwunden werden. Der Blick wird frei für die gemeinsamen staatskirchenrechtlichen Grundlagen, die ihren Ausdruck finden in der Anerkennung der allgemeinen Religionsfreiheit und darin eingeschlossen, der Sicherung des Freiraumes, in dem sich die Religionsgemeinschaften mit ihrem Auftrag in Verkündigung, Seelsorge, Diakonie und im Bildungswesen öffentlich entfalten können. Der neue Art. 16 c im Gründungsvertrag der Europäischen Gemeinschaft bietet dafür eine gute Grundlage, weil sie der Gefahr einer Ausgrenzung der religiösen Dimension im europäischen Kontext begegnet und in Beachtung der staatskirchenrechtlichen Besonderheiten in den einzelnen Mitgliedstaaten ihre angemessene Berücksichtigung im Rahmen des europäischen Gemeinschaftsrechtes ermöglicht.

Auch wenn eine unmittelbare Zuständigkeit der Europäischen Union zur Regelung der Rechtsbeziehungen der Mitgliedstaaten zu den Religionsgemeinschaften aus den genannten Gründen nicht besteht, bleibt die Tatsache, dass die nationalen Rechtsordnungen immer mehr vom europäischen Gemeinschaftsrecht beeinflusst und überformt werden. Diese „Europäisierung" kann auch für das Staatskirchenrecht nicht ohne Folgen bleiben.[42] Erhebliche Auswirkungen ergeben sich z. B. im Steuer- und Abgabenrecht, im Medienrecht, im Wettbewerbsrecht[43] und vor allem für das kirchliche Arbeitsrecht.[44] Die Brisanz dieser Entwicklung zeigt das Beispiel der europäischen Richtlinie über den Datenschutz, bei der nur mit Mühe eine Gefährdung des deutschen Systems zum Einzug der Kirchensteuer verhindert werden konnte.

Von besonderer Bedeutung ist in diesem Zusammenhang, dass es sich die Europäische Union zur Aufgabe gemacht hat, soziale Ausgrenzung und Diskriminierung zu bekämpfen.[45] Zur Umsetzung dieser Zielsetzung enthält

41 Vergl. dazu: *G. Robbers*, Kirche und Staat in Schweden, in: *J. Bohnert* u. a. (Hrsg.), Verfassung – Philosophie – Kirche, Festschrift *Alexander Hollerbach*, Berlin 2001, S. 907 ff.

42 Vergl. dazu: *A. Hollerbach*, ZevKR 35 (1990), S. 250 ff.; *L. Turowski*, KuR 1995, S. 13 ff. (= 140, S. 1 ff.); *Chr. Link*, ZevKR 42 (1997) S. 130 ff.; *A. Hollerbach*, Religion und Kirche im freiheitlichen Verfassungsstaat, Bemerkungen zur Situation des deutschen Staatskirchenrechts im europäischen Kontext, Berlin, New York 1998; *A. v. Campenhausen, H. de Wall*, Staatskirchenrecht[4], München 2007, S. 357 ff.; *S. Mückl*, Europäisierung.

43 Vergl. dazu: *v. Campenhausen, de Wall,* ebd., S. 661 ff.

44 Vergl. dazu: *G. Müller-Volbehr*, Europa und das Arbeitsrecht der Kirchen, Heidelberg 1999.

45 Siehe jetzt Art. 2 Abs. 3 des Vertrages von Lissabon

Art. 13 des Vertrages über die Gründung der europäischen Gemeinschaft[46] eine Ermächtigung, nach der der Rat im Rahmen der durch den Vertrag übertragenen Zuständigkeiten auf Vorschlag der Kommission und nach Anhörung des Europäischen Parlaments einstimmig geeignete Vorkehrungen treffen kann *„um Diskriminierungen aus Gründen des Geschlechts, der Rasse, der ethnischen Herkunft, der Religion oder der Weltanschauung, einer Behinderung, des Alters oder der sexuellen Ausrichtung zu bekämpfen“*. Auf dieser Grundlage hat der Rat u. a. am 27. November 2000 die Richtlinie 2000/78/EG zur Festlegung eines allgemeinen Rahmens für die Verwirklichung der Gleichbehandlung in Beschäftigung und Beruf[47] erlassen, die inzwischen durch das Gesetz zur Umsetzung europäischer Richtlinien zur Verwirklichung des Grundsatzes der Gleichbehandlung vom 14. August 2006[48] im nationalen deutschen Recht ihren unmittelbaren Niederschlag gefunden hat. Diese Regelungen entfalten wegen des Vorranges der Anwendung des europäischen Rechts gegenüber dem nationalen Recht einschließlich des Verfassungsrechts unmittelbare Rechtswirkungen auch gegenüber den Religionsgemeinschaften, die sich damit in diesem Zusammenhang nicht ohne weiteres auf das ihnen im deutschen Grundgesetz garantierte Selbstbestimmungsrecht berufen können. Allerdings hat die Europäische Union die Rechte, Freiheiten und Grundsätze, die in der Charta der Grundrechte der Europäischen Union vom 7. Dezember 2000 in der am 12. Dezember in Straßburg angepassten Fassung niedergelegt sind, schon bisher anerkannt und tritt jetzt auch förmlich der Europäischen Konvention zum Schutz der Menschenrechte und Grundfreiheiten (EMRK) des Europarates vom 4. November 1950[49] bei. Die Europäische Union kennt also künftig einen eigenen rechtlich verbindlichen Katalog von Grundrechten, der insbesondere auch in Art. 9 EMRK den Schutz der Religionsfreiheit enthält.[50] Damit ist auch auf europäischer Ebene das Selbstbestimmungsrecht der Religionsgemeinschaften in ihren eigenen

46 Vergl. dazu: *M. Heinig*, Art. 13 EGV und die korporative Religionsfreiheit nach dem Grundgesetz, in: *A. Haratsch u. a.* (Hrsg.), Religion und Weltanschauung im säkularen Staat, Stuttgart u. a. 2001, S. 215 ff.

47 Abl. EU L303/16 vom 2. 12. 2000; zu dieser Richtlinie vergl. im Einzelnen: *H. Reichegger*, Die Auswirkungen der Richtlinie 2000/78/EG auf das kirchliche Arbeitsrecht unter besonderer Berücksichtigung von Gemeinschaftsgrundrechten als Auslegungsmaxime, Frankfurt a. M. u. a. 2005.

48 BGBl. 2006 Teil 1 Nr. 39 vom 17. 8. 2006.

49 Art. 6 Abs. 2 des Vertrages von Lissabon. Bisher enthielt Art. 6 Abs. 2 des Vertrages über die Europäische Union nur die Formulierung nach der die Union die Grundrechte dieser Konvention „achtet“, wie sie sich „aus der gemeinsamen Verfassungsüberlieferung der Mitgliedssatten als allgemeine Grundsätze des Gemeinschaftsrechts ergeben.“

50 Vergl. dazu: *N. Blum*, Die Gedanken-, Gewissens- und Religionsfreiheit nach Art. 9 der Europäischen Menschenrechtskonvention, Berlin 1990; *H.-T. Conring*, Korporative Religionsfreiheit in Europa, Diss. Marburg, Frankfurt a. M. 1998.

Angelegenheiten jedenfalls in seinem Kern garantiert,[51] auch wenn nicht davon ausgegangen werden kann, dass damit alle im deutschen Recht darin enthaltenen Befugnisse „europafest“ sind.[52]

Dieser Befund wird durch die Tatsache bestätigt, dass die erwähnte Antidiskriminierungsrichtlinie in ihrem Art. 4 Abs. 2 eine Ausnahmebestimmung zugunsten der Religions- und Weltanschauungsgemeinschaften enthält, mit folgendem Wortlaut:

(2) Die Mitgliedstaaten können in Bezug auf berufliche Tätigkeiten innerhalb von Kirchen und anderen öffentlichen oder privaten Organisationen, deren Ethos auf religiösen Grundsätzen oder Weltanschauungen beruht, Bestimmungen in ihrem zum Zeitpunkt der Annahme dieser Richtlinie geltenden Rechtsvorschriften beibehalten oder in künftigen Rechtsvorschriften Bestimmungen vorsehen, die zum Zeitpunkt der Annahme dieser Richtlinie bestehende einzelstaatliche Gepflogenheiten widerspiegeln und wonach eine Ungleichbehandlung wegen der Religion oder Weltanschauung einer Person keine Diskriminierung darstellt, wenn die Religion oder die Weltanschauung dieser Person nach der Art dieser Tätigkeit oder der Umstände ihrer Ausübung eine wesentliche, rechtmäßige und gerechtfertigte berufliche Anforderung angesichts des Ethos der Organisation darstellt. Eine solche Ungleichbehandlung muss die verfassungsrechtlichen Bestimmungen und Grundsätze der Mitgliedstaaten sowie die allgemeinen Grundsätze des Gemeinschaftsrechts beachten und rechtfertigt keine Diskriminierung aus einem anderen Grunde“

Literatur:

N. Blum, Die Gedanken-, Gewissens- und Religionsfreiheit nach Art. 9 der Europäischen Menschenrechtskonvention, Berlin 1990; *A. Hollerbach*, Europa und das Staatskirchenrecht, ZevKR 35 (1990), S. 250 ff.; *Ders.*, Religion und Kirche im freiheitlichen Verfassungsstaat, Bemerkungen zur Situation des deutschen Staatskirchenrechts im europäischen Kontext, Berlin, New York 1998 (Schriftenreihe der Juristischen Gesellschaft zu Berlin, Nr. 156); *G. Robbers,* Die Fortentwicklung des Europarechts und seine Auswirkungen auf die Beziehungen zwischen Staat und Kirche und der Bundesrepublik Deutschland, in. *H. Heinemann, H. Marré* (Hrsg.), Essener Gespräche zum Thema Staat und Kirche, Bd. 27, Münster 1993, S. 81 ff.; *Ders.*, Das Verhältnis von Staat und Kirche in Europa, ZevKR 42 (1997); *Ders.*, Partner für die Einigung, Die Kirchenerklärung der Europäischen Union, Herder Korrespondenz 1997, S. 622; *L. Turowski*, Staatskirchenrecht der Europäischen Union?, KuR 1995, S. 13 ff. (= 140, S. 1 ff.); *Chr. Link*, Staat und Kirche im Rahmen des europäischen Einigungsprozesses, ZevKR 42 (1997) S. 130 ff.; *R. Streinz*, Auswirkungen des Europarechts auf das deutsche Staatskirchenrecht, in: *H. Marré, D. Schümmelfeder, B. Kämper (Hrsg.),* Essener Gespräche zum Thema Staat und Kir-

51 Vergl.: *M. Heintzen*, in: *J. Isensee, W. Rees, W. Rüfner* (Hrsg.), Dem Staate, was des Staates – der Kirche, was der Kirche ist, (FS *Joseph Listl*), Berlin 1999, S. 37 f.; *H. Weber*, ZevKR 47 (2002), S. 265 ff. (273 f.).

52 Vergl. dazu: *J. Isensee*, Die Zukunftsfähigkeit des deutschen Staatskirchenrechts, in: ebd., S. 72; *H. Lecheler*, in: *J. Isensee* (Hrsg.), Freiheit und Eigentum, (FS *Walter Leisner)*, Berlin 1999, S. 39 ff. (50).

che, Bd. 31, Münster 1997, S. 53 ff.; *H.-T. Conring*, Korporative Religionsfreiheit in Europa, Diss. Marburg, Frankfurt a. M. 1998 (Schriften zum internationalen und zum öffentlichen Recht, Bd. 22); *J. H. Lecheler*, Ansätze zu einem „Unions – Kirchen – Recht" in der Europäischen Union?, in: *J. Isensee* (Hrsg.), Freiheit und Eigentum, Festschrift *Walter Leisner*, Berlin 1999, S. 39 ff.; *G. Müller-Volbehr*, Europa und das Arbeitsrecht der Kirchen, Heidelberg 1999 (Abhandlungen zum Arbeits- und Wirtschaftsrecht Bd. 82); *J. Winter*, Das Verhältnis von Staat und Kirche als Ausdruck der kulturellen Identität der Mitgliedstaaten der Europäischen Union, in: *J. Bohnert* u. a. (Hrsg.) Verfassung-Philosophie-Recht, Festschrift *Alexander Hollerbach*, Berlin 2001 S. 893 ff.; *S. Mückl*, Religions- und Weltanschauungsfreiheit im Europarecht, Heidelberg 2002; *Ders.,* Europäisierung des Staatskirchenrechts, Baden-Baden 2005, (Neue Schriften zum Staatsrecht, Bd. 1); *H. Weber*, Die individuelle und kollektive Religionsfreiheit im europäischen Recht einschließlich ihres Rechtsschutzes, ZevKR 47 (2002), S. 265 ff.; *B. Schanda*, Staatskirchenrecht in den neuen Mitgliedstaaten der Europäischen Union, in: *W. Rees* (Hrsg.), Recht in Kirche und Staat, Festschrift *Joseph Listl*, Berlin 2004, S. 797 ff.; *G. Robbers.,* (Hrsg.), Staat und Kirche in der Europäischen Union^2, Baden-Baden 2005; *H. Reichegger*, Die Auswirkungen der Richtlinie 2000/78/EG auf das kirchliche Arbeitsrecht unter besonderer Berücksichtigung von Gemeinschaftsgrundrechten als Auslegungsmaxime, Frankfurt a. M. u. a. 2005 (Schriften zum Staatskirchenrecht Bd. 24); *H. de Wall*, Zur aktuellen Lage des Religionsrechts der Europäischen Union, ZevKR 52 (2007), S. 310 ff.

3. Das Vertragsstaatskirchenrecht

Seit der Zeit der Weimarer Republik[53] beruht das deutsche Staatskirchenrecht in großen Bereichen auf einem in der Bundesrepublik weiter ausgebauten System von Staatskirchenverträgen.[54] Diese Verträge sind – mit Ausnahme des Reichskonkordats von 1933 und den Abkommen über die Seelsorge in der Bundeswehr und dem Bundesgrenzschutz in der Bundesrepublik – jeweils mit einem Bundesland geschlossen worden.[55] Als Vorbild für die nach dem Zweiten Weltkrieg geschlossenen Verträge gilt dabei der Vertrag des Landes Niedersachsen mit den Evangelischen Landeskirchen vom 19. März 1955 („Loccumer Vertrag").[56] In keinem anderen Staat der Welt ist dieses System so stark ausgebaut wie in Deutschland. Unter dem Oberbegriff

53 Zur Zulässigkeit von Staatskirchenverträgen in der Weimarer Republik vergl.: *G. Anschütz*, Die Verfassung des Deutschen Reiches, Darmstadt 1960 (unveränderter Nachdruck der 14. Aufl. Berlin 1933), S. 650.

54 Die Texte der deutschen Verträge aus der Zeit von vor 1989 finden sich bei: *J. Listl* (Hrsg.), Die Konkordate und Kirchenverträge in der Bundesrepublik Deutschland, Berlin 1989. Zu den neueren Verträgen vergl. die Übersicht bei *A. v. Campenhausen, H. de Wall,* Staatskirchenrecht, S. 45 ff.

55 Auf Bundesebene gibt es auch den Vertrag zwischen der Bundesrepublik Deutschland und dem Zentralrat der Juden vom 27. Januar 2003.

56 Vergl. dazu: *W. Thieme*, DVBl 1955, S. 273 ff.; *K. Müller*, DÖV 1955, S. 412 ff.; *R. Smend*, JZ 1956, S. 50 ff.; *U. Scheuner*, ZevKR 6 (1956), S. 1 ff.

der **Staatskirchenverträge** werden die **„Konkordate“**[57] mit der römisch-katholischen Kirche und die **„Kirchenverträge“** mit den evangelischen Kirchen zusammengefasst. In neuerer Zeit ist eine Reihe von Verträgen mit kleineren christlichen Religionsgemeinschaften und jüdischen Gemeinden[58] hinzugetreten.[59] Für die römisch-katholische Kirche besteht eine bis ins Mittelalter zurückreichende Traditionslinie. Die neuere Konkordatsepoche beginnt mit dem französischen Konkordat zwischen Papst Pius VII. und Napoleon vom 15. Juli 1801.[60] In Deutschland haben die Länder Bayern, Preußen und Baden[61] in der Zeit der Weimarer Republik Konkordate und evangelische Kirchenverträge abgeschlossen. Am 20. Juli 1933 kam es zum Abschluss des **„Reichskonkordats“**[62] zwischen dem Heiligen Stuhl und dem Deutschen Reich, dessen Fortgeltung in der Bundesrepublik Deutschland zunächst umstritten war, bis das Bundesverfassungsgericht in seinem **„Konkordatsurteil“**[63] vom 26. März 1957 festgestellt hat, dass dieses mit dem Zusammenbruch der nationalsozialistischen Gewaltherrschaft seine Geltung nicht verloren habe. Allerdings kann der Bund nach Auffassung des Gerichts die Länder nicht zur Beachtung des Reichskonkordats zwingen, soweit Bereiche betroffen sind, die heute in die Regelungskompetenz der Länder fallen.[64] Dies betrifft insbesondere die Kulturhoheit der Länder, z. B. im Schulwesen.

Nach der Wiedervereinigung Deutschlands hat sich eine Renaissance des Instruments der Staatskirchenverträge vor allem in den neuen Bundesländern ergeben.[65] Aber auch in den alten Ländern der Bundesrepublik sind in

57 Eine Zusammenstellung der Originaltexte mit deutscher Übersetzung der älteren Konkordate findet sich bei *L. Schöppe* (Bearb.), Konkordate seit 1800, Frankfurt a. M., Berlin 1964 und *Ders.*, Neue Konkordate und konkordatäre Vereinbarungen, Abschlüsse 1964–1969, Hamburg 1970.

58 siehe dazu: *A. Vulpius*, NVwZ 1996, S. 759 ff.

59 Vergl. den Nachweis bei *A. v. Campenhausen, H. de Wall*, Staatskirchenrecht[4], S. 145 (Anm.48).

60 Der Text ist abgedruckt bei: *E.-R. Huber/W. Huber*, Staat und Kirche, Bd. 1, S. 12 ff.

61 Vergl. dazu: *O. Friedrich*, Der evangelische Kirchenvertrag mit dem Freistaat Baden mit einer Einführung und Erläuterungen, Lahr 1933; *E. Föhr,* Das Konkordat zwischen dem Heiligen Stuhle und dem Freistaat Baden vom 12. Oktober 1932, Freiburg i. Br. 1933.

62 Zum Reichskonkordat vergl.: *L. Volk*, Das Reichskonkordat vom 20. Juli 1933, Mainz 1972 (Veröffentlichungen der Kommission für Zeitgeschichte, Reihe B: Forschungen Bd. 5); *K. Scholder*, Die Kirchen und das Dritte Reich, Bd. 1, Frankfurt a. M. u. a. 1977, S. 482 ff.; *Th. Brechenmacher* (Hrsg.), Das Reichskonkordat 1933 – Forschungsstand, Kontroversen, Dokumente, Paderborn u. a. 2007 (Veröffentlichungen der Kommission für Zeitgeschichte, Reihe B: Forschungen Bd. 109).

63 BVerfGE 6, 309 ff.

64 Vergl. dazu auch: *Joh. Depenbrock*, NVwZ 1992, S. 736 f.

65 Vergl. dazu: *A. Hollerbach*, KuR 1995 H. 1, S. 1 ff (= 120, S. 1 ff.); *A. Vulpius*, KuR 1995, S. 1 (= 120, S. 13); *Ders.*, KuR 1998, S. 221 (= 120, S. 25 ff.) *H. Johnsen*, ZevKR 43 (1998), S. 182 ff.; *H.-U. Anke,* Neubestimmung des Staat-Kirche-Verhältnisses in den neuen Ländern durch Staatskirchenverträge, Tübingen 2000 (Jus Ecclesiasticum, Bd. 62); *R. Raith*, KuR 2003, S. 141 ff. (= 120, S. 65 ff.).

jüngster Zeit neue Verträge geschlossen worden,[66] zuletzt der Vertrag des Landes Baden-Württemberg mit der Evangelischen Landekirche in Baden und der Evangelischen Landeskirche in Württemberg vom 17. Oktober 2007.[67]

Trotz dieses faktischen Befundes knüpfen sich an das Vertragstaatskirchenrecht bis heute ein Fülle von rechtsdogmatischen Schwierigkeiten und Streitfragen, die vor allem die grundsätzliche Legitimation zum Abschluss solcher Verträge, deren Rechtsnatur[68] und ihre rechtliche Bindungswirkung[69] im Hinblick auf die staatliche Gesetzgebungskompetenz betreffen.[70] Dazu ist zunächst festzustellen, dass sich die grundsätzliche Möglichkeit zum Abschluss solcher Verträge im Grundgesetz aus Art. 140 GG i. V. m. Art. 138 Abs. 1 WRV und Art. 123 Abs. 2 GG ergibt.[71] Auch einzelne Landesverfassungen enthalten Vertragsklauseln, die sich nicht nur auf die Garantie der Rechte und Pflichten aus den in der Weimarer Republik geschlossenen vorkonstitutionellen Verträgen beziehen, sondern künftige vertragliche Regelungen ausdrücklich erlauben.[72] Unabhängig von diesen Anhaltspunkten im positiven Verfassungsrecht kann man davon ausgehen, dass es dem gemeindeutschen Verfassungsrecht entspricht, die Rechtsbeziehungen zwischen dem Staat und den Religionsgemeinschaften jedenfalls auch vertraglich regeln zu können, so dass insoweit von einem „Verfassungsgewohnheitsrecht" gesprochen werden kann.[73] Zur Legitimation vertraglicher Regelungen bedarf es keines Rückgriffs auf problematische frühere Vorstellungen einer „Koordination" von Staat und Kirche, die sich in rechtlicher Gleichrangigkeit als souve-

66 Vertrag der Freien Hansestadt Bremen mit der Bremischen Evangelischen Kirche, der Evangelisch-lutherischen Kirche Hannovers und der Evangelisch-reformierten Kirche vom 31. Oktober 2001; vergl. dazu: *S. Wesner*, ZevKR 47 (2002), S. 670 ff. Vom 29. November 2005 datieren der Staatskirchenvertrag zwischen der Freien und Hansestadt Hamburg und der Nordelbischen Evangelisch-Lutherischen Kirche sowie der Vertrag zwischen dem Heiligen Stuhl und der Freien und Hansestadt Hamburg. Zu dem am 16. Februar 2006 unterzeichneten Staatskirchenvertrag in Berlin vergl: *M. Richter, A. Ziekow*, Der Evangelische Kirchenvertrag Berlin, ZevKR 53 (2008), S. 1 ff.

67 Damit ist im Blick auf die Evangelische Landeskirche in Württemberg die letzte Lücke im System der Verträge mit den evangelischen Landeskirchen geschlossen worden. In Württemberg galt nur im Gebiet des ehemaligen preußischen Regierungsbezirks Sigmaringen der Vertrag des Freistaates Preußen mit den evangelischen Landeskirchen vom 11. Mai 1931. Interessanter Weise ist der neue Vertrag ausweislich seines Vorspruchs als „Neufassung" zur Fortbildung dieses Vertrages sowie des alten badischen Kirchenvertrages vom 14. November 1932 konzipiert worden.

68 Vergl. dazu: *J. Listl,* Konkordate, S. 5 ff.; *B. Jeand'Heur, S. Korioth*, Grundzüge, Rd.Nr. 279 ff.; A. Hollerbach, Grundlagen, S. 508 (Rd.Nr. 68).

69 Zum Anwendungsvorrang des Europarechts gegenüber den Kirchenverträgen vergl. *M. Heinig*, Öffentlich-rechtliche Religionsgesellschaften, S. 490 ff.

70 Vergl. dazu neuerdings die grundlegende Kritik bei *G. Czermak*, Religions- und Weltanschauungsrecht, S. 169 ff.

71 Vergl. *A. Hollerbach*, Grundlagen, S. 504 (Rd.Nr. 60).

72 Vergl. z. B. die Art. 7 und 8 der Verfassung des Landes Baden-Württemberg.

73 *A. Hollerbach*, Grundlagen, S. 504 (Rd.Nr. 62).

räne Mächte gegenüberstehen.[74] Obwohl eine rechtliche Verpflichtung zur vertraglichen Gestaltung der Rechtsbeziehungen grundsätzlich nicht besteht,[75] ist sie eine Form, die im freiheitlich demokratischen Rechtsstaat nicht nur zulässig ist, sondern in besonderer Weise seiner Verpflichtung zur Neutralität in weltanschaulichen und religiösen Fragen entspricht. Auf diese Weise wird er nämlich der Gefahr enthoben, durch einseitige Regelungen gegen das verfassungsrechtliche Verbot zur Einmischung in die eigenen Angelegenheiten der Religionsgemeinschaften zu verstoßen.[76] Die umfassende einseitige Regelung der Rechtsbeziehungen des Staates zu den Religionsgemeinschaften in der Weimarer Republik[77] war Ausdruck der Inanspruchnahme einer staatlichen Kirchenhoheit, wie sie mit der heutigen Rechtslage nicht mehr zu vereinbaren ist. Dabei soll nicht bestritten werden, dass sich der Staat durch die vertragliche Regelung seiner Gesetzgebungskompetenz nicht begibt und seine grundsätzliche Kompetenz auch zur einseitigen gesetzlichen Regelung behält. Die Besonderheit besteht darin, dass er *„in diesem Bereich davon keinen Gebrauch macht, sondern den von der Verfassung gesteckten Rahmen kooperativ mit den Betroffenen im Vertragswege ausfüllt."*[78] Für die Frage nach der rechtlichen Bindungswirkung der Staatskirchenverträge folgt daraus, dass der Staat Gesetze beschließen könnte, die gegen die eingegangenen vertraglichen Verpflichtungen verstoßen. Dieser theoretisch mögliche offene Vertragsbruch sollte freilich im demokratischen Rechtsstaat als praktische Möglichkeit ausscheiden, da es eher zum Kennzeichen totalitärer Staatsformen gehört, sich vertraglicher Bindungen aus Gründen der politischen Opportunität einseitig zu entledigen.[79] Nicht mehr zeitgemäß erscheint daher die „Legaltheorie", die Konkordate als *„Ausdruck eines juristisch irrelevanten Konsenses der Kirche zu einem staatlichen Gesetzgebungsakt"* betrachtet.[80] Die herrschende Meinung geht heute zu Recht davon aus, dass es sich bei den Staatskirchenverträgen um echte Verträge handelt,

74 Zur historischen Situation vergl: *E.-R. Huber*, Deutsche Verfassungsgeschichte seit 1789, Bd. VI: Die Weimarer Reichsverfassung, Stuttgart u. a. 1981, S. 902 ff.; wie hier: *A. Hollerbach*, Grundlagen, S. 503 (Rd.Nr. 60).

75 Das gilt allerdings nicht ausnahmslos, z. B., wenn sich ein Vertragsabschluss zur Wahrung der Parität als notwendig erweist. Vergl. dazu: *A. Hollerbach*, Grundlagen, S. 505 (Rd.Nr. 63).

76 So zu Recht: *A. v. Campenhausen, H. de Wall*, Staatskirchenrecht[4], S. 142 und *A. Hollerbach*, Grundlagen, S. 506 (Rd.Nr. 64).

77 Vergl. z. B. das württembergische Gesetz über die Kirchen vom 3. März 1924, abgedruckt bei *E.R. Huber, W. Huber*, Staat und Kirche, Bd. 4, S. 190. ff.

78 *A. v. Campenhausen, H. de Wall*, Staatskirchenrecht[4], S. 142.

79 Aufschlussreich in dieser Hinsicht ist die Diskussion zur konkordatsrechtlichen Lage in Österreich nach dem Anschluss an das Deutsche Reich im Ausschuss für Religionsrecht der Akademie für deutsches Recht im September 1938. Vergl. dazu *meine* Dissertation Die Wissenschaft vom Staatskirchenrecht im Dritten Reich, Frankfurt a. M. u. a. 1979, S. 82 ff. und *W. Schubert*, Akademie für Deutsches Recht 1933–1945, Protokolle der Ausschüsse Bd. XV, Frankfurt a. M. 2003, S. 5 ff.

80 So die Formulierung von *Rudolf Sohm*, das Verhältnis von Staat und Kirche aus dem Begriffe von Staat und Kirche entwickelt, ZKR 11 (1873), S. 157 (183).

die eine wechselseitige Rechtsverbindlichkeit erzeugen („Vertragstheorie").[81] Unabhängig von der Streitfrage, ob den Konkordaten mit der römisch-katholischen Kirche zumindest auch eine völkerrechtliche Qualität zukommt,[82] darf es heute als ausgemacht gelten, dass sich daraus hinsichtlich der rechtlichen Bindungswirkung keine Unterschiede im Verhältnis zu den Staatskirchenverträgen mit anderen Religionsgemeinschaften ergeben.

Auch soweit in den Staatskirchenverträgen Garantien enthalten sind, die inhaltsgleich bereits verfassungsrechtlich verbürgt sind, sind sie keineswegs „überflüssig".[83] Diese Auffassung übersieht, dass die vertraglichen Regelungen den Religionsgemeinschaften eine subjektive Rechtsposition verschaffen, die es ihnen ermöglicht, eine bereits vorhandene objektive Garantie notfalls auch gerichtlich durchzusetzen. Wie wichtig das ist, hat der Streit um den Schutz des Sonn- und Feiertages im Zusammenhang mit der „Bäder- und Fremdenverkehrsregelung 1999–2003" des Landes Mecklenburg-Vorpommern gezeigt.[84] Die Staatskirchenverträge entfalten ihre Wirkung zwar nicht notwendigerweise und ausschließlich in der Konkretisierung der verfassungsrechtlichen Garantien zugunsten der Religionsgemeinschaften, tragen aber wesentlich zu der Möglichkeit bei, diese auch faktisch zu realisieren.[85] Als nahezu selbstverständlich kann gelten, dass der Staat jedenfalls beim Abschluss neuer Verträge an die Verfassung gebunden ist, so dass die Vereinbarung verfassungswidrige Vertragsinhalte von vornherein nicht in Betracht kommen.[86]

In inhaltlicher Hinsicht betreffen die Regelungen der Staatskirchenverträge vor allem die finanziellen Beziehungen zwischen den Vertragspartnern, das Schul- und Hochschulwesen, insbesondere den Religionsunterricht und die Theologischen Fakultäten, aber auch Bestimmungen über die politische Betätigung von Geistlichen (Art. 6 RK) und den Treueid der Bischöfe gegenüber dem Staat (Art. 16 RK „Politische Klausel"[87]). Ein typischer Bestandteil sind auch die **„Freundschaftsklauseln"**, die vorsehen, dass *„eine etwa in Zukunft*

---

81 Historisch längst überholt ist die früher vertretene „Privilegientheorie", die auf der Basis mittelalterlicher Vorstellungen Konkordate als Zugeständnisse der Kirche an einen ihr unterordneter Staat ansah.

82 Siehe dazu: *A. Hollerbach*, Grundlagen, S. 510 (Rd.Nr. 70).

83 So: *G. Czermak*, Religions- und Weltanschauungsrecht, S. 182 (Rd.Nr. 346).

84 Siehe dazu den Beschluss des OVG Greifswald vom 22. Dezember 1999, NVwZ 2000, S. 948 und die Kommentierungen von *H. de Wall*, ZevKR 45 (2000), S. 626 ff. und *M. Heinig, M. Morlock*, Der vertragliche Sonn- und Feiertagsschutz als subjektives Recht der Kirche – eine Besprechung der Entscheidung des Oberverwaltungsgerichts Mecklenburg-Vorpommern vom 22. 12. 1999 – 2 M 99/99, KuR 2001, S. 25 ff. (= 160, S. 13 ff.); *dies.*, Feiertag! Freier Tag? Die Garantie des Sonn- und Feiertagsschutzes als subjektives Recht im Lichte des Art. 139 WRV, NVwZ 2001 S. 846 ff.

85 Vergl. auch: *D. Pirson*, Vertragsstaatskirchenrecht, $EvStL^3$, Bd. 2, Stuttgart 1987, S. 3814 (3825).

86 Ebenso: *B. Jeand'Heur, S. Korioth*, Grundzüge des Staatskirchenrechts, Stuttgart u. a. 2000, S. 195 f. (Rd.Nr. 282); *A. Hollerbach*, Grundzüge, S. 512 (Rd.Nr. 74).

87 Vergl. dazu: *J. H. Kaiser*, Die politische Klausel der Konkordate, Berlin 1949.

zwischen den Parteien entstehende Meinungsverschiedenheit über die Auslegung dieses Vertrages auf freundschaftliche Weise beseitigt wird.“[88]

Literatur:

K. Müller, Der Loccumer evangelische Kirchenvertrag als Spiegel der staatkirchenrechtlichen Lage in der Bundesrepublik, DÖV 1955, S. 412 ff.; *W. Thieme*, Der Vertrag von Kloster Loccum, Zur Neuordnung des Verhältnisses von Staat und evangelischen Landeskirche in Niedersachsen, DVBl 1955, S. 273 ff.; *R. Smend*, Der Niedersächsische Kirchenvertrag und das heutige deutsche Staatskirchenrecht, JZ 1956, S. 50 ff.; *U. Scheuner*, Die staatskirchenrechtliche Tragweite des niedersächsischen Kirchenvertrages von Kloster Loccum, ZevKR 6 (1956), S. 1 ff.; *A. Hollerbach*, Verträge zwischen Staat und Kirche in der Bundesrepublik Deutschland, Frankfurt a. M. 1965; *Ders.*, Vertragsstaatskirchenrecht als Instrument im Prozeß der deutschen Wiedervereinigung, KuR 1995, S. 1 ff. (= 120, S. 1 ff.); *Ders.*, Die vertragsrechtlichen Grundlagen des Staatskirchenrechts, in: *J. Listl, D. Pirson,* (Hrsg.), HdbStKirchR^2, Bd. 1, S. 253 ff.; *Ders.*, Grundlagen des Staatskirchenrechts, in: *J. Isensee, P. Kirchhof* (Hrsg.), Handbuch des Staatsrechts^2, Bd. VI Freiheitsrechte, Heidelberg 2001; *Ders.* Aspekte der neueren Entwicklung des Konkordatsrechts, in: *A. Blankenagel*, (Hrsg.), Verfassung im Diskurs, Festschrift *Peter Häberle*, Tübingen 2004, S. 821 ff. (wieder abgedruckt in: *G. Robbers* (Hrsg.), *A. Hollerbach*, Ausgewählte Schriften, Berlin 2006, S: 445 ff.); *Joh. Depenbrock*, Fortgeltung des Reichskonkordats und des Preußenkonkordats in den neuen Bundesländern, NVwZ 1992, S. 736 ff.; *A. Vulpius*, Aktuelle Fragen des Verhältnisses von Kirche und Staat im vereinten Deutschland, KuR 1995, S. 1 (= 120, S. 13); *Ders.*, Verträge mit der Jüdischen Gemeinschaft in den neuen Ländern, NVwZ 1996, S. 759 ff.; *Ders.*, Der Vertrag des Landes Sachsen-Anhalt mit der Jüdischen Gemeinde Sachsen-Anhalt, KuR 1998, S. 221 ff. (120, S. 25 ff.); *H. Johnsen*, Die Evangelischen Staatskirchenverträge in den neuen Bundesländern – ihr Zustandekommen und ihre praktische Auswirkung, ZevKR 43 (1998), S. 182 ff.; *E. Ruppel*, Kirchenvertragsrecht. Eine Erläuterung des Staatskirchenrechts der neueren Kirchenverträge, Hannover 1999; *H. Weber*, Neue Staatskirchenverträge mit der Katholischen Kirche in den neuen Bundesländern, in: *K.-H. Kästner, K. W. Nörr, K. Schlaich* (Hrsg.), Festschrift für *Martin Heckel*, Tübingen 1999, S. 463 ff.; *H.-U. Anke*, Die Neubestimmung des Staat-Kirche-Verhältnisses in den neuen Ländern durch Staatskirchenverträge, Tübingen 2000 (Jus Ecclesiasticum Bd. 62); *H. de Wall*, Subjektive Rechte aus Staatskirchenverträgen, ZevKR 45 (2000), S. 626 ff.; *S. Wesner*, Evangelischer Kirchenvertrag Bremen, ZevKR 47 (2002), S. 670 ff.; *M. Heinig*, Öffentlich-rechtliche Religionsgesellschaften, Berlin 2003, S. 244 ff. (Schriften zum öffentlichen Recht Bd. 921); *R. Raith*, Der Vertrag zwischen dem Heiligen Stuhl und dem Freistaat Thüringen vom 11. Juni 1997, KuR 2003, S. 141 ff. (= 120, S. 65 ff.); *S. Mückl* (Hrsg.), Das Recht der Staatskirchenverträge, Berlin 2007 (Staatsrechtliche Abhandlungen, Bd. 46); *M. Richter, A. Ziekow*, Der Evangelische Kirchenvertrag Berlin, ZevKR 53 (2008), S. 1 ff.

88 So Art. IX des evangelischen Staatskirchenvertrages von 1932; Vergl auch Art. 34 des Reichskonkordats.

II. Die historischen Grundlagen des Staatskirchenrechts

Anders als andere Rechtsgebiete beruht das Staatskirchenrecht weniger auf einer systematischen Rechtssetzung durch den Gesetzgeber, sondern es ist das Ergebnis einer langen historischen Entwicklung und zum Teil leidenschaftlicher politischer Auseinandersetzungen, ohne deren Kenntnis sein heutiger Bestand nicht sinnvoll erfasst werden kann. Es ist deshalb notwendig, sich wenigstens mit den Hauptlinien seiner geschichtlichen Grundlagen vertraut zu machen.

A. Die Antike

In der gesamten vorchristlichen Antike gehören politische Ordnung und Religion untrennbar zusammen. Diese Einheit fand ihren besonderen Ausdruck im politisch-religiösen Herrscherkult des römischen Weltreiches. Die weitgehende Duldung des Judentums war nur deshalb möglich, weil es als eine an das Volkstum gebundene Religion ohne missionarischen Anspruch betrachtet wurde, die der römische Staat für sich nicht als eine grundsätzliche Bedrohung ansah. Diese Situation änderte sich erst mit dem Aufkommen des Christentums, da sich dieses exklusiv an die Gebote ihres Herrn gebunden wusste und nicht bereit war, sich einem anderen Herrschaftsanspruch zu unterwerfen. Seinen prägnanten Ausdruck findet das in dem bis heute sprichwörtlichen Satz aus der Apostelgeschichte:

„Man muss Gott mehr gehorchen als den Menschen“.[89]

Ungeachtet aller späteren Verirrungen und Verstrickungen des Christentums in die Ausübung politischer Herrschaft gehört die prinzipielle Unterscheidung zwischen politischer und religiöser Macht seither zum Kernbestand christlichen Gedankengutes und damit zu den geistesgeschichtlichen Wurzeln einer freiheitlichen Gesellschaftsordnung, die ohne politischen und religiösen Zwang auskommt. Diese Grundhaltung führte zunächst zum Konflikt mit dem römischen Staat, ist im weiteren Verlaufe der Kirchengeschichte allerdings nicht durchgehalten und immer wieder verdunkelt worden. Nach den blutigen Verfolgungen der Christen zuletzt durch Kaiser Diocletian in den Jahren 303 und 304 kam es schließlich 313 zum sog. **„Mailänder Toleranzedikt“**, mit dem der Weg des Christentums zur Staatsreligion eingeleitet wurde.[90] Beim „Mailänder Toleranzedikt“ handelt es sich der Sache nach nicht um ein kaiserliches Edikt, der damals feierlichsten Form kaiserlicher

89 Apg. 5, 29.

90 Zum „Mailänder Toleranzedikt“ vergl.: *H. Holze*, Zur Erinnerung: Das Mailänder Edikt von 313 – Christentum in der Pluralität der Religionen, in: *W. Greive* (Hrsg.), Gott im Grundgesetz, Loccumer Protokolle 14/93, Loccum 1994, S. 88 ff.

Anordnungen, sondern um eine Vereinbarung der beiden römischen Kaiser Konstantin im Westen und Licinius im Osten. Im Westen war die Toleranz gegenüber den Christen bereits zwei Jahre früher durch das Edikt von Kaiser Galerius vom April 311 verfügt worden. Bei den Mailänder Beschlüssen ging es um mehr als Toleranz, nämlich um die Gleichstellung der Christen und vor allem um die Rückerstattung des Vermögens, das ihnen in der Zeit der Verfolgung entzogen worden war. Die Mailänder Beschlüsse waren geprägt von den Grundgedanken der Religionsfreiheit, der Gleichheit der Religionen und der Rechtssicherheit und stellen jedenfalls zunächst noch keine Privilegierung der christlichen Kirche dar. Die Erhebung des Christentums zur Staatsreligion erfolgte erst durch das Edikt „Cunctos Populos" vom 27. Februar 380 durch Kaiser Theodosius.

B. Das Mittelalter

Das Mittelalter war eine religiös-politische Einheit, deren Kennzeichen die Vermischung von weltlichen und geistlichen Aufgaben war. In dem von Kaiser Otto d. Großen (936–973)[91] begründeten **„Ottonischen System"**, das bis zur Säkularisation durch den Reichsdeputationshauptschluss 1803 Bestand haben sollte, wurden Bistümer und Abteien mit politischen Herrschaftsrechten ausgestattet. Die bedeutendsten geistlichen Fürstentümer waren Mainz, Köln und Trier. Ein Wesenszug ottonischer Politik bestand in der Verbindung mit der **Reichskirche**. Damit wollte Kaiser Otto I. ein Gegengewicht gegen die Herzogtümer schaffen und seine Herrschaft absichern. Seine Kirchenhoheit machte er durch seine Mitwirkung bei der Wahl der Bischöfe und ihrer Einsetzung in das geistliche Amt geltend (Investitur). Das System führte im 11./12. Jahrhundert zum **Investiturstreit,** dessen erster Höhepunkt der **Gang nach Canossa** im Januar 1077 gewesen ist. Kaiser Heinrich IV., der im Jahr zuvor von Papst Gregor VII. exkommuniziert worden war, reiste von Deutschland über die Alpen nach Canossa in Oberitalien, um beim Papst die Lösung vom Bann zu erwirken. Heinrichs Gang nach Canossa wurde in der Geschichtswissenschaft sehr kontrovers diskutiert. Während die ältere Forschung Heinrichs Selbstdemütigung als Niederlage des Kaisers interpretierte, stellt die neuere Forschung die Tatsache, dass Heinrich die Lösung vom Bann erreichte, als politischen Sieg und taktischen Erfolg des Kaisers heraus. Unbestritten ist jedoch, dass der Canossagang dem Ansehen des römisch-deutschen Kaisertums schadete und die Position des Kaisers gegenüber dem Papsttum schwächte. Eine Kompromisslösung wurde zwischen Kaiser Heinrich V. und Papst Kalixt II. im **Wormser Konkordat** vom 23. September 1122 gefunden. Der Kaiser ließ die kanonische Wahl und ungehinderte Weihe der Bischöfe und Reichsäbte mit Ring und Stab zu und verzichtete auf die Investitur in ihr geistliches Amt. Die Wahl fand aber in Anwesenheit eines kaiserlichen Abgesandten statt und die Gewählten wurden zum Ausdruck ihrer weltlichen Hoheitsrechte vom Kaiser mit dem Zepter belehnt.

91 Über ihn vergl.: *J. Laudage*, Otto der Große. Eine Biographie, Regensburg 2001.

Die Einheit des Mittelalters als „Unum Corpus Christianum" war zweipolig. Die Kirche konnte sich aus der Umklammerung der weltlichen Herrschaft befreien, indem sie ihr den Anspruch entzog, unmittelbar von Gott zu sein. Der Dualismus wurde symbolisiert durch die Machtträger Kaiser und Papst. Kennzeichnend dafür war die **„Zwei-Schwerter-Theorie"**.[92] Nach der päpstlichen Auffassung waren beide Schwerter der Kirche verliehen. Danach führte der Papst das geistliche Schwert selbst, während das weltliche Schwert nach seiner Weisung von den Fürsten zu handhaben war. Diese Ansicht konnte im Investiturstreit durch die Bulle „Unam Sanctam" 1302 von Papst Bonifaz VIII. weitgehend durchgesetzt werden. Der Dualismus des Mittelalters ist grundlegend geblieben für die weitere Entwicklung der staatskirchenrechtlichen Verhältnisse in Deutschland, weil er *„eine vollständige Einheit von weltlicher Herrschaft und Kirche abwies und auf Dauer durch Einwirkung weiterer Kräfte zur Trennung von Staat und Kirche und zur Verweltlichung des Staates führte."*[93]

C. Die Reformation

Die Reformation richtete sich u. a. gegen die Verwechslung kirchlicher und weltlicher Ordnungsstrukturen und die Vermischung der kirchlichen und weltlichen Autorität in der mittelalterlichen Kirchenverfassung. Beim **Reichstag zu Worms 1521** weigerte sich der Reformator *Martin Luther* seine gegen die Missstände in der damaligen Kirche gerichteten Schriften zu widerrufen, es sei denn er werde aus der Heiligen Schrift widerlegt. Das führte zum **Wormser Edikt** von Kaiser Karl V., in dem festgelegt wurde, dass *Luther* mit allen seinen Anhängern, Gönnern und Freunden der Reichsacht verfallen sei. Die Forderungen dieses Edikts konnten jedoch nicht überall im Reich durchgesetzt werden. Einen Kompromiss fand man beim Reichstag in Speyer im Juni 1526. Einerseits wurde das Wormser Edikt bestätigt, andererseits aber nicht zu seinem Vollzug verpflichtet. Beim zweiten Reichstag in Speyer von 1529 versuchten allerdings die altgläubigen Stände auf Drängen von Kaiser und Papst das Wormser Edikt mit ihrer Mehrheit endgültig durchzusetzen. Das führte zu einer förmlichen **„Protestation"** der evangelischen Stände (Hessen, Kursachsen, Brandenburg-Ansbach, Braunschweig-Lüneburg und Anhalt, sowie 14 Reichsstädte, u. a. Straßburg, Nürnberg, Ulm und Konstanz), die bis heute den „Protestanten" ihren Namen gibt.

Die **Confessio Augustana von 1530 (CA)** diente einer politischen Zielsetzung, nämlich der Erneuerung der damals noch nicht zerbrochenen mittelalterli-

92 Vergl. dazu: *P. Mikat*, Kirche und Staat nach der Lehre der katholischen Kirche, HdbStKirchR² Bd. 1, S. 127 ff.

93 *Chr. Starck*, Die Bedeutung des Christentums und der Kirchen für die Europäische Union, in: *J. Krautscheidt, H. Marré (Hrsg.), H. Marré; D. Schümmelfeder, B. Kämper* (Hrsg.), Essener Gespräche zum Thema Staat und Kirche, Bd. 31, Münster 1997, S. 9.

chen katholischen Kirche, deren Einheit bewahrt werden sollte. Mit dieser Zielsetzung wurde sie von *Philipp Melanchthon* ausgearbeitet. *Martin Luther* stimmte auf der Coburg zu. Durch die Unterschrift der reformatorisch gesinnten Landesherren und Räte Freier Reichsstädte wurde sie als Bekenntnis der in den betreffenden Gebieten wirkenden Pfarrer anerkannt. Am 25. Juni 1530 wurde sie beim Reichstag zu Augsburg verlesen. Die anwesenden päpstlichen Theologen erarbeiteten eine Widerlegung (Confutatio), auf die *Melanchthon* mit der „Apologie“ antwortete. Der Kaiser verweigerte die Annahme der Apologie. Damit war das Anliegen einer reichsrechtlichen Anerkennung der reformatorischen Bewegung zunächst gescheitert.

Die CA hat sich im Laufe der Jahrhunderte als Lehrgrundlage aller lutherischen Kirchen auch außerhalb Deutschlands behauptet. Sie gehört auch zu den Bekenntnisgrundlagen unierter Landeskirchen, wie z. B. der Evangelischen Landeskirche in Baden *„als das gemeinsame Grundbekenntnis der Kirchen der Reformation“*.[94] Die CA ist bis heute Ausdrucksform der gegenseitigen Verbundenheit und Gemeinschaft der lutherischen Kirchen in aller Welt. Sie ist eines der Bande, das diese Kirchen über alle geographischen, politischen, kulturellen und rassischen Grenzen hinweg verbindet. Sie wollte aber gerade nicht die Gründungsurkunde einer neuen Konfession sein, sie ist vielmehr offen für andere geschichtliche Verkörperungen des Evangeliums in verschiedenen Kirchen. Aus ihr ergibt sich die beständige Mahnung nicht in konfessioneller Abgrenzung und Exklusivität zu verharren, sondern sich um engere Gemeinschaft und Einheit mit anderen Kirchen zu bemühen.

In staatsrechtlicher Hinsicht kam der CA deshalb besondere Bedeutung zu, weil der **Augsburger Religionsfrieden**[95] von 1555 die Augsburger Konfessionsverwandten reichsrechtlich anerkannte, allerdings nicht in der erstrebten Bewahrung der Einheit der Kirche und der Freiheit zu deren Erneuerung. Vorausgegangen waren kriegerische Auseinandersetzungen zwischen dem Kaiser und den protestantischen Landesfürsten, die sich 1531 in Schmalkalden zu einem Bündnis zusammengeschlossen hatten (Schmalkaldischer Bund). Der in den Jahren 1546/1547 geführte **„Schmalkaldische Krieg“** endete im April 1547 in der Schlacht bei Mühlberg zwar mit einem Sieg der kaiserlichen Truppen, durch den aber die Unruhen im Reich nicht beendet werden konnten.

Durch den 1555 geschlossenen Augsburger Religionsfrieden wurde der Reichslandfrieden auf die Anhänger der CA erstreckt, die damit nicht mehr zu den verfolgten Ketzern gehörten. Die Beseitigung der tatsächlich bereits entfallenen Jurisdiktion der römisch-katholischen Kirche wurde auch rechtlich anerkannt. Im Ergebnis führte der Augsburger Religionsfrieden zu einer Verstärkung des landesherrlichen Einflusses auf das Kirchenwesen. Auch die evan-

94 Vorspruch zur Grundordnung Abs. 4.

95 Zum Augsburger Religionsfrieden vergl.: *M. Heckel*, ZRG. Kan. Abt. 1959, S. 141 ff.; *Ders.*, Deutschland im konfessionellen Zeitalter, Göttingen 1983, S. 33 ff.; *Ders.*, Augsburger Religionsfriede, RGG[4], Tübingen 1998, S. 958.

gelischen Reichsstände (Fürsten und Städte) konnten ihren territorialen Bekenntnisstand bestimmen und das Kirchenwesen nach ihren Vorstellungen organisieren. Sie hatten damit das später so genannte **„jus reformandi“**. Das diesem zugrunde liegende Prinzip „cuius regio eius religio“ entsprach ursprünglich nicht der Auffassung der Reformatoren. Als reichsrechtliche Norm haben es zuerst die Katholiken 1555 zur Abwehr der ihnen angesonnenen Freistellung der Religion ihrer Untertanen verfochten. Erst als die Offensive der katholischen Religionspartei die protestantischen Gebiete bedrohte, haben die Evangelischen nach dieser These gegriffen. Der Augsburger Religionsfrieden schuf eine Ordnung des politischen Friedens und der rechtlich garantierten Koexistenz zwischen den konfessionellen Machtblöcken.

„Die religiöse Wahrheitsfrage blieb in der Schwebe. Sie wurde suspendiert und neutralisiert, um in dieser rechtlichen Eingrenzung ihre politische Sprengkraft zu verlieren. Sie wurde also nicht aus dem weltlichen Recht verbannt. Sie wurde aber auch nicht vom weltlichen Recht entschieden, wie dies in den Territorien geschah. Das Reich behielt so im Prinzip die Verbundenheit mit der Kirche, nahm aber den Bekenntniszwiespalt hin als einen unausgetragenen innerkirchlichen Lehrkonflikt, den es unentschieden ließ. So fiel im Rechtsbereich des Reichskirchenrechts keiner der beiden Teile unter den suspendierten Häresievorwurf bis zur – aufgeschobenen, aufgetragenen – Klärung des Glaubenszwistes. Die Einheit des Glaubens und der Kirche im Reich wurde somit im Prinzip gewahrt und zugleich die Zweiheit der zwistigen Konfessionen in der Praxis gesichert.“[96]

Die Gewährleistung einer individuellen Religionsfreiheit gehörte nicht zu den Anliegen des Augsburger Religionsfriedens. Er brachte aber einen ersten Schritt in diese Richtung durch die Anerkennung der religiösen Freizügigkeit (Auswanderungsrecht). Von dem Frieden ausgeschlossen waren die aus der Schweizerischen Reformation durch *Johannes Calvin* und *Ulrich Zwingli* hervorgegangenen Reformierten. In der Folge ergaben sich Streitigkeiten darüber, ob im Augsburger Religionsfrieden die ursprüngliche CA von 1530 (Invariata) oder die veränderte Fassung von 1540 (Variata) gemeint war. *Melanchthon* hatte die CA nach 1530 verändert und war in der Fassung von 1540 im Artikel über das Abendmahl der reformierten Auffassung entgegengekommen.[97] Reformierte Landesherren konnten sich deshalb auf diese Fas-

96 *M. Heckel,* Deutschland im konfessionellen Zeitalter, S. 45.

97 Über Jahrhunderte hinweg gab es unüberbrückbare Gegensätze zwischen den Lutheranern und den Reformierten über das Verständnis der Gegenwart Christi im Abendmahl. Im Marburger Religionsgespräch von 1529 konnten sich Luther und Zwingli darüber nicht einigen. Kern der Auseinandersetzung war die Interpretation des Schrifttextes: „Das ist mein Leib“, den Luther wörtlich verstanden wissen wollte, d. h. im Sinne einer wirklichen, körperlichen Gegenwart Christi. Zwingli dagegen meinte, es handele ich nur um einen symbolischen Gedächtnisritus. Er war nur bereit zu akzeptieren, dass Christus geistig bei der Gemeindefeier gegenwärtig ist. Eine Annäherung der Standpunkte hat sich erst im Zuge der Unionsbildungen des frühen 19. Jahrhunderts ergeben, die zum Teil in dieser Frage Kompromissformeln gefunden haben.

sung beziehen, ohne den Kreis der 1555 anerkannten Augsburgischen Konfessionsverwandten zu verlassen.

Das landesherrliche Kirchenregiment war ursprünglich gedacht als Notbischofsamt, das der Landesherr als „Praecipuum membrum ecclesiae" wahrnahm. Die „cura religionis" gehörte zu seinen Regentenpflichten. Das als protestantische Theorie von den Brüdern *Joachim* (1544–1623) und *Matthias Stephani* (1576–1646) begründete **„Episkopalsystem"** übertrug ihm in reichsrechtlicher Ableitung aus dem Augsburger Religionsfrieden von 1555 die Kirchengewalt als ein „aliud" neben der Landesherrschaft.[98]

„Das Episkopalsystem verstand das landesherrliche Kirchenregiment und die daraus abgeleiteten geistlichen Kompetenzen der weltlichen Reichsstände nur im Rahmen einer treuhänderischen Übertragung bischöflicher Rechte. Die dem Landesherrn als „Notbischof" im Augsburger bzw. Westfälischen Frieden eingeräumten kirchlichen Befugnisse waren in diesem Verständnis originäre Kirchenrechte, die lediglich auf Zeit, nämlich bis zur erhofften Wiedervereinigung der Konfessionen an die weltliche Macht verliehen worden waren. Das landesherrliche Kirchenregiment erwuchs den Territorien bzw. Reichsfürsten demnach nicht kraft eigener staatlicher Souveränität; die Kirchengewalt war insofern nicht als Teil der Staatsgewalt definiert und sollte von jener ursprünglich unterschieden werden. Mithin räumte das Episkopalsystem dem Landesherrn nicht nur Rechte ein, sondern es diente gleichfalls zur Beschränkung weltlicher Macht im innerkirchlichen Bereich."[99]

D. Der Westfälische Friede

Das durch den Augsburger Religionsfrieden geschaffene System wurde nach den Wirren des Dreißigjährigen Krieg im **Westfälischen Frieden** von 1648 im Wesentlichen bestätigt.[100] Die öffentliche Religionsausübung wurde für die Zukunft garantiert, in dem Umfang wie sie im Jahre 1624 bestanden hatte („Normaljahr"), der Besitz an Kirchengut wurde festgelegt nach dem Zustand vom 1. Januar 1624 („Normaltag"). Durch den Westfälischen Frieden wurde das jus reformandi abgelöst durch die Pflicht, die Religionsausübung im Umfange des Normaljahres zu gewährleisten. Damit war die konfessionelle Landkarte mit Auswirkungen bis in die heutige Gegenwart festgeschrieben. Die Anerkennung der Anhänger der Augsburgischen Konfession wurde ohne Bedingung und ohne Befristung ausgesprochen. Die Reformierten wurden als gleichberechtigter Teil der protestantischen Religionspartei zugelassen. Das mit dem Westfälischen Frieden beibehaltene System der konfessio-

98 Vergl. dazu: *M. Heckel*, Episkopalsystem, EvStL³, Sp. 727 ff.

99 *B. Jeand'Heur,* Der Staat 1991, S. 442 (446).

100 Zum Westfälischen Frieden vergl.: *Chr. Link*, ZbayKG 1998, S. 12 ff.; *B. M. Kremer*, Der Westfälische Friede und die staatsphilosophisch-politischen Toleranzbestrebungen in 18. Jahrhundert, in: *K.-H. Kästner*, *K. W. Nörr*, *K. Schlaich* (Hrsg.), Festschrift *Martin Heckel*, Tübingen 1999, S. 563 ff.

nellen Geschlossenheit der Territorien wurde allerdings in der Folgezeit bereits in Richtung auf eine Gleichbehandlung der Konfessionen teilweise durchbrochen bzw. umgangen, wie z. B. mit der Aufnahme der Waldenser in lutherischen Gebieten Deutschlands.[101]

E. Das Staatskirchentum im 17. und 18. Jahrhundert

Im Westfälischen Frieden wurde das Episkopalsystem ersetzt durch das **„Territorialsystem“**, das dem Landesherrn die Verfügung über das Kirchenwesen aus der einheitlichen und unbegrenzten Gewalt über sein Territorium übertrug. Landes- und Kirchenhoheit bildeten eine Einheit, wobei dem Landesherrn auch das Recht auf organisatorische Eingriffe in die Kirche zuwuchs.[102] Das Territorialsystem beruhte auf dem Gedanken der Staatssouveränität, der dem Fürsten unbeschränkte Macht in seinem Territorium einräumte. Extremer Vertreter dieser Lehre war der englische Philosoph und Staatstheoretiker *Thomas Hobbes* (1588–1679). Auch die dem Fürsten zustehende äußere Kirchenaufsicht **(„Iura circa sacra ecclesiam“)** reichte damit weit in das Gebiet der innerkirchlichen Rechte **(„Iura in sacra“)** hinein.[103] Vertreter dieses Systems waren *Samuel Freiherr von Pufendorf* (1632–1694),[104] *Christian Thomasius* (1655–1728)[105] und *Justus Henning Boehmer* (1674–1749).[106] Auf diesem Hintergrund konnte sich auch in katholischen Staaten ein z. T. extremes Staatskirchentum entwickeln, dessen Höhepunkt mit dem System des „Josephinismus“ in Österreich unter Kaiser Joseph II. (1780–1790) erreicht wurde.

F. Das Zeitalter der Aufklärung

Mit dem Territorialsystem verband sich schließlich unter dem Einfluss der Aufklärung das **„Kollegialsystem“**,[107] das die Kirche gemäß der Methode des rationalen Vernunftrechts als Verein begriff, der grundsätzlich zur Entscheidung seiner eigenen Angelegenheiten befugt gewesen wäre, sie aber treuhän-

101 Vergl. dazu: *A. de Lange*, Die Aufnahme der Waldenser in Deutschland (1699) und die Religionsfreiheit, Materialdienst des Konfessionskundlichen Instituts Bensheim 1999, S. 41 f.

102 Vergl. dazu: *Chr. Link*, Souveränität – Toleranz – evangelische Freiheit, ZRG Kan. Abt. 2000, S. 415 ff.

103 Zu diesen Formeln vergl.: *D. Pirson,* HdbStKirchR[2] Bd. 1, S. 15.

104 Über ihn vergl.: *E. Wolf*, Große Rechtsdenker[4], Tübingen 1963, S. 311 ff.

105 Über ihn vergl.: *E. Wolf*, ebd.; S. 371 ff.

106 Von *Boehmer* stammt das zuerst 1714 in Halle an der Saale erschienene fünfbändige Werk „Jus Ecclesiam Protestantium“, die bedeutendste Darstellung des evangelischen Kirchenrechts aus dieser Zeit. Vergl. dazu: *J. E. Christoph*, Kirchenjuristentagung 1996, ZevKR 41 (1996), S. 442 ff.

107 Vergl. dazu: *K. Schlaich*, Kollegialtheorie. Kirche, Recht und Staat in der Aufklärung, München 1969 (Jus Ecclesiasticum Bd. 8).

derisch dem Landesherrn übertragen hatte. Der Kollegialismus stellte den Charakter der Kirche als Form einer menschlichen Gesellschaft besonders heraus, die durch den Willen der ihre religiösen Bedürfnisse befriedigenden Gesellschafter zustande gekommen ist. Der Gedanke der Kirche als Stiftung Jesu Christi geht dabei verloren. Mit dem Kollegialismus wird die Autonomie der Kirche als Körperschaft im Rahmen des weltlichen Rechts begründet. Er bildet die gedankliche Grundlage für die allmähliche Lösung der Kirche aus der Einbindung in die staatliche Rechtsordnung im Laufe des 19. Jahrhunderts und mündet in der staatskirchenrechtlichen Theorie des freiheitlichen Rechtsstaates, wie sie im Selbstbestimmungsrecht der Religionsgemeinschaften des Art. 137 Abs. 3 der Weimarer Reichsverfassung ihren bis heute gültigen Ausdruck gewonnen hat.[108]

In Preußen kommt es 1794 durch das **Preußische Allgemeine Landrecht** zu einer umfassenden Kodifikation des Staatskirchenrechtes (Teil II, Titel 11 mit 1232 Paragrafen). Im Geiste der Aufklärung gewährt es den Einwohnern individuelle Glaubens- und Gewissensfreiheit, indem es bestimmt:

„§ 1 Die Begriffe der Einwohner des Staates von Gott und göttlichen Dingen, der Glaube und der innere Gottesdienst können kein Gegenstand von Zwangsgesetzen sein.

§ 2 Jedem Einwohner im Staate muss eine vollkommene Glaubens- und Gewissensfreiheit gestattet werden.

§ 3 Niemand ist schuldig, über seine Privatmeinung in Religionssachen Vorschriften vom Staat anzunehmen."[109]

Das ALR hielt aber am öffentlichen Rang und an den Vorrechten der drei christlichen Hauptkonfessionen sowie am Anspruch des Staates auf die äußere Kirchenhoheit fest.[110]

§ 17 Die vom Staate ausdrücklich aufgenommenen Kirchengesellschaften haben die Rechte privilegierter Corporationen.

§ 18 Die von ihnen zur Ausübung ihres Gottesdienstes gewidmeten Gebäude werden Kirchen genannt und sind als privilegierte Gebäude des Staates anzusehen.

§ 19 Die bey solchen Kirchengesellschaften zur Feier des Gottesdienstes und zum Religionsunterrichte bestellten Personen haben mit anderen Beamten im Staate gleiche Rechte.

---

108 Vergl. dazu: *K. Schlaich*, Kollegialismus, EvStL[3], Stuttgart 1987, Sp. 1810 ff.

109 Zitiert nach: *E. R. Huber, W. Huber*, Staat und Kirche, Bd. 1, S. 3.; zur Kritik siehe: *H.-W. Strätz*, „Die Religionen Müsen all Tolerieret werden" – Religion als Rechtsbegriff, in: *M.-E. Geis, D. Lorenz*, Staat-Kirche-Verwaltung (FS *Hartmut Maurer*), München 2001, S. 443 ff.

110 Vergl. dazu: *P. Landau*, Friedrich Wilhelm IV. von Preußen und die Religionsfreiheit, JZ 1995, S. 909 ff.

§20 Eine Religionsgesellschaft, welche der Staat genehmigt, ihr aber die Rechte öffentlich aufgenommener Kirchengesellschaften nicht beygelegt hat, genießen nur die Befugnisse geduldeter Gesellschaften.[111]

Geduldeten Gesellschaften war zwar „*die freye Ausübung ihres Privat-Gottesdienstes verstattet*", sie konnten aber ohne staatliche Genehmigung kein Eigentum an gottesdienstlichen Gebäuden erwerben, durften sich keiner Glocken bedienen und keine „*öffentlichen Feyerlichkeiten außerhalb der Mauern ihres Versammlungshauses*" anstellen.

Ein ganz anderes Modell beherrschte die Vorstellungen der **Französischen Revolution** von 1789. Diese verwies die Religion in den Bereich privater Beliebigkeit und betrachtete die Religionsfreiheit als einen Unterfall der allgemeinen Meinungsfreiheit. Den Kirchen kommt kein öffentlicher Status mehr zu, im Gegenteil, sie werden bekämpft. Die durch die Französische Revolution mit ausgelöste Säkularisation führte schließlich zur völligen Zerstörung der alten Reichskirchenverfassung und zu einer neuen Phase im Verhältnis von Staat und Kirche. Wichtigstes Dokument dieser Entwicklung ist der **Reichsdeputationshauptschluss von 1803**,[112] durch den die geistlichen Reichsfürstentümer, Abteien, Klöster, Stifte und Orden aufgehoben wurden. Als Folge dieser Maßnahme geht die bisherige konfessionelle Geschlossenheit der Territorien verloren und das führt zu einer Differenzierung nicht nur in der Behandlung der bisher anerkannten Bekenntnisse, sondern auch in Richtung auf eine Anerkennung der Religionsfreiheit für jedermann. Darin lag eine grundlegende Umwälzung der staatskirchenrechtlichen Verhältnisse, wie sie in Deutschland über Jahrhunderte hinweg bestanden hatten.[113]

G. Die Entwicklung im 19. Jahrhundert[114]

Im 19. Jahrhundert setzt sich allmählich die Anerkennung der völligen Religionsfreiheit und der kirchlichen Autonomie durch. Vor allem für die evangeli-

111 Zitiert nach: *E. R. Huber, W. Huber*, Staat und Kirche Bd. 1, S. 4.

112 Eine Zusammenstellung der wesentlichen Bestimmungen findet sich bei: *E. R. Huber, W. Huber* ebd., S. 17 ff.; den gesamten Text vergl. bei: *U. Hufeld* (Hrsg.), Der Reichsdeputationshauptschluss von 1803, Köln, Weimar, Wien, 2003 (UTB Bd. 2387); zum RDH vergl. im Übrigen: *K.-P. Schroeder*, Des Alten Reiches langer Schatten – 200 Jahre Reichsdeputationshauptschluss, NJW 2003, S. 630 ff.; *S. Mückl*, Der Reichsdeputationshauptschluss von 1803, VBlBW 2002, S. 144 ff.; *H. Maier*, Was war Säkularisation und wie lief sie ab? Der Reichsdeputationshauptschluss von 1803 und seine Folgen, in: Essener Gespräche zum Thema Staat und Kirche Bd. 38, Münster 2004, S. 7 ff.

113 Vergl.: *B. Jeand'Heur*, Der Staat 1991, S. 450 f.

114 Vergl. dazu: *E. R. Huber*, Deutsche Verfassungsgeschichte seit 1789, Bd. 1^2, Stuttgart u. a. 1975, S. 387 ff.; *J. Mehlhausen*, Kirche zwischen Staat und Gesellschaft, in: *G. Rau, H.-R. Reuter, K. Schlaich* (Hrsg.), Das Recht der Kirche Bd. 2, Zur Geschichte des Kirchenrechts, Gütersloh 1995, S. 193 ff. (Forschungen und Berichte der Evangelischen Studiengemeinschaft Bd. 50); *Th. Nipperdey*, Deutsche Geschichte 1866–1918, Bd. 1 München 1998 (Sonderausgabe), S. 426 ff.

schen Kirchen bleibt es aber in Fortführung des landesherrlichen Kirchenregimentes beim Staatskirchentum, wenngleich sich die organisatorische Bindung zwischen Staat und Kirche immer mehr lockerte. So garantiert z. B. die badische Kirchenverfassung von 1861 der Landeskirche weitgehende Autonomie, behält aber wichtige Aufsichts- und Genehmigungsrechte vor allem auf dem Gebiete der Vermögensverwaltung zugunsten der staatlichen Behörden bei. Der Landesherr bleibt **„Summus episcopus"**. Allerdings wird in einer Neubelebung des alten Episkopalsystems seine Funktion als Staatsoberhaupt von seiner kirchlichen Rolle deutlich unterschieden. Das kommt auch in der allmählichen organisatorischen Verselbstständigung kirchlicher Behörden zum Ausdruck, z. B. in der Gründung des Evangelischen Oberkirchenrates in Preußen im Jahre 1850. Die Verhältnisse im Hinblick auf die römisch-katholische Kirche, die jedenfalls formal der staatlichen Kirchenhoheit unterlag, in ihren inneren Angelegenheiten jedoch weitgehend frei von direkter staatlicher Einflussnahme war, sind in der zweiten Hälfte des 19. Jahrhunderts vor allem geprägt durch den Versuch *Bismarcks*, im so genannten **„Kulturkampf"** (1870–1878) eine Einschränkung der kirchlichen Autonomie durchzusetzen. Im Ergebnis ist aber die selbstständige Stellung und Unabhängigkeit der römisch-katholischen Kirche in ihren innerkirchlichen Angelegenheiten durch diese Auseinandersetzungen gestärkt worden.[115]

Die neuen staatskirchenrechtlichen Bestrebungen finden ihren exemplarischen Ausdruck vor allem in den Bestimmungen der Reichsverfassung vom 28. März 1849 (**Paulskirchenverfassung**). Dort heißt es in Abschnitt VI. Die Grundrechte des deutschen Volkes unter Art. V.:

„§ 144. Jeder Deutsche hat volle Glaubens- und Gewissensfreiheit. Niemand ist verpflichtet, seine religiöse Überzeugung zu offenbaren.

§ 145. Jeder Deutsche ist unbeschränkt in der gemeinsamen häuslichen und öffentlichen Übung seiner Religion. Verbrechen und Vergehen, welche bei Ausübung dieser Freiheit begangen werden, sind nach den Gesetzen zu bestrafen.

§ 146. Durch das religiöse Bekenntniß wird der Genuß der bürgerlichen und staatsbürgerlichen Rechte weder bedingt noch beschränkt. Den staatsbürgerlichen Pflichten darf dasselbe keinen Abbruch thun.

§ 147. Jede Religionsgesellschaft ordnet und verwaltet ihre Angelegenheiten selbstständig, bleibt aber den allgemeinen Staatsgesetzen unterworfen. Keine Religionsgesellschaft genießt vor andern Vorrechte durch den Staat; es besteht fernerhin keine Staatskirche. Neue Religionsgesellschaften dürfen sich bilden; einer Anerkennung ihres Bekenntnisses durch den Staat bedarf es nicht.

§ 148. Niemand soll zu einer kirchlichen Handlung oder Feierlichkeit gezwungen werden.

§ 149. Die Formel des Eides soll künftig lauten: „So wahr mir Gott helfe."

---

115 Zum Verhältnis des Katholizismus zu Staat und Gesellschaft im 19. Jahrhundert vergl: *Th. Nipperdey*, Deutsche Geschichte 1866–1918, Bd. 1, München 1998, S. 449 ff.

§ 150. Die bürgerliche Gültigkeit der Ehe ist nur von der Vollziehung des Civilactes abhängig; die kirchliche Trauung kann nur nach der Vollziehung des Civilactes Statt finden. Die Religionsverschiedenheit ist kein bürgerliches Ehehinderniß.

§ 151. Die Standesbücher werden von den bürgerlichen Behörden geführt.“[116]

Als die wesentlichen staatskirchenrechtlichen Prinzipien, die die Paulskirchenverfassung kennzeichnen, können also festgehalten werden:

- die Anerkennung der vollen Glaubens- und Gewissensfreiheit;
- die religiöse Vereinigungsfreiheit ohne staatliche Genehmigung;
- die Ablehnung einer Staatskirche;
- das Selbstverwaltungsrecht der Religionsgemeinschaften;
- die Unterwerfung der Religionsgemeinschaften unter die allgemeinen Staatsgesetze;
- kein Status der Religionsgemeinschaften als Körperschaften des öffentlichen Rechts;
- keine Parität im Sinne des Westfälischen Friedens.

Umstritten war vor allem die Norm des § 147. In einer ersten Fassung der Grundrechte war zunächst davon die Rede, dass die Religionsgesellschaften (Kirchen), „*wie jede andere Gesellschaft im Staate, den Staatsgesetzen unterworfen bleiben*“. Dagegen gab es aus dem Raum der römisch-katholischen Kirche heftigen Widerspruch, weil man befürchtete, die Kirche könnte Sondergesetzen unterworfen werden. In der „Verwahrung des Mainzer Katholikentages an die Frankfurter Nationalversammlung“ vom 6. Oktober 1848 heißt es dazu:

„Die vollkommen freie und unabhängige Bewegung der Kirche in allen Beziehungen auf Lehre, Disciplin, Verfassung, ungefährdeten Besitz und sichere Verwaltung des Kirchen-, Schul- und Armenvermögens musste das katholische Volk vor Allem als den eigentlichen Schlußstein in Ansehung seiner Grundrechte gewährleistet sehen. Das katholische Volk hatte sich der Hoffnung hingegeben, hohe Reichsversammlung werde es nicht verkennen, daß ohne Sicherstellung dieser höchsten, weil geistigen Freiheit, der Zustand des katholischen Volkes ein schlimmerer sein müßte, als der materieller Sclaverei. – Das katholische Volk sieht mit banger Besorgniß diese seine Hoffnung durch die in der fünfundsiebenzigsten Sitzung der Reichsversammlung am 11. September jüngsthin gefaßten Beschlüsse gefährdet. Damit das erschütterte Vertrauen zu der hohen Reichsversammlung nicht vollens weiche, ist es durchaus nothwendig, daß Hochdieselbe durch eine beruhigende Erläuterung des Eingangs erwähnten zweiten Abschnitts des ersten Satzes des § 14 der Grundrechte jede Besorgniß vor möglichen Eingriffen staatsgesetzlicher Bestimmung in die freie, selbstständige, unabhängige Bewegung der Kirche vorbeuge.“[117]

Die Proteste führten zu der veränderten Formel in § 147:

---

116 Zitiert nach: *E. R. Huber, W. Huber*, Staat und Kirche, Bd. 2, S. 33 f.
117 Zitiert nach: *E. R. Huber, W. Huber* ebd., S. 13.

„Jede Religionsgesellschaft ordnet und verwaltet ihre Angelegenheiten selbstständig, bleibt aber den allgemeinen Staatsgesetzen unterworfen."

Die Befürchtungen, der Staat könne mit Sondergesetzen in die eigenen Angelegenheiten der Kirchen und Religionsgesellschaften eingreifen, waren damit ausgeräumt. Die zitierte **„Schrankenklausel"** hat die weitere staatskirchenrechtliche Entwicklung in Deutschland maßgeblich beeinflusst. Obwohl die in der Paulskirche beschlossene Reichsverfassung als solche nicht in Kraft trat, blieb sie *„auch im staatskirchenrechtlichen Bereich als Modell des kirchenpolitischen Systems des Rechts- und Kulturstaates von prägender Wirksamkeit für die mit der bürgerlichen Revolution einsetzende moderne Verfassungsepoche"*.[118] Die Frankfurter Reichsverfassung legte den Grundstein für das bis heute gültige System in Deutschland, in dem sich die Gewährleistung der Glaubens- und Gewissensfreiheit mit dem Selbstverwaltungsrecht der Religionsgemeinschaften in ihren eigenen Angelegenheiten und der Gleichstellung aller Religionsgemeinschaften verbindet.

Die **Preußische Verfassung von 1850**[119] (revidierte Verfassung) garantierte die Freiheit des religiösen Bekenntnisses, die Vereinigungsfreiheit und die öffentliche Religionsausübung (Art. 12), das Selbstbestimmungsrecht (Art. 15), allerdings ohne Gesetzesvorbehalt, und die Ämterhoheit (Art. 18). Die Staatskirchenhoheit schien damit abgeschafft zu sein. Abweichend von der Paulskirchenverfassung enthielt die Verfassung die Möglichkeit für Religionsgemeinschaften Korporationsrechte zu erlangen und sie damit zu privilegieren (Art. 13). Art. 14 bestimmte:

„Die christliche Religion wird bei denjenigen Einrichtungen des Staats, welche mit der Religionsausübung im Zusammenhang stehen, unbeschadet der im Art. 12 gewährleisteten Religionsfreiheit zum Grund gelegt."[120]

Die preußische Verfassung postulierte eine unbeschränkte Freiheit der Kirche und enthielt anderseits die besonders von *Friedrich Julius Stahl* vertretene Idee des christlichen Staates. Die Verfassung markierte eine Gegenposition zum Staatskirchentum des 18. Jahrhunderts. Die kirchliche Autonomie wurde aber im unterschiedlichen Maße verwirklicht, da die evangelische Kirche als Folge des fortbestehenden landesherrlichen Summepiskopats weiterhin der staatlichen Einflussnahme unterworfen blieb. Im Zuge des Kulturkampfes wurden durch die **Maigesetze von 1873** die Garantie der allgemeinen kirchlichen Autonomie (Art. 15) mit einem Vorbehalt der Staatsgesetze und der Staatsaufsicht versehen sowie die Freiheit der Kirche zur Ämterbesetzung hinsichtlich der Vorbildung, der Anstellung und der Entlassung der Geistlichen und im Blick auf die kirchliche Disziplinargewalt eingeschränkt. Das Ziel war dabei, die Kirchen als privilegierte Körperschaften einer strengen staatlichen Kontrolle zu unterwerfen. Den Kulturkampfgesetzen sollte auf diese Weise der Makel der Verfassungswidrigkeit genommen werden.

118 *E. R. Huber, W. Huber* ebd., S. 23.
119 Vergl. dazu: *E. R. Huber, W. Huber*, ebd., S. 34 ff.
120 Zitiert nach: *E. R. Huber, W. Huber*, ebd., S. 37.

Die im 19. Jahrhundert vertretenen **wissenschaftlichen Positionen** sind durch unterschiedliche politische Auffassungen über das Verhältnis des Staates zu den Kirchen gekennzeichnet.[121] *Emil Friedberg* (1837–1910) vertrat eine nationalliberale Variante des Staatskirchentums des 18. Jahrhunderts, die als Neuterritorialismus bezeichnet werden kann.[122] Wesentliche Kennzeichen seiner Auffassung sind:

- Loslösung des einzelnen Staatsbürgers aus den Fesseln der Kirche;
- Befreiung des Staates vom Einfluss der Kirche (Zivilehe);
- Oberaufsicht des Staates über die Kirche (Zwangscollegien für die Priesterausbildung);
- Befürwortung des Kanzelparagrafen.

Rudolph Sohm (1841–1917) argumentiert staatsphilosophisch.[123] Der Staat muss oberste souveräne Macht sein. Das gesamte Recht – auch das kirchliche – existiert nur als staatliches Recht. Der Staat ist Machtanstalt, die Kirche Heilsanstalt. Damit wird die Kirche als Organisation dem Staat noch radikaler untergeordnet als bei *Friedberg.* Der Staat hat aber die Kirche als ethisch gleichwertig als *„öffentliche Corporation"* privilegiert. Der Körperschaftsstatus wird damit staatstheoretisch legitimiert, nicht nur historisch.

Andere Grundsätze vertrat *Paul Hinschius* (1835–1898), nämlich:

- die Unabhängigkeit des Staates von der Kirche;
- die Selbstständigkeit der Kirchen in der Ordnung und Verwaltung ihrer eigenen Angelegenheiten.

Hinschius unterscheidet sich damit von *Friedberg* und *Sohm.* Er vertrat keine Kulturkampfpositionen. Die Kirche muss nach seiner Auffassung in Fragen ihrer Verfassungsstruktur unabhängig sein. Von den drei Schlagworten des Staatskirchentums des 18. und frühen 19. Jahrhunderts als Umschreibung der dem Staat verbliebenen Kirchenhoheit, nämlich

- das **Jus reformandi** – das Recht der Zulassung einer Religionsgemeinschaft zur privaten und öffentlichen Religionsausübung;
- das **Jus advocatiae** – die Schutzpflicht des Staates;
- das **Jus inspiciendi** – die Aufsicht des Staates über die Kirche

akzeptierte er nur das letzte. Dem Staat dürfe es gegenüber den Kirchen nur um die Respektierung seiner Rechtsordnung gehen. Sein Staatskirchenrecht war eine Ordnung der Koexistenz nicht der Koordination.

121 Vergl. dazu: *P. Landau*, Die Entstehung des neueren Staatskirchenrechts in der deutschen Rechtswissenschaft der zweiten Hälfte des 19. Jahrhunderts, in: *W. Schieder* (Hrsg.), Religion und Kirche im 19. Jahrhundert, Stuttgart 1993, S. 29 ff.

122 Das geltende Verfassungsrecht der evangelischen Landeskirchen in Deutschland und Österreich, 1879; Die Gränzen zwischen Staat und Kirche und die Garantien gegen deren Verletzung, 1872.

123 Das Verhältnis von Staat und Kirche aus dem Begriff von Staat und Kirche entwickelt, 1872.

Wilhelm Kahl (1849–1932)[124] griff auf den Sohm'schen Gedanken der ethischen Gleichwertigkeit von Staat und Kirche und das Jus advocatiae zurück. Der Staat müsse die Kirchen schützen und unterstützen und ihnen die wirkungsvolle Entfaltung ihrer geistlichen Kräfte erleichtern (Kirchenämter als öffentliche Ämter, Staatsleistungen, Zulassung zur Anstaltsseelsorge). Aus dem jus reformandi leitete Kahl die Möglichkeit des dreistufigen Systems der Behandlung von Religionsgemeinschaften ab:

- Anerkennung als öffentliche Korporationen;
- Recht zum Erwerb der Korporationsqualität und
- vereinsrechtliche Organisationsform.

Kahl lehnte ein Trennungssystem ab. Ein zentraler Begriff ist bei ihm die staatliche Kirchenhoheit. Seine Konzeption ist in wesentlichen Teilen in der Weimarer Reichsverfassung übernommen worden. Kahl selbst war Mitglied der Weimarer Nationalversammlung und später Reichstagsabgeordneter für die Deutsche Volkspartei.

Am Ende des 19. Jahrhunderts sind die organisatorische Trennung von Staat und Kirche und die Entwicklung von eigenen Kirchenleitungsorganen weitgehend vollzogen.

H. Die Weimarer Republik

Mit der Verfassung des Deutschen Reiches vom 11. August 1919 (**Weimarer Reichsverfassung)** wurde durch Art. 137 Abs. 1 – wie schon in der Paulskirchenverfassung – die grundsätzliche Trennung von Staat und Kirche proklamiert. Mit der Bestimmung *„Es besteht keine Staatskirche"* war die Wiedereinführung staatskirchlicher Rechtsformen ausgeschlossen. Die Weimarer Reichsverfassung führte das Trennungsmodell aber nicht radikal durch, sondern behielt Elemente der Verbindung des Staates mit den Kirchen bei. Insbesondere wurde ihnen weiterhin die hervorgehobene Stellung einer Körperschaft des öffentlichen Rechts belassen. Das System ist deshalb von *Ulrich Stutz* als „hinkendes" Trennungssystem bezeichnet worden.[125] Die darin liegende Spannung kommt u. a. darin zum Ausdruck, dass den Kirchen einerseits in Art. 137 Abs. 3 WRV das Selbstbestimmungsrecht in ihren eigenen Angelegenheiten zuerkannt wurde, andererseits aber nach damals herrschender Auffassung ein besonderes Staatsaufsichtsrecht bestehen blieb **(Korrelatentheorie)**. Wesentliche Artikel aus der Weimarer Reichsverfassung sind später durch Art. 140 GG in das Grundgesetz für die Bundesrepublik Deutschland übernommen worden.

124 Über ihn vergl.: *K. Achenbach*, Recht, Staat und Kirche bei *Wilhelm Kahl*, Regensburg 1972; *S. Burghard*, Prof. Dr. *Wilhelm Kahl*, Ein Leben zwischen Wissenschaft und Politik, Frankfurt a. M., 2005 (Rechtshistorische Reihe Bd. 320).

125 Zur Problematik vergl.: *K. Bielitz*, Kurzbegriffe zur Kennzeichnung des Verhältnisses von Staat und Kirche nach dem Grundgesetz, ZevKR 29 (1984), S. 101 ff.

Beim Zusammenbruch des Kaiserreiches befand sich der deutsche Protestantismus in einer vollkommen anderen Situation als die römisch-katholische Kirche. Während diese *„als Feind der modernen Philosophie und Wissenschaft, des modernen Staates, der modernen Nation wie überhaupt der modernen Gesellschaft und des neuen Deutschtums schlechthin“*[126] galt, hatte der Protestantismus die geistige Grundlage des Kaiserreichs und des preußisch-deutschen Beamtentums gebildet.[127] Mit dem Zusammenbruch 1918 ging ihm diese Rolle vollständig verloren und unter der Herrschaft der Weimarer Reichsverfassung sank die evangelische Kirche zu einer „Religionsgesellschaft“ unter anderen herab. Im Gegensatz dazu bot die Weimarer Reichsverfassung der römisch-katholischen Kirche die Chance, die Ziele zu verwirklichen, für die sie zuvor vergeblich gekämpft hatte.[128] Hatte im Kaiserreich die römisch-katholische Kirche um ihre rechtliche Gleichstellung kämpfen müssen, so war es nun die evangelische Kirche, die sich aus Gründen der Gleichbehandlung genötigt sah, dem Beispiel der katholischen Konkordatspolitik zu folgen und ebenfalls Verträge mit den Ländern Bayern (1924), Preußen (1931), und Baden (1932) abzuschließen. Die römisch-katholische Kirche war es also, die aus dem Zusammenbruch des protestantischen Kaiserreiches faktische Vorteile ziehen konnte, während der Protestantismus zu den großen Verlierern des Weltkrieges und der Revolution zu zählen ist. Die enge geistige und institutionelle Affinität des Protestantismus zum Kaiserreich hatte zur Folge, dass weite Teile der evangelischen Kirche dem neuen Staat innerlich fremd gegenüberstanden und zunächst eine generelle Ablehnung der neu geschaffenen Verhältnisse vorherrschte. Erst im Verlauf einer allmählichen Entwicklung, die durch tief greifende innerkirchliche Auseinandersetzungen gekennzeichnet war, kam es zu einer Wiederannäherung von evangelischer Kirche und Staat, die ihren Höhepunkt in einer *„Periode der Herstellung eines zunächst mehr amtlichen und rechtlichen Modus vivendi“*[129] fand. Die Tatsache, dass der Protestantismus der Weimarer Republik nicht grundsätzlich ablehnend gegenüberstand fand u. a. seinen Ausdruck in der „Vaterländischen Kundgebung“ während des Kirchentages 1927, durch die allen Kirchenmitgliedern die treue Mitarbeit im Staate zur Gewissenspflicht gemacht wurde.[130] Auch die Wahl Hindenburgs zum Reichspräsidenten erleichterte den protestantischen Bevölkerungskreisen die Loyalität zur Weimarer Republik. Dabei darf jedoch nicht übersehen werden, dass es sich in erster Linie um eine Loyalität des Verstandes und nicht um eine tatsächliche innere Über-

126 *W. Gurian*, Der Kampf um die Kirche im Dritten Reich², Luzern 1936, S. 15.

127 Siehe dazu: *R. Smend*, Protestantismus und Demokratie (1932), in: *Ders.*, Staatsrechtliche Abhandlungen, Berlin 1955, S. 295 ff.

128 Vergl. dazu: *A. Hollerbach*, Rechts- und Staatsdenken im deutschen Katholizismus der Weimarer Zeit, in: *J. Isensee, W. Rees, W. Rüfner* (Hrsg.), Dem Staate, was des Staates – der Kirche, was der Kirche ist, (FS *Joseph Listl)*, Berlin 1999, S. 49 ff.

129 *Smend*, a. a. O., S. 301.

130 Zu dieser Kundgebung vergl.: *R. Wright*, „Über den Parteien“, Die politische Haltung der evangelischen Kirchenführer 1918–1933, Göttingen 1977, S. 88 (AKZ Reihe B: Darstellungen, Bd. 2).

einstimmung mit dem politischen System gehandelt hat. Die nie ganz überwundene innere Beziehungslosigkeit zum demokratischen Staat sowie das Bemühen, sich aus dem politischen Kampf der Parteien möglichst herauszuhalten, hinderte die evangelische Kirche daran in der Phase der Auflösung der Weimarer Republik – entgegen des Ratschlags von *Johannes Heckel*[131] – ihr Gewicht zugunsten der Erhaltung der verfassungsmäßigen Ordnung in die Waagschale zu werfen.

I. Das „Dritte Reich"

Durch die Machtergreifung der Nationalsozialisten im Januar 1933 und die nachfolgenden politischen Entwicklungen ist der Weimarer Reichsverfassung als Staatsgrundgesetz der Boden entzogen worden, ohne dass sie formal außer Kraft gesetzt worden wäre. Unter der geistigen Federführung von *Carl Schmitt,*[132] *„des wohl bedeutendsten und zugleich umstrittensten Staatsrechtslehrers des 20. Jahrhunderts"*,[133] setzte sich alsbald in der Rechtswissenschaft und in der Praxis die Auffassung durch, *„daß die Weimarer Verfassung nicht nur dem Geiste nach, sondern auch formal zu gelten aufgehört hat, und durch das neue völkische Recht ‚auf seiner eigenen Grundlage ruht'"*[134] Auch die staatskirchenrechtlichen Verhältnisse konnten davon nicht unberührt bleiben.

Ein Merkmal der staatlichen Kirchenpolitik im „Dritten Reich" war der Versuch, die beiden großen Kirchen mit Hilfe einer zentralen Reichsbehörde einer verschärften staatlichen Aufsicht zu unterwerfen. Die angestrebte Lösung bestand nach einer *Hitler* im Januar 1935 vom ehemaligen Staatssekretär im Reichserziehungsministerium *Wilhelm Stuckart* vorgelegten Denkschrift „Staat und evangelische Kirche" in der radikalen Trennung von Staat und Kirche unter gleichzeitiger Verschärfung der Staatsaufsicht, insbesondere über die kirchliche Verwaltung.[135] Die Wirkungsmöglichkeiten der Kirchen sollten auf diese Weise zugunsten des Staates absorbiert werden. Durch *„eine Art Verdrängungseffekt, der durch totale Ausbreitung des Staates zustande kommt"* wäre in diesem Sinne *„die Staatskirchenhoheit oder staatliche Oberaufsicht über die Kirche als Vorstufe eines Trennungssystems anzusehen, einer Trennung allerdings, die Ausschaltung oder Liquidierung meint"*[136]

131 Vergl. dazu: *Wright*, ebd., S. 177.

132 Vergl.: Staat-Bewegung-Volk, Die Dreigliederung der politischen Einheit[2], Hamburg 1933, S. 5.

133 *M. Dahlheimer*, Carl Schmidt und der deutsche Katholizismus 1888–1936, Paderborn u. a. 1998, S. 13 (Veröffentlichungen der Kommission für Zeitgeschichte, Reihe B Forschungen, Bd. 83).

134 *E. R. Huber*, Verfassungsrecht des Großdeutschen Reiches, Hamburg 1939, S. 46 f.

135 Zu dieser Denkschrift vergl.: *E. Siegele-Wenschkewitz*, Nationalsozialismus und Kirchen. Religionspolitik von Partei und Staat bis 1935, Düsseldorf 1974, S. 205 ff. (Tübinger Schriften zur Sozial- und Zeitgeschichte Bd. 5); *H. Kreutzer*, Das Reichskirchenministerium, S. 68 ff.

136 *E. Siegele-Wenschkewitz*, ebd., S. 208.

Zu diesem Zweck schlug *Stuckart* die Schaffung einer in Reich und Ländern allein zuständigen Stelle für die Staatskirchenfragen vor. Das führte zu dem „Erlaß des Führers über die Zusammenführung der Zuständigkeiten des Reiches und Preußens in Kirchenangelegenheiten“ vom 16. Juli 1935, mit dem die bisher im Reichs- und Preußischen Ministerium des Innern sowie im Reichs- und Preußischen Ministerium für Wissenschaft, Erziehung und Volksbildung bearbeiteten kirchlichen Angelegenheiten auf das neu gegründete **Reichskirchenministerium** übertragen wurden.[137] Die Leitung übernahm der ehemalige preußische Justizminister und damalige Minister ohne Geschäftsbereich *Hanns Kerrl* (1887–1941). Die Politik *Kerrls*, der persönlich von der Möglichkeit einer Verbindung von Christentum und nationalsozialistischer Weltanschauung überzeugt war, in den Jahren 1935 bis 1937 mit Hilfe der Kirchenausschüsse eine Befriedung der kirchenpolitischen Lage herbeizuführen,

137 Vergl. dazu im Ganzen: *H. Kreutzer*, Das Reichskirchenministerium. *Kreutzer* widmet sich der Darstellung der Verwaltungsorganisation des Reichskirchenministeriums, die sie mit ausführlichen biographischen Hinweisen zu den leitenden Mitarbeitern verbindet. Dies betrifft nicht nur den Minister selbst, sondern vor allem seinen Stellvertreter *Hermann Muhs*, ein betonter Förderer der Deutschen Christen, der das Ministerium nach dem Tode *Kerrls* bis zum Ende als Staatssekretär leitete, sowie die beiden Abteilungsleiter *Joseph Roth* für die römisch-katholische Abteilung und *Julius Stahn* für die evangelische Abteilung. *Roth*, ein katholischer Priester, hatte sich vor allem den Kampf gegen die katholische Amtskirche und das Reichskonkordat auf die Fahnen geschrieben, während der aus der geistlichen Abteilung des preußischen Kultusministeriums übernommene *Stahn* als bewusst evangelische und kirchlich eingestellte Persönlichkeit galt. Das trifft auch für seinen engsten Mitarbeiter *Erich Ruppel* zu, der ebenfalls dezidiert kirchenfreundliche Standpunkte vertrat. *Kreutzer* unterscheidet innerhalb des Ministeriums vier Gruppen, mit unterschiedlichen biographischen Hintergründen und kirchenpolitischen Zielsetzungen. Die erste Gruppe bestand aus den klassischen Laufbahnjuristen, die bereits vor 1933 ihre berufliche Tätigkeit in der kirchlichen Verwaltung oder der staatlichen Kultusbürokratie begonnen hatten. Daneben gab es jüngere Beamte, die aus dem Staatsdienst übernommen wurden, ohne im Unterschied zur dritten Gruppe in der NSDAP besonders hervorgetreten zu sein. Die dritte Gruppe bestand aus solchen Personen, deren berufliche Karriere ohne die Partei nicht denkbar gewesen wäre und die deshalb stark daran interessiert waren, die Ziele der Partei im Ministerium durchzusetzen. Zu dieser Gruppe gehörte nach der Darstellung von *Kreutzer* auch der spätere juristische Kirchenrat im lippischen Landeskirchenamt *Adalbert von Hanstein*, dem aber bescheinigt wird, dass er *„im Grunde kirchenfreundlich eingestellt“* war. Eine Sonderstellung schließlich nahm die vierte Gruppe von evangelischen Pfarrern und katholischen Priestern ein, die sich dem Nationalsozialismus verschrieben hatten. Auf evangelischer Seite waren dies der frühere Probst in Bad Segeberg *Ernst Szymanowski*, der seinen Namen im Juni 1941 in *Biberstein* änderte, und *Willi Dudzus*, der später als Kirchenreferent beim Reichsstatthalter in Warthegau noch unrühmlich in Erscheinung trat. Auf katholischer Seite ist außer *Joseph Roth*, gegen den Kardinal *Faulhaber* trotz dessen kirchenfeindlichen Verhaltens erstaunlicher Weise keine Sanktionen ergriff und der seine Stellung als katholischer Priester nie verlor, der ehemalige Priester und Jurist *Sebastian Schröcker* zu erwähnen, der es nach dem Kriege bis zum Richter am Bundesverwaltungsgericht in Berlin brachte.

scheiterte aber nicht nur an der kirchlichen Opposition, sondern nicht zuletzt an seinen innerparteilichen Gegnern um *Martin Bormann, Reinhard Heydrich* und *Alfred Rosenberg*, die kompromisslos das Ziel verfolgten, die Kirchen ganz aus dem öffentlichen Leben zu verdrängen und auf ein „Sakristeichristentum" zu beschränken. Während des „Dritten Reiches" fiel allerdings keine Entscheidung mehr darüber, mit welcher staatskirchenrechtlichen Konzeption das kirchenpolitische Ziel, die Entfaltungsmöglichkeiten der Kirche im öffentlichen Leben soweit wie möglich zu beschränken, erreicht werden sollte. Hitler überließ das kirchenpolitische Feld den rivalisierenden Gruppen in Partei und Staat. In den alten Reichsteilen blieb es daher weitgehend bei den bisherigen staatskirchenrechtlichen Verhältnissen und nur in dem nach der Eroberung Polens angeschlossenen „Reichsgau Wartheland" konnten sich die radikalen Parteikräfte mit ihrer rigiden Trennungspolitik durchsetzen.[138]

Der Gründung des Reichskirchenministeriums war auf evangelischer Seite der letztlich gescheiterte Versuch des Reichsbischofs *Ludwig Müller* und seines „Rechtswalters", *August Jäger* vorausgegangen, die Landeskirchen zwangsweise in die neu gegründete Deutsche Evangelische Kirche (DEK) einzugliedern. Die evangelischen Landeskirchen hatten sich bereits 1922 zum Deutschen evangelischen Kirchenbund zusammengeschlossen. Obwohl es sich dabei nur um eine lose föderative Vereinigung handelte, war dieser Kirchenbund bereits Ausdruck des Bestrebens nach einer evangelischen Nationalkirche. Die Umgestaltung dieses föderativen Kirchenbundes in eine Reichskirche wurde von den Nationalsozialisten seit 1933 vorangetrieben. Der von der ersten Nationalsynode im September 1933 gewählte Reichsbischof *Ludwig Müller* betrieb die rücksichtslose Anpassung der evangelischen Kirche an die Erfordernisse des nationalsozialistischen Staates und schreckte dabei auch nicht vor zahlreichen Rechtsbrüchen und offener Gewaltanwendung zurück. Diese Ereignisse führten zum evangelischen **Kirchenkampf**,[139] da sich die kirchliche Opposition in der Bekennenden Kirche organisierte, die im Mai 1934 ihre erste Bekenntnissynode in Wuppertal-Barmen abhielt. Dieser Synode kommt kirchengeschichtliche Bedeutung nicht nur deshalb zu, weil es seit der Reformation zum ersten Mal gelang, die Vertreter lutherischer, reformierter und unierter Kirchen zu einer gemeinsamen Synode zusammenzuführen, sondern die von ihr verabschiedete **„Barmer Theologische Erklärung"** hat nachhaltige Wirkungen entfaltet, die weit über den historischen Kontext hinausreichen.[140]

138 Vergl. dazu: *P. Gürtler*, Nationalsozialismus und evangelische Kirchen im Warthegau, Trennung von Staat und Kirche im nationalsozialistischen Weltanschauungsstaat, Göttingen 1958 (Arbeiten zu Geschichte des Kirchenkampes Bd. 2).

139 Vergl. dazu: *K. Meier*, Der evangelische Kirchenkampf; *K. Scholder*, Die Kirchen und das Dritte Reich.

140 Vergl. dazu: *J. Winter*, Die Bedeutung der Barmer Theologischen Erklärung von 1934 für die Arbeit der Diakonie im sozialen Rechtsstaat. Jahrbuch der Diakonie 1988/89, S. 273 ff.

Die Auseinandersetzungen um die evangelische Kirche vollzogen sich vor allem in der Form des innerkirchlichen Rechtskampfes, da es den Nationalsozialisten mit Hilfe der Glaubensbewegung der „Deutschen Christen" gelang, den kirchlichen Verwaltungsapparat unter ihre Kontrolle zu bringen. Ein solches Vorgehen verbot sich im Bereich der römisch-katholischen Kirche, da diese über eine internationale hierarchische Organisation verfügt, in die einzubrechen nicht gelingen konnte. Die Taktik, die im Kampf gegen den Katholizismus eingeschlagen wurde, war daher nicht der Versuch, wie in der evangelischen Kirche Einfluss auf die Kirchenleitung zu gewinnen, sondern bestand in dem Bemühen, die katholische Kirche durch scharfe Einengung ihres Betätigungsfeldes allmählich um ihre öffentliche Wirksamkeit zu bringen. In den ersten Monaten des Jahres 1933 sah es freilich so aus, als ob es zu einer Entspannung zwischen der katholischen Kirche und den Nationalsozialisten kommen würde. Das Verhältnis war aus den Jahren der Weimarer Republik durch die bischöflichen Warnungen erheblich belastet und die Märzwahlen 1933 hatten gezeigt, dass der Nationalsozialismus auch nach der Machtergreifung nicht mit einem größeren Zulauf aus den katholischen Bevölkerungskreisen rechnen konnte, solange diese Warnungen bestanden. Ein vorrangiges Ziel *Hitlers* musste es daher sein, die Bischöfe zu einer Revision ihrer ablehnenden Haltung zu veranlassen. Die Regierungserklärung vom 23. März 1933 war ein wesentlicher Schritt auf diesem Wege. *Hitler* garantierte den Kirchen ihre Rechte, machte Zugeständnisse an die kulturpolitischen Forderungen des Zentrums und sprach den Wunsch nach freundschaftlichen Beziehungen zum Heiligen Stuhl aus. Diese Ausführungen dienten in erster Linie dazu, die Zustimmung des Zentrums zum Ermächtigungsgesetz zu erwirken, ermöglichte aber auch den deutschen Bischöfen vorsichtig von ihrer bisherigen ablehnenden Haltung abzurücken, wie es in der Kundgebung vom 28. März 1933 dann auch tatsächlich erfolgte.[141]

Mit der Zustimmung des Zentrums zum Ermächtigungsgesetz und der teilweisen Revision der bischöflichen Warnungen waren wesentliche Vorraussetzungen erfüllt, die den Abschluss des **Reichskonkordats** ermöglichten. Der Abschluss des Reichskonkordats war für den Vatikan von besonderer Bedeutung, da mit der nationalsozialistischen Machtergreifung die Garantien der Weimarer Reichsverfassung entfallen waren. Nur der Abschluss eines Konkordats mit der neuen Reichsregierung bot die Möglichkeit, die Beziehungen zwischen Staat und Kirche wieder auf eine rechtsverbindliche Grundlage zu stellen. Die vertraglich zugesicherten kirchlichen Rechte brachten den Vorteil, dass Verletzungen derselben wenn schon nicht verhindert, aber doch als Vertragsbruch angeprangert werden konnten. Dem nationalsozialistischen Staat freilich verschaffte der Vatikan mit dem Abschluss des Vertrages einen

141 Der Text ist abgedruckt bei *W. Corsten* (Hrsg.), Kölner Aktenstücke zur Lage der Katholischen Kirche in Deutschland 1933–1945, Köln 1949, Nr. 6; zur Vorgeschichte und zu den Auswirkungen dieser Kursänderung vergl. *L. Volk*, Das Reichskonkordat vom 20. Juli 1933, Mainz 1972 (Veröffentlichungen der Kommission für Zeitgeschichte, Reihe B: Forschungen Bd. 5), S. 59 ff.

wesentlichen außenpolitischen Prestigegewinn und damit eine Stärkung seiner internationalen Vertrauenswürdigkeit. Innenpolitisch allerdings hinderte das Reichskonkordat die Nationalsozialisten nicht daran, ihre Bemühungen um eine Verdrängung des Katholizismus aus dem öffentlichen Leben intensiv fortzusetzen. Das geschah teilweise unter offenem Bruch der Konkordatsbestimmungen, teilweise durch den Versuch, die katholische Geistlichkeit moralisch zu diskreditieren.[142]

Seit dem Aufsatz „Der deutsche Katholizismus im Jahre 1933"[143], den *Ernst-Wolfgang Böckenförde* 1961 veröffentlicht hat, hat sich die Auffassung durchgesetzt, dass die römisch-katholische Kirche keineswegs in grundsätzlicher Opposition zu den politischen Zielen des Nationalsozialismus gestanden hat, sondern bereit war, um der Sicherung der eigenen kirchen- und kulturpolitischen Interessen willen mit den Nationalsozialisten eine gemeinsame Basis zu suchen. Als Nachwirkungen des Kulturkampfes im 19. Jahrhundert, durch den der Katholizismus aus dem Staat herausgedrängt wurde, litt der deutsche Katholizismus nach *Böckenförde* an einer spezifischen Verengung des politischen Bewusstseins. Dieses bestand in der Neigung des gläubigen Katholiken auch zu allgemeinen politischen Fragen nicht als Staatsbürger, sondern als Glied seiner Kirche Stellung zu nehmen. Auch zeichnete sich der deutsche Katholizismus bereits während der Zeit der Weimarer Republik durch eine betont nationale Haltung und einen ausgeprägten Antikommunismus und Antiliberalismus aus. Damit war aber ein Gleichklang mit den politischen Vorstellungen des Nationalsozialismus gegeben, der grundsätzlich dazu geeignet war, die tragfähige Basis einer politischen Zusammenarbeit abzugeben. Die Anpassung der katholischen Kirche an die Verhältnisse des nationalsozialistischen Staates wurde im Übrigen durch die auf Papst Leo XIII. zurückgehende Lehre gefördert, nach der die katholische Kirche sich gegenüber den Staatsformen neutral zu verhalten hat, solange die kirchlichen Rechte und die Ausübung der katholischen Religion gesichert sind. Aus heutiger Sicht kann man die Beurteilung der Haltung der römisch-katholischen Kirche zum nationalsozialistischen Staat dahingehend zusammenfassen, dass sie zwar entschlossen und mutig ihre Rechte verteidigt, – mit Ausnahme der Stellung-

142 Vergl. dazu: *H.G. Hockerts*, Die Sittlichkeitsprozesse gegen katholische Ordensangehörige und Priester 1936/37. Eine Studie zur nationalsozialistischen Herrschaftstechnik und zum Kirchenkampf, Mainz 1971 (Veröffentlichungen der Kommission für Zeitgeschichte bei der katholischen Akademie in Bayern, Reihe B. Forschungen, Bd. 6).

143 Hochland 53 (1961), S. 215 ff. (wieder abgedruckt in: *Ders.*, Kirchlicher Auftrag und politische Entscheidung, Freiburg 1973, S. 30 ff.); zu der heftigen Kritik, die *Böckenfördes* Darlegungen hervorgerufen haben, vergl. vor allem: *H. Buchheim*, Der deutsche Katholizismus im Jahre 1933, Eine Auseinandersetzung mit *Ernst-Wolfgang Böckenförde*, Hochland 53 (1961), S. 497 ff. sowie *Böckenfördes* Stellungnahme dazu, Hochland 54 (1962), S. 217 ff.; zum Verhältnis der römisch-katholischen Kirche zum Nationalsozialismus vergl im Übrigen: *U. v. Hehl*, Kirche und Nationalsozialismus. Ein Forschungsbericht; *D. Albrecht*, Der Vatikan und das Dritte Reich, beide in: Rottenburger Jahrbuch für Kirchengeschichte Bd. 2, Sigmaringen 1983, S. 11 ff. u. S. 31 ff.

nahme zur Euthanasiefrage in der Enzyklika von Papst Pius XI. „Mit brennender Sorge" vom 14. März 1937 – jedoch als Institution keinen grundsätzlichen Widerstand gegen das Regime geleistet hat.

Zur Erörterung staatskirchenrechtlicher Fragen wurde 1938 in der Akademie für Deutsches Recht ein Ausschuss für Religionsrecht[144] eingerichtet, der dazu berufen war, *„in einer ganz engen, unmittelbaren Fühlung mit dem zuständigen Ressort, d. h. also dem Reichsminister für die kirchlichen Angelegenheiten, auf dem Gebiete des katholischen und evangelischen Kirchenrechts, … die aktuellen Fragen, die der Nationalsozialismus auf dem Gebiet des Religionsrechts aufwirft, nach bewährten wissenschaftlichen Methoden zu fördern.“*[145] Zu seinen Mitarbeitern zählten nicht nur die Professoren *Johannes Heckel*, *Werner Weber*, *Ernst Forsthoff* und *Hans Barion*, sondern auch Praktiker aus dem Reichskirchenministerium, die nach dem Kriege hohe kirchliche oder staatliche Ämter bekleidet haben, wie der spätere leitende Jurist des Landeskirchenamtes der evangelischen Landeskirche Hannovers, *Erich Ruppel*, der spätere juristische Kirchenrat im lippischen Landeskirchenamt *Adalbert von Hanstein* und der spätere Richter am Bundesverwaltungsgericht *Sebastian Schröcker*.[146] Als in dieser Zeit aktive Staatskirchenrechtler sind

144 Zur Arbeit dieses Ausschusses vergl. *meine* Dissertation, Die Wissenschaft vom Staatskirchenrecht im Dritten Reich, Frankfurt a. M. u. a. 1979; S. 67 ff. (Europäische Hochschulschriften, Reihe II Rechtswissenschaften Bd. 212); Die Protokolle dieses Ausschusses sind inzwischen ediert durch *W. Schubert (Hrsg.)*, Ausschuß für Religionsrecht, Akademie für Deutsches Recht, Protokolle der Ausschüsse Bd. XV, Frankfurt a. M. u. a. 2003.

145 So der Vorsitzende des Ausschusses Ministerialdirektor *Dr. Meyer* in seiner Eröffnungsansprache zur ersten Sitzung am 28. 9. 1938, in: Schubert ebd., S. 2.

146 Zur Biografie dieser Personen und ihren kirchenpolitischen Haltungen vergl.: *H. Kreutzer*, Das Reichskirchenministerium und *W. Schubert*, Ausschuss für Religionsrecht, S. XXVIII ff.; mit *Schröcker* verbindet den Autor die Kontroverse um die Arbeit des Ausschusses für Religionsrecht, vergl: *S. Schröcker*, Die Wissenschaft vom Staatskirchenrecht im Dritten Reich, Der Staat 1981, S. 423 ff. und *J. Winter*, Standpunkte zur Wissenschaft vom Staatskirchenrecht im „Dritten Reich". Eine Auseinandersetzung mit *Sebastian Schröcker*, Der Staat 1982, S. 591 ff.; zu dieser Kontroverse siehe auch: *Schubert*, ebd., S. XXVII f.

außerdem zu nennen *Erik Wolf*[147] auf evangelischer Seite und *Hans Peters*[148] auf der katholischen, die beide der kirchlichen Opposition angehörten.

Literatur:

M. Heckel, Autonomia und Pacis Compositio. Der Augsburger Religionsfrieden in der Deutung der Gegenreformation, ZRG. Kan. Abt. 1959, S. 141 ff. (= *Ders.* Gesammelte Schriften Bd. 2, Tübingen 1989, S. 1 ff.); *Ders.,* Zur Entwicklung des deutschen Staatskirchenrechts von der Reformation bis zur Schwelle der Weimarer Verfassung, ZevKR 12 (1966/67), S. 1 ff.; *Ders.*, Deutschland im konfessionellen Zeitalter, Göttingen 1983, S. 33 ff.; *Ders.*, Augsburger Religionsfriede, RGG⁴, Tübingen 1998, S. 958; *E. R. Huber, W. Huber*, Staat und Kirche im 19. und 20. Jahrhundert, Dokumente zur Geschichte des deutschen Staatskirchenrechts, vier Bände, Berlin 1973–1988; *B. Jeand'Heur,* Der Begriff der „Staatskirche" in seiner historischen Entwicklung, Der Staat 1991, S. 442; *P. Landau*, Die Entstehung des neueren Staatskirchenrechts in der deutschen Rechtswissenschaft der zweiten Hälfte des 19. Jahrhunderts, in: *W. Schieder* (Hrsg.), Religion und Kirche im 19. Jahrhundert, Stuttgart 1993, S. 29 ff.; *D. Pirson*, Die geschichtlichen Wurzeln des Staatskirchenrechts, in *J. Listl, D. Pirson* (Hrsg.), HdbStKirchR² Bd. 1, Berlin 1994, S. 3 ff.; *R. Zippelius*, Staat und Kirche, Eine Geschichte von der Antike bis

147 Zu seiner Person vergl.: *A. Hollerbach*, Erinnerungen an *Erik Wolf*, Freiburger Universitätsblätter 2002, S. 99 ff.
Erik Wolf wurde am 13. 5. 1902 in Biebrich am Rhein geboren. Nach seiner Studienzeit in Jena begann er seine Lehrtätigkeit zunächst als Privatdozent in Heidelberg. 1928 wurde er auf den ordentlichen Lehrstuhl für Strafrecht und Rechtsphilosophie nach Rostock berufen. 1930 folgte er einem Ruf auf das gleiche Ordinariat nach Kiel. Seit 1930 lehrte er bis zu seiner Emeritierung im Jahre 1967 in Freiburg im Breisgau. Seine Gegnerschaft zu den Deutschen Christen führte ihn bald in den Freiburger Ortsbruderrat der Bekennenden Kirche. Sein Engagement in der Bekennenden Kirche brachte es mit sich, dass er unmittelbar nach Kriegsende zu den Männern gehören konnte, die den Wiederaufbau der evangelischen Kirche in Angriff nahmen.1961 erschien in Frankfurt a. M. sein kirchenrechtliches Hauptwerk Ordnung der Kirche. Zu seinen übrigen kirchenrechtlichen Schriften vergl. im Übrigen den von *A. Hollerbach* herausgegebenen Sammelband Rechtstheologische Studien (Ausgewählte Schriften II), Frankfurt a. M. 1972. E*rik Wolf* starb kurz nach der Vollendung seines 75. Lebensjahres am 13. Oktober 1977 in Oberrotweil im Kaiserstuhl.

148 Zu seiner Person vergl.: *Joh. Spörl*, Persönliche Erinnerungen an *Hans Peters* und *P. Mikat*, *Hans Peters*, beide in: Jahres- und Tagungsberichte der Görres-Gesellschaft 1966, S. 46 ff.; *K. Stern*, Im Memoriam *Hans Peters*, Krefeld 1967; *P. Mikat*, Staatslexikon⁷, *Peters*, Sp. 365 f.; *Hans Peters* geboren am 5. September 1896 in Berlin, verband eine Laufbahn in der preußischen Verwaltung mit einer wissenschaftlichen Karriere, die ihm zunächst eine außerordentliche Professur in Berlin einbrachte (1928). 1946 übernahm er ein Ordinariat an der Humboldt-Universität. Seit 1949 lehrte er an der Universität in Köln. Peters war Abgeordneter des Zentrums im preußischen Landtag (1933), in der Berliner Stadtverordnetenversammlung und im Rat der Stadt Köln (1952–61). Als *Franz von Papen* 1932 zum Reichskommissar für Preußen ernannt wurde verteidigte er im Prozess vor dem Staatsgerichtshof in Leipzig den Weimarer Rechtsstaat, vergl. *G. Brakelmann*, Helmuth James Graf von Molke 1907-1945, Eine Biographie, München 2007, S. 66 f.; ab Februar 1940 gehörte *Peters* zum engeren Freundeskreis des „Kreisauer Kreis", vergl. *Brackelmann*, ebd., S. 139. *Hans Peters* starb im Januar 1966.

zur Gegenwart, München 1997 (Beck'sche Reihe 1209); *K. Meier*, Der evangelische Kirchenkampf, Gesamtdarstellung in drei Bänden, Göttingen 1976–1984; *K. Scholder*, Die Kirchen und das Dritte Reich, Bd. 1, Frankfurt a. M. 1977, Bd. 2, Berlin 1985; Bd. 3 (Forts. von *G. Besier*), Berlin 2001; *Chr. Link*, Die Bedeutung des Westfälischen Friedens in der deutschen Verfassungsentwicklung, ZbayKG 1998, S. 12 ff.; *H. Kreutzer*, Das Reichskirchenministerium im Gefüge der nationalsozialistischen Herrschaft, Düsseldorf 2000, S. 68 ff. (Schriften des Bundesarchivs Bd. 56); *Chr. Hillgruber*, Staat und Religion, DVBl 1999, S. 1155 ff.; *H. Maier*, „Religionen in den Staat verweben" – zur historischen Entwicklung von Kirche und Staat in Deutschland, KuR 2000, S. 1 ff. (= 120, S. 43 ff.); *Chr. Link*, Staat und Kirche in der neueren deutschen Geschichte, Frankfurt a. M. 2000 (Schriften zum Staatskirchenrecht, Bd. 1); *A. v. Campenhausen*, *H. de Wall*, Staatskirchenrecht[4], München 2006, S. 1 ff.; *G. Czermak*, in Kooperation mit *E. Hilgendorf*, Religions- und Weltanschauungsrecht, Eine Einführung, Berlin, Heidelberg 2008, S. 1 ff.

III. Zu den Lehren der Kirchen über das Verhältnis von Staat und Kirche

A. Biblische Grundlagen

Die Bibel enthält weder eine Staatslehre noch eine Theorie über das Verhältnis von Staat und Kirche. Abstrakte staatstheoretische Erwägungen sind ihr ebenso fremd wie die heute üblichen Begriffe „Staat" und „Staatsverfassung". Mit politischen Fragen setzt sich Jesus konkret auseinander.

„Für Jesus ist der Staat keine absolute letzte Größe, er relativiert ihn und weist auf den Mißbrauch politischer Gewalt hin (vgl. die unüberhörbare Kritik bei Mk 10,24). Jesus verneint die politische Gewalt nicht, aber er bejaht sie auch nicht vorbehaltlos, und diese kritische und distanzierte Haltung, die den Dienst in den politischen und gesellschaftlichen Bereichen nicht ausschließt, wohl aber begrenzt, ist von überzeitlicher, stets aktueller politischer Bedeutung, da sie auf Gott weist. In diesem Sinne ist auch Jesu Wort vom Zinsgroschen ‚Gebt dem Kaiser, was des Kaisers ist, und Gott was Gottes ist, (Mk. 12, 17 und Parallelstellen) zu verstehen. … Auch hier ist der politische Bezug offenkundig: zwar schuldet der Mensch dem Kaiser Gehorsam, aber der Kaiser ist nicht Gott, ihm darf nicht gegeben werden, was Gottes ist; erhebt er Anspruch auf die Ganzheit des Menschen, so verliert sein Anspruch die Berechtigung; implizit besagt das Wort bei Mk. 12,17 also auch dies: ‚Gebt dem Kaiser nicht ***mehr****, als ihm gebührt. Gebt ihm nicht was Gottes ist."*[149]

Die Bibel hält die Mitte zwischen den extremen Positionen der generellen Ablehnung einer weltlichen Obrigkeit einerseits und ihrer Glorifizierung andererseits. Das gilt auch für Römer 13, 1 ff.:

„Jedermann sei untertan der Obrigkeit, die Gewalt über ihn hat. Denn es ist keine Obrigkeit außer von Gott; wo aber Obrigkeit ist, die ist von Gott angeordnet. Wer sich nun der Obrigkeit widersetzt, der widerstrebt der Anordnung Gottes; die ihr aber widerstreben, ziehen sich selbst das Urteil zu."

Der Apostel Paulus fordert zwar Gehorsam gegenüber der weltlichen Obrigkeit, doch darf dies im Gesamtkontext seiner Theologie nicht als unbegrenzte Pflicht zum Gehorsam verstanden werden. Die Bibel kennt auch den Missbrauch politischer Macht. Besonders in der Apokalypse wird das Bild der alles verschlingenden politischen Gewalt gezeichnet (Offenbarung 13). Daraus ergibt sich eine klare Verwerfung jeder totalitären politischen Gewalt und die Ablehnung eines Staatskultes.

---

149 *P. Mikat*, HdbStKirchR^2 Bd. 1, S. 124.

B. Zur Lehre der römisch-katholischen Kirche

Nach ursprünglicher Auffassung der römisch-katholischen Kirche begegnen sich Staat und Kirche als selbstständige souveräne Mächte eigenen Rechts. Der Staat besitzt im irdisch-politischen Bereich Selbstständigkeit, während die Kirche ihre Heilsaufgaben selbstständig wahrnimmt. Mit diesem Prinzip sind Bestrebungen der Staatsgewalt, die Kirche dem Staat zu unterstellen und durch staatliches Recht die innere und äußere Ordnung der Kirche zu bestimmen, nicht zu vereinbaren. Im Mittelalter beanspruchte die Kirche mit der Zwei-Schwerter-Theorie nicht nur Selbstständigkeit gegenüber dem Staat, sondern begründete theologisch eine Überordnung der Kirche über den Staat. In diesem Zusammenhang spielte vor allem *Augustins* Werk „De civitate Dei" eine wesentliche Rolle.

Nach dem Zerfall des mittelalterlichen Corpus Christianum geriet die Kirche freilich in die Fesseln des Staatskirchentums bzw. der Staatskirchenhoheit. Das führte in der Neuzeit wieder zu einer stärkeren Betonung der Eigenständigkeit und Unabhängigkeit beider Gewalten. Klassischer Vertreter dieser Position war Papst *Leo XIII.*[150] Nach seiner Lehre ist auch der Staat eine Ordnung göttlichen Ursprungs. Die Staatsgewalt leitet sich ab aus der Autorität Gottes und gewinnt so ihre sittlich verpflichtende Kraft. Kirche und Staat sind autonome Gesellschaften mit eigenen voneinander unabhängigen Rechtskreisen, sie sind **„societates perfectae"**. *Leo XIII.* erkennt deshalb die Selbstständigkeit und Unabhängigkeit des Staates in allen rein bürgerlichen Angelegenheiten an, verlangt aber vom Staat die Anerkennung der Souveränität der Kirche in dem Bereich, der gemäß seiner Natur und seinem Zweck der übernatürlichen Ordnung zugewiesen ist.

„Was also irgendwie in den menschlichen Dingen heilig ist, was immer auf das Heil der Seelen oder auf die Verehrung Gottes Bezug hat, sei es seiner Natur nach oder wegen des Zweckes, auf den es hingeordnet ist: dies alles untersteht der Macht und dem Urteil der Kirche. Alles übrige aber, was in den Bereich des bürgerlichen und staatlichen Lebens fällt, das untersteht von Rechts wegen der staatlichen Gewalt."[151]

Die Form des Staates, die konkrete Ausgestaltung seiner weltlichen Organisation, kurz seine gesamte geschichtliche Entstehung und Entwicklung unterliegt der freien Gestaltung durch den menschlichen Willen, ist also naturrechtlich nicht vorbestimmt. Die Kirche kann daher jede Staatsform akzeptieren, solange sie nur dem vorgegebenen Zweck des Staates, nämlich der Förderung des Gemeinwohls dient. Der Staat kann deshalb allerdings nicht als total betrachtet werden, denn er findet seine Grenze am natürlichen und göttlichen Recht und muss daher die Rechte der menschlichen Persönlichkeit und der

150 Vergl. dazu: *O. Schilling*, Die Gesellschaftslehre Leos XIII. und seiner Nachfolger, München 1951.

151 Enzyklika „Immortale Dei" v. 1. Nov. 1885, zitiert nach *H. Schnatz (Hrsg.)*, Päpstliche Verlautbarungen zu Staat und Gesellschaft, Originaldokumente mit deutscher Übersetzung, Darmstadt 1973 (Texte zur Forschung Bd. 12).

naturwüchsig entstandenen Gemeinschaften achten. Auf diesem Hintergrund wird verständlich, dass sich die katholische Kirche einerseits loyal in das demokratische System der Weimarer Republik einfügte, sich andererseits aber auch mit dem autoritären Führerstaat des „Dritten Reiches" arrangieren konnte.

„Diese Staatslehre kennt die Unterscheidung zwischen den übergeschichtlichen naturrechtlichen Grundsätzen der staatlichen Ordnung und den vom Naturrecht nicht abhängigen und daher dem geschichtlichen Wechsel unterliegenden konkreten Staats- und Verfassungsformen, denen gegenüber sie sich neutral verhält. Diese Unterscheidung führt dazu, daß aller normativer Gehalt und alle Verbindlichkeit in den von geschichtlichen Formen und Ordnungen gelösten und naturrechtlichen Prinzipien liegen, diese konkreten geschichtlichen Formen und Ordnungen als solche aber in den Bereich des ‚geschichtlich Zufälligen' oder ‚bloß Tatsächlichen', des ‚an sich, Unbedeutenden abgedrängt werden. … Die – theoretisch scharf abgelehnte – Lehre von der ‚normativen Kraft des Faktischen' erlebt hier in der Praxis eine wirksame Auferstehung."[152]

Während es im 19. Jahrhundert um eine Rivalität der Institutionen „Staat" und „Kirche" ging, steht heute auch im theologischen Verständnis der katholischen Kirche nicht mehr die Frage nach „Einheit" oder „Trennung" im Vordergrund, sondern das Bemühen um Kooperation und um Einbeziehung der Kirche in den Kreis der öffentlich wirksamen Kräfte im Rahmen einer pluralistischen, freiheitlichen Gesellschaftsordnung. Das gewandelte Verständnis kommt vor allem in den Aussagen des Zweiten Vatikanischen Konzils über die Zuordnung von Staat und Kirche zum Ausdruck. In der Pastoralkonstitution „Die Kirche in der Welt von heute" **(„Gaudium et Spes")** heißt es dazu:

„Sehr wichtig ist insbesondere in einer pluralistischen Gesellschaft, daß man das Verhältnis zwischen der politischen Gemeinschaft und der Kirche richtig sieht, so daß zwischen dem, was die Christen als Einzelne oder im Verbund im eigenen Namen als Staatsbürger, die von ihrem christlichen Gewissen geleitet werden, und dem, was sie im Namen der Kirche zusammen mit ihren Hirten tun, klar unterschieden wird. Die Kirche, die in keiner Weise hinsichtlich ihrer Aufgaben und Zuständigkeiten mit der politischen Gemeinschaft verwechselt werden darf, noch auch an irgendein politisches System gebunden ist, ist zugleich Zeichen und Schutz der Transzendenz der menschlichen Person. Die politische Gemeinschaft und die Kirche sind auf je ihrem Gebiet voneinander unabhängig und autonom. Beide aber dienen, wenn auch in verschiedener Begründung, der persönlichen und gesellschaftlichen Berufung der gleichen Menschen. Diesen Dienst können beide zum Wohl aller um so wirksamer leisten, je mehr und besser sie rechtes Zusammenwirken miteinander pflegen; dabei sind jeweils die Umstände von Ort und Zeit zu berücksichtigen. Der Mensch ist ja nicht auf die zeitliche Ordnung beschränkt, sondern inmitten der menschlichen Geschichte vollzieht er ungeschmälert seine ewige Berufung. Die

152 *E.-W. Böckenförde*, Kirchlicher Auftrag und politische Entscheidung, Freiburg 1973, S. 58 f.

Kirche aber, in der Liebe des Erlösers begründet, trägt dazu bei, daß sich innerhalb der Grenzen einer Nation und im Verhältnis zwischen den Völkern Gerechtigkeit und Liebe entfaltet. Indem sie nämlich die Wahrheit des Evangeliums verkündet und alle Bereiche menschlichen Handelns durch ihre Lehre und das Zeugnis der Christen erhellt, achtet und fördert sie auch die politische Freiheit der Bürger und ihre Verantwortlichkeit.“[153]

Die frühere Gleichsetzung oder zumindest Vermischung von kirchlichen und staatlichen Aufgaben wird damit endgültig ausgeschlossen.

„Die Kirche steht dem Staat damit nicht als außerstaatliche Ordnungsmacht unmittelbar oder quasi völkerrechtlich gegenüber, sondern wirkt und lebt geistig in derselben Gesellschaft, die politisch den Staat hervorbringt, ohne sich mit dem Staat und der Gesellschaft zu identifizieren. Die Frage nach Koordination von Staat und Kirche stellt sich damit in neuer Sicht und erhält eine neue Akzentuierung, die nicht so sehr von Problemen einer institutionellen Abgrenzung bestimmt ist, sondern von der Frage nach der funktionellen Zuordnung in der gemeinsamen Verantwortung für den Menschen.“[154]

Voraussetzung dafür, dass die Kirche ihren religiösen Auftrag in der Gesellschaft wahrnehmen kann, ist die Gewährung umfassender Religionsfreiheit, zu der sich das Zweite Vatikanische Konzil in der Erklärung über die Religionsfreiheit **„Dignitatis humanae“** ausdrücklich bekennt. Dort heißt es:

„Das Vatikanische Konzil erklärt, daß die menschliche Person das Recht auf religiöse Freiheit hat. Diese Freiheit besteht darin, daß alle Menschen frei sein müssen von jedem Zwang sowohl von seiten Einzelner wie gesellschaftlicher Gruppen, wie jeglicher menschlicher Gewalt, so daß in religiösen Dingen niemand gezwungen wird, gegen sein Gewissen zu handeln, noch daran gehindert wird, privat und öffentlich als einzelner oder in Verbindung mit anderen – innerhalb der gebührenden Grenzen – nach seinem Gewissen zu handeln. … Der Schutz und die Förderung der unverletzlichen Menschenrechte gehört wesenhaft zu den Pflichten einer jeden staatlichen Gewalt. Die Staatsgewalt muss also durch gerechte Gesetze und durch andere geeignete Mittel den Schutz der religiösen Freiheit aller Bürger wirksam und tatkräftig übernehmen und für die Förderung des religiösen Lebens günstige Bedingungen schaffen, damit die Bürger auch wirklich in der Lage sind, ihre religiösen Rechte auszuüben und die religiösen Pflichten zu erfüllen, und damit der Gesellschaft selber die Werte der Gerechtigkeit und des Friedens zugute kommen, die aus der Treue der Menschen gegenüber Gott und seinem heiligen Willen hervorgehen.“[155]

Mit den Aussagen des Zweiten Vatikanischen Konzils zum Verhältnis von Staat und Kirche ist ein klares Bekenntnis zu den Prinzipien und Strukturen der freiheitlichen Demokratie einschließlich der Gewaltenteilung verbun-

---

153 Nr. 76. Zitiert nach: *K. Rahner, H. Vorgrimler*, Kleines Konzilskompendium^{27}, Freiburg i.Br. 1998, S. 534 f.

154 *P. Mikat*, HdbStKirchR^{2} Bd. 1, S. 139 f.

155 Zitiert nach: *K. Rahner, H. Vorgrimler*, Kleines Konzilskompendium, S. 662/666.

den.[156] Zugleich hat die römisch-katholische Kirche mit der bis in die Antike zurückgehenden Tradition des konfessionellen Glaubensstaates gebrochen, wie er bis zum Konzil von bedeutenden Theologen und Juristen innerhalb der römisch-katholischen Kirche vertreten worden ist.

„Die Kirche hat damit jeden Anspruch aufgegeben, ihre geistlichen Forderungen mit dem Einsatz staatlicher Machtmittel durchzusetzen. Nicht aufgegeben hat sie dagegen ihre Bereitschaft zu partner- und freundschaftlicher Zusammenarbeit mit dem Staat. Sie sucht vielmehr diese Kooperation zum Wohle der Menschen, die zugleich Bürger des Staates und Glieder der Kirche sind. Diese Zusammenarbeit dient nicht nur der Kirche, sondern ebenso dem Staat.“[157]

C. Zur Lehre der evangelischen Kirche

Eine autoritative Staatslehre ist der evangelischen Theologie – ebenso wie der Bibel – fremd. Im Protestantismus hat es bis zur Gegenwart sehr unterschiedliche theologische Konzeptionen gegeben, die stark durch die philosophischen und geistesgeschichtlichen Strömungen sowie die politischen Zeitumstände bestimmt sind: *„Ihre starke Situationsbezogenheit ja -bedingtheit ist evident.“*[158]

Gegen das sowohl staatskirchlich wie kirchenstaatlich verfasste Mittelalter haben die Reformatoren die grundsätzliche Verschiedenheit von Staat und Kirche herausgearbeitet. Den deutlichsten Ausdruck findet diese Trennung in Luthers **„Zwei-Reiche-Lehre“**,[159] nach der Gott zwei Regimente eingesetzt hat, *„das geistliche, welches Christen und fromme Leute macht durch den Heiligen Geist unter Christus, und das weltliche, das den Unchristen und Bösen wehrt, daß sie äußerlich Frieden halten und still sein müssen, ob sie wollen oder nicht.“*[160]

Das Ergebnis dieser Lehre ist einerseits die Unabhängigkeit der Kirche von der weltlichen Zwangsordnung des Staates, andererseits gewinnt der Staat

156 Vergl.: Gaudium et Spes, bei *K. Rahner, H. Vorgrimler*, ebd., S. 532.

157 *J. Listl*, Staat und Kirche in den Aussagen des Zweiten Vatikanischen Konzils, in: *Gerhard Leibholz* u. a. (Hrsg.), Menschenwürde und freiheitliche Rechtsordnung (FS *Willi Geiger*), Tübingen 1974, S. 521 ff. (= *Ders.* Kirche im freiheitlichen Staat, Schriften zum Staatskirchenrecht und Kirchenrecht, Bd. 2, Berlin 1996, S. 968 ff.)

158 *M. Heckel*, HdbStKirchR ^{2} Bd. 1, S. 177.

159 Siehe dazu: *O. Hof*, Luthers Lehre von den zwei Reichen, in. *Ders.*, Schriftauslegung und Rechtfertigungslehre, Aufsätze zur Theologie Luthers, Karlsruhe 1982, S. 143 ff.

160 *M. Luther*, Von weltlicher Obrigkeit, wieweit man ihr Gehorsam schuldig sei (1525), zitiert nach: *K. Bornkamm, G. Ebeling* (Hrsg.), *Martin Luther*, Ausgewählte Schriften Bd. 4, Frankfurt a. M. 1982, S. 45.

eine nicht mehr von der Kirche abgeleitete eigene Würde.[161] Als eine solche von Gott eingesetzte Macht verdient der Staat die Achtung und Mitarbeit des Christen. Nach Luthers Auffassung gibt es kein aktives Widerstandsrecht gegen den Staat und zwar auch dann nicht, wenn er Unrecht tut und zur Tyrannis entartet. Die Macht der Obrigkeit findet ihre Grenzen allerdings im Gewissen des Christen, über das zu herrschen oder zu befehlen die weltliche Macht niemals befugt ist. Wenn der Staat daher Ansinnen stellt, die mit dem christlichen Gewissen unvereinbar sind, darf der Christ diese niemals unterstützen oder ihnen freiwillig Folge leisten. Greift die Obrigkeit aber zu Gewaltmaßnahmen, so darf er diesen keinen Widerstand entgegensetzen, er muss diese vielmehr erdulden oder ihnen durch die Emigration ausweichen. Luther entscheidet sich damit für einen rein „passiven" Widerstand, der allein mit geistigen Waffen zu führen ist. Der Respekt auch vor der ungerechten Obrigkeit fließt aus dem Bewusstsein der eigenen Sündhaftigkeit sowie aus dem allein bei Gott liegenden Anspruch, solches Unrecht zu richten und zu rächen. Auch der tyrannische Staat ist noch von Gott eingesetzte Obrigkeit und dient ihm als Werkzeug.

Auch die reformierten Staatsauffassungen gehen ursprünglich von einer strikten Trennung der beiden Reiche aus.[162] Anders als im Luthertum entwickelt sich aber auf ihrem Boden schon frühzeitig ein ausgesprochen konstitutionell demokratischer Zug. Während das Hauptanliegen des Luthertums mehr die Erhaltung der reinen Lehre und *„die Pflege des eigenen Gefühlslebens, die Erhaltung der Stimmung einer verdienstlosen Seligkeit"*[163] ist, richtet sich das Interesse des Calvinismus auf Grund seiner Prädestinationslehre und der damit verbundenen Heilsgewissheit stärker auf eine christlich ethische Mitgestaltung der gesellschaftlichen und staatlichen Verhältnisse. Ist gegenüber der Zwei-Reiche-Lehre Luthers der Vorwurf erhoben worden, sie entlasse den Staat aus dem Herrschaftsbereich Christi, so steht in der reformierten Tradition die **„Königsherrschaft Christi"** mit deren Hilfe das geistliche und das weltliche Reich zusammengehalten werden sollen.

Die „Zwei-Reiche-Lehre" hat ihre doppelte Frontstellung gegen ein geistlich angemaßtes Weltherrschaftssystem einerseits und die Bestreitung der weltlichen Ordnung durch die religiös begründete Anarchie andererseits. Dem Papst wie den Schwärmern wird die Vermischung des staatlichen und des geistlichen Regiments, des Reiches Gottes und der Welt vorgeworfen. Während das geistliche und das weltliche Regiment bei Luther durch das Gesetz

161 Zu *Luthers* Auffassungen vergl. im ganzen: *H. Jordan*, Luthers Staatsauffassung, Reprografischer Nachdruck der 1. Auflage München 1917, Darmstadt 1968; *G. Wolf (Hrsg.)*, Luther und die Obrigkeit, Darmstadt 1972 (Wege der Forschung Bd. LXXXV); *M. Heckel*, Luther und das Recht, NJW 1983, S. 2521 ff.; *M. Honecker*, Martin Luther und die Politik, Der Staat, 1983, S. 473 ff.; *Chr. Link*, Luther und das deutsche Staatsverständnis, JZ 1983, S. 869 ff.

162 Vergl. dazu: *A. Farner*, Die Lehre von Kirche und Staat bei Zwingli, unveränderter Nachdruck der Ausgabe Tübingen 1930, Darmstadt 1973.

163 *E. Troeltsch*, Die Soziallehren der christlichen Kirchen und Gruppen, Gesammelte Schriften Bd. 1, Neudruck der 1932 erschienenen Ausgabe, Aalen 1961, S. 622.

der Liebe, unter dem auch die weltlichen Amtsträger stehen, miteinander verklammert sind, wird die „Zwei-Reiche-Lehre" in der theologiegeschichtlichen Entwicklung des 19. und 20. Jahrhunderts im Sinne einer säkularisierten „Eigengesetzlichkeit" der weltlichen Lebensbereiche des Staates, der Wirtschaft und der Gesellschaft umgedeutet.

„Die Zwei-Reiche-Lehre wurde so – den Intentionen der Reformatoren strikt zuwider – im Sinne der strikten Scheidung eines weltlichen und eines geistlichen bzw. kirchlichen Bereichs mißverstanden, die zur säkularen Emanzipation der Welt von Gottes Gebot und Gnadenangebot und zum Rückzug der Kirche aus der Welt führen sollte."[164]

Die „Zwei-Reiche-Lehre" und die „Königsherrschaft Christi" finden eine gewisse Synthese in den Thesen zwei und fünf der **Barmer Theologischen Erklärung von 1934** (BTE).[165] Die Erklärung enthält drei über die konkrete Situation hinausweisende Grundentscheidungen. Eine theologische in der ersten These, eine ethische in der zweiten These, eine ekklesiologische in der dritten These.[166] Die vierte These befasst sich mit dem Verhältnis von Amt und Gemeinde in der Kirche. Das Verhältnis von Staat und Kirche wird in der fünften These thematisiert. Die sechste These schließlich spricht vom Auftrag und Dienst der Kirche in der Welt.[167]

Durch die theologische Grundentscheidung der ersten These[168] wird das gesamte Leben der christlichen Gemeinde auf Christus hin ausgerichtet, denn *„Jesus Christus, wie er uns in der Heiligen Schrift bezeugt wird, ist das eine Wort Gottes, das wir zu hören, dem wir im Leben und im Sterben zu vertrauen und zu*

164 *M. Heckel*, Kirche und Staat HdbStKirchR^2, Bd. 1, S. 179.

165 Aus der umfangreichen Literatur zur Barmer Theologischen Erklärung vergl.: *A. Burgsmüller, R. Weth,* Die Barmer Theologische Erklärung, Einführung und Dokumentation, Neukirchen-Vluyn 1983; *C. Nicolaisen,* Der Weg nach Barmen, Die Entstehungsgeschichte der Theologischen Erklärung von 1934, Neukirchen-Vluyn 1985; *G. Niemöller,* Die erste Bekenntnissynode der Deutschen Evangelischen Kirche zu Barmen, Bd. 1^2, Göttingen 1984 (AGK Bd. 5); Bd. 2, Göttingen 1959 (AGK Bd. 6); *E. Wolf,* Barmen, Kirche zwischen Versuchung und Gnade^3, München 1984; *W. Hüffmeier, M. Stöhr,* Die Barmer Theologische Erklärung 1934–1984, Geschichte – Wirkung – Defizite, Bielefeld 1984; *J. Winter,* Die Barmer Theologische Erklärung, Ein Beitrag über ihre Bedeutung für Verfassung, Recht, Ordnung und Verwaltung der Evangelischen Landeskirche in Baden nach 1945 (Freiburger Rechtswissenschaftliche Studien Bd. 47), Heidelberg 1986.

166 Vergl. dazu den gemeinsamen Text aus der Evangelischen Kirche in Deutschland und dem Bund der Evangelischen Kirchen in der DDR zum 50. Jahrestag der Theologischen Erklärung 1984 „Barmen 1934/1984. Zur gegenwärtigen Bedeutung der Theologischen Erklärung von Barmen". Abgedruckt bei: A. *Burgsmüller, R. Weth*, Die Barmer Theologische Erklärung, S. 78 ff.

167 Zur sechsten These vergl.: *W. Hüffmeier* (Hrsg.), Das eine Wort Gottes – Botschaft für alle. Barmen I und VI. Bd. 1, Vorträge aus dem Theologischen Ausschuß der Evang. Kirche der Union, Gütersloh 1994; Bd. 2, Votum des Theologischen Ausschusses der Evang. Kirche der Union. Gütersloh 1993.

168 Vergl. dazu: *W. Hüffmeier*, ebd.

gehorchen haben". Eine christliche Gemeinde, die sich in ihrem Vertrauen und Gehorsam allein auf Jesus Christus gewiesen weiß, stellt notwendigerweise die Herrschaftsgesetze dieser Welt in Frage. Sie wird damit selbst zu einem politischen Faktor, weil sie sich nicht auf politische Programme, Positionen oder Ideologien verrechnen lässt. In dieser Hinsicht gilt im demokratischen Rechtsstaat nichts anderes als im „totalen Staat" des „Dritten Reiches".

Durch Jesus Christus, so sagt es die zweite These,[169] *„widerfährt uns frohe Befreiung aus den gottlosen Bindungen dieser Welt"*. Das nun freilich nicht mit dem Ziel, sich durch fromme Erhebung des Gemüts den Realitäten dieser Welt zu entziehen, sondern *„zu freiem dankbaren Dienst an seinen Geschöpfen"*. Dieser Dienst vollzieht sich nicht nur in der persönlichen Zuwendung zum einzelnen Mitmenschen, sondern – um es mit den Worten *Eugen Gerstenmaiers* zu sagen – *„in der öffentlichen Begegnung mit den zum Heil oder Unheil der Völker wirksamen Mächten"*.[170] Wenn Jesus Christus, wie es die zweite These sagt, nicht nur Gottes Zuspruch der Vergebung aller unserer Sünden ist, sondern mit gleichem Ernst auch Gottes kräftiger Anspruch auf unser **ganzes** Leben, dann schließt das die politische und öffentliche Dimension notwendigerweise mit ein. Eine unpolitische Kirche kann es nicht geben, weil der Gehorsam gegen den Anspruch Gottes keine Freiräume kennt. Auch die Urteilsbildung zu politischen Fragen muss sich an Kriterien orientieren, die diesem Anspruch Gottes auf unser ganzes Leben gerecht werden. Freilich kann es dabei für die Kirche nicht darum gehen, anstelle des Staates dessen politischen Auftrag zu übernehmen.

Unmissverständlich wird das in der fünften These[171] klargestellt, die lautet:

„a) ‚Fürchtet Gott. Ehret den König!' (1. Petr. 2, 17)

b) Die Schrift sagt uns, dass der Staat nach göttlicher Anordnung die Aufgabe hat, in der noch nicht erlösten Welt, in der auch die Kirche steht, nach dem Maß menschlicher Einsicht und menschlichen Vermögens unter Androhung und Ausübung von Gewalt für Recht und Frieden zu sorgen. Die Kirche erkennt in Dank und Ehrfurcht gegen Gott die Wohltat dieser seiner Anordnung an. Sie erinnert an Gottes Reich, an Gottes Gebot und Gerechtigkeit und damit an die Verantwortung der Regierenden und Regierten. Sie vertraut und gehorcht der Kraft des Wortes durch das Gott alle Dinge trägt.

c) Wir verwerfen die falsche Lehre, als solle und könne der Staat über seinen besonderen Auftrag hinaus die einzige totale Ordnung menschlichen Lebens werden und also auch die Bestimmung der Kirche erfüllen.

---

169 Zu Barmen II vergl. im ganzen: *A. Burgsmüller* (Hrsg.), Zum politischen Auftrag der christlichen Gemeinde (Barmen II), Votum des Theologischen Ausschusses der Evangelischen Kirche der Union, Gütersloh 1974.

170 *E. Gerstenmaier,* Wichern II, in: *Krimm* (Hrsg.), Das diakonische Amt der Kirche^2, Stuttgart 1965, S. 482.

171 Zu Barmen V vergl. im ganzen*: W. Hüffmeier* (Hrsg.), Für Recht und Frieden sorgen, Auftrag und Aufgabe des Staates nach Barmen V. Theologisches Votum der Evangelischen Kirche der Union, Gütersloh 1986.

d) Wir verwerfen die falsche Lehre, als solle und könne sich die Kirche über ihren besonderen Auftrag hinaus staatliche Art, staatliche Aufgaben und staatliche Würde aneignen und damit selbst zu einem Organ des Staates werden.“

Während die zweite These der BTE – im Sinne der Lehre von der „Königsherrschaft Christi“ – die falsche Lehre verwirft, *„als gebe es Bereiche unseres Lebens, in denen wir nicht Jesus Christus, sondern anderen Herren zu eigen wären, Bereiche in denen wir nicht der Rechtfertigung und Heiligung durch ihn bedürfen“*, hält die fünfte These eher im Sinne der lutherischen „Zwei-Reiche-Lehre“ als Aufgabe des Staates fest, *„nach dem Maß menschlicher Einsicht und menschlichen Vermögens unter Androhung und Ausübung von Gewalt für Recht und Frieden zu sorgen“.* Allerdings räumt auch die fünfte These dem Staat damit kein „Eigenleben“ ein, das vom Herrschaftsanspruch Jesu Christi über alle Lebensbereiche abgekoppelt werden könnte. In Abkehr von der Tradition des Obrigkeitsstaates, werden dem Staat in der fünften These in aller Nüchternheit, Vorläufigkeit und Begrenztheit konkrete Aufgaben gestellt, die er zur Erhaltung der existentiellen Lebensbedingungen seiner Bürger zu erfüllen hat. Er wird aber nicht mehr als eine in der Natur des Menschen liegende, notwendige Schöpfungsordnung Gottes ideologisiert, sondern als geschichtliche Einrichtung von praktischem Nutzen als göttliche Anordnung akzeptiert.

„Nur im Blick auf diese Anordnung ist der ‚Kraft des Wortes, durch das Gott alle Dinge trägt‘, zu vertrauen und zu gehorchen. ***Offenbar*** *ist Gott also nach der Barmer Erklärung* ***nur*** *in dem durch die Schrift bezeugten Wort, das Jesus Christus heißt. Doch gerade in diesem Offenbarsein wird Gottes* ***unterschiedliches*** *Regieren verständlich. Im Bereich des Staates, des politischen Handelns und Ordnens regiert Gott so, daß sein Zuspruch und Anspruch entsprechend These II auch auf dem Felde menschlicher Verantwortung für Recht und Frieden wirkt. Auch hier ist er der Herr. Gott regiert die von der Kirche unterschiedene Welt so, daß er die politisch Verantwortlichen als seine – bewußten oder unbewußten – Werkzeuge und demnach eigentätig nach dem Maß der ihnen zukommenden Einsicht und des ihnen zuteil werdenden Vermögens ihre Aufgaben erfüllen läßt. Schwärmerisches Überspringen menschlichen Vermögens und klerikale Bevormundung menschlicher Einsicht sind so ausgeschlossen.“*[172]

Es kann also nicht Sache der Kirche sein, sich an der *„Androhung und Ausübung von Gewalt“* zu beteiligen. Ihr politischer Auftrag besteht nicht in der Herrschaft, sondern im Dienst. In diesem Sinne hat *Dietrich Bonhoeffer* in seinem berühmten Aufsatz „Die Kirche vor der Judenfrage“ im April 1933 hervorgehoben, dass es nicht Aufgabe der Kirche sein könne, unmittelbar selbst politisch zu handeln und in die Verantwortlichkeit staatlichen Handelns einzugreifen. Aber, so fährt Bonhoeffer fort, *„das bedeutet nicht, daß sie teilnahmslos das politische Handeln an sich vorüberziehen läßt; sondern sie*

172 *W. Hüffmeier* (Hrsg.), ebd., S. 103 (Hervorhebungen im Original).

kann und soll, gerade weil sie nicht im einzelnen Fall moralisiert, den Staat immer danach fragen, ob sein Handeln von ihm als legitim staatliches Handeln verantwortet werden könne, d. h. als Handeln, in dem Recht und Ordnung, nicht Rechtlosigkeit und Unordnung geschaffen werden".[173]

Bonhoeffer sieht drei Möglichkeiten der Kirche, ihre politische Verantwortung gegenüber dem Staat wahrzunehmen, nämlich

1. die an den Staat gerichteten Frage nach dem legitim staatlichen Charakter seines Handelns, d.h. die Verantwortlichmachung des Staates für das, was er tut oder unterlässt,
2. den Dienst an den Opfern des Staatshandelns, denn die Kirche ist den Opfern jeder Gesellschaftsordnung in unbedingter Weise verpflichtet, auch wenn sie nicht der christlichen Gemeinde zugehören, und
3. nicht nur die Opfer unter dem Rad zu verbinden, sondern dem Rad selbst in die Speichen zu fallen.

Wenn die Kirche im Sinne der ersten von *Bonhoeffer* genannten Möglichkeit, den Staat für die Legitimität seines Handeln verantwortlich macht, ist gelegentlich von einem „Wächteramt der Kirche" in gesellschaftspolitischen Fragen gesprochen worden.[174] Diese Redewendung ist zumindest für die Verhältnisse in einem demokratischen Staatswesen missverständlich, denn sie suggeriert eine Position der Kirche, in der sie vom Standpunkt einer „höheren Warte" von außen zur Gesellschaft und zum Staat redet. In der modernen pluralistischen Demokratie können aber Staat, Kirche und Gesellschaft nicht mehr in dieser Weise unterschieden und gegeneinander abgegrenzt werden. Die Kirche als Gemeinschaft der Gläubigen ist heute keine Größe mehr, die der Gesellschaft und dem Staat als „societas perfecta" gegenübersteht, sondern die Kirchen verwirklichen ihren geistigen Auftrag, indem sie als ein Teil der Gesellschaft am demokratischen Willensbildungsprozess und damit an der Konstituierung des Staates teilnehmen.[175] In einem pluralistischen Staatswesen beteiligen sich die Christen und ihre Kirchen am politischen Diskurs einer Gesellschaft, deren Teil sie selbst sind. Auch die Kirchen sind mit allem was sie zu politischen Themen zu sagen haben darauf angewiesen, dass sie mit ihren Argumenten in der Sache überzeugen können, und sie können ihre Auffassungen nur durchsetzten, wenn es ihnen gelingt, den demokratischen Willensbildungsprozess entsprechend zu beeinflussen und die erforderlichen Mehrheiten zu gewinnen. Ihre Sonderstellung gegenüber anderen gesellschaftlichen Verbänden rechtfertigt sich aus der Tatsache, dass sie sich nicht primär von unmittelbar eigenen Interessen leiten lassen.[176] Das kommt

173 *D. Bonhoeffer*, Die Kirche vor der Judenfrage, zitiert nach: *Chr. Gremmels, W. Huber* (Hrsg.), *Dietrich Bonhoeffer* Auswahl, Bd. 2, Gütersloh 2006, S. 69 ff. (72).

174 Vergl. dazu: *G: Klostermann*, Der Öffentlichkeitsauftrag der Kirchen – Rechtsgrundlagen im kirchlichen und staatlichen Recht, Tübingen 2000, S. 181 ff. (Jus Ecclesiasticum Bd. 64).

175 Vergl. dazu: *K. Hesse*, Freie Kirche im demokratischen Gemeinwesen, ZevKR 11 (1964/65), S. 337 (348 ff.).

176 Siehe dazu *Klostermann*, Öffentlichkeitsauftrag, S. 104 ff.

besonders in ihrem diakonischen Engagement für die Benachteiligten der Gesellschaft zum Ausdruck, der zweiten Aufgabe, die *Bonhoeffer* als Ausdruck ihrer politischen Verantwortung genannt hat.

Die dritte Möglichkeit wäre ein unmittelbar politisches Handeln der Kirche, das *Bonhoeffer* nur dann für möglich und gefordert ansieht, *„wenn die Kirche den Staat in seiner Recht und Ordnung schaffenden Funktion versagen sieht, d. h. wenn sie den Staat hemmungslos ein Zuviel oder Zuwenig an Ordnung und Recht verwirklichen sieht. In beiden muss sie dann die Existenz des Staates und damit auch ihre eigene Existenz bedroht sehen.“*[177] Über die Notwendigkeit des unmittelbar politischen Handelns der Kirche in diesem Sinne ist nach Auffassung *Bonhoeffers* jeweils von einem „evangelischen Konzil“ zu entscheiden und kann nie vorher kasuistisch konstruiert werden.[178]

In der Konsequenz der Barmer Erklärung liegt daher nicht nur die Abwehr staatlicher Übergriffe in die inneren Angelegenheiten der Kirche, wie es unter der Herrschaft des Nationalsozialismus der Fall war, sondern von hier aus hat die Einsicht neues Gewicht gewonnen, dass der Staat auch sonst keine letzte und absolute Autorität über die Menschen hat. Der Christ ist unbedingten Gehorsam allein Gott schuldig und muss daher aus seinem Glauben heraus jedem totalen Anspruch des Staates nicht nur an Christen, sondern an alle Bürger widersprechen und widerstehen.

Während es der evangelischen Kirche auf Grund ihrer engen Verflechtung mit dem Kaiserreich schwer fiel, ein positives Verhältnis zur Weimarer Republik zu gewinnen, hat sie in der Denkschrift der EKD „Evangelische Kirche und freiheitliche Demokratie“ aus dem Jahre 1985 ihr Verhältnis zum demokratischen Staat endgültig positiv geklärt.[179] Die Kontinuität in der theologischen Denkweise über den Staat sieht die Denkschrift darin, dass auch dem demokratischen Staat nach Gottes Willen Ordnungsaufgaben zukommen, zu deren Erfüllung er Gehorsam verlangen kann und muss. Die wesentliche Korrektur gegenüber früheren Positionen besteht aber darin, dass der demokratische Staat seine Funktion nicht als „Obrigkeit“ von oben her ausübt, sondern durch eine Ordnung politischer Herrschaft, die von den Bürgern selbst mitzugestalten ist. Die Denkschrift bekennt sich damit zur politischen Mitverantwortung des Christen und erteilt allen Tendenzen eine Absage, dem christlichen Glauben seine politische Relevanz zu nehmen, indem er zur Privatsache erklärt wird. Im Blick auf die obrigkeitsstaatliche Tradition ist wichtig, dass die Denkschrift Bedingungen und Grenzen für die Gehorsams- und Loyalitätspflichten des Bürgers gegenüber dem Staat benennt, wie zum Beispiel die Achtung der Menschenwürde, der Religionsfreiheit und die Einhaltung von Regeln im politischen Verfahren, die den Weg zu Korrekturen offen halten

177 Ebd., S. 74.
178 Ebd., S. 75.
179 Kirchenamt der EKD (Hrsg.), Evangelische Kirche und freiheitliche Demokratie, Der Staat des Grundgesetzes als Angebot und Aufgabe, Gütersloh 1985.

und der Selbstherrlichkeit politischer Macht eine Fessel anlegen. Ausdrücklich hält die Denkschrift fest:

„Zum freiheitlichen Charakter einer Demokratie gehört es, daß die Gewissensbedenken und Gewissensentscheidungen der Bürgerinnen und Bürger gewürdigt und geachtet werden. Auch wenn sie rechtswidrig sind und den dafür vorgesehenen Sanktionen unterliegen, müssen sie als Anfragen an Inhalt und Form demokratischer Entscheidungen ernst genommen werden.“[180]

Literatur:

P. Mikat, Kirche und Staat nach der Lehre der katholischen Kirche, *J. Listl, D. Pirson* (Hrsg.), HdbStKirchR² Bd. 1, S. 111 ff.; *J. Listl*, Die Lehre der Kirche über das Verhältnis von Kirche und Staat, *J. Listl, H. Schmitz* (Hrsg.), HdbKathKR², Regensburg 1999, S. 1239 ff.; *M. Heckel*, Kirche und Staat nach evangelischem Verständnis, HdbStKirchR² Bd. 1, S. 157 ff.

D. Exkurs zum so genannten „Kirchenasyl“

Diese Problematik ist in letzter Zeit vor allem im Zusammenhang mit dem so genannten „Kirchenasyl“ kontrovers diskutiert worden. Der frühere Bischof von Berlin-Brandenburg *Kurt Scharf* hat sich dazu wie folgt geäußert:

„Niemand verläßt seine Heimat gern. Diese Grundeinstellung gilt es festzuhalten. Sollten einige wenige aus Abenteuerlust oder Gewinnsucht das Land der Geburt verlassen, so ist der Prozentsatz von diesen unter der Zahl der aus Bedrängnis Fliehenden so gering, daß er nicht ins Gewicht fällt. Kommen sie aber aus Angst vor Bedrängnis durch ihre Regierung oder durch eine mächtige Gruppe in ihrem Land, oder aus Angst, durch Kriegs- und Bürgerkriegshandlungen getroffen zu werden, oder kommen sie, weil ihre Kinder bitter Hunger leiden, ist es Christenpflicht, unseren Wohlstand, unsere Sicherheit mit ihnen zu teilen. Wir haben nicht zu untersuchen, ob der Einzelne, der zu uns flieht, mehr als der Durchschnitt seiner Landsleute in seiner Heimat gefährdet ist und zu leiden hat. Wir haben den, der in Not oder auch nur aus dem subjektiven Empfinden von Not uns sucht, anzunehmen und für ihn einzustehen. Jede Überprüfung der Beweggründe ist Verletzung der Menschenwürde des zu uns Geflüchteten. Diese Pflicht wird nicht eingeschränkt oder aufgehoben durch Regelungen unseres eigenen Staates. Geraten wir durch die Hilfe an den zu uns geflüchteten Fremdlingen in Widerspruch zu vom Staat erlassenen Gesetzen, dürfen wir die Verletzung staatlicher Ordnung nicht scheuen. Es ist sicher nicht falsch, die Handhabung staatlicher Verwaltung auch mit der ‚Waffe des Rechts‚‚ der des Grundgesetzes zu bekämpfen. Aber wo der Appell, die Beschwerde an Verwaltungsgerichte und das Bundesverfassungsgericht ohne Erfolg bleiben, endet die Pflicht der Hilfe nicht: Wir haben zu protestieren gegen Abschiebungen, gegen jede Abschiebung. Wir haben die Pflicht zum öffentlichen Wider-

180 Ebd., S. 22.

spruch gegen Verurteilungen von Asylsuchenden, die gegen die Anordnungen der Ausländerbehörde bei uns bleiben. Wir müssen hinter denen stehen, die als Helfer der sogenannten ‚illegal' bleibenden Flüchtlinge Strafe zu gewärtigen haben. Gerichtliche Entscheidungen können uns nicht von dem christlich gebotenen Tun entpflichten. Es ist christlich geboten, von der Abschiebung Bedrohte in unseren Gemeinden aufzunehmen, notfalls auch zu verstecken. Wer dafür bestraft werden sollte, leidet um einer höheren Gerechtigkeit willen und dient der Sache des Rechts. Er hilft dazu, daß die Entscheidungen unserer Parlamente und Behörden öffentlich diskutiert werden; er beeinflußt das öffentliche Bewußtsein, hilft, es zu schärfen, und wird mit anderen gemeinsam Erkenntnis und Verhalten der Regierenden ‚zum Besseren lenken'. Davon bin ich überzeugt, weil ich ein Grundvertrauen zu unserer Demokratie behalten habe."[181]

Diese Auffassung von *Scharf* ist in der evangelischen Kirche in dieser Form von keinem kirchenleitenden Gremium vertreten worden. Und doch macht die Position von *Scharf* gerade in ihrer Radikalität deutlich, worum es beim „Kirchenasyl" im Kern geht: Es geht um den Schutz von Menschen, die in ihren Heimatländern in eine für sie ausweglose Situation geraten sind und die hierher nach Deutschland geflohen sind, weil sie ihre Hoffnung auf einen Staat setzten, der sich die Wahrung der Menschenwürde im ersten Artikel seines Grundgesetzes zur obersten Verpflichtung gemacht hat, und der sich zu den unverletzlichen und unveräußerlichen Menschenrechten als Grundlage jeder menschlichen Gemeinschaft, des Friedens und der Gerechtigkeit in der Welt bekennt. Die historische Entwicklung des Asylrechts hat dazu geführt, dass die Kirche gegenüber dem Staat zum Schutz von Verfolgten keinen eigenen Rechtstitel mehr hat. Es ist heute unstrittig und allgemein anerkannt, dass es in einem Rechtsstaat allein Sache der zuständigen staatlichen Behörden und Gerichte ist, darüber zu entscheiden, ob einem Flüchtling Asyl gewährt wird oder nicht. Auch die Kirche bestreitet dem Staat nicht sein „Asylgewährungsmonopol". Deshalb trifft die Behauptung nicht zu, dass Pfarrer oder Mitglieder einer Kirchengemeinde *„an die Stelle des staatlichen Asylanerkennungsverfahrens ihr eigenes Verfahren"* setzen, wenn sie Asylbewerbern Zuflucht gewähren.[182] Die Anerkennung des staatlichen Monopols zur Gewährung von Asyl kann aber nicht bedeuten, dass die Kirche die staatliche Asylpolitik in jedem Falle widerspruchslos zu akzeptieren hat. Vielmehr wird hier der Staat im Sinne *Bonhoeffers* danach gefragt, ob er sein Handeln gemessen an seinen selbst gesetzten Maßstäben als ein legitimes staatliches Handeln verantworten kann. Das, was *Bonhoeffer* 1933 im Blick auf den nationalsozialistischen Staat im Zusammenhang mit der Judenfrage gesagt hat, gilt heute nicht weniger im Blick auf das Asylrecht für den demokratischen Rechtsstaat. Auch er bedarf immer wieder der Erinnerung an seine eigenen ethischen Grundlagen. Der demokratische Rechtsstaat kann nämlich einer Tyrannis nicht einfach statisch entgegengesetzt werden, so als ob er ein unverlierbarer und in seiner Existenz ungefährdeter Zustand wäre, wie etwa das

181 *K. Scharf*, Widerstehen und Versöhnen, Stuttgart 1987, S. 172 f.
182 So: *I. v. Münch,* NJW 1995, S. 566.

Schicksal der Weimarer Republik gezeigt hat. Nach den gemachten Erfahrungen sollte das Bewusstsein dafür vorhanden sein, dass es auch im demokratischen Staat Fehlentwicklungen geben kann und nicht alle Entscheidungen, die von einer Mehrheit der Entscheidungsgremien getragen werden, ihre ethische Legitimität unbefragbar in sich tragen. Die Rechtsordnung des demokratischen Staates stellt daher eine breite Palette legaler Möglichkeiten zur Verfügung, auf den politischen Willensbildungsprozess Einfluss zu nehmen und sich gegen einmal gefallene Entscheidungen zur Wehr zu setzen. Wenn in diesem Zusammenhang von „Widerstand" die Rede ist, hat das nichts zu tun mit Aufruhr, Revolution oder Staatsfeindlichkeit. Ein solcher „Widerstand" fragt im Gegenteil aus einer positiven Haltung zum Staat heraus, wie über den bestehenden Rechtszustand hinaus die „bessere Gerechtigkeit", von der in der Bergpredigt die Rede ist, erreicht werden kann. Dieser **„Widerstand"** ist eine staatsbürgerliche Haltung, eine Sache des Geistes, *„die bewegende Kraft, deren das Recht und der Rechtsstaat zu ihrer fortwährenden Erneuerung und damit zur Verhinderung ihrer Entartung bedürfen"*.[183] Auf diesem Hintergrund sind auch die Fälle des „Kirchenasyls" zu sehen. Sie sind ihrem Wesen nach *„keine subversive Aktion gegen die staatliche Ordnung"*, sondern – so formuliert der Landeskirchenrat der Evangelisch-Lutherischen Kirche in Thüringen treffend in seiner Erklärung vom 8. September 1994[184] – das Kirchenasyl dient *„der Vertiefung der Intention des Grundgesetzes"*. Es ist eine Handlung zum Schutz akut bedrohten Lebens, die dazu helfen soll, Zeit zu gewinnen für eine der Bedeutung eines Menschenlebens entsprechende Überprüfung der Frage durch die zuständigen staatlichen Stellen, ob nicht doch eine Duldung ausgesprochen werden kann, bis die Flüchtlinge ohne Gefahr für ihr Leben in ihre Heimat zurückkehren können. „Kirchenasyl" in diesem Verständnis bedeutet *„die durch Mitglieder christlicher Gemeinden gewährte Zuflucht und Fürsprache für menschenrechtswidrig Verfolgte."*[185] Als „subsidiärer Menschenrechtsschutz" kann das „Kirchenasyl" in Notfällen ethisch gerechtfertigt sein, wenn sich das staatliche Asylrecht nicht am Maßstab der Menschenwürde und der Achtung der Menschenrechte orientiert. Die einzelnen Fälle sind also kein Ausdruck einer gegen den Staat gerichteten politischen Programmatik. Sie sind zunächst und primär entstanden aus der Gewissensnot der handelnden Personen. In der Gewährung von „Kirchenasyl" schlägt sich unmittelbar die Beistandspflicht der christlichen Gemeinde für bedrohte Menschen im konkreten Einzelfall nieder. Aber die Einzelfälle gewinnen zugleich eine allgemeine Bedeutung, denn sie können *„auf Mängel in der allgemeinen Rechtslage oder der einzelnen Gesetzesregelungen hinweisen, die dann mit dem Ziel einer Änderung zum Gegenstand öffentlicher Kritik und Auseinandersetzung gemacht werden müs-*

183 *A. Kaufmann* (Hrsg.) Einleitung zum Sammelband Widerstandsrecht (Wege der Forschung Bd. CLXXIII), Darmstadt 1972.

184 Die Erklärung ist mit weiteren landeskirchlichen Stellungnahmen zum „Kirchenasyl" abgedruckt in epd-Dokumentation Nr. 43/94.

185 *H.-R. Reuter,* Kirchenasyl und staatliches Asylrecht, in: *G. Rau, H.-R. Reuter, K. Schlaich* (Hrsg.), Das Recht der Kirche Bd. 3, S. 598.

sen".[186] Es ist deshalb eine Verkürzung der Problematik, das „Kirchenasyl" ausschließlich als Gewissensproblem der handelnden Personen vor Ort zu behandeln. Vielmehr ist die Kirche als Ganze ebenso wie der Staat durch die Frage herausgefordert, was sie zum Schutz der Menschenwürde der an Leib und Leben bedrohten Flüchtlinge und zur Wahrung ihrer Menschenrechte in deren Heimatländern zu tun gedenken. Unverkennbar besteht ein Zusammenhang zwischen der zunehmenden Zahl von Fällen des „Kirchenasyls" und Fehlentwicklungen im Asylrecht, die die humanitäre Substanz unseres Staates gefährden.

Literatur:

Vergl. dazu: *G. Robbers*, Kirchliches Asylrecht? AöR 1988, S. 48 ff.; *G. Flor*, Asylrecht, Von den Anfängen bis heute. Berlin 1988; *U. K. Jacobs*, Kirchliches Asylrecht, Aspekte zu seiner geschichtlichen und gegenwärtigen Geltungskraft, ZevKR 35 (1990), S. 25 ff.; *H.-R. Reuter*, Kirchenasyl und staatliches Asylrecht, und *H. Ehnes*, Asyl und kirchliches Handeln, beide in: *G. Rau/H.-R. Reuter/K. Schlaich* (Hrsg.), Das Recht der Kirche Bd. 3, Zur Praxis des Kirchenrechts, Gütersloh 1994, S. 613 ff. (Forschungen und Berichte der Evangelischen Studiengemeinschaft Bd. 51), *G. Robbers*, Strafrecht und Verfassung beim Kirchenasyl, in: *Barwig/Bauer* (Hrsg.), Asyl am heiligen Ort, Ostfildern 1994, S. 117 ff.; *I. v. Münch*, „Kirchenasyl": ehrenwert aber kein Recht, NJW 1995, S. 565; *I. v. Münch* „Kirchenasyl": Wer soll das bezahlen?, NJW 1995, S. 2271; *J. Winter*, „Kirchenasyl" als Herausforderung für Staat und Kirche, KuR 1995, S. 37 ff. (= 885, S. 1 ff.); *H.-R. Reute*r, Subsidiärer Menschenrechtsschutz: Bemerkungen zum Kirchenasyl aus protestantischer Sicht, ZRP 1996, S. 81 ff.; *H.-G. Maaßen* „Kirchenasyl" und Rechtsstaat, KuR 1997, S. 37 (= 885, S. 7 ff.); *A. u. H. Radtke*, „Kirchenasyl" und die strafrechtliche Verantwortlichkeit von Mitgliedern des Kirchenvorstandes, ZevKR 42 (1997), S. 23 ff.; *M.-E. Geis*, Kirchenasyl im demokratischen Rechtsstaat, JZ 1997, S. 60 ff.; *R. Rothkegel*, Kirchenasyl – Wesen und rechtlicher Standort, ZAR 1997, S. 121 ff.; *A. Siegmund*, Verfassungsrechtliche Aspekte des Kirchenasyls. Ziviler Ungehorsam, Art. 4 GG und die Ombudsfunktion der Kirche. Konstanz 1997 (Konstanzer Schriften zur Rechtswissenschaft 126); *M. Baldus*, Kirchenasyl und Vertragskirchenrecht, NVwZ 1999, S. 717 ff.; *M. H. Müller*, Rechtsprobleme beim Kirchenasyl, Baden-Baden 1999; *Chr. Görisch*, Kirchenasyl und staatliches Recht, Berlin 2000 (Münsterische Beiträge zur Rechtswissenschaft Bd. 129); *S. Kirste*, Kirchenasyl und Verfassungsrecht, JA 2001, S. 856 ff.

186 Erklärung des Rates der EKD vom 9./10. September 1994, abgedruckt epd-Dokumentation Nr. 43/94, S. 94.

IV. Herausforderungen heute

Der Durchgang durch die historische Entwicklung und die Lehren der christlichen Kirchen hat gezeigt, dass die Bestimmung des Verhältnisses der christlichen Religion und ihrer Konfessionen zum jeweiligen Staat eine der zentralen Fragestellungen ist, die auf das engste mit der politischen und sozialen Geschichte in Europa verwoben ist. Die Lösungen schwanken dabei zwischen dem engen Bündnis von „Thron und Altar" bis hin zu einer unmittelbaren organisatorischen Verflechtung zwischen Staat und Kirche im Sinne eines extremen Staatskirchentums auf der einen Seite und radikalen Trennungsmodellen auf der anderen Seite, die darauf abzielen, die öffentliche Wirksamkeit religiöser Vorstellungen möglichst zu minimieren und jegliche Form der Zusammenarbeit des Staates mit den Religionsgemeinschaften auszuschließen. In der Sache geht es dabei sowohl um die Freiheit des Staates von der Religion und den Versuchen klerikaler Bevormundung der Politik als auch umgekehrt um den Kampf der Kirchen um ihre Freiheit vom Staat und die Abwehr der Ansprüche totalitärer Herrschaftssysteme. Zu dem Grundproblem von Distanz und Nähe des staatlichen Gemeinwesens zur Religion und ihren konfessionellen Ausprägungen hat jede Epoche und jedes Land in Europa versucht, seine jeweils eigene Antwort zu geben.

Heute steht der säkulare Staat vor allem vor der Herausforderung, die Probleme lösen zu müssen, die sich aus der Tatsache ergeben, dass unsere moderne Gesellschaft zunehmend von einem religiösen und weltanschaulichen Pluralismus geprägt ist. Dieser wird vor allem als eine Begleiterscheinung der Migrationsbewegungen in der zweiten Hälfte des 20. Jahrhunderts und damit vorwiegend als eine Konfrontation mit dem Islam erlebt.[187] Der Streit um das Kopftuch einer muslimischen Lehrerin im Schulunterricht und die Frage, ob einem muslimischen Metzger in unserem Kulturkreis erlaubt

187 Zu den staatskirchenrechtlichen Problemen im Zusammenhang mit dem Islam vergl.: *A. v. Campenhausen*, Neue Religionen im Abendland, ZevKR 25 (1980), S. 135 ff.; *Ders.*, Aktuelle Aspekte der Religionsfreiheit, ZevKR 37 (1992), S. 405 ff.; *B. Johansen*, Staat, Recht und Religion im sunnitischen Islam – Können Muslime einen religionsneutralen Staat akzeptieren? und *W. Loschelder*, Der Islam und die religionsrechtliche Ordnung des Grundgesetzes, beide in: *H. Marré, W. Stüting* (Hrsg.), Essener Gespräche zum Thema Staat und Kirche, Bd. 20, Münster 1986, 12 ff. u. S. 147 ff.; *B. Guntau*, Der Ruf des Muezzin in Deutschland – Ausdruck der Religionsfreiheit?, ZevKR 43 (1998), S. 369 ff.; *E. Sarcevic*, Religionsfreiheit und der Streit um den Ruf des Muezzins, DVBl 2000, S. 519; *A. Petersohn*, Der Islam „ante portas" – Sprengstoff für den Staat des Grundgesetzes, NJW 2002, S. 521 ff.; *H. Weber*, Zurückhaltende Abwehr, fürsorgliche Belagerung oder hereinnehmende Neutralität? Die Rechtslage des Islam in den unterschiedlichen europäischen Staaten, ZevKR 52 (2007), S. 554 ff.

werden muss, Tiere zu schächten,[188] sind dafür beredte Beispiele. Die Begegnung mit Menschen aus anderen Kulturkreisen und deren religiösen Vorstellungen findet in unserer Alltagserfahrung nicht mehr außerhalb, sondern innerhalb unserer eigenen Gesellschaft statt. Als Folge dieses Pluralismus ergibt sich eine weitgehende Privatisierung des Religiösen und eine Individualisierung in den Formen der persönlichen Lebensgestaltung, die sich aus dem reichhaltigen Angebot auf dem Markt der religiösen Möglichkeiten bedienen können.[189] Dieser Verlust allgemein anerkannter kultureller und religiöser Verhaltensmuster ist es, der die Frage aufwirft, welche Kräfte unsere Gesellschaft im Innersten zusammenhalten und den Ruf lauter werden lässt, die als bedrohlich empfundenen Folgen des Pluralismus einzudämmen. Dabei gewinnen vor allem solche Angebote und Konzepte an Plausibilität, die Eindeutigkeit versprechen und so Entlastung von den mit der Freiheit verbundenen Überforderungen anbieten.[190] So kommt es, dass von einer Seite das Christentum als Bollwerk gegen tatsächliche oder vermeintliche Auflösungstendenzen der ethischen und kulturellen Grundlagen unseres Staatswesens beschworen wird, von anderer Seite die religiöse und weltanschauliche Neutralität des Staates und das Prinzip der Trennung von Staat und Kirche zum obersten Postulat des Religionsverfassungsrechts erhoben wird. In dieser Zangenbewegung zwischen der Sehnsucht nach der Erhaltung oder Wiederherstellung des „christlichen Staates" und einer rigiden Trennungsideologie gerät das deutsche Staatskirchenrecht von gegensätzlichen Seiten unter Druck. Diesem Druck standzuhalten und nicht in die eine oder die andere Richtung die Balance zu verlieren, darin liegt heute seine wesentliche Herausforderung.

188 Vergl. dazu: BVerfGE 104, S. 337 ff. und *R. Potz, B. Schinkele, W. Wieshaider* (Hrsg.) Schächten. Religionsfreiheit und Tierschutz, Plöchl u. a. 2001 (Religionsgeschichtliche Studien Bd. 2).

189 Vergl. dazu: *Chr. Schwöbel*, Religiöser Pluralismus als Signatur unserer Lebenswelt, in: *Ders.*, Christlicher Glaube im Pluralismus, Tübingen 2003, S. 6 ff.

190 *Chr. Schwöbel,* ebd. S. 11

Zweiter Teil
Das Staatskirchenrecht der Bundesrepublik Deutschland

I. Staatskirchenrechtliche Grundentscheidungen

A. Das Neutralitätsgebot

1. Neutralität als Grundprinzip

Dem Staatskirchenrecht liegen bestimmte Prinzipien zu Grunde, die über die Regelung einzelner Tatbestände hinausgehend dem gesamten Rechtsgebiet sein charakteristisches Gepräge geben. Zu diesen Grundentscheidungen[191] der Verfassung gehört das **Prinzip der Neutralität** des Staates in religiösen und weltanschaulichen Fragen. Als eine der wichtigsten Konsequenzen ergibt sich daraus das **„Identifikationsverbot"**, d. h. der Staat darf sich eine bestimmte Religion oder Weltanschauung nicht zu eigen machen und sich mit ihr inhaltlich nicht identifizieren. Die Gewährleistung von Freiheit allgemein, insbesondere aber der Religionsfreiheit setzt die Absage an eine in sich geschlossene Einheitsgesellschaft voraus, wie sie bis heute zum Teil in islamischen Staaten besteht und auf einer nichtreligiösen ideologischen Grundlage für die Länder des ehemaligen Ostblocks kennzeichnend war. Eine funktionierende Demokratie setzt vor allem einen offenen gesellschaftlichen Dialog voraus, der durch keine ideologischen Vorgaben behindert wird.

Festzustellen ist dabei zunächst, dass der Grundsatz der Neutralität als solcher im Grundgesetz gar nicht vorkommt. Er erschließt sich vielmehr erst im Zusammenspiel verschiedener Vorschriften des Grundgesetzes, zu denen vor allem das Verbot der Diskriminierung aus Gründen des Glaubens und der religiösen oder politischen Anschauungen in Art. 3 Abs. 3 GG **(Diskriminierungsverbot)**, die Gewährleistung der allgemeinen Religionsfreiheit in Art. 4 GG und das Verbot der Staatskirche in Art. 140 GG i. V. m. Art. 137 Abs. 1 WRV **(Trennungsprinzip)** gehören. Hinzu kommen die speziellen Diskriminierungsverbote in Art. 33 Abs. 3 GG beim ungehinderten Zugang zu öffentlichen Ämtern sowie in Art. 140 GG i. V. m. Art. 136 Abs. 1 WRV hinsichtlich der Ausübung bürgerlicher und staatsbürgerlicher Rechte und Pflichten, die

---

191 Zu Begriff und Bedeutung der verfassungsrechtlichen Grundentscheidungen vergl. *H. Maurer*, Staatsrecht I^5, München 2007, S. 165 ff. Der Begriff wird hier verwendet, obwohl die staatskirchenrechtlichen Prinzipien nicht zu den verfassungsrechtlichen Grundentscheidungen im engeren Sinne gehören, wie sie in Art. 79 Abs. 3 GG als unveränderlich genannt sind.

durch die Ausübung der Religionsfreiheit weder bedingt noch beschränkt werden. Das Bundesverfassungsgericht und ihm folgend die überwiegende Meinung in der staatskirchenrechtlichen Literatur haben daraus den Schluss gezogen, der Staat sei als *„Heimstatt aller seiner Bürger"* ohne Ansehen der Person zur religiös-weltanschaulichen Neutralität verpflichtet.[192] Die Funktion des Neutralitätsbegriffes besteht dabei darin, ein bestimmtes Modell des Verhältnisses von staatlicher Ordnung und gesellschaftlichem Pluralismus in religiös-weltanschaulichen und ethischen Fragen zu beschreiben. Dieses Modell verlangt vom Staat auf eine Bewertung solcher Konzeptionen zu verzichten und sich darauf zu beschränken, eine Ordnung für das friedliche und gerechte Zusammenleben der unterschiedlichen Überzeugungen und Lebensformen zu gewährleisten.[193]

Das bedeutet allerdings nicht, dass sich der Staat von jeder positiven Berührung oder gar Förderung von Religion fernhalten muss. Seine Aufgabe ist vielmehr, den Dialog der in der Gesellschaft wirksamen Kräfte, zu denen auch die Religionsgemeinschaften gehören, zu fördern und aktiv zu unterstützen. Das Bundesverfassungsgericht hat in ständiger Rechtsprechung bekräftigt, dass die dem Staat gebotene religiös-weltanschauliche Neutralität als eine offene und übergreifende, die Glaubensfreiheit für alle Bekenntnisse gleichermaßen fördernde Haltung zu verstehen ist. Das heißt Art. 4 GG gebietet dem Staat, den Raum für die aktive Betätigung der Glaubensüberzeugung und die Verwirklichung der autonomen Persönlichkeit auf weltanschaulich-religiösem Gebiet zu sichern:

„Der Staat darf lediglich keine gezielte Beeinflussung im Dienste einer bestimmten politischen, ideologischen oder weltanschaulichen Richtung betreiben oder sich durch von ihm ausgehende oder ihm zuzurechnende Maßnahmen ausdrücklich oder konkludent mit einem bestimmten Glauben oder einer bestimmten Weltanschauung identifizieren und dadurch den religiösen Frieden in der Gesellschaft von sich aus gefährden."[194]

Das Prinzip der Neutralität des Staates in weltanschaulichen und religiösen Fragen ist nach diesem Verständnis anders als in einem laizistischen System klassischer französischer Prägung keine Doktrin, die als solche der Ausübung der positiven Religionsfreiheit entgegengesetzt werden könnte. Im Gegenteil: der Staat ist nach Art. 4 GG verpflichtet, der Ausübung der Religionsfreiheit Raum zu geben und diese unter Beachtung der Gleichbehandlung aller Religionen zu fördern. Das deutsche Staatskirchenrecht unterscheidet sich damit im gedanklichen Ansatz vom französischen System. Frankreich bekennt sich in Art. 1 seiner Verfassung nach wie vor zum Laizismus als Staatsgrundlage, wie er ursprünglich auf die religionsfeindliche französische Gesetzgebung zu

192 BVerfGE, 19, S. 206 (216); die weiteren Nachweise vergl. bei S. *Huster*, Die ethische Neutralität des Staates, Tübingen 2002 S. 14, Anm. 34 (Jus publicum Bd. 90).

193 *Huster,* ebd. S. 12.

194 BVerfGE 108, S. 282 (300).

Beginn des 20. Jahrhunderts zurückgeht.[195] Jedenfalls in einem bestimmten Verständnis kommt diesem Grundsatz in Frankreich bis heute eine die Ausübung der Religionsfreiheit begrenzende Funktion zu. Ein Abwägungsprozess zwischen beiden kommt dabei nicht in Betracht, bzw. er ist von vornherein zugunsten des Laizismus entschieden. Interessanter Weise hat es auch in Frankreich eine Entwicklung gegeben, die trotz des grundsätzlich anderen Ausgangspunktes zu ähnlichen Ergebnissen führt, wie in Deutschland.[196] Nach einem Gutachten des Conseil dÉtat vom November 1989 ist das Tragen eines Kopftuches durch Schülerinnen als Ausdruck eines religiösen Gebots in der Schule nicht generell zu beanstanden. Der Staat hat danach vielmehr die Pflicht, zwischen dem Gebot staatlicher Neutralität in der Schulerziehung und der Gewissensfreiheit der Schüler und Schülerinnen einen angemessen Ausgleich zu suchen. Das Gericht bewegt sich damit auf einer Linie, die auch in Frankreich zu einer Absage an einen „Laizismus" mit religions- und kirchenfeindlicher Absicht geführt hat, wie er ursprünglich als Schlüsselbegriff dem Verhältnis von Staat und Kirche in Frankreich zu Grunde lag.[197] An dessen Stelle ist wie in Deutschland das Ordnungsprinzip einer eher religionsfreundlichen, wohlwollenden und unparteiischen „Laizität" getreten, das auch der Ausübung religiöser Grundrechte im Bereich der Schule Raum lässt.[198] Die neueste französische Gesetzgebung zum generellen Verbot religiöser Symbole im Raum der Schule kann durchaus als ein Rückfall hinter diese Entwicklung angesehen werden, die zu einer differenzierten Betrachtungsweise geführt hat.

Zusammenfassend lässt sich feststellen, dass radikale Forderungen, die darauf abzielen, den Einfluss von Religion und Kirche auf das öffentliche und staatliche Leben möglichst auszuschließen und zurückzudrängen, im Grundgesetz keine Basis haben. Sie sind Kennzeichen totalitärer Staatsformen, wie wir sie in Deutschland zum Glück hinter uns gelassen haben.

Literatur:

K. Schlaich, Neutralität als verfassungsrechtliches Prinzip, Tübingen 1972 (Tübinger Rechtswissenschaftliche Studien Bd. 34); *S. Huster*, Die ethische Neutralität des Staates, Tübingen 2002 (Jus publicum Bd. 90); *F. Holzke*, Die „Neutralität" des Staates in Fragen der Religion und Weltanschauung, NVwZ 2002, 903 ff.

195 Zum französischen System vergl.: *T. Anger*, Islam in der Schule, Berlin 2003, S. 154 ff.

196 Vergl. dazu im Einzelnen: *A. Gromitsaris*, Laizität und Neutralität in der Schule. Ein Vergleich zwischen Frankreich und Deutschland, AöR 1996, S. 359 ff.

197 Vergl. dazu im Ganzen: *A. v. Campenhausen*, Staat und Kirche in Frankreich, Göttingen 1962 (Göttinger Rechtswissenschaftliche Studien, Bd. 41).

198 Zu den begrifflichen Unterschieden zwischen Laizismus (laicisme) und Laizität (laicité) vergl. *A. v. Campenhausen* ebd., S. 158 f.

2. Gott in der Verfassung

Im Zusammenhang mit dem Gebot staatlicher Neutralität stellt sich die Frage, welche rechtliche Bedeutung der Tatsache zukommt, dass sich das Grundgesetz in seiner Präambel ausdrücklich auf „Gott" bezieht. Die Präambel beginnt mit den Worten:

„Im Bewusstsein seiner Verantwortung vor Gott und den Menschen, von dem Willen beseelt, als gleichberechtigtes Glied in einem vereinten Europa dem Frieden der Welt zu dienen, hat sich das Deutsche Volk kraft seiner verfassungsgebenden Gewalt dieses Grundgesetz gegeben."

Die Verfassungen einiger Bundesländer[199] und anderer Staaten[200] enthalten ähnliche Formulierungen. „Gott" hat damit im deutschen Verfassungsrecht wieder einen Platz erhalten, wie es zuletzt in der Deutschen Bundesakte vom 8. Juni 1815 der Fall war, die mit den Worten begann: *„Im Namen der allerheiligsten und untheilbaren Dreieinigkeit."*[201] Im Unterschied dazu enthalten aber weder das Grundgesetz noch die Landesverfassungen eine „Invocatio Dei" – also einer Anrufung Gottes – wie es in einigen ausländischen Verfassungen bis heute der Fall ist.[202] Im Sinne der von *Thomas von Aquin* begründeten und von der spanischen Spätscholastik übernommenen Denkweise, nach der es zur Begründung des Rechts keines Rückgriffes auf die Religion bedarf, bemüht die Präambel „Gott" nicht etwa als den „Souverän", in dessen „Namen", die Verfassung erlassen wird. Verfassungsgeber bleibt vielmehr, das *„Volk kraft seiner verfassungsgebenden Gewalt"*. Die deutschen Nachkriegsverfassungen enthalten eine Formel, die auf „Gott" als diejenige für den Menschen unverfügbare Instanz verweist, vor der er Verantwortung tragen und Rechenschaft ablegen muss **(„Verantwortungsformel")**. Die Vereinbarkeit dieser Formel mit der weltanschaulichen Neutralitätspflicht des Staates und ihr rechtlicher Sinngehalt sind umstritten. Zum Teil wird die Auffassung vertreten, dass derartige theistische Formeln nur unverbindliche

199 Vergl. dazu: *W. Huber,* Gerechtigkeit und Recht³, S. 37 f.; Eine Übersicht über die Präambeltexte in den Landesverfassungen findet sich bei *W. Weinholt*, Gott in der Verfassung, Frankfurt a. M. u. a. 2001, S. 409 ff.; instruktiv ist in diesem Zusammenhang die Debatte des Niedersächsischen Landtags, die auf Grund einer Volksinitiative zur nachträglichen Aufnahme des Gottesbezuges in der Präambel zur Niedersächsischen Verfassung vom 19. Mai 1993 geführt hat (106. Plenarsitzung am 19. Mai 1994).

200 Siehe dazu: *H. Goerlich*, Der Gottesbezug in Verfassungen, in: *H. Goerlich, W. Huber, K. Lehmann*, Verfassung ohne Gottesbezug?, Leipzig 2004, S. 9 ff. (Forum Theologische Literaturzeitung 14) und *J. H. H. Weiler*, Ein christliches Europa, Salzburg, München 2004, S. 43 ff.

201 Zur historischen Entwicklung vergl.: *K. Fitschen*, Gott in der Verfassung, Deutsches Pfarrerblatt 2001, S. 115 ff.

202 Bemerkenswert ist vor allem der Beginn der irischen Verfassung: *„Im Namen der Allerhöchsten Dreifaltigkeit, von der alle Autorität kommt, und auf die, als unser letztes Ziel, alle Handlungen sowohl der Menschen als auch der Staaten ausgerichtet sein müssen, anerkennen wir, das Volk von Irland, in Demut alle unsere Verpflichtungen gegenüber unserem göttlichen Herrn, Jesus Christus …"*, zitiert nach *W. Huber*, Gerechtigkeit und Recht³, S. 35.

Dekoration, nur Dekor sind, auf das man im Grundgesetz besser verzichtet hätte, angesichts der Tatsache, dass ein wesentlicher Teil des deutschen Volkes dem Gottesglauben entfremdet ist.[203]

Die Befürworter des Gottesbezuges weisen vor allem auf die historische Situation nach dem zweiten Weltkrieg hin, in der diese Formel entstanden ist, und sehen in ihr keine unzumutbare religiöse Inanspruchnahme derjenigen Bürgerinnen und Bürger, die nicht an Gott glauben:

„Es waren die Verbrechen der Jahre 1933 bis 1945, die zur Aufnahme des Gottesnamens in deutsche Verfassungstexte Anlass boten. Angesichts der Exzesse staatlicher Macht meldete sich der Wunsch, diejenige Instanz zu benennen, an der alle staatliche Machtausübung ihre Grenze findet. Angesichts der Verstrickung vieler Menschen in unauslöschliche Schuld zeigte sich die Notwendigkeit, den Grund ausdrücklich zur Sprache zu bringen, auf den menschliche Verantwortung sich bezieht. … Sieht man die Aufnahme der Gottesformel in die Präambel und die Ablehnung einer religiösen Aussage im Artikel 1 im Zusammenhang, so führt dies zu dem Ergebnis, daß durch die Präambel den Staatsbürgerinnen und Staatsbürgern kein religiöses Bekenntnis aufgenötigt werden soll. Zwar war die Aufnahme der Gottesformel in das Grundgesetz von der Absicht geprägt, das Gewicht christlicher Überzeugung für den Neuaufbau des Gemeinwesens hervorzuheben; doch zugleich ist die Formulierung so unspezifisch, daß sie sich mit sehr unterschiedlichen Gottesvorstellungen verbinden läßt. Ihre Aufnahme in das Grundgesetz darf auch nicht als Ausschluss derjenigen verstanden werden, die für sich keinerlei Glauben an Gott gelten lassen. Niemandem kann durch diese Formel die Frage abgenommen werden, ob und in welchem Sinn er im Rahmen des Grundgesetzes seine eigene Verantwortung vor Gott und den Menschen wahrzunehmen gedenkt. Die Bezugnahme auf den Gottesgedanken erfolgt auf dem Hintergrund christlichen Denkens; der Formulierung soll aber von Anfang an ein überkonfessioneller Charakter zukommen. Daß sie auch interreligiös offen ist, ja auch diejenigen nicht ausschließen darf, die sich zu keiner Religion bekennen, ist im Prozess religiöser Pluralisierung immer deutlicher geworden; in diesem Sinn lässt sich bekräftigen, dass diese Formel nicht auf die Wiederherstellung eines ‚christlichen Staates' gerichtet ist."[204]

In dieser Interpretation wird deutlich, dass die Präambel im Grundgesetz das Christentum nicht etwa zur „Staatsreligion" erhebt. Die Bezugnahme auf „Gott" charakterisiert die Bundesrepublik Deutschland als solche nicht als „christlichen Staat" und noch weniger enthält sie eine Verpflichtung des Einzelnen zur Annahme des christlichen Glaubens. In ihr schlägt sich die Überzeugung der Mitglieder des parlamentarischen Rates nieder, *„daß im Bewußtsein unseres Volkes ein Sittengesetz lebt, das wir für verbindlich halten, weil Freiheit, Selbstverantwortung und Gerechtigkeit die Würde des Menschen aus-*

203 So: *P. Lerche*, Christentum und Staatsrecht, in: *Th. Tomandel* (Hrsg.) Der Einfluss des katholischen Denkens auf das positive Recht, Wien 1970, S. 85 ff. (86).

204 *W. Huber,* Gerechtigkeit und Recht^3, S. 37 ff.

machen und daß diese Würde gebietet, daß jeder die Freiheit und die Selbstachtung eines jeden anderen achtet und sein Leben nicht auf Kosten der Lebensmöglichkeiten des anderen führt. In diesem Moralverständnis können Christen und Nichtchristen sich im Freiheitsraum des Staates vereinigen.“[205]

Dennoch wäre es falsch, in dem Eingangsatz zur Präambel nur noch eine historische Reminiszenz an die Entstehungsgeschichte der Bundesrepublik Deutschland zu erblicken, der heute keine aktuelle Bedeutung mehr zukommt.[206] Die Berufung auf „Gott“ ist zu verstehen als eine Formel gegen jede Form von Totalitarismus und Ansprüchen menschlicher Allmacht. Sie soll verhindern, dass je wieder einzelne Menschen, Institutionen oder religiös aufgeladene weltliche Heilslehren Attribute des Göttlichen für sich in Anspruch nehmen können und danach trachten, den Menschen in seinem Gewissen zu binden. Der Platz, an dem sich solche Ansprüche festsetzen könnten, ist mit dem Gottesbegriff bereits besetzt.

„Der Mensch kann den Menschen nur achten, wenn kein Mensch das höchste Wesen für die Mitmenschen sein will, sondern in jedem Menschen die Bestimmung zum Ebenbild Gottes aufleuchtet, als dem ihm Zuwendung und tätige Hilfe gebührt. Das Verlöschen von Transzendenz bleibt nicht folgenlos. Nur zu rasch führt es zu religiösen Aufladungen des Diesseits, zu pseudomessianischen Heilslehren, deren Blutspuren in der jüngeren und jüngsten Vergangenheit eine bittere Lektion erteilen. … Nichts und niemand auf dieser Welt kann das Attribut des Göttlichen zuerkannt werden. … Auch wer Gott nicht denken kann, kann aus Verantwortung nicht wollen, dass Gottes Platz von anderen Autoritäten okkupiert wird.“[207]

Der Sinn der Bezugnahme auf Gott in der Präambel liegt darin *„deutlich zu machen, daß es Bereiche gibt, die auch den Mächtigen dieser Erde nicht verfügbar sind und verfügbar sein dürfen, daß eine höhere Instanz besteht, die Werte vermittelt und Rechenschaft fordert.*“[208] In dieser Funktion behält die Verantwortungsformel ihre bleibende Bedeutung und ist als Bollwerk gegen jede Form totalitärer politischer Tendenzen, wie sie sich in Deutschland inzwischen wieder breit machen, heute vielleicht nötiger denn je. Sie artikuliert eine Grundbedingung für die Gewährleistung von Freiheit und Toleranz im weltlichen Gemeinwesen.

Sie ist auch kein Verstoß gegen die weltanschauliche und religiöse Neutralitätspflicht des Staates und keine Diskriminierung von denjenigen Bürgerinnen und Bürgern, die keine religiöse Bindung haben und „Gott“ als eine letzte sittliche Instanz ablehnen. Auch ihnen wird die Fähigkeit zu verantwortungsbewusstem Handeln nicht abgesprochen. Dabei ist zuzugeben, dass es

205 So das Mitglied des Parlamentarischen Rates *C. Schmidt*, Erinnerungen, Bern, München, Wien, S. 371.

206 Zur rechtlichen Relevanz der Präambel allgemein vergl: *H. Maurer*, Staatsrecht I^5, München 2007, S. 130 (Rd.Nr. 1.).

207 *M. Beintker*, Lutherische Monatshefte, 1995, S. 13 ff. (16 f.).

208 *H. Maurer*, Staatrecht I^5,München 2007, S. 132 (Rd.Nr. 4).

unter theologischen Gesichtspunkten als problematisch erscheint, zur Begründung dessen mit dem überkonfessionellen Charakter der Formel zu argumentieren, so dass sie sich mit sehr unterschiedlichen Gottesvorstellungen verbinden lässt und in einer auch interreligiös offenen Weise interpretiert werden kann. Wenn der Gottesbegriff in der staatlichen Verfassung im Prozess religiöser Pluralisierung nur noch in einer so unspezifischen Weise verstanden werden kann, besteht die Gefahr, dass er eines fassbaren religiösen Sinnes entleert wird. Es ist deshalb nicht verwunderlich, dass es ausgerechnet ein Theologe war, nämlich der Bundestagsabgeordnete *Wolfgang Ullmann*, der in der gemeinsamen Verfassungskommission des Bundestages und des Bundesrates zur Beratung von Änderungen des Grundgesetzes nach der Wiedervereinigung der beiden deutschen Staaten den Antrag gestellt hat, den Gottesbezug aus dem Grundgesetz zu streichen und dies mit dem Hinweis begründet hat, die Rede von Gott in dieser Weise stehe nicht mehr im Einklang mit den Ergebnissen *„tiefen theologischen Nachdenkens"*.[209] Dieser Antrag hat in der Verfassungskommission keine Mehrheit gefunden, so dass wir es nach wie vor mit dem „Präambelgott" zu tun haben. Die juristische Lösung des Problems liegt in dem Hinweis, dass die Präambel des Grundgesetzes ausdrücklich auch die Verantwortung vor *„den Menschen"* benennt. Sie schließt damit die Möglichkeit zur Begründung verantwortlichen Handelns auch ohne religiöse Bezugnahme ein und ist deshalb in dieser Hinsicht „neutral".[210] Einer theologisch problematischen Relativierung des Gottesbegriffes bedarf es daher nicht, um den pluralistischen Vorstellungen gerecht zu werden und den Vorwurf zu entkräften, die Präambel sei geeignet, Menschen zu diskriminieren, die sich keiner Religion verpflichtet wissen.

Die unterschiedlichen Ansichten über die Aufnahme eines Gottesbezuges in eine säkulare Verfassung, spiegeln sich auch wieder in der Diskussion darüber, ob es einen solchen in europäischen Rechtstexten geben soll oder nicht.[211] In diesem Zusammenhang ist die Problemlage noch viel schwieriger, weil die Europäische Union aus Staaten besteht, die ganz unterschiedliche staatskirchenrechtliche und religiöse Traditionen haben. Die Bandbreite reicht dabei von Frankreich, das das Prinzip des Laizismus in seiner Verfassung festgeschrieben hat und von daher ein striktes Konzept der Trennung von Staat und Kirche verfolgt, bis hin zu einem Land wie Dänemark, in dem nach wie vor ein nahezu ungebrochenes System des Staatskirchentums besteht. Es kann deshalb nicht überraschen, dass es zu einer Einigung über

209 Vergl.: Bericht der gemeinsamen Verfassungskommission des Bundestages und des Bundesrates zur Beratung von Änderungen des Grundgesetzes, Bundesratsdrucksache 800/93, Seite 110; siehe dazu auch: *H. Maurer*, ebd., S. 133 (Rd.Nr. 5).

210 In diesem Sinne auch *H. Goerlich*, in: *H. Goerlich, W. Huber, K. Lehmann*, Verfassung ohne Gottesbezug?, Leipzig 2004, (Forum Theologische Literaturzeitung 14); S. 41; *H. Maurer*, ebd.

211 Zum Streitstand in dieser Frage im Zusammenhang mit der Diskussion um den Vertrag über eine Verfassung für Europa auf europäischer Ebene vergl.: *K. Riedel*, Gott in der Europäischen Verfassung, EuR 2005, S. 676 ff.

die Aufnahme eines Gottesbezuges in die europäische Verfassung nach dem Vorbild des deutschen Grundgesetzes nicht gekommen ist.

In dem inzwischen gescheiteren Entwurf des Verfassungsvertrages für Europa hat sich unverkennbar eine vom Laizismus geprägte Denkweise durchgesetzt, wie sie dem französischen Vorverständnis entspricht. In dem vom ehemaligen französischen Staatspräsidenten *Giscard dÉstaing* entworfenen ersten Entwurf einer Präambel, die vom Verfassungskonvent übernommen worden ist,[212] wird zunächst darauf hingewiesen, dass der Kontinent Europa und seine Bewohner als Träger der Zivilisation im Laufe der Jahrhunderte die Werte entwickelt haben, die den Humanismus begründen: die Gleichheit der Menschen, die Freiheit und die Geltung der Vernunft. Im zweiten der „Erwägungsgründe" heißt es dann wörtlich:

„Schöpfend aus den kulturellen, religiösen und humanistischen Überlieferungen Europas, deren Werte in seinem Erbe weiter lebendig sind und die zentrale Stellung des Menschen und die Vorstellung von der Unverletzlichkeit und Unveräußerlichkeit seiner Rechte sowie vom Vorrang des Rechts in der Gesellschaft verankert haben, …"[213]

In dieser Formulierung werden die Unterschiede zwischen dem französischen Ansatz und dem Anliegen, das im deutschen Grundgesetz mit dem Gottesbezug verfolgt wird, besonders deutlich. Eine Präambel, die die *„zentrale Stellung des Menschen"* und die Geltung seiner Vernunft beschwört, leugnet letztlich seine Verantwortlichkeit vor einer außerhalb seiner selbst liegenden Instanz und verfehlt damit das mit der Bezugnahme auf „Gott" verfolgte Ziel, der Entwicklung menschlicher Allmachtsphantasien als Grundlage totalitärer Herrschaftssysteme einen Riegel vorzuschieben. Unter dem Gesichtspunkt weltanschaulicher „Neutralität" ist der zitierte Vorschlag nicht weniger angreifbar, als es ein „Gottesbezug" nach deutschem Vorbild gewesen wäre. So wenig der Gottesbezug den exklusiven Anspruch der christlichen Religion begründen kann und soll, so wenig darf der Staat ein rein humanistisches Menschenbild vorgeben, das die religiöse Dimension bewusst ausblendet.

„Wenn die verfassungsrechtliche Lösung als Entscheidung zwischen laizistischer und religiöser Option definiert wird, ist es klar, dass es in einer Alternative zwischen zwei Optionen keine neutrale Position gibt. Ein Staat, der jede religiöse Symbolik ablehnt, vertritt keine neutralere Position als ein Staat, der bestimmten Formen religiöser Symbolik anhängt. Der Sinn der agnostischen Prämisse ist genau der, die Anerkennung der religiösen Empfindungen (Freiheit zur Religion) wie der laizistischen Empfindung (Freiheit von Religion) zu garantieren. Deswegen ist der Ausschluss der religiösen Empfindungen aus der Präambel keine wirklich agnostische Option mehr, er hat nichts mit Neutralität

212 Der Entwurf des europäischen Konvents ist abgedruckt bei: *J. Schwarze* (Hrsg.), Der Verfassungsentwurf des Europäischen Konvents, Baden-Baden 2004, S. 565 ff. (Schriftenreihe Europäisches Recht, Politik und Wirtschaft Bd. 301).

213 Zitiert nach *Schwarze*, ebd.; zur eingehenden Kritik vergl.: *J. H. H. Weiler*, Ein christliches Europa, Salzburg, München 2004, S. 52 ff.

zu tun. Er bedeutet einfach, in der Symbolik des Staates eine Weltsicht gegenüber einer anderen zu bevorzugen und dies als Neutralität auszugeben. Es wäre wie die Entscheidung, in den Vorschriften des positiven Verfassungsrechts nur die Freiheit von der Religion, nicht auch die Freiheit zur Religion zu gewährleisten."[214]

Der zitierte Erwägungsgrund ist in folgender Formulierung als einziger aus dem von den Regierungschefs im Juni 2004 angenommenen Vertragsentwurf in die durch den Lissabonner Vertrag geänderte Präambel des Vertrages über die Europäische Union übernommen worden:

„Schöpfend aus dem kulturellen, religiösen und humanistischen Erbe Europas, aus dem sich die unverletzlichen und unveräußerlichen Rechte des Menschen sowie Freiheit, Demokratie, Gleichheit und Rechtsstaatlichkeit als universelle Werte entwickelt haben, …"[215]

Die Bezugnahme auf die *„zentrale Stellung des Menschen"* und die Geltung seiner Vernunft sind darin nicht mehr enthalten, so dass eine einseitige Festlegung der Europäischen Union auf ein laizistisches Vorverständnis nach französischem Muster vermieden worden ist. Von kirchlicher Seite war – in Anlehnung an die Formulierung der polnischen Verfassung[216] – die Aufnahme einer „Verantwortungsformel" in die europäischen Verträge – mit folgender Formulierung vorgeschlagen worden:

„Im Bewusstsein der menschlichen Verantwortung vor Gott und ebenso im Bewusstsein anderer Quellen menschlicher Verantwortung sind die Völker Europas entschlossen, eine friedliche Zukunft zu gestalten. Eingedenk ihres geistigen, religiösen und sittlichen Erbes gründet sich die Union auf die unteilbaren und universellen Werte des Menschen, der Freiheit, der Gleichheit und der Solidarität."[217]

Im Kontext der europäischen Tradition wäre es angemessen und legitim gewesen, der Überzeugung Raum zu geben, dass die menschliche Gemeinschaft hinsichtlich ihrer Wertsetzungen von Freiheit, Gleichheit und Menschenwürde auf einen Sinngrund angewiesen ist, den sie nicht aus sich selbst hervorbringen kann und deren dauerhaften Bestand sie – wie nicht zuletzt

---

214 *Weiler* ebd., S. 49.

215 Zur Kritik dieser Formulierung vergl.: *Chr. Hillgruber*, Über den Sinn eines Gottesbezuges in einer künftigen europäischen Verfassung, KuR 2007, S. 1 ff.

216 Dort heißt es: *„Mit Rücksicht auf die Existenz und Zukunft unseres Heimatlandes, das im Jahre 1989 die Möglichkeit einer souveränen und demokratischen Bestimmung seines Schicksals wiedererlangte, errichten Wir, die Polnische Nation – alle Bürger der Republik, sowohl jene, die an Gott als die Quelle der Wahrheit, der Gerechtigkeit, des Guten und Schönen glauben, als auch jene, die einen solchen Glauben nicht teilen, diese universalen Werte aber als anderen Quellen entspringend achten, gleich in Rechten und Pflichten für das Gemeinwohl, Polen …"*; zitiert nach *Weiler*, a. a. O., S. 51.

217 Gemeinsames Schreiben des Bevollmächtigten des Rates der EKD bei der Bundesrepublik Deutschland und der EU und des Leiters des Kommissariats der deutschen Bischöfe an das Bundeskanzleramt vom 24. Februar 2003.

die Erfahrungen in der Zeit des Nationalsozialismus in Deutschland gezeigt haben – nicht allein aus menschlicher Einsicht und Vernunft zu gewährleisten vermag. Die von den Kirchen vorgeschlagene Formulierung hätte dies wie im deutschen Grundgesetz mit einer religiösen Bezugnahme zum Ausdruck gebracht, ohne zu leugnen, dass es daneben in Europa auch andere Traditionen und Überzeugungen gibt, die das gemeinsame ethische Erbe hervorgebracht haben und weiter tragen. Sie wäre damit den pluralistischen Möglichkeiten in den Begründungen der Wertsetzungen der Europäischen Union gerecht geworden und hätte den Eindruck vermieden, dafür exklusiv die religiöse Variante in Anspruch zu nehmen.

Ungeachtet der Tatsache, dass die Aufnahme eines Gottesbezuges im europäischen Recht jedenfalls vorerst gescheitert ist und unabhängig davon, wie man sich in der Frage eines Gottesbezuges in einer säkularen Verfassung generell entscheidet, ist festzuhalten, dass es so oder so die Aufgabe bleibt zu verhindern, dass Freiheit und Menschenwürde je wieder auf dem Altar menschlicher Selbstvergottung geopfert werden. Nicht zuletzt die jüngere deutsche Geschichte in der ersten Hälfte des 20. Jahrhunderts gibt Anlass, in dieser Hinsicht besonders wachsam zu sein.

Literatur:

W. Greive (Hrsg.), „Gott im Grundgesetz", Loccum 1994 (Loccumer Protokolle 14/93); *H. Hofmann*, Das Grundgesetz ohne Gott – aber mit Mitmenschlichkeit?, ZRP 1994, S. 215 ff.; *M. Beintker*, Das Ethos der Zehn Gebote in unserer Gesellschaft heute, Lutherische Monatshefte 1995, S. 13 ff.; *J. H. J. Ennuschat*, „Gott" im Grundgesetz, NJW 1998, S. 953 ff.; *G. Czermak*, „Gott" im Grundgesetz?, NJW 1999, S. 1300 ff.; *P. Pernthaler*, Gott in der Verfassung, Österreichisches Archiv für Recht und Religion 2000, S. 177 ff.; *G. Essen*, Der Präambelgott – Verfassungsanker oder Verfassungstöter?, KuR 2001, S. 125 ff. (= 110, S. 143 ff.); *W. Weinholt*, Gott in der Verfassung, Studie zum Gottesbezug in Präambeltexten der deutschen Verfassungstexte des Grundgesetzes und der Länderverfassungen seit 1945, Frankfurt a. M. u. a. 2001 (Europäische Hochschulschriften, Reihe XXIII Theologie, Bd. 723); *H. Goerlich, W. Huber, K. Lehmann*, Verfassung ohne Gottesbezug?, Leipzig 2004, (Forum Theologische Literaturzeitung 14); *H. Weiler*, Ein christliches Europa, Salzburg, München 2004; *W. Huber*, Gerechtigkeit und Recht, Grundlinien christlicher Rechtsethik[3], Gütersloh 2006, S. 31 ff.; *Chr. Hillgruber*, Über den Sinn eines Gottesbezuges in einer künftigen europäischen Verfassung, KuR 2007, S. 1 ff.

3. Staatliche Neutralität im Schulwesen

a. Christliche Gemeinschaftsschule

Die Frage, welche Bedeutung der staatlichen Pflicht zur Neutralität in religiösen und weltanschaulichen Fragen zukommt, hat sich vor allem an Streitigkeiten im Bereich des Schulwesens immer wieder entzündet. Das ist deshalb nicht verwunderlich, weil es sich hier um einen Bereich handelt, der einerseits nach Art. 7 Abs. 1 GG der staatlichen Bestimmungsmacht unterliegt, anderseits aber die Pflege und Erziehung der Kinder in Art. 6 Abs. 2 GG als natürliches Recht der Eltern ausgewiesen und „zuvörderst“ die ihnen obliegende Pflicht ist. Daraus ergibt sich ein Spannungsverhältnis, das sich natürlicher Weise besonders bemerkbar macht, wenn es um Fragen der Erziehung geht, die für religiöse und weltanschauliche Einflüsse besonders sensibel sind.

Mit der grundsätzlichen Frage, ob das Neutralitätsgebot christliche Einflüsse in der staatlichen Schule generell ausschließt, musste sich das Bundesverfassungsgericht in seinem Beschluss vom 17. Dezember 1975 zur **Zulässigkeit der christlichen Gemeinschaftsschule** badischer Prägung nach Art. 15 der baden-württembergischen Landesverfassung befassen.

Die christliche Gemeinschaftsschule besteht in Baden seit dem Jahre 1876.[218] Der Übergang von der Konfessionsschule zur Simultanschule war bereits mit dem Volksschulgesetz vom 8. März 1868 eingeleitet worden, das die Umwandlung von Konfessionsschulen in Gemeinschaftsschulen auf Antrag des Ortsgemeinderates oder eines der Oberschulräte und unter Zustimmung der beteiligten konfessionellen Schulgemeinden gestattete. Mit dem Änderungsgesetz vom 18. September 1876 wurde in Art. I § 6 bestimmt:

„Der Unterricht in der Volksschule wird sämmtlichen schulpflichtigen Kindern gemeinschaftlich ertheilt, mit Ausnahme des Religionsunterrichtes, sofern die Kinder verschiedenen religiösen Bekenntnissen angehören.“

In das Gesetz eingefügt wurde eine Bestimmungen, nach der bei der Besetzung von Lehrerstellen auf das religiöse Bekenntnis der die Schule besuchenden Kinder tunlichst Rücksicht zu nehmen war und an Schulen, die nur Kinder eines Bekenntnisses zu unterrichten hatten, nur Lehrer des betreffenden Bekenntnisses angestellt werden sollten (Art. III § 24 a).

Eine Besonderheit der badischen Simultanschule war also der strikte konfessionelle Lehrer-Schüler-Proporz sowie die starke Berücksichtigung des Religionsunterrichts mit drei Wochenstunden. Im gesamten Unterricht und im Schulleben sollten die christlichen Güter auf der beiden Bekenntnissen gemeinsamen Grundlage gepflegt werden. Diese Regelungen dienten u. a. dazu, die in der Bekenntnisschule bis dahin in religiöser Beziehung bestehende Übereinstimmung zwischen dem Elternhaus und der Schule soweit wie möglich zu erhalten und andererseits die Durchführung des konfessionellen Religionsunterrichts zu sichern. Nach § 40 des Schulgesetzes von 1910 wurde dieser Unterricht zwar durch die betreffenden Kirchen und Religionsgemeinschaften *„besorgt und überwacht“*, diese hatten aber Anspruch auf Unterstüt-

218 Vergl. dazu: *F. Schmidt*, Die badische Volksschule², Karlsruhe 1931, S. 98 ff.; *P. Feuchte*, Verfassung des Landes Baden-Württemberg, Stuttgart u. a. 1987, Art. 15, Rd.Nr. 1 ff.; *E. R. Huber, W. Huber*, Staat und Kirche, Bd. 2, S. 253 ff. und 742 ff.; *A. Hollerbach*, Fragen zum Schulrecht in Baden-Württemberg, in: *R. Dill, S. Reimers, C. Thiele* (Hrsg.), Im Dienste der Sache, Liber amicorum für *Joachim Gaertner*, Frankfurt a. M. 2003, S. 327 ff.; *M. Frisch*, Zur christlichen Gemeinschaftsschule in Baden-Württemberg, VBlBW 2005, S. 286 ff.

zung durch dazu befähigte staatliche Lehrer. Aus deren Stundendeputat sollten, soweit erforderlich, je sechs Wochenstunden verwendet werden. Das führte zu der Regelung, dass zwei Wochenstunden Religionsunterricht vom Lehrer, eine Wochenstunde vom Pfarrer erteilt wurden. Darauf beruht bis heute die badische Zwei-Drittel/Ein-Drittel Regelung hinsichtlich der staatlichen Ersatzleistungen für die Erteilung des Religionsunterrichts durch kirchliche Lehrkräfte an den Grund- und Hauptschulen.

Durch die Änderung des Art. 15 Abs. 1 der Landesverfassung durch die große Koalition aus CDU und SPD im Jahre 1967 ist in Baden-Württemberg für das ganze Land die Schulform für die öffentliche Volksschule (Grund- und Hauptschule) auf diesen Typ der christlichen Gemeinschaftsschule badischer Prägung festgelegt worden.[219] Nach dem bis dahin gültigen Wortlaut des Artikels waren in den einzelnen Landesteilen die Grundsätze und Bestimmungen für die Form der Volksschule erhalten geblieben, die am 9. Dezember 1951 – dem Tag der Volksabstimmung über den Südweststaat – gegolten hatten. Die Ausdehnung auf alle Landesteile hatte vor allem Auswirkungen im früheren Land Württemberg-Hohenzollern, in dem bis dahin die öffentlichen Schulen „christliche Schulen" waren und zwar nach dem Willen der Eltern entweder katholische oder evangelische Bekenntnisschulen oder christliche Gemeinschaftsschulen. Im damaligen Land Baden (Südbaden) waren die öffentlichen Schulen Simultanschulen im überlieferten badischen Sinne. Auch die Verfassung des Landes Württemberg-Baden[220] hatte sich im Grundsatz für das badische System der Volksschule entschieden.

Auch wenn die geschilderten Prinzipien der badischen Gemeinschaftsschule unter veränderten Rahmenbedingungen in ihren Einzelheiten nicht mehr durchzuhalten sind, bleibt es bei der verfassungsrechtlichen Regelung, die eine religiös indifferente Schule ausschließt. Der christliche Charakter der Schule steht dabei der Pflicht des Staates zur Neutralität in religiösen Fragen, solange nicht entgegen, wie in ihr der Geist der Toleranz auch gegenüber anderen religiösen und weltanschaulichen Auffassungen herrscht. Dass dies in der christlichen Gemeinschaftsschule badischer Prägung der Fall ist, hat nicht zuletzt das Bundesverfassungsgericht mit seiner Entscheidung über die verfassungsrechtliche Zulässigkeit dieser Schulform bestätigt. Dass Gericht führt dazu aus:

„Aus den vorstehenden Ausführungen ergibt sich, daß dem Landesgesetzgeber die Einführung christlicher Bezüge bei der Gestaltung der öffentlichen Volksschule nicht schlechthin verboten ist, mag auch eine Minderheit der Erzie-

219 Zu den Rechtsgrundsätzen, die sich daraus ergeben, vergl. die Bekanntmachung vom 9. November 1967, Kultus und Unterricht 1967, S. 1260 ff.

220 Nach dem Ende des Zweiten Weltkrieges wurden 1945 die zur amerikanischen Besatzungszone gehörenden nördlichen Teile der ehemaligen Länder Baden und Württemberg zum Land Württemberg-Baden zusammengefasst, das mit der Gründung des Südweststaates 1952 zusammen mit den ebenfalls neu entstandenen Ländern Baden und Württemberg-Hohenzollern im heutigen Bundesland Baden-Württemberg aufging.

hungsberechtigten, die bei der Erziehung ihrer Kinder dieser Schule nicht ausweichen kann, keine religiöse Erziehung wünschen. Voraussetzung hierfür ist jedoch, daß die gewählte Schulform, soweit sie auf die Glaubens- und Gewissensentscheidung der Kinder Einfluß gewinnen kann, nur das Minimum an Zwangselementen enthält. Die Schule darf daher keine missionarische Schule sein und keine Verbindlichkeit christlicher Glaubensinhalte beanspruchen; sie muss auch für andere weltanschauliche und religiöse Inhalte und Werte offen sein. Das Erziehungsziel einer solchen Schule darf – außerhalb des Religionsunterrichts, zu dessen Besuch niemand gezwungen werden kann – nicht christlich-konfessionell fixiert sein. Die Bejahung des Christentums in den profanen Fächern bezieht sich in erster Linie auf die Anerkennung des prägenden Kultur- und Bildungsfaktors, wie er sich in der abendländischen Geschichte herausgebildet hat, nicht auf die Glaubenswahrheit, und ist damit auch gegenüber dem Nichtchristen durch das Fortwirken geschichtlicher Gegebenheiten legitimiert. Zu diesem Faktor gehört nicht zuletzt der Gedanke der Toleranz für Andersdenkende. Deren Konfrontation mit einem Weltbild, in dem die prägende Kraft christlichen Denkens bejaht wird, führt jedenfalls solange nicht zu einer diskriminierenden Abwertung der dem Christentum nicht verbundenen Minderheit und ihrer Weltanschauung, als es hierbei nicht um den Absolutheitsanspruch von Glaubenswahrheiten, sondern um das Bestreben nach Verwirklichung der autonomen Persönlichkeit im weltanschaulich-religiösen Bereich gemäß der Grundentscheidung des Art. 4 GG geht. Eine solche Schule, die Raum für eine sachliche Auseinandersetzung mit allen weltanschaulich-religiösen Auffassungen, wenn auch von einer bestimmten weltanschaulichen Orientierungsbasis her, bietet, führt Eltern und Kinder nicht in einen verfassungsrechtlich unzumutbaren Glaubens- und Gewissenskonflikt. Für die elterliche Erziehung bleibt in jeder weltanschaulich-religiösen Hinsicht genügend Raum, dem Kind den individuellen für richtig erkannten Weg zu Glaubens- und Gewissensbindung oder auch zu deren Verneinung zu vermitteln.“[221]

Damit stellt sich das Problem, wie im Bereich der Schule der mögliche Konflikt zwischen der **positiven Religionsfreiheit** einer religiösen Mehrheit auf der einen Seite und der **negativen Religionsfreiheit** einer Minderheit, die religiöse Einflüsse in der Schule ablehnen, zu lösen ist.[222] In seiner Entscheidung über die Zulässigkeit der christlichen Gemeinschaftsschule führt das Bundesverfassungsgericht dazu aus:

„Das im Bereich des Schulwesens unvermeidliche Spannungsverhältnis zwischen negativer und positiver Religionsfreiheit zu lösen, obliegt dem demokratischen Landesgesetzgeber, der im öffentlichen Willensbildungsprozeß unter Berücksichtigung der verschiedenen Auffassungen einen für alle zumutbaren Kompromiß zu suchen hat. Er kann sich bei seiner Regelung daran orientieren, daß einerseits Artikel 7 GG im Bereich des Schulwesens weltanschaulich-reli-

221 BVerfGE 41, S. 51 f.

222 Kritisch zu dieser Unterscheidung: *L. Renck*, Über positive und negative Bekenntnisfreiheit, NVwZ 1994, S. 544 ff.; Zum Verhältnis von positiver und negativer Religionsfreiheit in der Schule vergl.: *Chr. Starck*, KuR 1999, S. 131 ff. (= 710, S. 1 ff.).

giöse Einflüsse zuläßt, daß andererseits Artikel 4 GG gebietet, bei der Entscheidung für eine bestimmte Schulform weltanschaulich-religiöse Zwänge soweit wie irgend möglich auszuschalten. Beide Vorschriften sind zusammen zu sehen und in der Interpretation aufeinander abzustimmen, weil erst die „Konkordanz" der in den beiden Artikeln geschützten Rechtsgüter der Entscheidung des Grundgesetzes gerecht wird. Keiner dieser Normen und Grundsätze kommt von vornherein ein Vorrang zu, wenn auch die einzelnen Gesichtspunkte in ihrer Bedeutung und ihrem inneren Gewicht verschieden sind"[223]

Das Gericht hat diese Rechtsprechung durch seinen Beschluss vom 16. Oktober 1979 bestätigt und dabei festgestellt, dass ein **Schulgebet** auf überkonfessioneller Basis unter der Voraussetzung völliger Freiwilligkeit der Teilnahme zulässig ist.

„Artikel 4 Abs. 1 und 2 GG sichern in diesem Sinne einen Raum für die aktive Betätigung der Glaubensüberzeugung. Läßt der Staat in Gemeinschaftsschulen das Schulgebet zu, so tut er damit nichts anderes, als das ihm nach Artikel 4 Abs. 1 GG aufgegebene Schulgestaltungsrecht in der Weise auszuüben, daß die Schüler, die dies wollen, ihren religiösen Glauben – wenn auch nur in der eingeschränkten Form einer allgemein gehaltenen und überkonfessionellen Anrufung Gottes – bekennen können. Der Staat gibt hier der positiven Bekenntnisfreiheit Raum in einem Bereich, den er ganz in seine Vorsorge genommen hat und in welchem religiöse und weltanschauliche Vorstellungen von je her relevant waren (...). Diesen Freiraum für die Ausübung positiver Bekenntnisfreiheit durch Zulassung des Schulgebets muss der Staat allerdings von vornherein ausgleichen gegenüber der negativen Bekenntnisfreiheit anderer Eltern und Schüler, die das Schulgebet ablehnen. Der Ausgleich erfolgt hier grundsätzlich durch die Garantie der Freiwilligkeit der Teilnahme für Schüler und Lehrer. ... Auch wenn das Schulgebet, soll es einen Sinn haben, von einer Glaubenswahrheit ausgeht, beansprucht die Schule hier nicht Verbindlichkeit für christliche Glaubensinhalte; sie ermöglicht nur denjenigen, die es wollen, den Glauben an solche Inhalte zu bekennen. Unter der Voraussetzung der völligen Freiwilligkeit der Teilnahme begegnet deshalb die Zulässigkeit des religiösen Elements „Schulgebet" durch die Länder in einer von ihnen nicht ohne religiöse Bezüge gestalteten Gemeinschafts-(Pflicht-)Schule grundsätzlich keinen verfassungsrechtlichen Bedenken."[224]

b. Kruzifix im Klassenzimmer

Die in der Entscheidung über die Zulässigkeit der christlichen Gemeinschaftsschule entwickelten Grundsätze standen erneut auf dem Prüfstand des Bundesverfassungsgerichts, als es im Jahre 1995 über eine Verfassungsbeschwerde von Anhängern der anthroposophischen Weltanschauung zu ent-

223 BVerfGE 41, S. 50 ff.
224 BVerfGE 52, S. 241.

scheiden hatte, die gegen die Bestimmung in der Schulordnung für die Volksschulen in Bayern gerichtet war, nach der in den öffentlichen Volksschulen in jedem Klassenzimmer zwingend ein Kreuz angebracht werden musste.[225] In den dortigen Ausführungen ist vielfach eine neue Bewertung des Verhältnisses von positiver und negativer Religionsfreiheit gesehen worden. Jedenfalls räumt das Gericht in diesem Beschluss im Ergebnis der negativen Religionsfreiheit ein deutlich höheres Gewicht ein, als dies bisher der Fall war, da einzelne Eltern oder Schüler auch gegen einen Mehrheitswillen die Entfernung des Kruzifixes aus dem Klassenzimmer durchsetzen können. Die Anbringung eines Kreuzes im Klassenraum der staatlichen Schule rechtfertigt sich nach Auffassung des Gerichts nicht aus der positiven Glaubensfreiheit der Eltern und Schüler christlichen Glaubens:

„Die positive Glaubensfreiheit kommt allen Eltern und Schülern gleichermaßen zu, nicht nur den christlichen. Der daraus entstehende Konflikt läßt sich nicht nach Maßgabe des Mehrheitsprinzips lösen, denn gerade das Grundrecht der Glaubensfreiheit bezweckt in besonderem Maße den Schutz von Minderheiten. Überdies verleiht Art. 1 Abs. 1 GG den Grundrechtsträgern nicht uneingeschränkt einen Anspruch darauf, ihre Glaubensüberzeugung im Rahmen staatlicher Institutionen zu betätigen. Soweit die Schule im Einklang mit der Verfassung dafür Raum läßt wie im Religionsunterricht, beim Schulgebet oder anderen religiösen Veranstaltungen, müssen diese vom Prinzip der Freiwilligkeit geprägt sein und Andersdenkenden zumutbare, nicht diskriminierende Ausweichmöglichkeiten lassen. Das ist bei der Anbringung von Kreuzen in Klassenzimmern, deren Präsenz und Anforderung sich der Andersdenkende nicht entziehen kann, nicht der Fall. Schließlich wäre es mit dem Gebot praktischer Konkordanz nicht vereinbar, die Empfindungen Andersdenkender völlig zurückzudrängen, damit die Schüler christlichen Glaubens über den Religionsunterricht und freiwillige Andachten hinaus auch in den profanen Fächern unter dem Symbol ihres Glaubens lernen können.“[226]

Dieser Sichtweise der Senatsmehrheit wird von den Richtern *Seidl, Söllner* und *Haas* in ihrem abweichenden Votum widersprochen:

„Freilich handelt es sich nicht um ein Problem des Verhältnisses von Mehrheit und Minderheit, sondern darum, wie im Bereich der staatlichen Pflichtschule positive und negative Religionsfreiheit der Schüler und ihrer Eltern allgemein in Übereinstimmung gebracht werden können. … Dabei ist die negative Religionsfreiheit kein Obergrundrecht, das alle positiven Äußerungen der Religionsfreiheit im Falle des Zusammentreffens verdrängt. Das Recht der Religionsfreiheit ist kein Recht zur Verhinderung der Religion. Der notwendige Ausgleich zwischen beiden Erscheinungsformen muss im Wege der Toleranz bewerkstelligt werden.“[227]

225 BVerfGE 93, S. 1 ff.
226 BVerfGE 93, S. 1 (24).
227 BVerfGE 91, S. 1 (31 f.).

Im Hinblick auf die negative Religionsfreiheit stellt das Gericht fest, Art. 4 Abs. 1 und 2 GG gewährleiste auch die Freiheit, kultischen Handlungen eines nicht geteilten Glaubens fern zu bleiben und darüber zu entscheiden, welche religiösen Symbole man anerkennt oder ablehnt. Er gebe aber in einer Gesellschaft, die unterschiedlichen Glaubensüberzeugungen Raum lässt, kein Recht darauf, von fremden Glaubensüberzeugungen, kultischen Handlungen und religiösen Symbolen verschont zu bleiben. Davon zu unterscheiden sei aber eine vom Staat geschaffene Lage, in welcher der Einzelne ohne Ausweichmöglichkeit dem Einfluss eines bestimmten Glaubens ausgesetzt ist. Art. 4 GG entfalte seine die Freiheit sichernde Wirkung gerade in Lebensbereichen, die nicht der gesellschaftlichen Selbstorganisation überlassen sind.

In einer Entscheidung aus dem Jahre 1973 hatte sich das Bundesverfassungsgericht bereits mit der Frage der Zulässigkeit der Ausstattung eines Gerichtssaales mit einem Kreuz zu beschäftigen. In der damaligen Entscheidung wurde festgestellt, es könne davon ausgegangen werden, *„daß weite Kreise der Bevölkerung gegen die Anbringung von Kreuzen in Gerichtssälen nichts einzuwenden haben und daß auch im übrigen das Maß der in dieser Ausstattung möglicherweise zutage tretenden ‚Identifikation' mit spezifisch christlichen Anschauungen nicht derart ist, daß die Teilnahme an Gerichtsverhandlungen in einem entsprechend ausgestatteten Gerichtssaal von andersdenkenden Parteien, Prozeßvertretern oder Zeugen in der Regel als unzumutbar empfunden wird. Denn das bloße Vorhandensein eines Kreuzes verlangt von ihnen weder eine eigene Identifizierung mit den darin symbolhaft verkörperten Ideen oder Institutionen noch ein irgendwie geartetes eigenes Verhalten."*[228]

Dennoch erkannte das Gericht an, dass sich im Einzelfall Prozessbeteiligte durch den für sie unausweichlichen Zwang, entgegen ihrer eigenen religiösen oder weltanschaulichen Überzeugung „unter dem Kreuz" einen Rechtsstreit führen zu müssen, in ihrem Grundrecht aus Art. 4 Abs. 1 GG verletzt fühlen können. Der Verfassungsbeschwerde eines jüdischen Rechtsanwaltes wurde deshalb stattgegeben.

In seiner neuen Entscheidung kam die Mehrheit des ersten Senats zu der Überzeugung, dass die Anbringung eines Kreuzes in den Unterrichtsräumen einer staatlichen Pflichtschule, die keine Bekenntnisschule ist, gegen Art. 4 Abs. 1 GG verstößt. Zur Begründung wird unter anderem ausgeführt:

„Das Kreuz ist Symbol einer bestimmten religiösen Überzeugung und nicht etwa nur Ausdruck der vom Christentum mitgeprägten abendländischen Kultur. Zwar sind über die Jahrhunderte zahlreiche christliche Traditionen in die allgemeinen kulturellen Grundlagen der Gesellschaft eingegangen, denen sich auch Gegner des Christentums und Kritiker seines historischen Erbes nicht entziehen können. Von diesen müssen aber die spezifischen Glaubensinhalte der christlichen Religion oder gar einer bestimmten christlichen Konfession einschließlich ihrer rituellen Vergegenwärtigung und symbolischen Darstellung

228 BVerfGE 35, S. 366 (375).

unterschieden werden. Ein staatliches Bekenntnis zu diesen Glaubensinhalten, dem auch Dritte bei Kontakten mit dem Staat ausgesetzt werden, berührt die Religionsfreiheit. Davon ist das Bundesverfassungsgericht schon in der Entscheidung über die Verfassungsmäßigkeit der Simultanschule mit christlichem Charakter im überlieferten badischen Sinne ausgegangen, als es feststellte, daß die zulässige Bejahung des Christentums sich in erster Linie auf die Anerkennung des prägenden Kultur- und Bildungsfaktors bezieht, wie er sich in der abendländischen Geschichte herausgebildet hat, nicht dagegen auf die Glaubenswahrheit der christlichen Religion. Nur bei einer solchen Begrenzung ist diese Bejahung auch gegenüber dem Nichtchristen durch das Fortwirken geschichtlicher Gegebenheiten legitimiert (...) .... Die Anbringung von Kreuzen in Klassenzimmern überschreitet die danach gezogene Grenze religiös-weltanschaulicher Ausrichtung der Schule. Wie bereits festgestellt, kann das Kreuz nicht seines spezifischen Bezugs auf die Glaubensinhalte des Christentums entkleidet und auf ein allgemeines Zeichen abendländischer Kulturtradition reduziert werden. Es symbolisiert den wesentlichen Kern der christlichen Glaubensüberzeugung, die zwar insbesondere die westliche Welt in vielfacher Weise geformt hat, aber keineswegs von allen Gesellschaftsgliedern geteilt, sondern von vielen in Ausübung ihres Grundrechts aus Artikel 4 Abs. 1 GG abgelehnt wird. Seine Anbringung in der staatlichen Pflichtschule ist daher mit Artikel 4 Abs. 1 GG unvereinbar, soweit es sich nicht um christliche Bekenntnisschulen handelt.“[229]

Vom Gericht selbst ist später klargestellt worden, dass die letzte Aussage insofern zu weit geht, als die Anbringung eines Kreuzes selbst dann verfassungswidrig wäre, wenn alle Eltern damit einverstanden sind. Die Richter *Seidel* und *Söllner* sowie die Richterin *Haas* halten in ihrer abweichenden Meinung die Anbringung eines Kruzifixes im Klassenzimmer generell nicht für verfassungswidrig. Sie führen dazu unter anderem aus:

„Das bloße Vorhandensein eines Kreuzes im Klassenzimmer zwingt die Schüler nicht zu besonderen Verhaltensweisen und macht die Schule nicht zu einer missionarischen Veranstaltung. Das Kreuz verändert auch den Charakter der christlichen Gemeinschaftsschule nicht, sondern ist als ein den christlichen Konfessionen gemeinsames Symbol in besonderer Weise geeignet, als Sinnbild für die verfassungsrechtlich zulässigen Bildungsinhalte dieser Schulform zu dienen. Die Anbringung eines Kreuzes im Klassenzimmer schließt die Berücksichtigung anderer weltanschaulich-religiöser Inhalte und Werte im Unterricht nicht aus. ... Bei der Einschätzung und Bewertung dieser Belange kann man nicht, wie es die Senatsmehrheit tut, generell die christlich-theologische Auffassung von Bedeutung und Sinngehalt des Kreuzessymbols zugrunde legen. Entscheidend ist vielmehr, welche Wirkung der Anblick des Kreuzes bei den einzelnen Schülern entfaltet, insbesondere welche Empfindungen der Anblick des Kreuzes bei Andersdenkenden auslösen kann (...). Es mag sein, daß in einem Schüler christlichen Glaubens beim Anblick des Kreuzes im Klassenzimmer

229 BVerfGE 93, S. 1 (19/23 f.).

teilweise diejenigen Vorstellungen erweckt werden, die von der Senatsmehrheit als Sinngehalt des Kreuzes (...) geschildert werden. Für den nichtgläubigen Schüler hingegen kann das nicht angenommen werden. Aus seiner Sicht kann das Kreuz im Klassenzimmer nicht die Bedeutung eines Symbols für christliche Glaubensinhalte haben, sondern nur die eines Sinnbilds für die Zielsetzung der christlichen Gemeinschaftsschule, nämlich für die Vermittlung der Werte der christlich geprägten abendländischen Kultur, und daneben noch die eines Symbols einer von ihm nicht geteilten, abgelehnten und vielleicht bekämpften religiösen Überzeugung. Angesichts dieses Sinngehaltes, den das Kreuz im Klassenzimmer für nichtchristliche Schüler hat, haben sie und ihre Eltern das Vorhandensein der Kreuze hinzunehmen. Dazu verpflichtet sie das Toleranzgebot. Unzumutbare Belastungen entstehen ihnen dadurch nicht."[230]

Insgesamt zeigt sich, dass sich der Streit nicht auf die Frage der generellen Zulässigkeit christlicher Einflüsse auf die Gestaltung des öffentlichen Schulwesens bezieht, die auch von der Senatsmehrheit nicht bestritten wird. Das Bundesverfassungsgericht hält auch in der Entscheidung über die Zulässigkeit des Kruzifixes im Klassenraum einer öffentlichen Schule an den Grundsätzen fest, wie sie in Zusammenhang mit der Beurteilung der christlichen Gemeinschaftsschule entwickelt worden sind. Unterschiedliche Auffassungen ergeben sich aber in der symbolischen Deutung des Kruzifixes. Während die Senatsmehrheit davon ausgeht, dass es seines spezifisch religiösen Inhalts nicht entkleidet werden kann, hält es die gegenteilige Auffassung für möglich, darin „nur" ein Kultursymbol zu sehen, mit der Folge, dass seine Anbringung im Klassenzimmer im Sinne der bisherigen Rechtsprechung nicht geeignet ist, die staatliche Neutralitätspflicht zu verletzen. In dieser Alternative führt das zu der merkwürdigen Konsequenz, dass die christlichen Kirchen als Befürworter seiner Anbringung gezwungen sind, einer Profanisierung ihres zentralen religiösen Symbols das Wort zu reden, während die Anhänger einer laizistischen Schule dessen spezifisch religiöse Bedeutung hervorheben müssen. Ähnlich wie beim Gottesbegriff in der Präambel haben wir es mit einem gravierenden theologischen Problem zu tun, wenn die Verwendbarkeit religiöser Begriffe und Symbole in staatlichen Zusammenhängen nur noch unter Verzicht auf ihren religiösen Sinngehalt möglich ist.

Der Ausweg kann auch hier nur darin liegen, das Vorhandensein religiöser Symbole als solche in staatlichen Räumen zuzulassen. Dafür ist die Feststellung des Bundesverfassungsgerichts wichtig, dass auch die negative Religionsfreiheit niemandem das Recht einräumt, vor der Konfrontation mit fremden Glaubensüberzeugungen, kultischen Handlungen und religiösen Symbolen verschont zu werden.[231] Soweit dies in einer vom Staat geschaffenen Lage geschieht, der der einzelne unter zumutbaren Bedingungen nicht ausweichen kann, wie es im Bereich der Schule und im Gerichtssaal der Fall ist, ist allerdings erforderlich, dass eine Konfliktregelung besteht, die im konkreten Fall

230 BVerfGE 93, S. 1 (29 f.).
231 BVerfGE 108, S. 282 (302).

einen Ausgleich zwischen den unterschiedlichen Interessen im Geiste gegenseitiger Toleranz und Kompromissbereitschaft ermöglicht. Ein solcher Kompromiss kann sich z. B. auf die Größe des Kreuzes und den Ort seiner Anbringung beziehen. Ein großes Kruzifix mit Corpus direkt über der Tafel, das die Schülerinnen und Schüler im Unterricht ständig im Blick haben, ist sicher anders zu bewerten als ein schlichtes Kreuz an einer der Seitenwände des Klassenraumes, das ebenso gut geeignet ist, die christlich geprägte Kulturtradition zum Ausdruck zu bringen. Eine Entscheidung des Bundesverfassungsgerichts wäre vermutlich nicht notwendig geworden, wenn das Land Bayern bereit gewesen wäre, auf das Anliegen der Beschwerdeführer flexibler zu regieren, anstatt auf der Maximalposition zu bestehen, dass unabhängig vom Willen der Betroffen in jedem Fall ein Kruzifix mit Corpus an hervorgehobener Stelle im Klassenraum vorhanden sein muss.

Der bayerische Gesetzgeber hat inzwischen auf den Beschluss des Bundesverfassungsgerichts mit einer Neuregelung reagiert, die zwar weiterhin die Ausstattung der Unterrichtsräume mit Kreuzen vorsieht, jedoch den Eltern unter bestimmten Voraussetzungen ein subjektives Recht zur Abnahme des Kreuzes einräumt.[232] Danach hat, wenn dem Vorhandensein des Kreuzes aus ernsthaften und einsehbaren Gründen des Glaubens oder der Weltanschauung widersprochen wird, der Schulleiter eine gütliche Einigung zu versuchen. Gelingt dies nicht, so hat er nach Unterrichtung des Schulamtes für den Einzelfall eine Regelung zu treffen, welche die Glaubensfreiheit des Widersprechenden achtet und die religiösen und weltanschaulichen Überzeugungen aller in der Klasse Betroffenen zu einem gerechten Ausgleich bringt; dabei ist auch der Wille der Mehrheit soweit wie möglich zu berücksichtigen. Für den Widerspruch muss also eine Begründung gegeben werden, da andernfalls der verfassungsrechtlich geforderte schonende Ausgleich von widerstreitenden Grundrechtspositionen nicht möglich wäre. Das Bundesverwaltungsgericht hat dazu entschieden, dass diese Regelung nicht gegen das Neutralitätsgebot und die negative Glaubensfreiheit verstößt.[233] In verfassungskonformer Auslegung ist sie aber so zu verstehen, *„daß sich Widersprechende dann, wenn sie sich auf derartige ernsthafte und einsehbare Gründe stützen, eine Einigung nicht zustande kommt und andere zumutbare, nicht diskriminierende Ausweichmöglichkeiten nicht bestehen, letztlich durchsetzen müssen."*[234] Dabei reicht es für die Annahme ernsthafter und einsehbarer Gründe aus, *„wenn aus den Darlegungen der Eltern deutlich wird, dass sie Atheisten sind und/oder aus antireligiösen Auffassungen heraus es als unzumutbar ansehen, dass ihr Kind in der Erziehung religiösen Einflüssen ausgesetzt werde."*[235] Es besteht also kein freies Vetorecht, und weltanschauliche Indifferenz allein kann einen Widerspruch nicht tragen, es darf aber von dem, der der Anbringung des Kreuzes widerspricht, keine umfassende Darstellung des Inhalts oder gar der

232 Art. 7 Abs. 3 BayEUG i. d. F. des Gesetzes vom 23. 12. 1995, BayGVBl S. 850.
233 NJW 1999, S. 3063 ff.
234 BVerwG ebd.
235 BVerwG ebd.

Intensität seiner religiös-weltanschaulichen Überzeugungen verlangt werden.[236] Die Darlegungslast hinsichtlich eines möglichen Missbrauchs des Widerspruchs liegt vielmehr beim Schulleiter und nicht bei den Eltern.

Die bayrische Rechtslage entspricht damit jetzt im Wesentlichen den Grundsätzen, wie sie für die christliche Gemeinschaftsschule in Baden-Württemberg schon immer gegolten haben. Danach wird die Ausstattung der Schulräume mit christlichen Symbolen „gewährleistet".[237] Ergeben sich bei der Auslegung des christlichen Charakters der Volksschule Zweifelsfragen, so sind sie nach Art. 16 Abs. 3 der baden-württembergischen Landesverfassung in gemeinsamen Beratungen zwischen dem Staat, den Religionsgemeinschaften, den Lehrern und Eltern zu beheben.

Literatur:

Chr. Link, Stat Crux?, NJW 1995, S. 3353 ff.; *J. Müller-Volbehr*, Positive und negative Religionsfreiheit, JZ 1995, S. 9; *P. Badura*, Das Kreuz im Schulzimmer, ArchKathKR 1995, S. 17 ff.; *H. Goerlich*, Krieg dem Kreuz in der Schule?, NVwZ 1995, S. 1184 ff.; *W. Flume*, Das „Kruzifixurteil" und seine Berichtigung, NJW 1995, S. 2904 ff.; *M. Heckel*, Das Kreuz im öffentlichen Raum. Zum Kruzifixbeschluss des Bundesverfassungsgerichts, DVBl 1996, S. 453 ff.; *K.-H. Kästner*, Lernen unter dem Kreuz?, ZevKR 41 (1996), S. 241 ff.; *A. v. Campenhausen*, Zur Kruzifix-Entscheidung des Bundesverfassungsgerichts, AöR 1996, S. 448 ff.; *H. Maier* (Hrsg.), Das Kreuz im Widerspruch, Der Kruzifix-Beschluss des Bundesverfassungsgerichts in der Kontroverse, Freiburg u. a. 1996; *E. Herms*, Der Kruzifixbeschluß im Urteil der Kirchen, Materialdienst des Konfessionskundlichen Instituts Bensheim, 5/95, S. 65 ff.; *G. Czermak*, Der Kruzifix-Beschluss des Bundesverfassungsgerichts, seine Ursachen und seine Bedeutung, NJW 1995, S. 3348; *Ders.*, Der Kruzifix – Beschluss zwischen Neutralität und Glaubensförderung sowie als Spielball der Emotionen, ZRP 1996, S. 201 ff.; *D. Heckmann*, Eingriff durch Symbole, JZ 1996, S. 880 ff.; *L. Renck*, Zum rechtlichen Gehalt der Kruzifix-Debatte, ZRP 1996, S. 16 ff.; *J. Isensee*, Bildersturm durch Grundrechtsinterpretation, ZRP 1996, S. 10 ff.; *G. Stricker*, Das „Kruzifixurteil" in der wissenschaftlichen Diskussion, NJW 1996, S. 440 ff.; *S. Huster,* Die religiös-weltanschauliche Neutralität des Staates, Das Kreuz in der Schule aus liberaler Sicht, Mitteilungen des Zentrums für interdisziplinäre Forschung der Universität Bielefeld, 3/97, S. 4 ff.; *W. Brugger,* Das Kreuz aus kommunitaristischer Sicht, Mitteilungen des Zentrums für interdisziplinäre Forschung der Universität Bielefeld, 3/97, S. 9 ff.; *W. Brugger, S. Huster (Hrsg.),* Der Streit um das Kreuz in der Schule, Zur religiös-weltanschaulichen Neutralität des Staates, Baden-Baden 1998 (Interdisziplinäre Studien zu Recht und Staat, Bd. 7); *S. Ihli*, Lernen mit dem Kreuz, Frankfurt a. M. u. a., 2000 (Europäische Hochschulschriften Reihe II Rechtswissenschaft Bd. 3040); *S. Huster*, Die ethische Neutralität des Staates, Tübingen 2002, S. 235 ff.; *H. Wißmann*, Religiöse Symbole im öffentlichen Dienst, ZevKR 52 (2007), S. 51 ff.

236 Siehe dazu: BayVerfGH, NJW 1997, S. 3157 ff.
237 Nr. 7 der Bekanntmachung vom 9. November 1967, Kultus und Unterricht 1967, S. 1262.

c. Der Streit um das Kopftuch

Die Entscheidung des Bundesverfassungsgerichts zur Zulässigkeit des Kruzifixes im Klassenraum einer staatlichen Pflichtschule hat nicht nur eine Fülle von Reaktionen in der rechtswissenschaftlichen Literatur ausgelöst, sondern ist auch in der breiteren Öffentlichkeit auf starke Resonanz gestoßen. Offensichtlich war damit ein empfindlicher gesellschaftlicher Nerv berührt. Weit über die im engeren Sinne zu entscheidende Frage der Zulässigkeit eines religiösen Symbols in staatlichen Schulräumen hinaus, steht die Frage der Bedeutung des Christentums in seiner Funktion als einer der wesentlichen Träger unserer Kulturtradition zur Debatte. Eine neue Runde dieser Diskussion ist durch den Streit um das Recht einer muslimischen Lehrerin ausgelöst worden, im Schulunterricht ein Kopftuch tragen zu dürfen, was ihr vom Lande Baden-Württemberg verwehrt worden ist. Auch hier gibt es eine Entscheidung des Bundesverfassungsgerichts, das von der Mehrheit des 2. Senats getragen wird, und ein abweichendes Votum der Richter *Jensch, Di Fabio* und *Mellinhoff*.[238]

Die Mehrheitsentscheidung stellt zunächst klar, dass eine dem Beamten auferlegte Pflicht, als Lehrer die eigene Zugehörigkeit zu einer Religionsgemeinschaft in Schule und Unterricht nicht durch das Befolgen von religiös begründeten Bekleidungsregeln sichtbar werden zu lassen, in die von Art. 4 Abs. 1 und 2 GG verbürgte Glaubensfreiheit eingreift. Sie stelle den Betroffenen vor die Wahl, entweder das angestrebte öffentliche Amt auszuüben oder dem von ihm als verpflichtend angesehenen religiösen Bekleidungsverbot Folge zu leisten. Das Tragen eines Kopftuches falle deshalb unter den Schutz des Art. 4 GG. Es lasse sich nach Gehalt und Erscheinung hinreichend plausibel als islamisch-religiös begründete Glaubensregel dem Schutzbereich des Art. 4 GG zuordnen. Die Annahme, der Beschwerdeführerin fehle für die Wahrnehmung der Aufgaben einer Lehrerin an Grund- und Hauptschulen die erforderliche Eignung, wäre allerdings dann mit Art. 4 GG vereinbar, wenn die beabsichtigte Ausübung der Glaubensfreiheit Rechtsgüter von Verfassungsrang entgegenstünden und sich diese Begrenzung auf eine hinreichend bestimmte gesetzliche Grundlage stützen könnte.

Das Gericht geht im Weiteren davon aus, dass die religiös motivierte und als Kundgabe einer Glaubensüberzeugung zu interpretierende Bekleidung eines Lehrers den in Neutralität zu erfüllenden staatlichen Erziehungsauftrag, das elterliche Erziehungsrecht und die negative Religionsfreiheit der Schülerinnen und Schüler beeinträchtigen kann. Dabei handele es sich aber nur um eine abstrakte Gefahr. Sollen bereits derartige bloße Möglichkeiten einer Gefährdung oder eines Konflikts und nicht erst ein konkretes Verhalten, das sich als Versuch einer Beeinflussung oder gar Missionierung der anvertrauten Schulkinder darstellt, als Verletzung beamtenrechtlicher Pflichten oder als die Berufung in das Beamtenverhältnis hindernder Mangel der Eignung angesehen werden, so setze dies, weil damit die Einschränkung eines vorbe-

238 BVerfGE 108, S. 282 ff.; NJW 2003, S. 3111 ff.

haltlosen Grundrechts aus Art. 4 GG einhergehe, eine hinreichend bestimmte gesetzliche Grundlage voraus. Daran fehle es im konkret zu entscheidenden Fall.

Im Hinblick auf die mögliche objektive Wirkung religiöser Ausdrucksmittel unterscheidet der Senat danach, ob das in Frage stehende Zeichen auf Veranlassung der Schulbehörde oder aufgrund einer eigenen Entscheidung von einer einzelnen Lehrkraft verwendet wird, die hierfür das individuelle Freiheitsrecht des Art. 4 GG für sich in Anspruch nehmen kann. Der Staat, der die religiös motivierte Kleidung einer Lehrerin lediglich dulde, mache diese Aussage nicht schon dadurch zu seiner eigenen und müsse sie sich auch nicht als von ihm beabsichtigt zurechnen lassen. Aus den allgemeinen beamtenrechtlichen Pflichten lasse sich kein die Grundrechte beschränkendes Verbot, als Lehrerin an öffentlichen Grund- und Hauptschulen aus religiösen Gründen ein Kopftuch zu tragen, herleiten. Dem Landesgesetzgeber stehe es aber frei, die bislang fehlende gesetzliche Grundlage zu schaffen, indem er im Rahmen der verfassungsrechtlichen Vorgaben das zulässige Maß religiöser Bezüge neu bestimmt. Das Gericht lässt dabei sowohl die Möglichkeit offen, angesichts der zunehmenden ethnischen, kulturellen und religiösen Vielfalt die Pflicht des Staates zu weltanschaulich-religiöser Neutralität strenger zu handhaben – wie es der Prozessvertreter des Landes Baden-Württemberg gefordert hat – als auch dies in der Schule als Chance der Erziehung zur gegenseitigen Toleranz zu nutzen, die sich nicht als nivellierender Ausgleich versteht. Darüber habe aber nicht die Exekutive zu entscheiden. Für die Beurteilung der tatsächlichen Entwicklung, von der abhänge, ob gegenläufige Grundrechtspositionen von Schülern und Eltern oder andere Werte von Verfassungsrang eine Regelung rechtfertigen, die Lehrkräfte aller Bekenntnisse zu äußerster Zurückhaltung in der Verwendung von Kennzeichen mit religiösem Bezug verpflichten, verfüge nur der Gesetzgeber über die Einschätzungsprärogative. Insbesondere im Schulwesen verpflichteten das Rechtsstaatsgebot und das Demokratieprinzip des Grundgesetzes den Gesetzgeber dazu, die wesentlichen Entscheidungen selbst zu treffen. Nach der Verfassung seien die Einschränkung von grundrechtlichen Freiheiten und der Ausgleich zwischen kollidierenden Grundrechten dem Parlament vorbehalten, um sicherzustellen, dass Entscheidungen von solcher Tragweite aus einem Verfahren hervorgehen, das der Öffentlichkeit Gelegenheit gibt, ihre Auffassungen auszubilden und zu vertreten, und die Volksvertretung dazu anhält, Notwendigkeit und Ausmaß von Grundrechtseingriffen in öffentlicher Debatte zu klären. Für die Einführung einer Dienstpflicht, die es Lehrern verbiete, in ihrem äußeren Erscheinungsbild ihre Religionszugehörigkeit erkennbar zu machen, sei auch deshalb eine ausdrückliche gesetzliche Grundlage erforderlich, weil eine solche Dienstpflicht verfassungsmäßig in einer mit Art. 33 Abs. 3 GG zu vereinbarenden Weise nur begründet und durchgesetzt werden könne, wenn Angehörige unterschiedlicher Religionsgemeinschaften dabei gleich behandelt werden.

Solange keine gesetzliche Grundlage bestehe, sei auf der Grundlage des geltenden Rechts die Annahme fehlender Eignung der Beschwerdeführerin mit Art. 33 Abs. 3 i. V. m. Art 4 Abs. 1 und 2 GG nicht vereinbar. Das Bundesverwaltungsgericht habe daher – gegebenenfalls auf der Grundlage veränderter landesrechtlicher Vorgaben – über den Fall erneut zu entscheiden.

Die Richter *Jensch, Di Fabio* und *Mellinhoff* haben eine abweichende Meinung vorgelegt, in der sie im Wesentlichen ausführen:

Die Senatsmehrheit nehme zu Unrecht einen schwerwiegenden Eingriff in die Religions- und Weltanschauungsfreiheit der Beschwerdeführerin an. Im Falle des Zugangs zu einem öffentlichen Amt gebe es keine offene Abwägungssituation gleichwertiger Rechtsgüter. Wer Beamter werden wolle, stelle sich in freier Willensentscheidung auf die Seite des Staates und könne sich deshalb nicht in gleicher Weise auf die freiheitssichernde Wirkung der Grundrechte berufen, wie jemand, der nicht in die Staatsorganisation eingegliedert ist. In Ausübung seines öffentlichen Amtes komme ihm deshalb das durch die Grundrechte verbürgte Freiheitsversprechen nur insoweit zu, als sich aus dem besonderen Funktionsvorbehalt des öffentlichen Dienstes keine Einschränkungen ergeben. Diese unterschiedliche grundrechtliche Lage habe die Senatsmehrheit nicht ausreichend berücksichtigt. Grundrechtliche Freiheitsansprüche eines Beamten oder des Bewerbers um ein öffentliches Amt seien von vornherein nur insoweit gewährleistet, als sie mit den Sachgesetzlichkeiten des Beamtentums zu vereinbaren sind.

Die Neutralitätspflicht des Beamten ergebe sich aus der Verfassung selbst und bedürfe keiner zusätzlichen landesgesetzlichen Grundlage. Das Neutralitätsgebot des Beamten gehöre zu den hergebrachten Grundsätzen des Berufsbeamtentums. Insoweit begründe Art. 33 Abs. 5 GG einen verfassungsunmittelbaren Vorbehalt, der den Raum für eine Grundrechtsausübung des Beamten von vornherein begrenze. Die von der Verfassung vorgegeben Prinzipien bedürften auch im Schulverhältnis keiner weiteren gesetzlichen Konkretisierung.

Nach Auffassung der drei Richter ist das kompromisslose Tragen des Kopftuches im Schulunterricht mit dem Mäßigungs- und Neutralitätsgebot eines Beamten nicht zu vereinbaren. Eine Lehrerin verstoße gegen ihre Dienstpflicht, wenn sie im Unterricht mit ihrer Kleidung Symbole verwende, die objektiv geeignet sind, Hindernisse im Schulbetrieb oder gar grundrechtlich bedeutsame Konflikte im Schulverhältnis hervorzurufen. Dazu bedürfe es nicht erst – wie die Senatsmehrheit annimmt – einer konkreten Gefahrenlage. Für die Eignungsbeurteilung reiche es aus, dass durch die Verwendung signifikanter Bekleidungssymbole ein Konflikt in nachvollziehbarer Weise als möglich oder sogar als nahe liegend erscheine. Dies sei beim Kopftuch schon deshalb der Fall, weil es jedenfalls auch als Symbol des politischen Islamismus mit starkem Symbolgehalt aufgeladen sei und deshalb entsprechende Abwehrreaktionen zu erwarten seien. Diesem Umstand habe die Senatsmehrheit keine ausreichende Bedeutung beigemessen.

In einer Bewertung des Urteils ist zunächst die erfreuliche Feststellung zu treffen, dass das Bundesverfassungsgericht an seiner bisherigen Rechtsprechung festhält, nach der die Bundesrepublik Deutschland kein laizistisch geprägter Staat ist und die dem Staat gebotene Verpflichtung zur Neutralität in religiös-weltanschaulichen Fragen ihn nicht daran hindert, der aktiven Betätigung von Glaubensüberzeugungen Raum zu geben und diese unter Beachtung des Gleichheitsgrundsatzes aktiv zu fördern. Dies bedeutet zugleich, dass der negativen Religionsfreiheit auch im Bereich der Schule kein absoluter Vorrang vor der positiven religiösen Betätigung zukommt. Vielmehr muss auch hier zwischen beiden ein angemessener Ausgleich gesucht werden.

In der entscheidenden Frage, wie die positive Religionsfreiheit der Beschwerdeführerin im Verhältnis zu den Grundrechten der Schüler und Eltern zu gewichten ist, weichen die Senatsmehrheit und das abweichende Votum bereits im Grundansatz voneinander ab. Die Mehrheit geht davon aus, dass eine Lehrerin auch im Beamtenverhältnis Trägerin von Grundrechten ist, die im Wege der praktischen Konkordanz zu einem Ausgleich mit möglicherweise widerstreitenden Grundrechten der Schüler und Eltern und mit dem Neutralitätsgebot des Staates gebracht werden müssen. Im Gegensatz dazu wird in dem Minderheitsvotum betont, dass Beamte in dienstlichen Zusammenhängen sich nicht auf Grundrechte berufen können, weil sie sich freiwillig in den Dienst des Staates begeben haben, den sie gegenüber dem Bürger repräsentieren. Beide Auffassungen stimmen darin überein, dass im Beamtenverhältnis Einschränkungen der Grundrechte mit Rücksicht auf das übertragene Amt möglich sind. Das Problem wird aber von verschiedenen Seiten angegangen. Während die Senatsmehrheit die Auffassung vertritt, dass auch der Beamte seine Grundrechte in Anspruch nehmen kann und Einschränkungen nur zulässig sind, soweit das im Interesse des Amtes erforderlich ist, nimmt die Minderheit umgekehrt an, dass der Beamte sich grundsätzlich nicht auf Grundrechte berufen kann und diese nur ausüben darf, soweit es sich mit seinen amtlichen Aufgaben verträgt. Dieser unterschiedliche Ansatz hat deshalb konkrete Folgen, weil im einen Fall, nach Auffassung der Senatsmehrheit, nach der sog. „Wesentlichkeitstheorie" eine gesetzliche Grundlage für den Grundrechtseingriff erforderlich ist, die im anderen Fall entbehrlich ist, weil gar kein Eingriff in die Grundrechte vorliegt, da der Beamte bei seiner Einstellung darauf freiwillig verzichtet hat.

Aufgrund der Niederlage vor dem Bundesverfassungsgericht hat der Landtag von Baden-Württemberg am 1. April 2004 den § 38 des Schulgesetzes neu gefasst, der jetzt wie folgt lautet:

„(1) …

(2) Lehrkräfte an öffentlichen Schulen nach § 2 Abs. 1 dürfen in der Schule keine politischen, religiösen, weltanschaulichen oder ähnliche äußeren Bekundungen abgeben, die geeignet sind, die Neutralität des Landes gegenüber Schülern und Eltern oder den politischen, religiösen oder weltanschaulichen Schul-

frieden zu gefährden oder zu stören. Insbesondere ist ein äußeres Verhalten unzulässig, welches bei Schülern oder Eltern den Eindruck hervorrufen kann, dass eine Lehrkraft gegen die Menschenwürde, die Gleichberechtigung der Menschen nach Art. 3 des Grundgesetzes, die Freiheitsgrundrechte oder die freiheitlich-demokratische Grundordnung auftritt. Die Wahrnehmung des Erziehungsauftrags nach Art. 12 Abs. 1, Art. 15 Abs. 1 und Art. 16 Abs. 1 der Verfassung des Landes Baden-Württemberg und die entsprechende Darstellung christlicher und abendländischer Bildungs- und Kulturwerte oder Traditionen widerspricht nicht dem Verhaltensgebot nach Satz 1. Das religiöse Neutralitätsgebot des Satzes 1 gilt nicht im Religionsunterricht nach Art. 18 Satz 1 der Verfassung des Landes Baden-Württemberg.

(3) Die Ernennung eines Bewerbers nach § 9 des Landesbeamtengesetzes für eine Tätigkeit an öffentlichen Schulen nach § 2 Abs. 1 setzt als persönliches Eignungsmerkmal voraus, dass er die Gewähr für die Einhaltung des Absatzes 2 in seiner gesamten voraussichtlichen Dienstzeit bietet. Für die Versetzung einer Lehrkraft eines anderen Dienstherrn in den baden-württembergischen Schuldienst gilt Satz 1 entsprechend.

(4) Für die Ableistung des Vorbereitungsdienstes für ein Lehramt können auf Antrag Ausnahmen von den Absätzen 2 und 3 im Einzelfall vorgesehen werden, soweit die Ausübung der Grundrechte es zwingend erfordert und zwingende öffentliche Interessen an der Wahrung der amtlichen Neutralität und des Schulfriedens nicht entgegenstehen.

(5) Absätze 2 bis 4 gelten entsprechend für Lehrkräfte im Angestelltenverhältnis.“

Damit ist die gesetzliche Grundlage geschaffen worden, die die Mehrheit des Senats für ein mögliches Verbot einer religiös akzentuierten Kleidung in der Schule gefordert hat.[239] Auf der Grundlage dieser Neufassung des Gesetzes hat das Bundesverwaltungsgericht die Klage der betroffenen Lehrerin mit Urteil vom 2. Juni 2004 endgültig abgewiesen.[240] Inzwischen liegen weitere Urteile vor, die entsprechende Regelungen der Landesgesetzgeber verfassungsrechtlich für zulässig erklären.[241] Davon geht auch das Verwaltungsge-

239 Andere Bundesländer sind diesem Beispiel gefolgt und haben ähnliche Regelungen beschlossen, vergl. die Übersicht bei *A. v. Campenhausen, H. de Wall*, Staatskirchenrecht[4], S. 73, Anm. 119 und *K. Wiese*, ZBR 2007, S. 294 ff.; zum Regelungsspielraum der Landesgesetzgeber vergl.: *F. Hufen*, NVwZ 2004, S. 575 ff.

240 BVerwGE 121, S. 141 ff.; zu der erwarteten neuerlichen Auseinandersetzung vor dem Bundesverfassungsgericht über dieses Urteil ist es nicht gekommen, da die Klägerin auf weitere Rechtsmittel verzichtet hat.

241 BayVerfGH, NVwZ 2008, S. 420 ff.; HessStGH, NVwZ 2008, S. 199 ff.; zur Vereinbarkeit des Kopftuchverbots mit Art. 9 EMRK vergl. die Entscheidung des EGMR über einen Fall aus der Schweiz, in der erklärt wird, dass das Verbot für eine Lehrerin an einer Grundschule während des Unterrichts ein islamisches Kopftuch zu tragen, zwar ein Eingriff in die Religionsfreiheit ist, der aber im Sinne von Art. 9 Abs. 2 EMRK gesetzlich vorgesehen ist, ein berechtigtes Ziel verfolgt, in einer demokratischen Gesellschaft notwendig und nicht unverhältnismäßig ist und deswegen nicht gegen Art. 9 EMRK verstößt, NJW 2001, S. 2871 ff.

richt Stuttgart in seiner Entscheidung vom 7. Juli 2006 aus,[242] hat aber gleichwohl der Klage einer deutschen Lehrerin an einer Grund- und Hauptschule, die zum Islam übergetreten war, stattgeben und ihr das Tragen eines Kopftuches im Unterricht gestattet. Das Gericht hat beanstandet, dass an einer anderen Grundschule mit ausdrücklicher Billigung des beklagten Landes Nonnen in ihrem Ordenshabit allgemein bildende Fächer unterrichten dürfen und in diesem Vollzugsdefizit einen Verstoß gegen das Gleichbehandlungsgebot des Art. 3 Abs. 1 und Abs. 3 GG und Art. 14 EMRK gesehen:

„Wird das Verbot nur beim islamischen Kopftuch durchgesetzt, beim Nonnenhabit oder der jüdischen Kippa aber darüber hinweggesehen, handelt es sich um eine gleichheitswidrige Diskriminierung, die das Vorgehen allein gegen die Kopftuchträgerin rechtswidrig macht und diese in ihrem subjektiven Recht auf strikte Gleichbehandlung verletzt“[243]

Der Verwaltungsgerichtshof Mannheim ist dieser Auffassung nicht gefolgt und hat das Stuttgarter Urteil mit seiner Entscheidung vom 13. März 2008 aufgehoben. Die Klägerin könne sich auf den Gleichheitssatz nicht berufen, weil es sich bei den Nonnen um einen historisch bedingten Ausnahmefall auf einer sondervertraglichen Grundlage handele.[244] Im Übrigen bestätigt aber auch der VGH, dass § 38 Abs. 2, Satz 3 SchulG keine Bevorzugung christlicher Glaubensbekundungen erlaube. Das Gesetz spreche bei der Ausnahmeregelung nicht von der „Bekundung“ eines christlichen Bekenntnisses. Der verwendete Begriff des „christlichen“ bezeichne vielmehr eine von Glaubensinhalten losgelöste, aus der Tradition der christlich-abendländischen Kultur hervorgegangene Wertewelt, die unabhängig von ihrer religiösen Fundierung Geltung beanspruche. Bei verfassungskonformer Auslegung der Vorschrift sei deshalb das Tragen religiös motivierter Kleidung jeglichen Bekenntnisses in der Schule nicht mehr erlaubt.

Diese Sichtweise entspricht zwar offensichtlich nicht der Intention des baden-württembergischen Gesetzgebers, der christliche und jüdische Symbole bevorzugen wollte,[245] sie ist aber verfassungsrechtlich zwingend, denn eine Durchbrechung des Gleichheitsgrundsatzes zugunsten christlicher Glaubenszeugnisse lässt das Grundgesetz nicht zu. Damit ist eingetreten, was von Anfang an zu erwarten war, die Tatsache nämlich, dass der Streit um das islamische Kopftuch zu einer erheblichen Verstärkung der laizistischen Tendenzen geführt hat, die – entgegen der deutschen staatskirchenrechtlichen Tradition und der Intention des Grundgesetzes – darauf abzielen, die Schule von religiösen Einflüssen ganz frei zu halten. In der Fixierung auf das Verbot des islamischen Kopftuches haben die Landesgesetzgeber die Möglichkeit vertan, den Hinweis im Urteil des Bundesverfassungsgerichts aufzunehmen, die zunehmende Plu-

242 NVwZ 2006, S. 1444.

243 VG Stuttgart, ebd. S. 1446.

244 Vergl dazu auch: *J. Bader*, Gleichbehandlung von Kopftuch und Nonnenhabit?, NVwZ 2006, S. 1333.

245 Vergl. dazu: *K. Wiese*, ZBR 2007, S. 294 (300).

ralisierung in religiösen und weltanschaulichen Fragen als Chance zu begreifen, den Umgang damit in den Schulen einzuüben und die gegenseitige Toleranz zu fördern. Das wäre nicht nur ein wichtiger Beitrag zur Integration nicht christlicher Zuwanderer, sondern auch unter pädagogischen Gesichtspunkten die wesentlich sinnvollere Lösung gewesen. In diesem Sinne ist *Ernst-Wolfgang Böckenförde* zuzustimmen, wenn er feststellt:

„Einfluss und Vorbildwirkung, die die Glaubensfreiheit beeinträchtigen können und deshalb mit Recht fernzuhalten sind, liegen nicht schon darin, dass die Lehrperson einen anderen Glauben hat und sich zu ihm bekennt. Vielmehr ist umgekehrt dieses bekannt werden angesichts heutiger Lebenswirklichkeit gerade ein Weg, die Achtung vor anderen Überzeugungen ebenso wie Toleranz und Akzeptanz im Umgang miteinander einzuüben. Und dies soll, den Bildungszielen der Schule gemäß, nicht erst im Erwachsenenalter beginnen. Eine pluralistische Gesellschaft ist als solche nicht dann lebendig und lebensfähig, wenn die unterschiedlichen Überzeugungen und Einstellungen der Menschen nivelliert und soweit möglich ausgeklammert werden, sondern dann, wenn die Menschen solche Überzeugungen und Einstellungen haben, sie pflegen, auch dafür eintreten und auf dieser Grundlage den anderen in Achtung und Toleranz begegnen.“[246]

Dabei geht es gerade nicht darum, zu behaupten oder zu fordern, dass der christlichen Religion in den Ausdrucksformen ihrer spezifischen Glaubenswahrheit ein Vorrang gegenüber anderen Religionen zukommt. Insoweit können die christlichen Kirchen vom säkularen Staat nicht mehr für sich fordern als sie auch anderen Religionen zu geben bereit sind. Vor allem gilt es der Versuchung zu widerstehen, die Präsenz und den Einfluss der christliche Kirchen in einer auch in religiösen Fragen zunehmend pluralistischen Gesellschaft vor allem dadurch retten zu wollen, indem das Christentum als historischer Legitimationsfaktor für die Wertsetzungen des säkularen Staates beschworen wird. Die Tücke der Formel vom Christentum als „Kulturfaktor“ liegt darin, dass sie zur Säkularisierung christlicher Inhalte und Symbole zwingt. Das führt z. B. zu der einigermaßen grotesken Behauptung, das Habit der Nonne sei nicht religiös akzentuiert, sondern als „Berufskleidung“ zu verstehen.[247] Worauf es aber in einer in religiösen und weltanschaulichen Fragen pluralistischen Gesellschaft ankommt, ist die authentische Darstellung und Vermittlung religiöser Glaubensinhalte als solchen, gerade auch dort, wo sie durch eine allgemein akzeptierte Kulturtradition nicht gedeckt sind. Ein Staat, der sich der Religionsfreiheit verpflichtet weiß und ihre aktive Betätigung zu fördern als seine Aufgabe ansieht, darf diese Möglichkeit auch im Raum der Schule nicht verbauen. Das Gebot seiner eigenen Neutralität steht der Gewährung dieser Freiräume nicht entgegen.

Das heißt allerdings nicht, dass der Staat seinen Beamten die Ausübung ihrer Religion in dienstlichen Zusammenhängen uneingeschränkt gestatten muss.

246 *E.-W. Böckenförde*, NJW 2001, S. 727.
247 Vergl. dazu: *K. Wiese*, ZBR 2007, S. 300.

Zwar bedarf es heute *„keiner Begründung mehr, dass die Grundrechte und somit auch die Bekenntnisfreiheit grundsätzlich auch im Beamtenverhältnis und bei der Tätigkeit des Beamten gelten und nicht etwa beim Eintritt ins Beamtenverhältnis, wie man noch 1949 meinte, an der Türe ‚abgegeben' werden"*,[248] es ist aber unstrittig, dass sich Einschränkungen der Grundrechte für Beamte aus Art. 33 Abs. 5 GG ergeben können. So hat z. B. das Amtsgericht Sigmaringen einem Polizeibeamten die Berufung auf Art. 4 GG verwehrt, der sich aus religiösen Gründen geweigert hat, Schusswaffen gegen Menschen einzusetzen und an Sonn- und Feiertagen Dienst zu tun. Zur Begründung führt das Gericht aus, mit den *„hergebrachten Grundsätzen des Berufsbeamtentums"* habe das Grundgesetz auch die damit verbundenen Grundrechtseinschränkungen übernommen. Ein Beamter müsse daher grundsätzlich hinnehmen, dass ihm Verhaltensweisen und Verrichtungen angesonnen werden, die dem von ihm frei gewählten Berufsbild wesensgemäß sind. Sowohl die Pflicht, dem Dienstherrn jederzeit im Bedarfsfall zur Verfügung zu stehen, als auch die Pflicht, die Dienstwaffe auch gegen Menschen zu gebrauchen, seien dem Polizeidienst wesensgemäß, so dass insoweit das Grundrecht des Beamten aus Art. 4 GG zurückstehen müsse.[249] Im Bereich der Schule wäre es mit den beamtenrechtlichen Pflichten deshalb nicht zu vereinbaren, eine für eine bestimmte religiöse oder weltanschauliche Einstellung herausfordernd werbende Kleidung zu tragen, deren Anblick die Schülerinnen und Schüler überwältigen würde **(Überwältigungsverbot)**.[250] Auch wäre das Verhüllen des Gesichtes durch einen Schleier mit den Aufgaben einer Lehrerin unvereinbar, weil damit eine offene Kommunikation und ein dialogischer Unterricht unmöglich würden. Ebenso dürften verbalisierte religiöse Bekenntnisse z. B. in Form bestimmter Anstecker grundsätzlich unzulässig sein. Sofern solche objektiven Verstöße gegen die einem Staatsdiener gebotene beamtenrechtlichen Pflichten aber nicht vorliegen, ist der Senatsmehrheit des Bundesverfassungsgerichts darin Recht zu geben, dass die Frage der Zulässigkeit einer religiös motivierten Kleidung nicht im Zusammenhang mit der abstrakten Eignungsentscheidung nach Art. 33 Abs. 2 GG zu beantworten ist, sondern sich erst dann stellt, wenn es durch das Verhalten der Beamtin oder des Beamten zu einer konkreten Gefährdung entgegenstehender Rechtsgüter kommt. Dabei ist der Ausgleich der beteiligten Einstellungen und Grundwerte im Wege der gegenseitigen Akzeptanz und Toleranz zu suchen. Dieser Weg bindet auch die Eltern und Schüler mit ein, die ihrerseits nicht eine bestimmte Grundposition – wie z. B. das Bekenntnis zum Christentum oder eine bekenntnislose Position – von der Lehrkraft einfordern können. Entsprechend den Grundsätzen, die das Bundesverfassungsgericht in der Ent-

248 *E.-W. Böckenförde*, NJW 2001, S. 725; vergl. dazu auch: *Chr. Goos*, ZRB 2003, S. 221 ff.

249 AG Sigmaringen, NVwZ 1991, S. 199 ff.

250 zur Unzulässigkeit, im Unterricht die für Bhagwan typische rote bis orangerote Kleidung und die Mala mit dem Bildnis des Bhagwans zu tragen vergl.: OVG Hamburg, DVBl. 1985, S. 456 ff. und kritisch dazu *H. W. Abel*, Neue Religionen und Beamtenrecht – Sannyasin als Lehrer?, NVwZ 1985, S. 92 ff.

scheidung zur Anerkennung der Jehovas Zeugen als Körperschaft des öffentlichen Rechts entwickelt hat,[251] kommt es dabei nicht darauf an, welche Glaubensüberzeugungen bestehen, sondern darauf, wie sich diese in einem bestimmten Verhalten artikulieren. Für die hier zu diskutierende Frage der Zulässigkeit einer religiös motivierten Kleidung bedeutet das, dass der Staat, der auch gegenüber seinen Beamten seine weltanschaulichen Neutralität wahren muss, keine abstrakte positive oder negative Wertung der dahinter stehenden Glaubenshaltung vornehmen darf, sondern nur eine sich daraus ergebende konkrete Verhaltensweise zur Grundlage seiner Entscheidung machen kann. Das setzt eine Einzelfallprüfung voraus.

Was die Zulässigkeit des islamischen Kopftuches angeht stellt sich allerdings die Frage, ob es deshalb allgemein verboten werden kann, weil ihm generell als Zeichen der politischen Intoleranz und der gesellschaftlichen Unterdrückung der Frau über seine religiöse Bedeutung hinaus eine demonstrativ politische Bedeutung zukommt, die mit dem Gleichheitsgrundsatz in Art. 3 GG nicht zu vereinbaren ist. Darüber gehen die Meinungen weit auseinander. Das Bundesverfassungsgericht hat sich mit dieser These in seinem Urteil auseinandergesetzt und es nicht als belegt angesehen, *„dass die Beschwerdeführerin allein dadurch, dass sie ein Kopftuch trägt etwa muslimischen Schülerinnen die Entwicklung eines den Wertvorstellungen des Grundgesetzes entsprechenden Frauenbildes oder dessen Umsetzung im eigenen Leben erschweren würde."*

Literatur:

J. Bader, Darf eine muslimische Lehrerin in der Schule ein Kopftuch tragen?, VBlBW 1998, S. 361 ff.; *K.-H. Kästner*, Religiös akzentuierte Kleidung des Lehrpersonals staatlicher Schulen, in: *K.-H. Kästner, K. W. Nörr, K. Schlaich* (Hrsg.), Festschrift für *Martin Heckel*, Tübingen 1999, S. 359 ff.; *N. Janz, S. Rademacher*, Islam und Religionsfreiheit, NVwZ 1999, S. 706 ff.; *H. Goerlich*, Distanz und Neutralität im Lehrberuf – zum Kopftuch und anderen Symbolen, NJW 1999, S. 2929 ff.; *R. Zuck*, Nur ein Kopftuch? Die Schavan-Ludin-Debatte, NJW 1999, S. 2948 ff.; *R. Halfmann*, Der Streit um die „Lehrerin mit Kopftuch", NVwZ 2000, S. 862 ff.; *K.-H. Kästner*, Religiöse und weltanschauliche Bezüge in der staatlichen Schule, in: *C. D. Classen* u. a. (Hrsg.), „In einem vereinten Europa dem Frieden der Welt dienen ...", Festschrift *Thomas Oppermann*, Berlin 2001, S. 827 (837 ff.); *E.-W. Böckenförde*, „Kopftuchstreit" auf dem richtigen Weg?, NJW 2001, S. 723 ff.; *A. Debus*, Machen Kleider wirklich Leute – Warum der „Kopftuchstreit" so spannend ist, NVwZ 2001, S. 1355 ff.; *M. Wittinger*, „Kopftuchstreit auf europäisch": Aspekte des europäischen Grund- und Menschenrechtsschutzes, VBlBW 2001, S. 425 ff.; *S. Mückl*, Religionsfreiheit und Sonderstausverhältnisse – Kopftuchverbot für Lehrerinnen?, Der Staat 2001, S. 96 ff.; *D. Zacharias*, Der Streit um das Kopftuch, KuR 2002, S. 115 ff. (= 110, S. 171 ff.); *Chr. Goos*, Zur Übung – öffentliches Recht: Das Kopftuchverbot am Albert-Schweitzer-Gymnasium, JUS 2002, S. 654 ff.; *J. Ipsen*, Karlsruhe locuta, causa non finita, Das BVerfG im so genannten Kopftuchstreit, NVwZ 2003, 1210 ff.; *U. Sacksofsky*, Die Kopftuchent-

251 BVerfGE 102, S. 371 ff.

scheidung – von der religiösen zur föderalen Vielfalt, NJW 2003, S. 3297 ff.; *S. Muckel*, Gleicher Zugang zu jedem öffentlichen Amte – auch für muslimische Lehrerinnen mit Kopftuch?, in: *H. de Wall, M. Germann*, Bürgerliche Freiheit und christliche Verantwortung, Festschrift *Christoph Link*, Tübingen 2003, S. 331 ff.; *J. Winter*, Die Kopftuchentscheidung – Das Bundesverfassungsgerichtsurteil in der öffentlichen Debatte, KuR 2003, S. 129 ff. (= 110, S. 243 ff.); *Chr. Goos*, Kruzifix und Kopftuch – Anmerkungen zur Religionsfreiheit von Lehrerinnen und Lehrern, ZBR 2003, S. 221 ff.; *A. Müller-Elschner*, Zum Kopftuchstreit in Frankreich, VBlBW 2003, S. 342 ff.; *R. Profalla*, Kopftuch ja – Kruzifix nein?, NJW 2004, S. 1218 ff.; *F. Hufen*, Der Regelungsspielraum des Landesgesetzgebers im „Kopftuchstreit", NVwZ 2004, S. 575 ff.; *G. Czermak*, Kopftuch, Neutralität und Ideologie, NVwZ 2004, S. 943; *F. Ekardt*, Gerät die Kopftuchdebatte auf Abwege?, ZRP 2005, S. 225; *E. Röper*, Frau mit Kopftuch ungeeignet als Lehrerin und Beamte, VBlBW 2005, S. 81 ff.; *K. Engelken*, Kopftuchverbot nur aufgrund von Rechtsgütern mit Verfassungsrang: Verbot im Landeskindergartengesetz ohne Verfassungsgrundlage?, VBlBW 2006, S. 209 ff.; *K. Wiese*, Kopftuch – Status Quo und Aussichten, ZBR 2007, S. 294 ff.

d. Zusammenfassung

Zusammenfassend kann auf dem Hintergrund der dargestellten Rechtsprechung Folgendes festgestellt werden. Unbestreitbar ist, dass unsere Kultur, wenn auch nicht ausschließlich, so doch wesentlich von Wertvorstellungen und Impulsen mitgeprägt worden ist,[252] die Ihre Wurzeln in den religiösen Vorstellungen des Christentums haben. Das Neutralitätsprinzip verpflichtet den Staat nicht dazu, in der Wahrnehmung seines Erziehungsauftrages in der Schule dieses zu verleugnen und zu ignorieren. Man kann das auf die Formel bringen, der Staat darf nicht so tun als ob alle seine Bürger Christen sind, er darf aber auch nicht so tun als ob es keine Christen gebe. Niemand hat einen Anspruch darauf, dass er von Ausprägungen der christlichen Kulturtradition verschont bleibt. Er darf dadurch aber in der Ausübung seiner eigenen positiven Religionsfreiheit nicht behindert und benachteiligt werden. Insofern kennt unser Grundgesetz auch keinen allgemeinen Kulturvorbehalt zugunsten der überkommenen christlichen Religion.[253] Ihr kann eine die Ausübung anderer Religionen begrenzende Funktion nur zukommen, soweit sie sich in unserer Rechtskultur normativ niedergeschlagen hat und damit gegenüber jedermann verbindlich geworden ist. Auch Angehörige anderer Religionen müssen das akzeptieren und können sich den in unserem Grundgesetz festgelegt Normsetzungen nicht entziehen, auch dann nicht, wenn sie christlich motiviert sind. An vorderste Stelle ist hier an die Garantie der Menschen-

252 Vergl. dazu: *Christian Starck*, Die Bedeutung des Christentums und der Kirchen für die Europäische Union, in: *Joseph Krautscheid/Heiner Marré*, Essener Gespräche zum Thema Staat und Kirche, Bd. 31, Münster 1997, S. 5 ff.; *Christian Hillgruber*, Staat und Religion, DVBl 1999, S. 1155 (1178)

253 So zutreffend: *M. Heinig, M. Morlock*, Von Schafen und Kopftüchern, Das Grundrecht der Religionsfreiheit in Deutschland vor den Herausforderungen religiöser Pluralisierung, JZ 2003, S. 784.

würde in Art. 1 GG zu denken. Darin findet jede Religionsausübungsfreiheit ihre Schranke.[254]

4. Informationsarbeit des Staates

In den Zusammenhang weltanschaulicher Neutralität des Staates gehört auch die Frage, ob sich der Staat oder einzelne seiner Repräsentanten vor den Gefahren öffentlich warnen dürfen, die von bestimmten religiösen oder weltanschaulichen Organisationen ausgehen können. Dieses Thema hat Rechtsprechung[255] und wissenschaftliche Fachliteratur durch das Aufkommen der so genannten **„Jugendsekten"** Anfang der achtziger Jahre des vorigen Jahrhunderts vielfach beschäftigt. Das Bundesverwaltungsgericht[256] – und ihm folgend das Bundesverfassungsgericht[257] – haben die Befugnis zur Informationsarbeit auf diesem Felde für die Bundesregierung[258] als Ausdruck ihres verfassungsrechtlichen Rechts zur Information und Aufklärung der Bürger und ihrer Mitverantwortung für das Gemeinwohl auch im Blick auf das Wirken von Religions- und Weltanschauungsgemeinschaften im Grundsatz anerkannt. Es handele sich dabei um eine verfassungsunmittelbare Eingriffsermächtigung, die keiner besonderen gesetzlichen Grundlage bedürfe.[259] Im Zusammenhang mit Äußerungen der Bundesregierung über die Bewegung des indischen Mystikers *Rajneesh Chandra Mohan* und die ihr angehörenden Gemeinschaften (Bhagwan- oder Osho-Bewegung)[260] hat das Bundesverfassungsgericht ausgeführt:

---

254 Der deutsche Staat wäre daher z. B. nicht dazu verpflichtet, die religiös motivierte Beschneidung von Frauen zuzulassen, da eine solche Praxis mit dem christlichen Menschenbild und der Menschenwürde im Verständnis unseres Grundgesetzes nicht zu vereinbaren ist. Vergl. zu dieser Problematik im Ganzen: *D. Richter*, Relativierung universeller Menschenrechte durch Religionsfreiheit?, in: *Rainer Grote/ Thilo Maraun* (Hrsg.), Religionsfreiheit zwischen individueller Selbstbestimmung, Minderheitenschutz und Staatskirchenrecht – Völker und verfassungsrechtliche Perspektiven, Berlin u. a. 2001 (Beiträge zum ausländischen öffentlichen Recht und Völkerrecht Bd. 146).

255 Eine Übersicht über die Rechtsprechung bieten: *R. Scholz*, NVwZ 1992, S. 1152 ff.; *R. Abel*, NJW 1996, S. 91 ff.; *Ders.*, NJW 1997, S. 426 ff.; *Ders.*, NJW 1999, S. 331 ff.

256 BVerwGE 82, S. 76 ff. zur Frage der Bezeichnung der „Transzendentalen Meditation" als „Jugendreligion" bzw. „Jugendsekte" durch die Bundesregierung; zur Transzendentalen Meditation vergl.: *C. Mertesdorf*, Weltanschauungsgemeinschaften, Frankfurt a. M. u. a., 2008, S. 428 ff. (Schriften zum Staatskirchenrecht Bd. 399).

257 NJW 1989, S. 3269 ff.; BVerfGE 105, S. 279 ff.

258 Nach Auffassung des VGH München gehört es dagegen nicht zu den Aufgaben des Bürgermeisters einer Gemeinde, vor den Gefahren bestimmter Religionen zu warnen, NVwZ 1995, S. 502 ff. Zum Äußerungsrecht einer Landesregierung vergl.: BVerwG, NVwZ 1994, S. 162 ff.; VGH München NVwZ 1995, S. 793 ff.

259 Kritisch dazu: *H.-W. Alberts*, ZRP 1993, S. 432 ff. Der Verzicht auf eine gesetzliche Grundlage gilt nach Auffassung des Bundesverwaltungsgerichts aber nicht, wenn der Staat eine private Vereinigung finanziell fördert, die die Öffentlichkeit vor dem Wirken bestimmter Religions- und Weltanschauungsgemeinschaften warnen soll. Vergl.: BVerwGE 90 S. 112 ff. (= JZ 1993, S. 33 mit Anm. *P. Badura*).

260 Vergl. dazu: *C. Mertesdorf*, Weltanschauungsgemeinschaften, Frankfurt a. M. u. a., 2008, S. 382.

„Die Aufgabe der Staatsleitung und der von ihr als integralem Bestandteil umfassten Informationsarbeit der Bundesregierung ist Ausdruck ihrer gesamtstaatlichen Verantwortung. ... Die Bundesregierung ist überall dort zur Informationsarbeit berechtigt, wo ihr eine gesamtstaatliche Verantwortung der Staatsleitung zukommt, die mit Hilfe von Informationen erfüllt werden kann. ... Der Bund ist zur Staatsleitung insbesondere berechtigt, wenn Vorgänge wegen ihres Auslandsbezuges oder ihrer länderübergreifenden Bedeutung überregionalen Charakter haben und eine bundesweite Informationsarbeit der Regierung die Effektivität der Problembewältigung fördert. In solchen Fällen kann die Bundesregierung den betreffenden Vorgang aufgreifen, gegenüber Parlament und Öffentlichkeit darstellen und bewerten und, soweit sie dies zur Problembewältigung für erforderlich hält, auch Empfehlungen oder Warnungen aussprechen.“[261]

Das Grundrecht der Religionsfreiheit aus Art. 4 Abs. 1 und 2 GG bietet also keinen Schutz dagegen, dass sich der Staat und seine Organe mit den Trägern dieses Grundrechts sowie ihren Zielen und Aktivitäten öffentlich – auch kritisch – auseinander setzen.[262] In einem Verfahren, das kritische Äußerungen des Hessischen Rundfunks und des Sektenbeauftragten der Evangelisch-Lutherischen Kirche in Bayern gegen „Universelles Leben“[263] betraf, hat das Bundesverfassungsgericht die Verfassungsbeschwerde mit der Begründung nicht angenommen, auch Glaubensgemeinschaften müssten es sich gefallen lassen, Gegenstand des öffentlichen Meinungsstreits zu sein. Sie können nach Auffassung des Gerichts nicht beanspruchen, in einem von Kritik freien Raum wirken zu dürfen, zumal dann nicht, wenn sie selbst die Medien und die beiden großen Kirchen in nicht minder schwerer Form kritisieren.[264]

Der Staat hat aber bei seiner Informationstätigkeit den Grundsatz der Verhältnismäßigkeit zu wahren, *„demzufolge Eingriffe in die Freiheitssphäre des Bürgers nur dann und insoweit zulässig sind, als der Schutz öffentlicher Interessen sie erfordert“*.[265] Herabsetzende Werturteile dürfen deshalb nicht willkürlich und nicht besonders aggressiv oder unsachlich sein.[266] Die Bezeichnung der Osho-Bewegung durch die Bundesregierung als „destruktiv“ und

261 BVerfGE 105, S. 279 ff. (307 f.).

262 BVerfGE ebd.

263 Vergl. dazu: *C. Mertesdorf*, Weltanschauungsgemeinschaften, S. 446 f.

264 BVerfG, NVwZ 1995, S. 471; siehe auch: BVerfGE 105, S. 279; zu den Sorgfaltspflichten des Sektenbeauftragten einer öffentlich-rechtlich korporierten Religionsgemeinschaft bei seiner Öffentlichkeitsarbeit vergl. die Entscheidung des BGH, NJW 2003, S. 1308, nach der dieser bei kritischen Äußerungen in der Öffentlichkeit über andere Personen und Unternehmen im Hinblick auf die Grundrechte der Betroffenen *„gesteigerten Sorgfaltspflichten“* unterliegt.

265 BVerfG, NJW 1989, S. 3289 (3270).

266 Vergl. OVG Münster, NVwZ 1985, S. 123 f. (Bhagwan); OVG Münster, NVwZ 1986, S. 400 (Transzendentale Meditation); OVG Münster, NVwZ 1996, S. 2114 ff. (Universelles Leben).

„pseudoreligiös“ hat das Bundesverfassungsgericht als „unangemessene“ Äußerungen gewertet, die das Neutralitätsgebot verletzen und einer verfassungsrechtlichen Prüfung deshalb nicht standhalten.[267]

Besonders umstritten ist in diesem Zusammenhang die Beurteilung der **Scientology-Gemeinschaft**. Nach Auffassung des OVG Hamburg wird der zulässige Rahmen einer sachlichen Information z. B. überschritten, wenn behauptet wird, die Lehre von Scientology bilde ein „Wahnsystem“.[268] Die Aufgabe der Staatsleitung und die aus ihr abgeleitete Befugnis zur Information ermächtigt den Staat auch nicht dazu, privaten Firmen vorformulierte Erklärungen zur Verfügung zu stellen, mit deren Hilfe deren Geschäftspartner zur Auskunft über ihre Beziehungen zu einer Sekte veranlasst werden sollen. Im konkreten Fall, den das Bundesverwaltungsgericht zu entscheiden hatte, hat eine Firma die weitere Belieferung eines Kunden abgelehnt, weil dieser nicht bereit war, eine von der Stadt Hamburg zur Verfügung gestellte Erklärung zu unterschreiben, in der er versichern sollte, dass er nicht nach der Methode von *Lafayette Ronald Hubbard*, dem Begründer von Scientology, arbeite und diese ablehne.[269] Bei der möglichen Charakterisierung dieser Organisation, die sich selbst als „Kirche“ bezeichnet, bietet sich in Rechtsprechung[270] und Lehre[271] und ein *„varianten- und facettenreiches Bild“*.[272] Vorgeworfen wird Scientology vor allem, Betroffene zur Abnahme überteuerter Kursangebote und anderer Leistungen zur Heilung körperlicher und geistiger Leiden zu bewegen, die zur Überschuldung, Angstzuständen, Depressionen und psychischen Zusammenbrüchen bis hin zum Selbstmord führen. Berüchtigt sind vor allem der von Scientology entwickelte Persönlichkeitstest und die so genannten „Auditing“-Sitzungen, die nach Art eines Verhörs und unter Verwendung eines als „E-Meter“ bezeichneten Gerätes angeblich erworbene Beschädigungen und Belastungen des Geistes („Enagramme“) aufdecken und beseitigen sollen.

267 BVerfGE 105, S. 279 ff. (308 f.).

268 OVG Hamburg, NVwZ 1995, S. 498 ff.

269 BVerwG, NJW 2006, S. 1303.

270 Bei „Scientology“ handelt es sich nach Auffassung des Bundesarbeitsgerichts nicht um eine Religionsgemeinschaft, sondern um eine Organisation zur Vermarktung bestimmter Erzeugnisse, bei der die religiösen und weltanschaulichen Lehren nur als Vorwand für die Verfolgung wirtschaftlicher Ziele dienen, und die zudem menschenverachtende Anschauungen vertrete, NZA 1995, S. 823 ff. (= NJW 1996, S. 143 ff.; JZ 1995, S. 951 ff. mit Anm. *Goerlich*).

271 Vergl. dazu: *F.-W. Haack*, Scientology – Magie des 20. Jahrhunderts, München 1982; *W. Thiede*, Scientology – Religion oder Geistesmagie?, Konstanz 1992; *H.-I. v. Pollern*, Deutschlands gefährlichste Sekte, Weltbild und Methoden der „Scientology – Kirche“, Herder Korrespondenz, 1992, S. 379 ff.; *L. v. Billerbeck, F. Nordhausen*, Der Sektenkonzern, Scientology auf dem Vormarsch, Berlin 1993; *R. Hartwig*, Scientology – Ich klage an, Augsburg 1994; *Ders.*, Scientology, Das Komplott und die Kumpane, Düsseldorf, München 1995; *J. Winter*, ZevKR (42)1997, S. 372 ff.; *G. Thüsing*, ZevKR 45 (2000), S. 592 ff.; *A. Diringer*, Die Nichtzulassung von Mitgliedern der Scientology-Organisation zum öffentlichen Dienst, NVwZ 2003, S. 901 ff.

272 *C. Mertesdorf*, Weltanschauungsgemeinschaften, Frankfurt a. M. u. a., 2008, S. 414.

Literatur:

A. von Campenhausen, Neue Religionen im Abendland, Staatskirchenrechtliche Probleme der Muslime, der Jugendsekten und der sogenannten destruktiven religiösen Gruppen, ZevKR 25 (1980), S. 135 ff.; *J. Müller – Volbehr*, Neue Minderheitenreligionen – aktuelle verfassungsrechtliche Probleme, JZ 1981, S. 41 ff.; *K. Obermayer*, Die Schranken des Grundrechts der Religionsfreiheit, ZevKR 27 (1982), S. 253 ff.; *W. Franz*, Zu Rechtsfragen im Zusammenhang mit sogenannten Jugendreligionen, NVwZ 1985, S. 81 ff.; *R. Hummel*, Die sogenannten Jugendreligionen als religiöse und gesellschaftliche Phänomene und *J. Müller-Volbehr*, Die sogenannten Jugendreligionen und die Grenzen der Religionsfreiheit, beide in: Essener Gespräche Bd. 19, Münster 1985; S. 64 ff. u. S. 111 ff.; *R. Scholz*, „Neue Jugendreligionen" und Äußerungsrecht, NVwZ 1994, S. 127 ff.; *H.-W. Alberts*, Weltanschauliche Neutralität auf gesetzlicher Grundlage, ZRP 1993, S. 432 ff.; *Ders.*, Der Schutzbereich des Art. 4 I GG, dargestellt am Beispiel der Warnung vor sog. Jugendsekten, NVwZ 1994, S. 1150 ff.; *A. von Campenhausen*, Aktuelle Aspekte der Religionsfreiheit – Neue Religionen im Abendland II, ZevKR 37 (1992), S. 405 (= Gesammelte Schriften Bd. 1, München 1995, S. 445 ff.); *R. Abel*, Die Entwicklung der Rechtsprechung zu neueren Glaubensgemeinschaften, NJW 1996, S. 91 ff.; *Ders.*, Die aktuelle Entwicklung der Rechtsprechung zu neueren Glaubensgemeinschaften, NJW 1997, S. 426 ff.; *Ders.*, Die aktuelle Entwicklung der Rechtsprechung zu neueren Glaubens- und Weltanschauungsgemeinschaften, NJW 1999, S. 331 ff., *J. Winter*, Scientology und neue Religionsgemeinschaften, ZevKR 42 (1997), S. 372 ff.; *R. Zuck*, Scientology – na und, NJW 1997, S. 697; *S. Muckel*, Religionsfreiheit für die „Church of Scientology"?, KuR 1999, S. 81 (= 110, S. 127); *G. Thüsing*, Ist Scientology eine Religionsgemeinschaft?, ZevKR 45 (2000), S. 592 ff.

B. Das Toleranzgebot

Neben dem Gebot der staatlichen Neutralität in weltanschaulichen und religiösen Fragen gehört nach der Rechtsprechung des Bundesverfassungsgerichts das Prinzip der Toleranz zu *„einem tragenden Prinzipien der freiheitlichen Demokratie"*.[273]

Auch hier ist festzustellen, dass es im Grundgesetz nicht ausdrücklich genannt ist, sondern sich als ein Konstrukt darstellt, das von Rechtsprechung und Lehre entwickelt worden ist. Rechtshistorisch stellt sich der Gedanke der Toleranz seit der Reformation als Emanzipation vom konfessionell und politisch homogenen mittelalterlichen Gemeinwesen dar und blieb zunächst auf die bloße „Duldung" von Andersgläubigen beschränkt.[274] Seine heutige Notwendigkeit und rechtliche Funktion ist umstritten. Zum Teil wird vertreten, dass der historische Rechtsbegriff der Toleranz in einem Staat, der sich nicht mehr religiös definiert, seine Bedeutung verloren hat.

273 BVerfGE, 33, S. 23 (32); eine Übersicht zur Rechtsprechung des Bundesverfassungsgerichts findet sich bei *A. Krämer*, ZevKR 29 (1984), S. 113 (118 ff.).

274 Vergl. dazu: *Krämer*, ebd., S. 115.

„Toleranz erfordert einen eigenen ideologischen Standpunkt, den das Rechtssystem aber in religiös-weltanschaulicher Hinsicht ebenso wenig haben darf wie eine spezielle Staatsideologie jenseits der eigenen zentralen Existenzvoraussetzungen. Es gibt daher im Ergebnis kein Rechtsprinzip der Toleranz als allgemeine staatliche Verhaltensmaxime“.[275]

Tatsächlich besteht die Gefahr, dass das Prinzip der Toleranz zu einer Deutung führt, die das Gebot der staatlichen Neutralität lediglich als eine Pflicht zur „Duldung“ von religiösen oder weltanschaulichen Minderheiten ansieht, die der gesellschaftlichen Mehrheitsmeinung nicht entsprechen. Dennoch erscheint es zu wenig, die Toleranz nur als eine *„unerlässliche staatsbürgerliche Tugend“* anzusehen, der aber keine rechtliche Bedeutung zukommt.[276] Nicht nur der einzelne Bürger ist zur Toleranz verpflichtet, sondern auch die Rechtsgemeinschaft als Ganze.

„Toleranz – als religiös-weltanschauliche und politische Toleranz – ist ein ungeschriebenes Verfassungsprinzip. Es konstituiert das pluralistische Gemeinwesen, markiert aber auch die Grenzen für jede Gestaltung freiheitlicher demokratischer Grundordnung. Toleranz ist ein substantielles Element der Grundrechte als Freiheitsrechte. Sie ist ein Mittel der Grundrechtsinterpretation und ermöglicht die Zuordnung (Konkordanz) einander widerstreitender Grundrechte. Toleranz ist hiernach ein materialer Verfassungsgrundsatz.“[277]

In diesem Sinne entfaltet sie ihre rechtliche Wirksamkeit einerseits als Schutz für gesellschaftliche Minderheiten vor den Auswirkungen eines rein formal verstandenen Mehrheitsprinzips. Sie verhindert anderseits, dass Minderheiten ihre Auffassung der Mehrheit aufzwingen können. Das erfordert im Einzelfall die Herstellung einer „praktischen Konkordanz“, also die Verpflichtung nach Lösungen zu suchen, die im Geiste wechselseitiger Toleranz eine friedliche Koexistenz von Mehrheit und Minderheit ermöglichen. Als mögliche Mittel der rechtlichen Gestaltung kommen dabei z. B. Sonderregelungen für Minderheiten und Verfahrensreglungen zur Konfliktbewältigung in Betracht. Ein Beispiel dafür ist die Entscheidung des Bundesverfassungsgerichts, nach der der Gesetzgeber eine Ausnahmeregelung schaffen muss, die es ermöglicht, von der höchstpersönlich zu erfüllenden Verpflichtung zur Ableistung eines Zeugeneides befreit zu werden, wenn das aus Gründen der Glaubensüberzeugung abgelehnt wird.

„Die Freistellung von der gesetzlichen Eidespflicht im Einzelfall hebt die generelle Gültigkeit der pflichtbegründenden Norm nicht auf. Der Staat lässt in Vollziehung der Garantie des Grundrechts lediglich eine Ausnahme zu, um einen unausweichlichen, den Betroffenen in seiner geistlich-sittlichen Existenz als autonome Persönlichkeit berührenden Konflikt zwischen staatlichem Gebot

275 *G. Czermak*, Religions- und Weltanschauungsrecht, S. 84 (Rd.Nr. 156).
276 So: *G. Czermak, ebd.*, S. 84, (Rd. Nr. 158).
277 *A. Krämer*, ZevKR 29 (1984), S. 113 (121 ff.); siehe dazu auch: *A. Hollerbach*, Neutralität, Pluralismus und Toleranz in der heutigen Verfassung, in: *J. Sauer* (Hrsg.), Zum Verhältnis von Staat und Kirche, Freiburg 1976, S. 9 ff.

und Glaubensgebot zu lösen. Damit wird der vor allem in Art. 1 Abs. 1, 2 Abs. 1, 3 Abs. 3 und 4 Abs. 1 GG zum Ausdruck kommenden Wertentscheidung der Verfassung für Toleranz entsprochen.“[278]

Literatur:

A. Hollerbach, Neutralität, Pluralismus und Toleranz in der heutigen Verfassung, in: *J. Sauer* (Hrsg.), Zum Verhältnis von Staat und Kirche, Freiburg 1976, S. 9 ff. (wieder abgedruckt in: *G. Robbers* (Hrsg.), *A. Hollerbach*, Ausgewählte Schriften, Berlin 2066, S. 291 ff.); *A. Krämer*, Toleranz als Rechtsprinzip, ZevKR 29 (1984), S. 113 ff.

C. Das Paritätsgebot

Neben das Neutralitätsgebot und das Toleranzgebot tritt das religionsrechtliche Paritätsgebot als weiteres Grundelement einer freiheitlichen Verfassungsordnung. Historisch gesehen hat es seine Wurzeln im Prozess der religiösen Pluralisierung, wie er sich in der Folge der Reformation entwickelt hat. Auf reichsrechtlicher Ebene war es das politische Instrument zur Kanalisierung der eingetreten Glaubenspaltung im Interesse der Wiederherstellung und Sicherung des religiösen Friedens im Reich.[279] In dieser Funktion bezog es sich im Augsburger Religionsfrieden von 1555 ursprünglich nur auf die katholische und die lutherische Konfession unter Ausschluss anderer Konfessionen, die bis ins 19. Jahrhundert hinein mit minderen Rechten mehr oder weniger nur geduldet waren. Mit der Weimarer Reichsverfassung ist das bis dahin praktizierte System einer „Drei – Stufen – Parität“ abgelöst worden zugunsten eines Systems der prinzipiellen Statusgleichheit aller Religionsgemeinschaften unter Einschluss der Weltanschauungsgemeinschaften. Vor 1919 war die Rechtsstellung der Religionsgemeinschaften in drei Gruppen unterteilt, nämlich in die drei christlichen Hauptkonfessionen (röm.-kath., lutherisch, reformiert), die anderen öffentlich-rechtlichen Korporierten (z. B. die Altkatholiken in Preußen) und die kleinen Religionsgemeinschaften des Privatrechts. Während der Staat mit den beiden Großkirchen ein System enger institutioneller Verbundenheit praktizierte und die anderen öffentlich-rechtlichen Körperschaften in begrenzter Weise bevorzugte, herrschte gegenüber den Religionsgemeinschaften des Privatrechts das System der Trennung von Staat und Kirche.[280] Dieses ausdifferenzierte System der Stufenparität verlor schon vor 1919 mit dem Verlust der christlichen Staatsidee seine Legitimation und wurde als willkürlich empfunden. Die Parität wurde durch die Weimarer Reichsverfassung aber nicht in der Weise hergestellt, dass sie den großen Religionsgemeinschaften den Status einer Körperschaft des öffentli-

278 BVerfGE, 33, S. 32.
279 Vergl. dazu: *M. Heinig*, Öffentlich-rechtliche Religionsgesellschaften, S. 77.
280 Vergl. dazu: *E.-R. Huber*, Deutsche Verfassungsgeschichte seit 1789, Bd. I^2, Stuttgart u. a. 1975, S. 397 ff.

chen Rechts entzog. Sie eröffnete vielmehr umgekehrt auch den kleinen Religionsgemeinschaften die Möglichkeit, diesen zu erwerben. Die Weimarer Reichsverfassung hat daher die Religion und die Religionsgemeinschaften nicht aus dem öffentlichen Recht „verstoßen“ und keine schematische Gleichstellung mit dem Säkularen im Sinne einer laizistischen, religionsfeindlichen Gleichheitsidee mit sich gebracht.[281]

Nach herrschender Auffassung hat das Gebot der religionsrechtlichen Parität heute seine Grundlage im allgemeinen Gleichheitssatz des Art. 3 GG.[282] Eine spezielle Norm wie in § 147 Abs. 2 der Paulskirchenverfassung von 1849 – „Keine Religionsgesellschaft genießt vor anderen Vorrechte durch den Staat, es besteht fernerhin keine Staatskirche“ – gibt es im Grundgesetz nicht mehr. Spezielle Maßstäbe ergeben sich aber auch für das Staatskirchenrecht aus den Art. 33 Abs. 1 u. 3 GG:

(1) Jeder Deutsche hat in seinem Lande die gleichen staatsbürgerlichen Rechte und Pflichten.

(2) …

(3) Der Genuss bürgerlicher und staatsbürgerlicher Rechte, die Zulassung zu öffentlichen Ämtern sowie die im öffentlichen Dienst erworbenen Rechte sind unabhängig von dem religiösen Bekenntnis. Niemandem darf aus seiner Zugehörigkeit oder Nichtzugehörigkeit zu einem Bekenntnis oder einer Weltanschauung ein Nachteil erwachsen.

Aus den durch Art. 140 GG übernommenen Bestimmungen der Weimarer Reichsverfassung sind in diesem Zusammenhang vor allem zu beachten die Artikel 136 Abs. 1 – *„Die bürgerlichen und staatsbürgerlichen Rechte und Pflichten werden durch die Ausübung der Religionsfreiheit weder bedingt noch beschränkt“* – und 137 Abs. 5, der bestimmt, dass nicht nur die Religionsgemeinschaften den Status einer Körperschaft des öffentlichen Rechts behalten, die solche bisher (vor 1919) waren, sondern anderen Religionsgemeinschaften auf Antrag gleiche Rechte zu gewähren sind, *„wenn sie durch ihre Verfassung und die Zahl ihrer Mitglieder die Gewähr der Dauer bieten“*.

Auch aus dem Gleichheitssatz nach Artikel 3 des Grundgesetzes ergibt sich keine Verpflichtung, den Atheismus zum Maßstab der Gleichheit zu machen und die religiöse Dimension aus der staatlichen Rechtsordnung zu eliminieren. Art. 3 Abs. 3 GG verbietet Diskriminierungen und Privilegierungen, wenn sie aus religiösen oder weltanschaulichen Gründen geschehen. Er verpflichtet den Staat aber nicht zur Undifferenziertheit, Indifferenz und Ignoranz:

„Im Gegenteil muss gerade der konfessionell neutrale Staat die Verschiedenheit der Religionen gemäß ihrer verfassungsrechtlich garantierten Eigenständigkeit und Freiheit respektieren und in seinen Normen im erforderlichen Umfang berücksichtigen, damit er sie nicht diskriminierend über den Leisten eines

281 Vergl.: *M. Heckel*, HdbStKirchR² Bd. 1, S. 608.

282 Zu den rechtsdogmatischen Problemen, die sich daraus ergeben vergl. eingehend: *M. Heinig*, Öffentlich-rechtliche Religionsgesellschaften, S. 183 ff.

fremden konfessionellen bzw. eines ideologischen Leitmodells schlägt und so die Allgemeinheit und Gleichheit des Verfassungsgebots partikular verengt. Art. 3 Abs. 3 mißbilligt nicht die Eigenart und Verschiedenheit der Parteien und Religionen, aber er verbietet jegliche Bevorzugung bzw. Benachteiligung durch die ‚Parteibuch-, bzw. Gesangbuch-Protektion', weil sie die Gleichheit wie die Freiheit kränkt."[283]

Das Bundesverfassungsgericht hat es deshalb z. B. als Verstoß gegen den Gleichheitssatz angesehen, eine Gebührenbefreiung im Sinne der historischen Auslegung einer vorkonstitutionellen Regelung im preußischen Gerichtskostengesetz auf die evangelische Landeskirche, die römisch-katholische und die altkatholische Kirche zu beschränken, „*da sich weder aus den tatsächlichen Verhältnissen der betroffenen Religionsgesellschaften noch aus dem Wesen der Gebührenbefreiung ein sachlicher Grund dafür herleiten lässt*",[284] anderseits aber betont, dass das Grundgesetz nicht gebietet „*daß der Staat alle Religionsgemeinschaften schematisch gleichbehandelt*".[285] Er darf daher, der im Grundgesetz selbst durch die Übernahme von Art. 137 Abs. 5 WRV beibehaltenen verfassungsrechtlichen Unterscheidung folgend, die Befreiung von der Umsatzsteuer auf die Religionsgemeinschaften beschränken, die Körperschaften des öffentlichen Rechts sind.[286] Ein typisches Bespiel für eine erlaubte Differenzierung, deren Rechtfertigung sich aus der Verfassung selbst ergibt, sind die so genannten „konfessionsgebunden Staatsämter" etwa im Bereich des Religionsunterrichts nach Artikel 7 Abs. 3 GG und beim Lehrpersonal der theologischen Fakultäten an den staatlichen Hochschulen.[287]

Literatur:

K. Hesse, Schematische Parität der Religionsgesellschaften nach dem Bonner Grundgesetz?, ZevKR 3 (1953/54), S. 188 ff.; *E. Beulke*, Bonner Grundgesetz und die Parität der Kirchen, ZevKR 6 (1957/58), S. 127 ff.; *M. Heckel*, Die religionsrechtliche Parität, HdbStKirchR² Bd. 1, S. 589 ff.; zu den historischen Aspekten vergl.: *Ders.*, Parität, ZRG. Kan. Abt. 1963, S. 106 ff. (= *Ders.*, Gesammelte Schriften Bd. 1, Tübingen 1989, S. 106 ff.); *Ders.*, Das Gleichbehandlungsgebot im Hinblick auf die Religion, HdbStKirchR², Bd. 1, S. 627 ff.; *M. Morlok*, *M. Heinig*, Parität im Leistungsstaat – Körperschaftsstatus nur bei Staatsloyalität?, NVwZ 1999, S. 697 ff.; *M. Heinig*, Öffentlich-rechtliche Religionsgesellschaften, Studien zur Rechtsstellung der nach Art. 137 Abs. 5 WRV korporierten Religionsgesellschaften in Deutschland und in der Europäischen Union, Berlin2003, S. 180 ff. (Schriften zum öffentlichen Recht Bd. 921).

283 *M. Heckel*, HdbStKirchR ² Bd. 1, S. 627.
284 BVerfGE 19, S. 1 ff. (16).
285 BVerfGE 19, 129 ff. (134); JZ 1966, S. 269 ff., mit Anm. *A. Hollerbach.*
286 BVerfGE, ebd.
287 Vergl. dazu: *M. Heinig*, Öffentlich-rechtliche Religionsgesellschaften, S. 194 ff.

II. Die Gewährleistung der allgemeinen Religionsfreiheit

A. Historische Erinnerungen

Die Gewährleistung umfassender Religionsfreiheit „*bildet eine Grundvoraussetzung für ein freies Geistesleben und damit eine Vorbedingung für die Existenzmöglichkeit eines menschenwürdigen und freiheitlichen Staates*“[288]. Im Kampf um die Freiheit der Religion ist in historischer Hinsicht vor allem an das **Edikt von Nantes** (Toleranzedikt) durch den französischen König Heinrich IV. von 1598 zu erinnern,[289] das zum ersten Mal in der europäischen Geschichte das Prinzip der religiösen Toleranz ausspricht und den Hugenotten in Frankreich zu religiöser, bürgerlicher und politischer Eigenständigkeit verhalf. Das **Edikt von Fontainebleau**,[290] mit dem Ludwig XIV. im Oktober 1685 das Toleranzedikt von Nantes widerrief, enthielt „*wie ein grausamer Hohn*“[291] die Zusage, dass die innere Bekenntnisfreiheit der Evangelischen unangetastet bleibe:

„*Übrigens sollen die Besagten von der so genannten reformierten Religion – bis es Gott gefällt, sie zu erleuchten wie die anderen – in den Städten und Ländern unserer Oberhoheit wohnen können, dort ihr Gewerbe fortsetzen und ihre Güter nutzen, ohne unter dem Vorwande dieser Religion gestört oder gehindert werden zu dürfen, unter der Bedingung, wie gesagt, daß sie keine Ausübung ihres Glaubens treiben, noch sich versammeln unter dem Vorwande von Gebeten oder Gottesdienst der genannten Religion, welcher Art es auch sei, unter oben gesagten Strafen an Leib und Besitztum.*“[292]

Als historisches Beispiel einer restriktiven Auslegung der persönlichen Glaubens- und Gewissensfreiheit sei auch auf das **„Wöllnersche Religionsedikt“** vom 9. Juli 1788 in Preußen verwiesen.[293] Friedrich Wilhelm II., der Neffe von Friedrich II. und dessen Nachfolger, vollzog in Preußen eine radikale Abkehr von dessen Religions- und Schulpolitik. Unterstützt vor allem von seinem Justizminister Johann Christoph v. Wöllner führte er die Kirchen und das öffentliche Bildungswesen zurück in die Schranken der konfessionellen

---

288 *J. Listl*, Glaubens-, Bekenntnis- und Kirchenfreiheit, HdbStKirchR [2] Bd. 1, S. 446.

289 Vergl. dazu: *J. Chambon*, Der französische Protestantismus, Sein Weg bis zur Französischen Revolution [3], München 1938, S. 89 ff.

290 Vergl. dazu: *J. Chambon* ebd., S. 142 ff.

291 *Chambon*, ebd. S. 144.

292 Zitiert nach *J. Chambon* ebd.

293 Vergl. dazu: *E.-R. Huber*, Deutsche Verfassungsgeschichte seit 1789, Bd. 1[2], Stuttgart u. a. 1975, S. 108 ff.; *Chr. Link*, Josephinisches Toleranzpatent (1781) und Wöllnersches Religionsedikt (1788), in: *H. Klueting*, Irenik und Antikonfessionalismus im 17. uns 18. Jahrhundert, Hildesheim u. a., 2003, S. 295 ff.

Orthodoxie. Die großen Errungenschaften der Zeit Friedrichs des Großen, nämlich die Gewissens- und Denkfreiheit waren damit bedroht. Die neue Politik fand ihren Niederschlag im „Wöllnerschen Religionsedikt". Dieses war im Wesentlichen ein Garantiegesetz zur Gleichberechtigung der drei Hauptkonfessionen (reformiert, lutherisch, römisch-katholisch) und zugunsten der anerkannten Sekten (Herrnhuter, Mennoniten, Böhmische Brüder). Es bekannte sich zwar formal zu einem Teil der Grundsätze der friderizianischen Aufklärung wie der Parität und der Toleranz, in der Sache aber war es ein Dokument der Gegenaufklärung. Das Wöllnersche Religionsedikt gewährte zwar individuelle Glaubens- und Gewissensfreiheit, dies aber nur unter dem Vorbehalt, *„solange ein jeder ruhig als ein guter Bürger des Staates seine Pflicht erfüllet, seine besondere Meinung aber für sich behält und sich sorgfältig hütet, solche nicht auszubreiten oder andere dazu zu überreden und in ihrem Glauben irrend und wankend zu machen."*[294] Damit konnten alle Meinungsäußerungen, die abweichende Lehren von den geschützten Glaubensrichtungen betrafen, unterdrückt werden. Dabei erwies sich die Feststellung der Autorität der Bekenntnisschriften und von konfessionellen Lehrbegriffen durch den Staat als das zentrale Problem. In der Praxis lieferte das Edikt die rechtliche Grundlage, um gegen die Freiheit der Wissenschaft, des Bildungswesens und der religiösen Meinungsäußerung einzuschreiten. U.a. führte es wegen seiner Schrift „Die Religion innerhalb der Grenzen der bloßen Vernunft" von 1793 zur Maßregelung von Emanuel Kant,[295] dem vorgeworfen wurde, er habe *„seine Philosophie zur Entstellung und Herabwürdigung mancher Haupt- und Grundlehren der Heiligen Schrift und des Christentums"* missbraucht.[296] Im Ergebnis wies Kant zwar die Vorwürfe zurück, verpflichtete sich aber, dass er sich *„fernerhin aller öffentlichen Vorträge die Religion betreffend, es sei die natürliche oder geoffenbarte, sowohl in Vorlesungen als in Schriften gänzlich enthalten werde."*[297]

Das „Wöllnersche Religionsedikt" besaß nur episodische Bedeutung. Der Nachfolger Friedrich Wilhelms II., sein Sohn Friedrich Wilhelm III., entließ bald nach bei seinem Regierungsantritt 1797 Minister Wöllner und hob das Edikt auf.

Das **Preußische Allgemeine Landrecht** von 1794 (ALR) enthielt im Sinne des Gedankengutes der Aufklärung in seinem Teil 2, Titel 11 die Bestimmung:

„§ 2 Jedem Einwohner im Staate muss eine vollkommene Glaubens- und Gewissensfreiheit gestattet werden."

Trotz der vielfachen Hinweise auf Toleranz und Glaubensfreiheit war das Staatskirchenrecht des ALR aber *„noch fundamental und grundsätzlich verschieden von der heutigen staatlichen Gewährleistung der Religionsfreiheit als*

294 Zitiert nach *Huber*, ebd.

295 Vergl. dazu: *E.-R. Huber*, ebd.; *J. F. G. Goeters, R. Mau* (Hrsg.), Die Geschichte der Evangelischen Kirche der Union, Bd. I, Leipzig 1992, S. 46 ff.

296 Zitiert nach *E.-R. Huber*, ebd., S. 109.

297 Zitiert nach *E.-R. Huber*, ebd., S. 109 f.

Grundrecht.“[298] Der wichtigste Unterschied besteht darin, dass das Grundgesetz über die Glaubens- und Gewissensfreiheit hinaus **Religionsfreiheit** gewährt, d. h. auch die kollektive Ausübung der Glaubensfreiheit und damit die Entfaltungsmöglichkeiten für Religionsgemeinschaften einschließt.[299]

Als weitere Stationen auf dem Weg zur Anerkennung einer umfassenden Religionsfreiheit ist noch einmal zu erinnern an § 144 der **Paulskirchenverfassung von 1849**, der jedem Deutschen die volle Glaubens und Gewissensfreiheit garantierte, und an Artikel 135 der Weimarer Reichsverfassung von 1919, der lautete:

„Alle Bewohner des Reiches genießen volle Glaubens- und Gewissensfreiheit. Die ungestörte Religionsausübung wird durch die Verfassung gewährleistet und steht unter staatlichem Schutz. Die allgemeinen Staatsgesetze bleiben hiervon unberührt.“

Diese Bestimmung gehört nicht zu den Artikeln, die durch Art. 140 in das Grundgesetz übernommen worden sind, was insbesondere im Hinblick auf den Vorbehalt im letzten Satz für die heutige Diskussion um die Schranken der Religionsfreiheit nach Art. 4 GG von Bedeutung ist.

B. Der Inhalt der Religionsfreiheit

1. Rechtsquellen

Die Bundesrepublik Deutschland gewährleistet einen umfassenden Schutz der Religionsfreiheit durch Artikel 4 des Grundgesetzes, dessen Absatz 1 lautet:

„(1) Die Freiheit des Glaubens, des Gewissens und die Freiheit des religiösen und weltanschaulichen Bekenntnisses sind unverletzlich.“

Der zweite Absatz von Artikel 4 GG fügt ausdrücklich hinzu:

„(2) Die ungestörte Religionsausübung wird gewährleistet.“

Neben Artikel 4 GG wird die Religionsfreiheit durch verschiedenen Deklarationen und völkerrechtliche Verträge zum Schutze der Menschenrechte zusätzlich abgesichert, allerdings mit unterschiedlicher Reichweite und Verpflichtungskraft.[300] Die späteren Texte orientieren sich dabei in ihren Formulierungen weitgehend an der **Allgemeinen Erklärung der Menschenrechte**, die die Generalversammlung der Vereinten Nationen hat am 10. Dezember 1948 verabschiedet hat. In deren Artikel 18 es heißt:

298 *H.-W. Strätz*, „Die Religionen Müsen all Tolerieret werden“ – Religion als Rechtsbegriff, in: *M.-E. Geis, D. Lorenz*, Staat-Kirche-Verwaltung (FS Hartmut Maurer), München 2001, S. 443 ff. (446).

299 Vergl.: *Strätz,* ebd.

300 Zum Inhalt und zur rechtlichen Bedeutung dieser Verträge vergl.: *R. Zippelius, Th. Würtenberger*, Deutsches Staatsrecht[32], München 2008, S. 171 ff. (Rd.Nr. 30 ff.) und *A. v. Campenhausen, H. de Wall*, Staatskirchenrecht[4], München 2006, S. 78 ff.

„Jeder Mensch hat Anspruch auf Gedanken-, Gewissens- und Religionsfreiheit; dieses Recht umfaßt die Freiheit, seine Religion oder seine Überzeugung zu wechseln, sowie die Freiheit, seine Religion oder seine Überzeugung allein oder in Gemeinschaft mit anderen, in der Öffentlichkeit oder privat, durch Lehre, Ausübung, Gottesdienst und Vollziehung von Riten zu bekunden."

Ganz ähnlich formuliert Artikel 9 der **Konvention zum Schutz der Menschenrechte und Grundfreiheiten des Europarates** vom 5. November 1950 (EMRK):[301]

„(1) Jedermann hat Anspruch auf Gedanken-, Gewissens- und Religionsfreiheit; dieses Recht umfaßt die Freiheit des Einzelnen zum Wechsel der Religion oder Weltanschauung sowie die Freiheit, seine Religion oder Weltanschauung einzeln oder in Gemeinschaft mit anderen öffentlich oder privat, durch Gottesdienst, Unterricht, durch die Ausübung und Beachtung religiöser Gebräuche auszuüben."

Die EMRK fügt in ihrem Absatz 2 einen ausdrücklichen Vorbehalt zugunsten des jeweiligen Gesetzgebers hinzu, der ihm unter bestimmten Voraussetzungen das Recht zur Einschränkung der Religionsfreiheit einräumt:

„(2) Die Religions- oder Bekenntnisfreiheit darf nicht Gegenstand anderer als vom Gesetz vorgesehener Beschränkungen sein, die in einer demokratischen Gesellschaft notwendige Maßnahmen im Interesse der öffentlichen Sicherheit, der öffentlichen Ordnung, Gesundheit und Moral oder für den Schutz der Rechte und Freiheiten anderer sind."

Zu erwähnen ist schließlich auch noch Artikel 18 des **Internationalen Paktes über bürgerliche und politische Rechte** (IPbürgR) vom 19. Dezember 1966, der lautet:

„(1) Jedermann hat das Recht auf Gedanken-, Gewissens- und Religionsfreiheit. Dieses Recht umfasst die Freiheit, eine Religion oder eine Weltanschauung eigener Wahl zu haben oder anzunehmen und die Freiheit, seine Religion oder Weltanschauung allein oder in Gemeinschaft mit anderen, öffentlich oder privat durch Gottesdienst, Beachtung religiöser Gebräuche, Ausübung und Unterricht zu bekunden.

(2) Niemand darf einem Zwang ausgesetzt werden, der seine Freiheit, eine Religion oder eine Weltanschauung seiner Wahl zu haben oder anzunehmen, beeinträchtigen würde.

(3) Die Freiheit, seine Religion oder Weltanschauung zu bekunden, darf nur den gesetzlich vorgesehenen Einschränkungen unterworfen werden, die zum Schutz der öffentlichen Sicherheit, Ordnung, Gesundheit, Sittlichkeit oder der Grundrechte und -freiheiten anderer erforderlich sind.

301 Vergl. dazu: *N. Blum*, Die Gedanken-, Gewissens- und Religionsfreiheit nach Art. 9 der Europäischen Menschenrechtskonvention, Berlin 1990; *H.-T. Conring*, Korporative Religionsfreiheit in Europa, Frankfurt a. M. 1998 (Schriften zum internationalen und zum öffentlichen Recht Bd. 22).

1 Europ. Menschenrechtskonvention

(4) Die Vertragsstaaten verpflichten sich, die Freiheit der Eltern und gegebenenfalls des Vormunds oder Pflegers zu achten, die religiöse oder sittliche Erziehung ihrer Kinder in Übereinstimmung mit ihren eigen Überzeugungen sicherzustellen."

Der EMRK und dem Internationalen Pakt von 1966 kommen deshalb besondere Bedeutung zu, weil sie anders als die Allgemeine Erklärung der Menschenrechte nicht nur politische Deklarationen sind, sondern unter den Vertragspartnern rechtliche Verbindlichkeiten erzeugen.[302] Insbesondere bietet die EMRK den Bürgern die Möglichkeit, sich nach Erschöpfung des innerstaatlichen Rechtsweges unmittelbar mit einer Beschwerde an den **Europäischen Gerichtshof für Menschenrechte** in Straßburg zu wenden. Stellt der Gerichtshof fest, dass durch einen Vertragsstaat die Rechte aus der Konvention verletzt worden sind, kann er der verletzten Partei eine gerechte Entschädigung zubilligen, wenn das mangels innerstaatlicher Regelungen notwendig ist (Art. 41 EMRK).

Für die deutschen Verhältnisse ist allerdings festzustellen, dass die Gewährleistungen der Religionsfreiheit auf internationaler Ebene hinter dem Standart zurückbleiben, wie ihn Artikel 4 GG bietet. Der Schutzbereich des Artikels 9 EMRK wird nicht nur enger interpretiert, als dies im deutschen Recht nach der ständigen Rechtsprechung des Bundesverfassungsgerichts der Fall ist,[303] auch der Vorbehalt der gesetzgeberischen Schranken ist weiter gezogen. Als Problem hat sich in der Vergangenheit vor allem erwiesen, dass sich die internationalen Menschenrechtskonventionen einem stark individualistischen Verständnis der Religionsfreiheit verpflichtet wissen, das heißt: *„Sie schützen die Religionsfreiheit selbst dort, wo sie durch religiöse Gruppen oder Glaubensgemeinschaften in Anspruch genommen wird, nicht als kollektives Recht, sondern als individuelles Recht der einzelnen Mitglieder der Gruppe."*[304] Erst in jüngster Zeit ist in der Rechtsprechung des Europäischen Gerichtshofs für Menschenrechte auch die korporative Seite der Religionsfreiheit anerkannt worden, so dass Art. 9 Abs. 1 EMRK jetzt auch als Kollektivgrundrecht zugunsten der Religionsgemeinschaften zu verstehen ist.[305] Das Selbstbestimmungsrecht der Religionsgemeinschaften ist damit jedenfalls grundsätzlich von Art. 9 EMRK erfasst. Dessen Reichweite im Verhältnis zu den Gewährleistungen aus Art. 140 GG i. V. m. Art. 137 WRV bedarf allerdings der weiteren Klärung.

302 Durch den Vertrag von Lissabon wird die EMRK künftig auch zum primären Gemeinschaftsrecht der Europäischen Union gehören und damit zusätzliches Gewicht bekommen.

303 Vergl. dazu: *H. Weber*, Die individuelle und kollektive Religionsfreiheit im europäischen Recht einschließlich ihres Rechtsschutzes, ZevKR 47 (2002), S. 265 ff. (273 f.).

304 *R. Grote*, Die Religionsfreiheit im Spiegel völkervertraglicher Vereinbarungen zur politischen und territorialen Neuordnung, in: *R. Grote, T. Maraun* (Hrsg.), Religionsfreiheit zwischen individueller Selbstbestimmung, Minderheitenschutz und Staatsrecht – Völker- und verfassungsrechtliche Perspektiven, Berlin u. a., 2001, S. 3 ff. (29).

305 Vergl. dazu: *H. Weber*, ZevKR 47 (2002), S. 265 ff. (274 ff.).

Bemerkenswert sind im Übrigen bestimmte Unterschiede in den internationalen Vereinbarungen, die auf den ersten Blick nicht sonderlich auffallen. So spricht der Internationale Pakt über bürgerliche und politische Rechte von 1966 nur noch von der Freiheit, eine Religion oder Weltanschauung *„zu haben oder anzunehmen"*, während die Allgemeine Erklärung der Menschenrechte von 1948 und die EMRK von 1950 ausdrücklich garantieren, die Religion *„zu wechseln"*. Im Blick auf traditionelle Positionen im Islam, dass ein Muslim todeswürdig ist, wenn er vom islamischen Glauben abfällt, ist der Unterschied durchaus von substantieller Tragweite.[306] Dabei ist aber auch zur Kenntnis zu nehmen, dass das Verhältnis des Islam zu den Menschenrechten ebenso differenziert ist, wie es für das Christentum in der historischen Entwicklung gegolten hat.[307]

2. Der Inhalt der Religionsfreiheit nach Artikel 4 GG

Im Unterschied zu den oben zitierten Bestimmungen in den internationalen Erklärungen enthält Artikel 4 GG keine inhaltlichen Ausführungen dazu, welche Rechte von der Religionsfreiheit im Einzelnen erfasst sind und welchen gesetzgeberischen Grenzen sie unterliegen. Er bedarf daher der Ausfüllung durch Rechtsprechung und wissenschaftliche Lehre. Eine besondere Bedeutung kommt dabei den Entscheidungen des Bundesverfassungsgerichts zu. Das Gericht hatte sich vor allem auch mit der Frage auseinanderzusetzen, was im Sinne des Grundgesetzes unter „Religion" zu verstehen ist, und wem die Definitionsmacht darüber zukommt. In der vom Sachverhalt her eher kuriosen Entscheidung im **„Tabakfall"**[308] vom 8. November 1960 hat es ausgeführt, dass das Grundrecht der Glaubensfreiheit erlaubt auszusprechen und auch zu verschweigen, dass und was man glaubt. Die Glaubensfreiheit umfasse auch das Recht zur Werbung für den eigenen Glauben wie die Abwerbung von einem fremden Glauben. Mit einer später viel zitierten Formulierung wird dann aber einschränkend festgestellt:

„Das Grundgesetz hat nicht irgendeine, wie auch immer geartete, freie Betätigung des Glaubens schützen wollen, sondern nur diejenige, die sich bei den heutigen Kulturvölkern auf dem Boden gewisser übereinstimmender sittlicher Grundanschauungen im Laufe der geschichtlichen Entwicklung herausgebildet hat."[309]

306 Vergl. dazu: *D. Richter*, Relativierung universeller Menschenrechte durch Religionsfreiheit, in: *R. Grote, T. Maraun* (Hrsg.), Religionsfreiheit zwischen individueller Selbstbestimmung, Minderheitenschutz und Staatskirchenrecht – Völker- und verfassungsrechtliche Perspektiven, Berlin u. a. 2001, S. 164 ff. (Beiträge zum ausländischen öffentlichen Recht und Völkerrecht Bd. 146).

307 Vergl. dazu: *H. Bielfeldt*, Zum islamischen Menschrechtsdiskurs – Probleme und Perspektiven, ZRP 1992, S. 146 ff.

308 BVerfGE 12, S. 1 ff.; zu dieser Entscheidung siehe auch: *P. Häberle*, Exzessive Glaubenswerbung in Sonderverhältnissen, JUS 1969, S. 265 ff.; *J. Listl*, Das Grundrecht der Religionsfreiheit in der Rechtsprechung der Gerichte der Bundesrepublik Deutschland (Staatskirchenrechtliche Abhandlungen Bd. 1), Berlin 1971, S. 58 ff.

309 Ebd. S. 4.

Der Beschwerdeführer war Anhänger des „Bundes für Gotterkenntnis (Ludendorff e. V.)“[310] und warb in der Haftanstalt unter seinen Mitgefangenen für den Kirchenaustritt. Für diesen Fall versprach er einzelnen von ihnen Tabak. Der Bundesgerichtshof lehnte wegen dieser Vorkommnisse sein Gesuch auf bedingte Entlassung aus der Strafhaft ab. Das Bundesverfassungsgericht wies seine dagegen gerichtete Verfassungsbeschwerde ab, denn *„die an sich erlaubte Glaubenswerbung und Glaubenabwerbung wird dann Mißbrauch des Grundrechts, wenn jemand unmittelbar oder mittelbar den Versuch macht, mit Hilfe von unlauteren Methoden oder sittlich verwerflichen Mitteln, andere ihrem Glauben abspenstig zu machen oder zum Austritt aus der Kirche zu bewegen. Wer jemanden, der sich von seinem Glauben lösen soll, unter Ausnutzung der besonderen Verhältnisse des Strafvollzuges hierfür Genussmittel verspricht und gewährt, genießt nicht den Schutz des Art. 4 Abs. 1 GG“.*

Auch in späteren Entscheidungen hat das Bundesverfassungsgericht aber daran festgehalten, dass der Begriff der „Religionsausübung“ wegen ihrer zentralen Bedeutung für jeden Glauben und jedes Bekenntnis gegenüber seinem historischen Inhalt **extensiv** auszulegen ist und dass sich diese Freiheit nicht nur auf die christlichen Kirchen, sondern auch auf andere Religions- und Weltanschauungsgemeinschaften bezieht. Geschützt sind auch Außenseiter und Sektierer und solche Religionsgemeinschaften, die sich nicht in unserem europäischen Kulturkreis entwickelt haben und ihm möglicherweise sogar ablehnend gegenüber stehen.[311]

Eine wichtige Leitentscheidung zur Reichweite und zum Verständnis der Religionsfreiheit nach Artikel 4 GG hat das Bundesverfassungsgericht im Jahre 1968 getroffen, die als **„Lumpensammler-Entscheidung“** bekannt geworden ist.[312] Dabei ging es um die Frage, ob eine Vereinigung katholischer ländlicher Jugend Deutschlands sich bei der Durchführung einer „Aktion Rumpelkammer“ auf das Grundrecht der Religionsfreiheit berufen kann. Ziel dieser Aktion war es, durch den Verkauf gebrauchter Kleidung, Lumpen und Altpapier die Landjugend in unterentwickelten Ländern zu unterstützen. Beschwerdeführer war der Inhaber einer Rohstoffgroßhandlung, dessen Betrieb aufgrund der bundesweiten Aktion für einige Zeit fast ganz zum Erliegen gekommen war. In seinem Beschluss stellt das Gericht fest, nach dem **Selbstverständnis** der katholischen und evangelischen Kirche umfasse die Religionsausübung nicht nur den Bereich des Glaubens und des Gottesdienstes, sondern auch die Freiheit zur Entfaltung und Wirksamkeit in der Welt, wie es ihrer religiösen und diakonischen Aufgabe entspricht. Die tätige Nächstenliebe sei nach dem Neuen Testament eine wesentliche Aufgabe für den Christen und werde von der katholischen wie der evangelischen Kirche als kirchliche Grundfunktion verstanden. Bei der Würdigung dessen, was im Einzelfall als Ausübung von Religion und Weltanschauung zu betrachten sei, dürfe dieses Selbstverständnis der Religionsgemeinschaften nicht außer

310 Zum Verbotsverfahren gegen diesen Verein vergl.: BVerwGE 37, S. 364.
311 Vergl. etwa: BVerfGE 33, S. 23 ff. (29).
312 BVerfGE 24, S. 236 ff.

Betracht bleiben. Die Religionsfreiheit umfasse *„nicht nur die innere Freiheit, zu glauben, d. h. einen Glauben zu bekennen, zu verschweigen, sich von dem bisherigen Glauben loszusagen und einem anderen Glauben zuzuwenden, sondern ebenso die Freiheit des kultischen Handelns, des Werbens, der Propaganda."*[313]

Einen bewusst anderen Maßstab legt das Bundesverfassungsgericht im Hinblick auf die Anerkennung einer politischen Verfolgung aus religiösen Gründen an. Dazu hat es ausgeführt:

Politische Verfolgung aus religiösen Gründen liegt vor, wenn die Angehörigen einer religiösen Gruppe *„daran gehindert werden, ihren eigenen Glauben, so wie sie ihn verstehen, im privaten Bereich und unter sich zu bekennen. Die Religionsausübung im häuslich-privaten Bereich, wie etwa der häusliche Gottesdienst, aber auch die Möglichkeit zum Reden über den eigenen Glauben und zum religiösen Bekenntnis im nachbarschaftlich-kommunikativen Bereich, ferner das Gebet und der Gottesdienst abseits der Öffentlichkeit in persönlicher Gemeinschaft mit anderen Gläubigen dort, wo man sich nach Treu und Glauben unter sich wissen darf, gehören unter dem Gesichtspunkt der Menschenwürde wie nach internationalem Standart zu dem elementaren Bereich, den der Mensch als ‚religiöses Existenzminimum' zu seinem Leben – und Bestehen können – als sittliche Person benötigt."*[314]

Diese Beschränkung der Religionsfreiheit auf den privaten Bereich *„abseits der Öffentlichkeit"* bleibt nicht nur weit hinter der Interpretation zurück, die das Bundesverfassungsgericht für Art. 4 GG entwickelt hat, sondern steht auch nicht im Einklang mit den internationalen Erklärungen, die die kollektive und öffentliche Ausübung der Religionsfreiheit ausdrücklich einschließen.[315]

Bedeutsam ist die Feststellung des Bundesverfassungsgerichts im „Lumpensammlerfall", dass das Grundrecht der Religionsfreiheit nicht nur Kirchen, Religions- und Weltanschauungsgemeinschaften zusteht, sondern auch Vereinigungen, die sich nicht die allseitige, sondern nur die partielle Pflege des religiösen oder weltanschaulichen Lebens ihrer Mitglieder zum Ziel gesetzt haben. Das gelte ohne weiteres für organisatorisch oder institutionell mit Kirchen verbundene Vereinigungen, aber darüber hinaus auch für andere selbstständige oder unselbstständige Organisationen, wenn und soweit ihr Zweck die Pflege oder Förderung eines religiösen Bekenntnisses ist. Maßstab dafür könne das Ausmaß der institutionellen Verbindung mit einer Religionsgemeinschaft oder die Art der mit der Vereinigung verfolgten Ziele sein.

Mit der Entscheidung im „Lumpensammler-Fall" war das Problem angesprochen, wie der **Begriff der Religion** rechtlich zu bestimmen ist und welche Rolle

313 Ebd., S. 245.

314 BVerfG, NVwZ 1990, S. 254; Zur Kritik an dieser Rechtsprechung vergl.: *J. Winter*, Religionsfreiheit und politische Verfolgung, in: Zentrale Dokumentationsstelle der Freien Wohlfahrtspflege für Flüchtlinge e. V. (Hrsg.), Festschrift anlässlich des 10jährigen Bestehens der ZDWF, Bonn 1990, S. 87 ff.

315 Siehe dazu jetzt auch VGH München, ZevKR 53 (2008), S. 217.

bei der Bestimmung der Reichweite des Grundrechts der Religionsausübung dem Selbstverständnis der Grundrechtsträger zukommen kann. Das Bundesverfassungsgericht hat sich durch seinen Beschluss vom 5. Februar 1991 im Zusammenhang mit der Verfassungsbeschwerde der Gemeinschaft der **Bahái**[316] veranlasst gesehen, darauf hinzuweisen, dass *„allein die Behauptung und das Selbstverständnis, eine Gemeinschaft bekenne sich zu einer Religion und sei eine Religionsgemeinschaft“* für diese und ihre Mitglieder die Berufung auf die Freiheitsgewährleistung des Art. 4 I und II GG nicht rechtfertige, *„vielmehr muss es sich auch tatsächlich nach geistlichem Gehalt und äußerem Erscheinungsbild, um eine Religion und Religionsgemeinschaft handeln. Dies im Streitfall zu prüfen und zu entscheiden, obliegt – als Anwendung der staatlichen Rechtsordnung – den staatlichen Organen, letztlich den Gerichten, die dabei freilich keine freie Bestimmungsmacht ausüben, sondern den von der Verfassung gemeinten und vorausgesetzten, dem Sinn und Zweck der grundrechtlichen Verbürgungen entseuchenden Begriff der Religion zugrundezulegen haben.“*[317] Im konkreten Fall hat das Gericht den Charakter des Bahái-Glaubens, einer aus dem schiitischen Islam entstandenen Glaubensrichtung, als Religion und der Bahái-Gemeinschaft als Religionsgemeinschaft anerkannt, da dies *„nach aktueller Lebenswirklichkeit, Kulturtradition und allgemeinem wie auch religionswissenschaftlichem Verständnis“* offenkundig sei.[318]

Damit ist zwar klargestellt, um es mit den Worten von *Fabian von Schlabrendorff* in seinem abweichenden Votum zum Beschluss des Bundesverfassungsgerichts über die Pflicht zur Eidesleistung zu sagen: *„Kein Artikel des Grundgesetzes, auch nicht Art. 4 GG, gibt dem Staatsbürger das Recht der Narrenfreiheit.“*[319] An einer verbindlichen Definition des Bundesverfassungsgerichts, wie der Begriff der „Religion“ inhaltlich zu füllen ist, fehlt es aber bis heute.[320] Das Bundesverwaltungsgericht hat dafür in Abgrenzung zur Weltanschauung,

316 Zu dieser Gemeinschaft vergl: *U. Schaefer*, Das Recht der Religionsgemeinschaft der Bahái: Grundlagen, Prinzipien und Strukturen, KuR 2001, S. 197 ff. (= 220, S. 19 ff.); *E. V. Towfigh*, Die rechtliche Verfassung von Religionsgemeinschaften, Tübingen 2006 (Jus Ecclesiasticum Bd. 80); *T. Tobert*, Ein neues jus divinum, Zur Theologie des Rechts der Bahái, Frankfurt a. M. u. a., 2008 (Schriften zum Staatskirchenrecht Bd. 40).

317 BVerfGE 83, S. 341 ff. (353). Zur Bedeutung des kirchlichen Selbstverständnisses vergl.: *A. Isak*, Das Selbstverständnis der Kirchen und Religionsgemeinschaften und seine Bedeutung für die Auslegung staatlichen Rechts, Berlin 1994 (Staatskirchenrechtliche Abhandlungen Bd. 24); *M. Morlok*, Selbstverständnis als Rechtskriterium, Tübingen 1993, S. 431 ff.; *K.-H. Kästner*, AöR 1998, S. 408 ff.

318 NJW 1991, S. 2624.

319 BVerfGE 33, S. 36.

320 Zu den möglichen Definitionen vergl.: *T. Fleischer*, Der Religionsbegriff des Grundgesetzes, Bochum 1989; *H.-W. Strätz*, „Die Religionen Müsen all Tolerieret werden“ – Religion als Rechtsbegriff, in: *M.-E. Geis, D. Lorenz*, Staat-Kirche-Verwaltung (FS *Hartmut Maurer*), München 2001, S. 443 ff.; *C. Mertesdorf*, Weltanschauungsgemeinschaften, Frankfurt a. M. u. a., 2008, S. 130 ff. (Schriften zum Staatskirchenrecht Bd. 399).

deren Freiheit in Artikel 4 GG ebenfalls gewährleistet ist, die folgende Definition angeboten:

„Unter Religion oder Weltanschauung ist eine mit der Person des Menschen verbundene Gewissheit über bestimmte Aussagen zum Weltganzen sowie zur Herkunft und zum Ziel des menschlichen Lebens zu verstehen; dabei legt die Religion eine den Menschen überschreitende und umgreifende (transzendente) Wirklichkeit zugrunde, während sich die Weltanschauung auf innerweltliche (immanente) Bezüge beschränkt."[321]

Als klaren Missbrauch der Religionsausübungsfreiheit, der bereits vom Begriff der „Religion" nicht mehr gedeckt ist, wird man z. B. die Gründung einer „Raucherkirche" zur Umgehung des Rauchverbots in Gaststätten ansehen können, eine Idee, auf die nach Pressemeldungen der Besitzer einer Kneipe in Schleswig-Holstein gekommen ist.[322] Beim Rauchen handelt es sich weder *„nach geistlichem Gehalt und äußerem Erscheinungsbild"* um eine Form der Religionsausübung. Allerdings hat das Bundesverwaltungsgericht es für möglich gehalten, die Annahme des Berufungsgerichts als richtig zu unterstellen, nach der das gemeinsame Rauchen von Marihuana zu den wesentlichen rituellen Vollzügen einer Religionsgemeinschaft gehört, die grundsätzlich vom Schutzbereich der Religionsausübungsfreiheit erfasst werden. Der Kläger hatte vorgetragen, sich zur Religionsgemeinschaft der „Rastas" zu bekennen, die in den dreißiger Jahren des vorigen Jahrhunderts auf Jamaika entstanden sei. Marihuana gelte dort als „heiliges Kraut", und werde bei rituellen Veranstaltungen als Nahrung für das Gehirn und Heilmittel geraucht. Dem Antrag des Klägers, ihm für den Anbau von Cannabis zum gelegentlichen eigenen Verbrauch eine Ausnahmegenehmigung zu erteilen, gab das Gericht dennoch nicht statt, weil das gesetzliche Verbot die Religionsausübung nicht *„in gravierender Weise"* einschränke.[323]

Literatur:

J. Listl, Das Grundrecht der Religionsfreiheit in der Rechtsprechung der Gerichte der Bundesrepublik Deutschland, Berlin 1971; *Ders.*, Glaubens-, Bekenntnis- und Kirchenfreiheit, HdbStKirchR^2 Bd. 1, S. 439 ff.; *K.-H. Kästner*, Das Grundrecht auf Religions- und Weltanschauungsfreiheit in der neueren höchstrichterlichen Rechtsprechung, AöR 1998, S. 408 ff.; *R. Grote, T. Maraun* (Hrsg.), Religionsfreiheit zwischen individueller Selbstbestimmung, Minderheitenschutz und Staatskirchenrecht – Völker- und verfassungsrechtliche Perspektiven, Berlin u. a. 2001, (Beiträge zum ausländischen öffentlichen Recht und Völkerrecht Bd. 146); *H. Maurer*, Religionsfreiheit in der multikulturellen Gesellschaft, in: Der Wandel des Staates vor den Herausforderungen der Gegenwart, Festschrift *Winfried Brohm*, München 2002, S. 455 ff.; *S. Mückl*, Freiheit des Glaubens und der ungestörten Religionsausübung, in: *S. Kadelbach, P. Parhisi* (Hrsg.), Die Freiheit der Religion im europäischer Verfassungsrecht, Baden-Baden, 2007 (Schriften zur Europäischen Integration und Internationalen Wirtschaftsförderung Bd. 9).

321 BVerwGE 90, S. 112 (115).

322 Notiz in den Badischen Neuesten Nachrichten vom 15. Januar 2008.

323 BVerwGE 90, S. 319.

3. Zur Abgrenzung der Religionsausübung von einer wirtschaftlichen Betätigung

Eines der Probleme bei der inhaltlichen Bestimmung des Begriffes „Religion“ ist die Frage, wie die Ausübung der Religionsfreiheit von einer wirtschaftlichen Tätigkeit abzugrenzen ist. Rechtsprechung und Literatur haben sich damit vor allem im Zusammenhang mit der Anwendung der Vorschriften des BGB über die Eintragung von nichtwirtschaftlichen Idealvereinen beschäftigt. In staatskirchenrechtlicher Hinsicht bewegt sich die Kontroverse vor allem um die Auslegung von Art. 140 GG i. V. mit Art. 137 Abs. 4 WRV. Danach erwerben Religionsgesellschaften die Rechtsfähigkeit nach den allgemeinen Vorschriften des bürgerlichen Rechts. Daraus ist zum Teil der Schluss gezogen worden, es bestehe für Religionsgemeinschaften ein Anspruch auf Eintragung als Idealverein ohne Rücksicht darauf, ob ihre Tätigkeit als wirtschaftlich oder nicht wirtschaftlich zu beurteilen ist.[324] Begründet wird diese Auffassung u. a. mit dem Hinweis, von einer Religionsgemeinschaft könne nicht verlangt werden, sich als Gesellschaft mit beschränkter Haftung zu organisieren, weil sie dann ihre internen Angelegenheiten in einer Weise offen legen müsste, wie es ihr angesichts des Selbstbestimmungsrechts der Kirchen nicht zuzumuten sei.[325]

Die Gegenmeinung weist vor allem unter Hinweis auf die Entstehungsgeschichte von Art. 137 Abs. 4 WRV darauf hin, dass diese Vorschrift das damals bestehende Konzessionssystem als diskriminierende Sonderbestimmung für Religionsgemeinschaften habe abschaffen wollen. Ein verfassungsmäßig verbürgtes Vorrecht auf Eintragung in das Vereinsregister unabhängig von den Eintragungsvoraussetzungen des bürgerlichen Rechts sei damit nicht begründet worden.[326] Diese Auffassung findet ihre Stütze auch im Beschluss des Bundesverfassungsgerichts über die religiöse Vereinigungsfreiheit und Vereinsautonomie im Falle der „Bahái“.[327] Das Gericht weist zwar darauf hin, dass die religiöse Vereinigungsfreiheit von Art. 4 GG miterfasst wird, obwohl sie dort nicht ausdrücklich genannt ist, es stellt aber zugleich klar, dass damit kein Anspruch auf eine *bestimmte* Rechtsform, wie etwa die des eingetragenen Vereins, eingeräumt wird. Gewährleistet ist nur *„die Möglichkeit einer irgendwie gearteten rechtlichen Existenz einschließlich der Teilnahme am allgemeinen Rechtsverkehr“*.[328] Auch Religionsgemeinschaften haben die Bestimmungen des Vereinsrechts grundsätzlich wie jedermann zu beachten, und es verschlägt daher nach Auffassung des Gerichts nichts, wenn eine Religionsgemeinschaft oder eine ihrer Gliederungen eine bestimmte Rechtsform, die sie erstrebt, nicht erlangen kann, weil die Voraussetzungen dafür nicht vorliegen.[329] Das trifft insbesondere dann zu, wenn die Rücksicht auf die Sicherheit

324 So: *F. Kopp*, NJW 1989, 2497 ff.
325 So das LG Hamburg, NJW 1988, S. 2617.
326 So: *K. Schmidt*, NJW 1988, S. 2574; *A. v. Campenhausen*, NJW 1990, S. 887 ff.
327 BVerfGE 83, S. 341 ff.
328 BVerfG ebd., S. 355.
329 BVerfG ebd.; siehe auch: BVerwGE 105, S. 316.

des Rechtsverkehrs und die Rechte anderer – wie z. B. der Gläubigerschutz – in Rede stehen.[330] Religionsgemeinschaften sind daher nicht als Idealvereine nach § 21 BGB einzutragen, wenn sie sich planmäßig und dauerhaft über den vereinsinternen Bereich hinausgehend als Anbieter entgeltlicher Leistungen am Markt bewegen, um sich vermögenswerte Vorteile zugunsten des Vereins oder seiner Mitglieder zu verschaffen, es sei denn diese Tätigkeit hält sich im Rahmen des „Nebenzweckprivilegs".[331] Dieses Privileg greift ein, wenn sich ein Verein zwar zur Erreichung seiner idealen Ziele wirtschaftlich betätigt – zum Beispiel durch den Verkauf entgeltlicher Leistungen an seine Mitglieder –, diese aber dem nichtwirtschaftlichen Hauptzweck des Vereins zu- und untergeordnet sind, also nur das Hilfsmittel sind, um den idealen Vereinszweck zu erreichen. Das OVG Düsseldorf[332] und das VG Stuttgart[333] haben deshalb die Eintragung von Scientology-Organisationen als Idealvereine in das Vereinsregister abgelehnt bzw. ihnen nach § 43 Abs. 2 BGB[334] die Rechtsfähigkeit entzogen, weil sie nicht überwiegend ideelle, sondern wirtschaftliche Ziele verfolgten.

Der VGH Mannheim hat dagegen im August 1995 als Berufungsgericht in dem Stuttgarter Fall zum Entzug der Rechtsfähigkeit des Vereins „Neue Brücke" – einer Untergliederung von Scientology – die Auffassung vertreten, es entspreche der verfassungskonformen Auslegung von § 43 Abs. 2 BGB, dass Leistungen, die als wirtschaftliche Tätigkeit angesehen werden müssen, die aber zugleich im Rahmen der Religionsausübung erbracht werden, den Charakter der sie erbringenden Religionsgemeinschaft als Idealverein nicht in Frage stellen.[335] Zwar stellt auch der VGH fest, es handele sich bei dem Verein „Neue Brücke" nach dem Gesamtbild der tatsächlichen Verhältnisse um einen überwiegend wirtschaftlichen Geschäftsbetrieb, das allein reiche aber nicht aus, um den Schutz aus Art. 4 GG für eine Religions- oder Weltanschauungsgemeinschaft zu versagen. Dieser entfalle erst dann, wenn ihre religiösen oder weltanschaulichen Lehren nur als Vorwand für die Verfolgung wirtschaftlicher Ziele dienten. Der VGH beruft sich dabei auf die Rechtsprechung des Bundesverwaltungsgericht, das im Zusammenhang mit der „Osho-Bewegung" (früher „Bhagwan") 1992 entschieden hat, es komme nicht auf das Ausmaß der wirtschaftlichen Betätigung an.[336] Der Grundrechtsschutz

330 BVerfG, ebd. Größere Spielräume bestehen dagegen auch bei der Anwendung zwingender Vorschriften des Vereinsrechts, soweit es sich um die innere Organisation einer Religionsgemeinschaft handelt. Zur „Vereinsautonomie und Autonomie kirchlicher Verbände" vergl. auch: *M. Schockenhoff*, NJW 1992, S. 1013 ff.

331 *A. v. Campenhausen*, Art. 140, in: *v. Mangoldt-Klein-v. Campenhausen*, Das Bonner Grundgesetz [3], München 1991, Rd.Nr. 143.

332 NJW 1983, S. 2574 ff.

333 NVwZ 1994, S. 612 ff.

334 *„Einem Verein, dessen Zweck nach der Satzung nicht auf einen wirtschaftlichen Geschäftsbetrieb gerichtet ist, kann die Rechtsfähigkeit entzogen werden, wenn er einen solchen Zweck verfolgt."*

335 NJW 1996, S. 3358 ff.

336 BVerwGE 90, S. 112 ff.; ebenso: VG Hamburg, NJW 1996, S. 3363.

aus Art. 4 GG entfällt nach dieser Auffassung auch dann nicht, wenn die gemeinschaftliche Pflege von Religion und Weltanschauung in den Hintergrund tritt, die geschäftlichen Interessen also überwiegen. Erst wenn die Organisation *ausschließlich* wirtschaftliche Interessen verfolgt, die mit ideellen Zielen bloß verbrämt werden, soll der Grundrechtsschutz aus Art. 4 GG entfallen. Gegen diese Sichtweise wird in der Literatur eingewandt, dass die Handlungen einer Religionsgemeinschaft *final* auf eine Religion oder Weltanschauung ausgerichtet sein müssen. Das schließt eine wirtschaftliche Betätigung nicht aus, verlangt aber für den Grundrechtsschutz aus Art. 4 GG, dass der Schwerpunkt bei der Pflege und Förderung eines religiösen oder weltanschaulichen Bekenntnisses verbleibt.[337]

In seiner Revisionsentscheidung zum erwähnten Urteil des VGH Mannheim stellt auch das Bundesverwaltungsgericht fest, dass die Anwendung der Vorschriften des bürgerlichen Rechts über die Voraussetzungen zur Eintragung als Idealverein die Teilnahme der Religionsgemeinschaften am Rechtsverkehr nicht in unzumutbarer Weise erschwert.[338] Das Vorbringen, bei Scientology handele es sich um eine Religionsgemeinschaft, sei deshalb für die Entscheidung des Rechtsstreits ohne Bedeutung. Ein wirtschaftlicher Geschäftsbetrieb, der eine Eintragung als Idealverein im Sinne des Bürgerlichen Gesetzbuches ausschließt, liegt nach Auffassung des Senats dann vor, wenn ein Verein in Verwirklichung seines nichtwirtschaftlichen Zwecks entgeltliche Leistungen an seine Mitglieder erbringt, die unabhängig von mitgliedschaftlichen Beziehungen üblicherweise auch von anderen angeboten werden. Soweit solche Leistungen an Nichtmitglieder erbracht werden, müssen sie sich im Rahmen des Nebenzweckprivilegs halten. Wichtig ist auch die Feststellung des Gerichts, dass die Verwaltungsbehörden bei der Entziehung der Rechtsfähigkeit eines Vereins nach § 43 Abs. 2 BGB nur in atypischen Ausnahmefällen einen Ermessensspielraum haben.[339]

Literatur:

K. Schmidt, Eintragung „religiöser Wirtschaftsvereine“?, NJW 1988, S. 2574; *F. Kopp*, Religionsgemeinschaften als wirtschaftliche Vereine i. S. von § 22 BGB?, NJW 1989, 2497 ff.; *A. v. Campenhausen*, Religiöse Wirtschaftsbetriebe als Idealvereine?, NJW 1990, S. 887 ff.; *V. Röben*, Religionsgemeinschaften und wirtschaftliche Tätigkeit, in: *R. Grote, T. Maraun* (Hrsg.), Religionsfreiheit zwischen individueller Selbstbestimmung, Minderheitenschutz und Staatskirchenrecht – Völker- und verfassungsrechtliche Perspektiven, Berlin u. a. 2001, S. 547 ff. (Beiträge zum ausländischen öffentlichen Recht und Völkerrecht Bd. 146).

337 Vergl.: *J. Müller-Volbehr*, Die sogenannten Jugendreligionen und die Grenzen der Religionsfreiheit, in: *J. Krautscheidt, H. Marré* (Hrsg.), Essener Gespräche zum Thema Staat und Kirche Bd. 19, Münster 1985, S. 120 f.; zum Verhältnis von Religionsfreiheit und wirtschaftlicher Betätigung im Anwendungsbereich von Art. 9 EMRK vergl.: *N. Blum*, Die Gedanken-, Gewissens- und Religionsfreiheit nach Art. 9 der Europäischen Menschenrechtskonvention, Berlin 1990, S. 87 ff.

338 BVerwGE 105, S. 313; NJW 1998, S. 1167.

339 Vergl. dazu: *K. Schmidt*, Entziehung der Rechtsfähigkeit bei unrechtmäßig eingetragenen Wirtschaftsvereinen, NJW 1998, S. 1124 ff.

C. Die Grenzen der Religionsfreiheit

1. Artikel 4 GG als vorbehaltloses Grundrecht

Neben den Schwierigkeiten, die sich aus der Definition der Begriffe „Religion" und „Religionsgemeinschaft" ergeben, haben sich Rechtsprechung und Lehre immer wieder mit den möglichen Grenzen der Religionsausübung zu befassen gehabt. Dabei kommt der Tatsache eine entscheidende Bedeutung zu, dass bei Artikel 4 GG im Unterschied zu anderen Grundrechten der Hinweis fehlt, dass dieses Grundrecht durch Gesetz oder aufgrund eines Gesetzes eingeschränkt werden kann. Das Grundrecht der Religionsfreiheit unterliegt nach dem Wortlaut von Artikel 4 GG also keinem allgemeinen Gesetzesvorbehalt, noch können ohne weiteres andere Schrankenklauseln herangezogen werden, wie sie das Grundgesetz in Artikel 2 für die freie Entfaltung der Persönlichkeit oder in Artikel 5 Abs. 2 für die Meinungsfreiheit ausdrücklich festgelegt hat.[340] Vielmehr ist davon auszugehen, dass das Grundgesetz die Freiheit des religiösen Bekenntnisses gegenüber allen anderen Formen der Meinungsäußerung in besonderem Maße privilegieren will.[341] Die Rechte aus Artikel 4 GG sind daher **vorbehaltlos** gewährleistet. Sie dürfen auch nicht durch die allgemeine Rechtsordnung noch durch eine unbestimmte Güterabwägungsklausel relativiert werden, wie das Bundesverfassungsgericht in seiner 1972 ergangenen Entscheidung zur Verweigerung des Zeugeneides hervorgehoben hat:

„Seine Grenzen dürfen nur von der Verfassung selbst, d. h. nach Maßgabe der grundgesetzlichen Wertordnung und unter Berücksichtigung der Einheit dieses grundlegenden Wertsystems gezogen werden. ... Kennzeichen für einen Staat, der die Menschenwürde zum obersten Verfassungswert erklärt und der Glaubens- und Gewissensfreiheit ohne Gesetzesvorbehalt und unverwirkbar garantiert, ist vielmehr, daß er auch Außenseitern und Sektierern die ungestörte Entfaltung ihrer Persönlichkeit gemäß ihrer subjektiven Glaubensüberzeugung gestattet, solange sie nicht in Widerspruch zu anderen Wertentscheidungen der Verfassung geraten und aus ihrem Verhalten deshalb fühlbare Beeinträchtigungen für das Gemeinwesen oder die Grundrechte anderer erwachsen."[342]

Es ergibt sich also, dass der fehlende Gesetzesvorbehalt nicht dazu führt, dass das Grundrecht überhaupt keinen Einschränkungen unterliegt. Dafür kommen aber nur die so genannten **„verfassungsimmanenten Schranken"** in Betracht.

340 So aber der frühere Vorschlag von *R. Herzog*, vergl.: *Maunz-Dürig-Herzog,* Grundgesetz, Kommentar, Art. 4 (Stand August 1971), Rd.Nr. 91; zur kritischen Auseinandersetzung mit *Herzogs* Position siehe: *T. Fleischer*, Der Religionsbegriff des Grundgesetzes, Bochum 1989, S. 30 ff.; siehe dazu auch: *Chr. Starck*, in: Das Bonner Grundgesetz[4], München 1999, Art. 4, Rd. Nr. 74.

341 Das wird auch von *Herzog* ausdrücklich anerkannt, vergl. ebd., Rd.Nr. 90.

342 BVerfGE 33, S. 23 (29).

2. Zum Verhältnis von Artikel 4 GG zu den allgemeinen Staatsgesetzen

a. Zur Anwendbarkeit Art. 140 GG i. V. m. Art. 136 Abs. 1 WRV

Eine zeitweise in der Literatur im Vordringen befindliche Auffassung will allerdings einen allgemeinen Gesetzesvorbehalt der Religions- und Gewissensfreiheit über Art. 140 GG i.V m. Art. 136 Abs. 1 WRV begründen, der bestimmt, dass die bürgerlichen und staatsbürgerlichen Rechte und Pflichten durch die Ausübung der Religionsfreiheit weder bedingt noch beschränkt werden.[343] Liest man diese Bestimmung als Vorbehalt für die Verwirklichung der Freiheitsrechte aus Art. 4 Abs. 1 und 2 GG bliebe dafür nur Raum, soweit damit nicht gegen gesetzlich begründete Rechtspflichten verstoßen wird. Ausgeschlossen sind nur solche Gesetze, die sich speziell gegen die Ausübung der Religionsfreiheit richten und daran besondere Rechte und Pflichten knüpfen.

„Was die Staatsgesetze als staatsgefährlich, sicherheits- oder sittenwidrig, ordnungswidrig oder aus sonst einem Grunde verbieten, wird nicht dadurch erlaubt, daß es in Ausübung einer religiösen Überzeugung geschieht.“

So hat es *G. Anschütz* für die Weimarer Reichsverfassung formuliert.[344] Dieser Ansicht ist zuzugeben, dass sich manche Probleme der Religionsfreiheit, wie sie mit neueren religiösen Erscheinungsformen und bestimmten Auswüchsen derselben verbunden sind, leichter lösen lassen würden. Im Ergebnis führt sie aber dazu, den bekannten Satz von *Anschütz* zu Art. 135 WRV[345] *„Staatsgesetz geht vor Religionsgebot“*[346] in das Grundgesetz zu transferieren, obwohl diese Bestimmung bewusst nicht zu den übernommenen Artikeln aus der Weimarer Zeit gehört. Es ist nicht anzunehmen, dass durch die Übernahme von Art. 136 WRV die Freiheitsrechte des Art. 4 GG auf indirektem Wege unter den Vorbehalt der allgemeinen Gesetze gestellt werden sollten. Dagegen spricht nicht nur, dass Artikel 136 schon in der Weimarer Verfassung das Ziel hatte, die Gewährleistung der Religionsfreiheit zu sichern und nicht zu beschränken, sondern auch die Entstehungsgeschichte seiner Übernahme in das Grundgesetz.[347] Nach dem Wortlaut von Art. 136 WRV würde

---

343 Vergl.: *M. Herdegen*, Gewissensfreiheit, HdbStKirchR² Bd. 1, S 481 (495); *M. Mayer*, NJW 1997, S. 561 f.; W. Bock, AöR 1998, S. 444 ff.; *K.-H. Kästner*, JZ 1998, S. 974 ff.; auch das Bundesverwaltungsgericht hat sich in seinem Urteil über die Zulässigkeit des Schächtens von Tieren dieser Auffassung angeschlossen (BVerwGE 112, S. 231), diese Linie aber nicht weiter verfolgt.

344 *G. Anschütz*, Die Verfassung des Deutschen Reiches, Darmstadt 1960 (unveränderter Nachdruck der 14. Aufl. Berlin 1933), S. 621.

345 Diese Bestimmung lautete: *„Alle Bewohner des Reichs genießen volle Glaubens- und Gewissensfreiheit. Die ungestörte Religionsausübung wird durch die Verfassung gewährleistet und steht unter staatlichem Schutz. Die allgemeinen Staatsgesetze bleiben hiervon unberührt.“*

346 *G. Anschütz*, Die Verfassung des Deutschen Reiches, Darmstadt 1960 (unveränderter Nachdruck der 14. Aufl., Berlin 1933), S. 621.

347 Vergl zu beidem die eingehenden Nachweise bei *H. Maurer*, ZevKR 49 (2004), S. 316 ff.

sich dieser Vorbehalt ohnehin nur auf die Religionsausübung nach Art. 4 Abs. 2 GG beziehen. Die Glaubens- und Bekenntnisfreiheit nach Art. 4 Abs. 1 GG wäre allerdings erfasst, wenn man diese mit der herrschenden Auffassung mit der Religionsausübungsfreiheit als einheitliches Grundrecht ansieht.[348] Keine Einschränkung würde sich im Hinblick auf die Gewissensfreiheit ergeben, die nicht ohne weiteres als Unterfall der Religionsausübung angesehen werden kann.

Es ist daher der Auffassung zuzustimmen, dass Art. 136 Abs. 1 WRV ein spezielles Verbot der Ungleichbehandlung aus religiösen Gründen enthält, aber keinen Vorbehalt der allgemeinen Gesetze oder die Befugnisse zur Beschränkung der Religionsfreiheit zugunsten des einfachen Gesetzgebers begründet.[349]

Zum selben Ergebnis ist das Bundesverfassungsgericht mit anderer Begründung gelangt. Nach seiner Auffassung unterliegt der durch Art. 140 GG übernommene Art. 136 WRV einem Bedeutungswandel. Er wird *„nach Bedeutung und innerem Gewicht im Zusammenhang der grundgesetzlichen Ordnung von Art. 4 Abs. 1 GG überlagert."*[350] Die Staatsgesetze überlagern nicht mehr die Religionsfreiheit, sondern es ist umgekehrt, welche staatsbürgerlichen Pflichten im Sinne des Art. 136 Abs. 1 WRV gegenüber dem Freiheitsrecht des Art. 4 Abs. 1 GG mit staatlichem Zwang durchgesetzt werden dürfen, lässt sich nur nach Maßgabe der in Art. 4 Abs. 1 GG getroffenen Wertentscheidung feststellen.[351] Das bedeutet einerseits, dass nicht jedes allgemeine Gesetz die Religionsfreiheit beschränken kann, andererseits ist nicht jede Handlung oder Verhaltensweise, die sich auf das Grundrecht der Religionsfreiheit beruft, von vornherein vom Grundgesetz geschützt und damit erlaubt. Der Bundesgerichtshof hat zu den Grenzen der Religionsfreiheit in einer Entscheidung vom Oktober 1962, die die eherechtlichen Folgen des Übertritts eines Ehegatten zu den Zeugen Jehovas betraf, u. a. Folgendes ausgeführt:

„Es handelt sich dabei nicht nur um die bekannten groben Verirrungen eines religiösen Aberglaubens, wie etwa Menschenopfer, Witwenverbrennung, Hexenverfolgung und dergleichen, sondern auch um heute noch vorkommende weniger auffallende Formen religiös motivierter Eingriffe in die Lebenssphäre oder in das sittliche Empfinden anderer, wie beispielsweise: Fernhaltung ärztli-

348 Vergl. dazu: *B. Pieroth, B. Schlink*, Grundrechte, Staatsrecht II[15], Heidelberg 1999, S. Rd. Nr. 506 f.

349 In diesem Sinne auch: *T. Fleischer*, Der Religionsbegriff des Grundgesetzes, Bochum 1989, S. 34 ff.; *A. Isak*, Das Selbstverständnis der Kirchen und Religionsgemeinschaften und seine Bedeutung für die Auslegung staatlichen Rechts (Staatskirchenrechtliche Abhandlungen Bd. 24), Berlin 1994, S. 253; *K. Misera-Lang*, Dogmatische Grundlagen der Einschränkbarkeit vorbehaltloser Freiheitsgrundrechte, Frankfurt a. M. 1998, S. 46 ff. (Verfassungs- und Verwaltungsrecht unter dem Grundgesetz Bd. 26); *H. Maurer*, ZevKR 49 (2004), S. 311 ff.; *A. v. Campenhausen, H. de Wall*, Staatskirchenrecht[4], S. 67 ff. unter ausdrücklicher Aufgabe der dazu früher vertretenen Position (S. 51, Anm. 3).

350 BVerfGE 33, S. 31.

351 BVerfG ebd., siehe dazu auch, *P. Badura*, Der Schutz von Religion und Weltanschauung durch das Grundgesetz, Tübingen 1986, S. 16 f.

cher Hilfe von einem lebensgefährlich verletzten oder erkrankten Schutzbefohlenen, Polygamie (bei den Mormonen), Diskriminierung religiös anders Denkender, insbesondere deren Benachteiligung in ihrem beruflichen oder wirtschaftlichen Fortkommen durch Mißbrauch privater oder öffentlicher Machtbefugnisse oder dergleichen. Derartige Erscheinungen des religiösen Denkens oder Verhaltens widerstreben dem sittlichen Grundgehalt der Grundsatznorm und damit auch dem Wesens- und Wertgehalt des durch das Grundrecht der Religionsfreiheit zu schützenden Rechtsgutes selbst.“[352]

Literatur:

T. Fleischer, Der Religionsbegriff des Grundgesetzes, Bochum 1989, S. 34 ff.; *M. Fehlau*, Die Schranken der freien Religionsausübung, JuS 1993, S. 442 ff.; *W. Bock*, Die Religionsfreiheit zwischen Skylla und Charybdis, AöR 1998, S. 444 ff.; *K.-H. Kästner*, Hypertrophie des Grundrechts auf Religionsfreiheit? Über das Verhältnis der Religions- und Weltanschauungsfreiheit zum Geltungsanspruch des allgemeinen Rechts, JZ 1998, S. 974 ff.; *A. Isak*, Das Selbstverständnis der Kirchen und Religionsgemeinschaften und seine Bedeutung für die Auslegung staatlichen Rechts (Staatskirchenrechtliche Abhandlungen Bd. 24), Berlin 1994, S. 253; *K. Misera-Lang*, Dogmatische Grundlagen der Einschränkbarkeit vorbehaltloser Freiheitsgrundrechte, Frankfurt a. M. 1998, S. 46 ff. (Verfassungs- und Verwaltungsrecht unter dem Grundgesetz Bd. 26); *S. Muckel*, Die Grenzen der Gewissensfreiheit, NJW 2000, S. 659 ff.; *H. Maurer*, Die Schranken der Religionsfreiheit, ZevKR 49 (2004), S. 311 ff.; *A. v. Campenhausen; H. de Wall*, Staatskirchenrecht[4], München 2006, S. 67 ff.; *Chr. Starck*, in: *Ders. (Hrsg.)*, Das Bonner Grundgesetz[4], München 1999, Art. 4, Rd. Nr. 74.ff.

b. Steuerverweigerung aus religiösen Gründen

Die Frage, in welchem Verhältnis die Gewissensfreiheit des Einzelnen nach Art. 4 Abs. 1 GG zu den allgemeinen Staatsgesetzen steht, ist vor allem Ende der achtziger und zu Beginn der neunziger Jahre im Zusammenhang mit dem Golfkrieg im Hinblick auf die pazifistisch motivierte Steuerverweigerung diskutiert worden.[353] Dabei geht es um die Forderung, nach dem Muster der Kriegsdienstverweigerung, wie sie in Art. 4 Abs. 3 GG garantiert ist, einen grundrechtlichen Anspruch auf Freistellung von solchen Steuerlasten zu gewähren, die dem Militärhaushalt zu Gute kommen. Die Synode des Bundes der Evangelischen Kirchen in der (ehemaligen) DDR hat dazu am 24. 2. 1991 Folgendes beschlossen:

„Die Konferenz der Ev. Kirchenleitungen wird beauftragt, im Gespräch mit der Bundesregierung Möglichkeiten zu suchen, die im Grundgesetz zugesicherte Glaubens- und Gewissensfreiheit gesetzlich so auszugestalten, daß die Steuerzahler die Möglichkeit erhalten, darüber zu entscheiden, ob von ihnen gezahlte Steuern für Rüstungs- oder Kriegszwecke verwendet werden dürfen. Die dadurch dem Rüstungsetat entzogenen Mittel sollen für soziale oder ökologische Zwecke zusätzlich zur Verfügung gestellt werden.“

352 BGH, KirchE Bd. 6 (1962/63), S. 143(145).

353 Vergl. dazu: *B. Pieroth, B. Schlink*, Grundrechte, Staatsrecht II.[15], Rd.Nr. 546.

Einzelne Landessynoden (Thüringen, Berlin-Brandenburg) haben ähnliche Beschlüsse gefasst. Dem Deutschen Bundestag lag bereits 1986 ein Gesetzentwurf der Fraktion der GRÜNEN vor, der als gewissensneutrale Steueralternative für Rüstungsgegner die Errichtung eines Friedensfonds vorsah. Solche Forderungen sind in der Rechtsprechung[354] und Literatur[355] weitgehend auf Ablehnung gestoßen. Begründet wird diese Ablehnung vor allem mit dem Hinweis darauf, dass die Berücksichtigung aller möglichen individuellen Gewissensbedenken gegen das Demokratieprinzip verstoßen würde, weil es das parlamentarische Budgetrecht unterlaufen würde.

„Der Einzelne, der eine gewissenskonforme Verwendung ‚seiner' Steuergelder verlangt, sucht im Ergebnis seine Zahlung mit einer Auflage zu verbinden, als ob es sich dabei – wie bei einer Stiftung oder Spende – um einen Ausdruck seiner Persönlichkeit und Überzeugung handele. Der Sache nach handelt es sich hier um einen Herrschaftsanspruch, der sich auf eine über die allgemeine staatsbürgerliche Mitwirkung am politischen Willensbildungsprozeß hinausgehende Berücksichtigung des Gewissens bei Etatentscheidungen richtet, so daß vom Verantwortungsgedanken her eine Kompetenzüberschreitung vorliegt. Wenn man gleichwohl die Verwendung von Steuergeldern noch dem Grundrechtsbereich des Steuerzahlers zurechnet, müßte eine verfassungsrechtliche Güterabwägung hier zu seinen Ungunsten ausgehen, da die demokratisch legitimierte Verantwortung des Gesetzgebers für den Staatshaushalt und für die Durchführung verfassungsrechtlich legitimer Aufgaben den Vorrang vor dem ohnehin stark verdünnten Anspruch des Gewissens hat, Steuergelder mit Auflagen für ihre Verwendung versehen zu können. Die Forderungen nach gewissensneutralen Steueralternativen überdehnen daher den Verantwortungsbereich des Gewissens; ein so gesteigertes Mitspracherecht kann das Gewissen in der Demokratie nicht beanspruchen."[356]

Auch die Europäische Kommission für Menschenrechte hat in einer Entscheidung vom 18. Juli 1986[357] einem Kläger aus England, der als Quäker aus religiösen Gründen eine Umwidmung eines Teiles seiner Steuern für friedliche Zwecke erstreiten wollte, die Berufung auf Art. 9 EMRK versagt. Die Kommission hat sich dabei von dem Gedanken leiten lassen, niemand solle sich der Erfüllung seiner staatsbürgerlichen Pflichten, die als solche keine religiöse Implikation aufweisen, aus religiösen Gründen entziehen können.

354 BFH, NJW 1992, S. 1407; BVerfG, DVBl 1992, S. 1589.

355 *D. Franke*, AöR 1989, S. 7 ff.; Zur Beurteilung der Frage aus der Sicht der evangelischen Ethik vergl. *H.-R. Reuter*, ZevEthik 1991, S. 124; Die Forschungsstätte der Evangelischen Studiengemeinschaft hat zu der Problematik 1992 ein umfassendes Gutachten unter theologisch-ethischen, volkswirtschaftlichen und juristischen Aspekten vorgelegt, vergl.: *W. Bock, D. Diefenbacher, H.-R. Reuter*, Pazifistische Steuerverweigerung und allgemeine Steuerpflicht, Heidelberg 1992 (Texte und Materialien der Forschungsstätte der Evangelischen Studiengemeinschaft e. V., Reihe A Nr. 38).

356 *D. Franke*, ebd., S. 36.

357 Abgedruckt bei: *P. Tiedemann*, Steuerverweigerung, S. 143 ff.

Die Entscheidung ist deshalb bedenklich, weil sie die Gewährleistung der Religionsfreiheit zu stark auf den Schutz des „forum internum" beschränkt.[358]

Literatur:

D. Franke, Gewissensfreiheit und Demokratie. Aktuelle Probleme der Gewissensfreiheit, AöR 1989, S. 7 ff.; *H.-R. Reuter*, Die Bedeutung des Gewissens für Christen in Kirche und Staat, ZevEthik 1991, S. 124; *P. Tiedemann*, Das Recht der Steuerverweigerung aus Gewissensgründen, Hildesheim 1991; *W. Bock, D. Diefenbacher, H.-R. Reuter*, Pazifistische Steuerverweigerung und allgemeine Steuerpflicht, Heidelberg 1992 (Texte und Materialien der Forschungsstätte der Evangelischen Studiengemeinschaft e. V., Reihe A Nr. 38).

c. Religionsfreiheit und Schächtverbot

Ein anderes Problem, das Rechtsprechung und Literatur[359] immer wieder beschäftigt hat, ist die Frage einer Beschränkung der Religionsfreiheit aus Gründen des Tierschutzes. Hintergrund ist die im Islam und im Judentum verbreitete Praxis, Tiere aus religiösen Gründen durch **Schächten** ohne vorherige Betäubung zu schlachten. Nach § 4 a Abs. 1 des Tierschutzgesetzes darf ein warmblütiges Tier nur geschlachtet werden, wenn es vor Beginn des Blutentzuges betäubt worden ist. Abweichend davon bedarf es nach § 4 a Abs. 2 Nr. 2 keiner Betäubung, wenn *„die zuständige Behörde eine Ausnahmegenehmigung für ein Schlachten ohne Betäubung (Schächten) erteilt hat; sie darf die Ausnahmegenehmigung nur insoweit erteilen, als es erforderlich ist, den Bedürfnissen von Angehörigen bestimmter Religionsgemeinschaften im Geltungsbereich dieses Gesetzes zu entsprechen, denen zwingende Vorschriften ihrer Religionsgemeinschaft das Schächten vorschreiben oder den Genuss von Fleisch nicht geschächteter Tiere untersagen"*.

Zumindest vor der Einfügung von Art. 20 a in das Grundgesetz im Jahre 1994,[360] mit dem der Tierschutz als eine Staatszielbestimmung ausdrücklich benannt wird, bestand die Schwierigkeit, im Sinne der Rechtsprechung des Bundesverfassungsgerichts diesen als eine „verfassungsimmanente" Schranke für die Freiheit der Religionsausübung zu begreifen. Von daher war zumindest zweifelhaft, ob das grundsätzliche Schächtverbot eine zulässige Einschränkung der Religionsausübungsfreiheit für Juden und Muslime darstellt.

Während die frühere Rechtsprechung im Sinne der bereits zitierten Formel des Bundesverfassungsgerichts davon ausging, dass das Schächtgebot sich *„im*

358 Zur Kritik dieser Entscheidung vergl.: *N. Blum*, Die Gedanken-, Gewissens- und Religionsfreiheit nach Art. 9 der Europäischen Menschenrechtskonvention, Berlin 1990.

359 Vergl.: *H.-G. Kluge*, ZRP 1992, S. 141 ff.; *K. Brandhuber*, NVwZ 1994, S. 661 ff. *M. Mayer*, NVwZ 1997, S. 561 ff.

360 Der Artikel lautet: *„Der Staat schützt auch in Verantwortung für die künftigen Generationen die natürlichen Lebensgrundlagen und die Tiere im Rahmen der verfassungsmäßigen Ordnung durch die Gesetzgebung und nach Maßgabe von Gesetz und Recht durch die vollziehende Gewalt und die Rechtsprechung."*

Rahmen gewisser übereinstimmender sittlicher Grundanschauungen der heutigen Kulturvölker" hält und deshalb durch das Grundrecht auf freie Religionsausübung gedeckt ist,[361] sah das Bundesverwaltungsgericht in einem Verbot des Schächtens keinen unzulässigen Eingriff in die Religionsausübung. Das Gericht sah die Voraussetzungen für die Erteilung der Ausnahmegenehmigung deshalb nicht als erfüllt an, weil diese nur zulässig sei, „*soweit zwingende Vorschriften einer Religionsgemeinschaft deren Mitgliedern den Genuss von Fleisch nicht geschächteter Tiere untersagen*".[362] Eine individuelle Glaubensüberzeugung vom Bestehen eines solchen Verbots reiche nicht aus. Im Übrigen sei der Genuss von Fleisch nicht geschächteter Tiere kein Akt religiöser Betätigung, so dass der Verzicht darauf auch keine Verletzung religiös bedingter Pflichten darstelle.[363] Das Bundesverfassungsgericht ist dieser Sichtweise in einer viel beachteten Entscheidung nicht gefolgt und hat der Verfassungsbeschwerde eines strenggläubigen sunnitischen Metzgers, der seit zwanzig Jahren in Deutschland lebt, stattgegeben. In der Entscheidung wird ausgeführt, die Auslegung des Bundesverwaltungsgerichtes führe im Ergebnis dazu, „*dass § 4 a Abs. Nr. 2 Alternative 2 TierSchG für Muslime ohne Rücksicht auf ihre Glaubensüberzeugung leer läuft. Die berufliche Tätigkeit eines Metzgers, der im Hinblick auf die Speisevorschriften seines Glaubens und seiner Kunden schächten will, um deren Versorgung mit dem Fleisch betäubungslos geschlachteter Tiere sicherzustellen, wird damit verhindert. Das belastet den Betroffenen in unangemessener Weise und trägt einseitig nur den Belangen des Tierschutzes Rechnung. In dieser Auslegung wäre Art. 4 Abs. 2 Nr. 2 Alternative 2 TierSchG verfassungswidrig.*"[364]

Nach Auffassung des Bundesverfassungsgerichts reicht es aus, „*dass derjenige, der die Ausnahmegenehmigung nach § 4 a Abs. 2 Nr. 2 Alternative 2 TierSchG zur Versorgung der Mitglieder seiner Gemeinschaft benötigt, substantiell und nachvollziehbar darlegt, dass nach deren gemeinsamer Glaubensüberzeugung der Verzehr des Fleisches von Tieren zwingend eine betäubungslose Schlachtung voraussetzt (…). Ist eine solche Darlegung erfolgt, hat sich der Staat, der ein solches Selbstverständnis der Religionsgemeinschaft nicht unberücksichtigt lassen darf (…), einer Bewertung dieser Glaubenserkenntnis zu enthalten (…).*"[365]

361 Vergl.: AG Balingen, NJW 1982, S. 1006 ff.
362 BVerwGE 99, S. 1 ff. (3).
363 BVerwGE ebd., S. 61 ff.; so auch: VG Koblenz, NJW 1994, S. 615 ff.
364 BVerfGE 104, S. 337 ff. (353).
365 Ebd. S. 355; siehe auch: *M. Mayer*, NVwZ 1997, S. 561.

Nach der Einfügung von Art. 20 a GG ist davon auszugehen, dass der Tierschutz als eine verfassungsimmanente Schranke für die vorbehaltlos gewährleisteten Grundrechte in Betracht zu ziehen ist.[366]

„Aufgrund der Einfügung des Tierschutzes in Art. 20 a GG hat sich freilich die Frage der Verfassungsmäßigkeit der Anspruchsnorm des Art. 4 a Abs. 2 Nr. 2 TierSchG verschoben. Während vorher der Schwerpunkt der Prüfung darin lag, ob das Verbot mit Erlaubnisvorbehalt eine unangemessene Einschränkung der Grundrechte des Klägers bewirkt, ist nunmehr auch und gleichsam gegenläufig zu prüfen, ob die ausnahmsweise Erlaubnis zum betäubungslosen Schlachten mit Art. 20 a GG vereinbar ist.“[367]

Der Tierschutz genießt aber auch nach der Einfügung von Artikel 20 a in das Grundgesetz *„keineswegs Vorrang gegenüber anderen Verfassungsgewährleistungen“*, so dass es vorrangige Aufgabe des Gesetzgebers ist, den *„Ausgleich zwischen Tierschutz und Religionsfreiheit so herzustellen, dass beide Wirkungen entfalten können“*.[368] Sofern die oben genannten vom Bundesverfassungsgericht vorgegebenen Voraussetzungen vorliegen, ist daher gläubigen Juden und Muslimen eine Ausnahmegenehmigung vom Verbot des Schächtens zu erteilen.

Literatur:

H.-G. Kluge, Vorbehaltloses Grundrecht am Beispiel des Schächtens, ZRP 1992, S. 141 ff.; *K. Brandhuber*, Die Problematik des Schächtens im Lichte der aktuellen Rechtsprechung, NVwZ 1994, S. 661 ff. *M. Mayer*, Religionsfreiheit und Schächtverbot, NVwZ 1997, S. 561 ff.; *R. Potz, B. Schinkele, W. Wieshaider* (Hrsg.), Schächten. Religionsfreiheit und Tierschutz, Plöchl 2001 (Religionsrechtliche Studien Bd. 2); *G. Neureither*, Schächten – BVerfGE 104, 337, JuS 2001, S. 1168 ff.

d. Religionsfreiheit und Strafrecht

Zur Ausstrahlungswirkung des Grundrechts der Glaubensfreiheit auf das staatliche Strafrecht hat sich das Bundesverfassungsgericht in einem Beschluss vom 19. Oktober 1971 im so genannten **„Gesundbeter-Fall“** geäußert. Zugrunde lag der Fall eines Beschwerdeführers, der zusammen mit seiner Ehefrau der Vereinigung des evangelischen Brudervereins angehörte. Die nach der Geburt des vierten Kindes unter akutem Blutmangel leidende Ehe-

366 Das betrifft neben der Religionsfreiheit vor allem auch die Wissenschaftsfreiheit nach Art. 5 Abs. 3 GG; vergl. dazu: *E. I. Obergfell*, Wissenschaftsfreiheit und Tierschutz – Zur Wertigkeit des Tierschutzes im deutschen Verfassungssystem, ZRP 2001, S. 193 ff. und *R. Scholz*, in: *Maunz-Dürig-Herzog*, Grundgesetz, Stand Juni 2002, Art. 20 a, Rd.Nr. 71. Im Hinblick auf das Schächtverbot wird die Frage vom Bundesverwaltungsgericht in seiner Entscheidung vom 23. November 2000, BVerwG 112, S. 231, erörtert, aber unter Bezugnahme auf die Argumentation offen gelassen, nach der Art. 140 GG i. V. m. Art 136 WRV die Legitimation für die in § 4 a TierSchG getroffene gesetzliche Regelung bietet.

367 BVerwGE 127, S. 183 (186)

368 BVerwG ebd.

frau lehnte es ab – unter Berufung auf das biblische Wort im Jacobusbrief „*Ist jemand krank, dann rufe er zu sich die Ältesten der Gemeinde und lasse über sich beten, und das Gebet des Glaubens wird den Kranken heilen*“[369] –, sich in ärztliche Behandlung zu begeben und insbesondere eine Bluttransfusion vornehmen zu lassen. Da eine Heilbehandlung unterblieb, verstarb die Ehefrau. Ihr Ehemann wurde später wegen eines Vergehens der unterlassenen Hilfeleistung nach dem damaligen § 330c StGB (heute § 323c) zu einer Geldstrafe verurteilt. Das Bundesverfassungsgericht führt in diesem Fall Folgendes aus:

„*Wer sich in einer konkreten Situation durch seine Glaubensüberzeugung zu einem Tun oder Unterlassen bestimmen läßt, kann mit den in der Gesellschaft herrschenden sittlichen Anschauungen und den auf sie begründeten Rechtspflichten in Konflikt geraten. Verwirklicht er durch dieses Verhalten nach herkömmlicher Auslegung einen Straftatbestand, so ist im Lichte des Art. 4 Abs. 1 GG zu fragen, ob unter den besonderen Umständen des Falles eine Bestrafung den Sinn staatlichen Strafens überhaupt noch erfüllen würde. Ein solcher Täter lehnt sich nicht aus mangelnder Rechtsgesinnung gegen die staatliche Rechtsordnung auf; das durch die Strafordnung geschützte Rechtsgut will auch er wahren. Er sieht sich aber in eine Grenzsituation gestellt, in der die allgemeine Rechtsordnung mit dem persönlichen Glaubensgebot in Widerstreit tritt, und er fühlt die Verpflichtung, hier dem höheren Gebot des Glaubens zu folgen. Ist diese Entscheidung auch objektiv nach den in der Gesellschaft allgemein herrschenden Wertvorstellungen zu mißbilligen, so ist sie doch nicht mehr in dem Maße vorwerfbar, daß es gerechtfertigt wäre, mit der schärfsten der Gesellschaft zu Gebote stehenden Waffe, dem Strafrecht, gegen den Täter vorzugehen. Kriminalstrafe ist – unabhängig von ihrer Höhe – bei solcher Fallgestaltung unter keinem Aspekt (Vergeltung, Prävention, Resozialisierung des Täters) eine adäquate Sanktion. Die sich aus Art. 4 Abs. 1 GG ergebende Pflicht aller öffentlichen Gewalt, die ernste Glaubensüberzeugung in weitesten Grenzen zu respektieren, muss zu einem Zurückweichen des Strafrechts jedenfalls dann führen, wenn der konkrete Konflikt zwischen einer nach allgemeinen Anschauungen bestehenden Rechtspflicht und einem Glaubensgebot den Täter in eine seelische Bedrängnis bringt, der gegenüber die kriminelle Bestrafung, die ihn zum Rechtsbrecher stempelt, sich als eine übermäßige und daher seine Menschenwürde verletzende soziale Reaktion darstellen würde.*“[370]

369 Jak 5, 14.
370 BVerfGE 32, 108 ff.; vergl. dazu die Besprechungen von: *K. Händel*, NJW 1972, S. 327 f.; *G. Deubner*, NJW 1972, S. 814; *H. Weber*, JUS 1972, S. 281 f.

In der Sache verbirgt sich hinter diesen Ausführungen das so genannte **„Wohlwollensgebot“**, das zu einer das Gewissen schonenden Anwendung von Sanktionsregelungen insbesondere im Strafrecht gegenüber Gewissentätern verpflichtet.[371] Diesem Gesichtspunkt ist im Strafverfahren des konkreten Falles offenbar nicht genügende Rechnung getragen worden. Welche verfassungsrechtlichen Grenzen sich aus diesem Gebot für den Strafanspruch des Staates ergeben *„kann nur die Prüfung im Einzelfall ergeben, wobei jeweils die Bedeutung für die Ordnung des Staates und die Autorität des gesetzten Rechts auf der einen und die Stärke des Gewissensdrucks und die dadurch geschaffene Zwangslage auf der anderen Seite in Betracht zu ziehen sind.“*[372]

371 Vergl dazu: BVerfGE 23, S. 127 (134); *M. Herdegen*, Gewissendfreiheit. HdbStKirchR[2] Bd. 1, S. 500 f.; *Chr. Starck*, Das Bonner Grundgesetz[4], München 1999, Art. 4, Rd.Nr. 84 ff.; zur grundsätzlichen Problematik des Gewissenstäters vergl.: *H. J. Hirsch*, Strafrecht und Überzeugungstäter, Berlin 1996 (Schriftenreihe der Juristischen Gesellschaft zu Berlin Bd. 147); *R. Höcker*, das Grundrecht der Gewissensfreiheit und seine Auswirkungen im Strafrecht, Frankfurt a, M. u. a., 2000 (Europäischen Hochschulschriften Reihe 2, Rechtswissenschaft Bd. 2942); *W. Frisch*, Gewissenstaten und Strafrecht, in: Festschrift *Friedrich-Christian Schroeder*, Heidelberg 2006, S. 11 ff.

372 BVerfG ebd.

III. Der Religionsunterricht nach Artikel 7 GG

A. Der Religionsunterricht als ordentliches Lehrfach

Nach Art. 7 Abs. 3 GG ist Religionsunterricht in den öffentlichen Schulen[373] – mit Ausnahme der bekenntnisfreien Schulen[374] – **ordentliches Lehrfach**,[375] das unbeschadet des staatlichen Aufsichtsrechtes in Übereinstimmung mit den Grundsätzen der Religionsgemeinschaften erteilt wird. Die Bestimmung ist an die Stelle des im Wortlaut weitgehend identischen Art. 149 Abs. 1 der Weimarer Reichsverfassung[376] getreten, der nicht durch Art. 140 in das Grundgesetz übernommen worden ist. Aus der Stellung des Faches als ordentliches Lehrfach ergibt sich, dass der Religionsunterricht integraler Bestandteil der öffentlichen Schule ist und nicht als kirchliche Verkündigung im Sinne eines Konzepts „Kirche in der Schule" verstanden werden darf, wie es der älteren Auffassung nach dem Zweiten Weltkrieg entsprach.[377] Art. 7 Abs. 3 GG erklärt den Religionsunterricht – zumindest auch – zu einer staatlichen Aufgabe. Daraus folgt die Pflicht des Staates zur **Gleichbehandlung** mit allen anderen Unterrichtsfächern im Rahmen der Schulorganisation, z. B. bei der zeitlichen Gestaltung des Stundenplanes. Der Religionsunterricht muss deshalb innerhalb der üblichen Schulstunden stattfinden und darf auch nicht generell auf Randstunden abgedrängt werden.[378] Aus dem Charakter als ordentliches Lehrfach folgt auch die grundsätzliche Verpflichtung des Staates zur **Finanzierung** des Religionsunterrichts. Er muss also die Sach- und die Personalkosten tragen, auch soweit der Unterricht von kirchlich bediensteten

---

373 Zum Begriff der öffentlichen Schule vergl.: *P. Badura*, in: *Maunz-Dürig-Herzog*, Grundgesetz (Stand Juni 2006), Art. 7, Rd.Nr. 73.

374 Darunter fallen nur solche öffentliche Volksschulen, die auf Antrag von Erziehungsberechtigten eingerichtet werden. Den Ländern ist es verwehrt, solche als Regelschule einzuführen. Vergl. dazu: *R. Schmoeckel*, Der Religionsunterricht, Berlin, Neuwied 1964, S. 91 ff.; *P. Badura*, ebd., Rd.Nr. 74.

375 Vergl. dazu: *F. Müller, B. Pieroth*, Religionsunterricht als ordentliches Lehrfach, Berlin 1974 (Staatskirchenrechtliche Abhandlungen Bd. 4); *P. Badura*, ebd., Rd.Nr. 75.

376 Zu dieser Bestimmung vergl. im Einzelnen: *W. Landé*, Die Schule in der Reichsverfassung, Berlin 1929, S. 180 ff.

377 Zur Geschichte der Religionspädagogik vergl.: *G. Lämmermann*, Religionspädagogik im 20. Jahrhundert, Gütersloh 1994; zur neuern religionspädagogischen Diskussion vergl.: *Chr. Scheilke* (Hrsg.), Religionsunterricht in schwieriger Zeit, Münster 1997 und die Beiträge in *R. Ehmann u. a.* (Hrsg.), Religionsunterricht der Zukunft, Aspekte eines notwendigen Wandels, Freiburg, Basel, Wien 1998.

378 Vergl.: *P. Badura*, in: *Maunz-Dürig-Herzog*, Grundgesetz (Stand Juni 2006), Art. 7, Rd.Nr. 75.

Lehrkräften erteilt wird.[379] Das schließt nicht aus, dass sich die Religionsgemeinschaften, die den Unterricht inhaltlich verantworten, an diesen Kosten beteiligen, z. B. indem sie einen Teil der ihnen entstehenden Personalkosten selber tragen.[380] Bundesrechtlich sind die Länder auch nicht daran gehindert, den Religionsunterricht zu **benoten** und bei Versetzungsentscheidungen zu berücksichtigen.[381] Für die Schülerinnen und Schüler, die einer Religionsgemeinschaft angehören, ist der Besuch des Religionsunterrichts ihrer Konfession **Pflichtfach**, also nicht fakultativ wie ein Wahlfach.[382] Das bedeutet, eine „Anmeldung" für das jeweils laufende Schuljahr ist nicht erforderlich.[383]

Allerdings besteht die Möglichkeit einer **Abmeldung** vom Religionsunterricht.[384] Das Abmelderecht ist ein Ausfluss des elterlichen Erziehungsrechtes nach Art. 6 Abs. 2 GG bzw. der Religionsfreiheit nach Art. 4 GG. Hinsichtlich des Elternrechts bestimmt Art. 7 Abs. 2 GG ausdrücklich, dass die Erziehungsberechtigten das Recht haben, über die Teilnahme des Kindes am Religionsunterricht zu bestimmen. Nach dem Gesetz über die religiöse Kindererziehung vom 15. 7. 1921 und § 1627 BGB bestimmt die freie Einigung der Eltern über die religiöse Erziehung des Kindes. Haben beide Elternteile das Sorgerecht, kann deshalb von keinem ohne Zustimmung des Anderen bestimmt werden, dass das Kind in einem anderen als dem zur Zeit der Ehe-

379 Vergl. dazu: *J. Winter*, Die staatlichen Ersatzleistungen für den evangelischen Religionsunterricht in Baden, ZevKR 29 (1984), S. 235 ff.; *A. Hollerbach, Chr. Gramm*, Staatliche Ersatzleistungen für den evangelischen Religionsunterricht, ZevKR 36 (1991), S. 17 ff.

380 So besteht z. B. für die Evangelische Landeskirche in Baden und die Erzdiözese Freiburg die Absprache, dass sie sich zu einem Drittel an den Personalkosten für den Religionsunterricht in den Grund- und Hauptschulen beteiligen. Diese Ein-Drittel/Zwei-Drittel Regelung geht historisch auf das badische Schulgesetz von 1910 zurück, nach dem von den drei Stunden Religionsunterricht in der Woche zwei vom Lehrer eine vom Pfarrer erteilt wurden. Vergl. dazu: *J. Winter*, ebd. Tatsächlich ist der Anteil der Kirchen an den Personalkosten erheblich höher, als er nach dieser historischen Regelung sein müsste. In Artikel 8 Abs. 5 des Vertrages des Landes Baden-Württemberg mit der Evangelischen Landekirche in Baden und mit der Evangelischen Landeskirche in Württemberg vom 17. Oktober 2007 (GVBl., S 174) ist deshalb vereinbart worden, dass das Land pauschaliert abgerechnete Ersatzleistungen für den durch kirchliche Lehrkräfte an öffentlichen Schulen erteilten Religionsunterricht erbringt. Der Kostendeckungsgrad dieser Ersatzleistungen im Hinblick auf die Aufwendungen der Kirchen wird nach Maßgabe näherer Vereinbarungen zwischen dem zuständigen Ministerium und dem zuständigen Evangelischen Oberkirchenrat schrittweise erhöht.

381 Vergl.: BVerwGE 42, S. 346 ff.

382 BVerwG ebd., S. 348 f.; BVerwG, DVBl 2000, S. 1003.

383 Anders z. B. in Italien, vergl.: *Chr. Starck*, Religionsunterricht und Verfassung, in: *H. de Wall, M. Germann* (Hrsg.), Bürgerliche Freiheit und Christliche Verantwortung, (FS Chr. Link), Tübingen 2003, S. 483 ff. (488).

384 Im Schuljahr 2006/07 haben in Baden-Württemberg an öffentlichen Schulen im Durchschnitt aller Schularten 3,5 % der evangelischen und katholischen Schülerinnen und Schüler von diesem Recht Gebrauch gemacht. Die Spanne reicht dabei von 1,1 % an den Grund- und Hauptschulen bis 6,7 % an den allgemein bildenden Gymnasien.

schließung gemeinsamen Bekenntnis oder in einem anderen Bekenntnis als bisher erzogen werden soll. Das gilt auch für die Abmeldung vom Religionsunterricht. Können sich die Eltern nicht einigen, ist notfalls eine Entscheidung des Familiengerichts nach § 1628 BGB herbeizuführen, das das Entscheidungsrecht auf einen Elternteil übertragen kann. Nach der Vollendung des vierzehnten Lebensjahres steht dem Kind selbst die Entscheidung darüber zu, zu welchem religiösen Bekenntnis es sich halten will. Hat das Kind das zwölfte Lebensjahr vollendet, kann es nicht gegen seinen Willen in einem anderen Bekenntnis als bisher erzogen werden.[385]

Der Rechtsrahmen als ordentliches Lehrfach ist den Bundesländern trotz ihrer Kulturhoheit durch Art. 7 Abs. 3 GG bundesrechtlich vorgegeben. Die Regelung im Grundgesetz ist Teil eines verbindlichen staatskirchenrechtlichen Systems, das es den Ländern verwehrt, *„die Erteilung des Religionsunterrichts als ordentliches Lehrfach in den öffentlichen Schulen, den Kirchen schlechthin zur Besorgung in eigener Regie zu übertragen.“*[386] In der Ausgestaltung der Kooperation des Staates mit den Religionsgemeinschaften ergeben sich allerdings in den einzelnen Bundesländern erhebliche Unterschiede. Im Unterschied zu anderen Bundesländern verlagert z. B. das Land Baden-Württemberg die Verantwortung für die Durchführung und Gestaltung des Religionsunterrichts weitgehend auf die Religionsgemeinschaften,[387] indem es nach § 98 des Schulgesetzes den Religionsgemeinschaften überlassen ist, die Lehrpläne aufzustellen und die Religionsbücher zu bestimmen. Das zuständige Ministerium besorgt lediglich die Bekanntgabe. Grundlage dafür ist Art. 18 der Landesverfassung, der bestimmt:

„Der Religionsunterricht ist an den öffentlichen Schulen ordentliches Lehrfach. Er wird nach den Grundsätzen der Religionsgemeinschaften und unbeschadet des allgemeinen Aufsichtsrechts des Staates von deren Beauftragten erteilt und beaufsichtigt.“

Daraus erklärt sich auch, dass in Baden-Württemberg ein vergleichsweise hoher Anteil des evangelischen Religionsunterrichts von kirchlich bediensteten Religionslehrerinnen und Religionslehrern bzw. den Gemeindepfarrerin-

385 § 5 Gesetz über die religiöse Kindererziehung von 1921.

386 *E. Friesenhahn*, Religionsunterricht und Verfassung, in: Essener Gespräche zum Thema Staat und Kirche, Bd. 5, Münster 1971, S. 76.

387 Zur verfassungsrechtlichen Problematik dieser Tatsache vergl. *J. Winter*, Die Kompetenzen des Schulleiters bei der Aufsicht über den Religionsunterricht und die Lehrkräfte, die ihn erteilen, nach baden-württembergischen Landesrecht, VBlBW 1982, S. 287 ff.

nen und Gemeindepfarrern[388] erteilt wird.[389] Die nicht im kirchlichen Dienst stehenden staatlichen Unterrichtskräfte bedürfen einer **kirchlichen Unterrichtserlaubnis** in Form der „Vocatio“ auf evangelischer bzw. der „Missio“ auf katholischer Seite. Die **Aufsicht** über den Religionsunterricht führen nach § 99 SchulG B.-W. religionspädagogisch erfahrene Beauftragte der Religionsgemeinschaften. Das sind neben den staatlichen Fachberatern, die im Einvernehmen mit der jeweiligen Kirche bestellt werden, vor allem die in den Kirchenbezirken tätigen Schuldekane und Schuldekaninnen. Die allgemeine Aufsicht des Staates beschränkt sich nach § 99 des Schulgesetzes für Baden-Württemberg ausdrücklich auf die formale Kontrolle darüber, *„dass bei der Erteilung des Religionsunterrichts der Stundenplan beachtet, die Unterrichtszeit eingehalten und die Schulordnung gewahrt wird.“*

Daraus folgt aber nicht, dass die Kirchen in Baden-Württemberg als „Unternehmer“ des Religionsunterrichts anzusehen sind, wie es in der älteren Literatur teilweise angenommen worden ist.[390] Indem dieses Fach in Übereinstimmung mit den Grundsätzen – bzw. in Baden-Württemberg *„nach den Grundsätzen“* – der Religionsgemeinschaften zu erteilen ist, wird es zu einer gemeinsamen Angelegenheit von Staat und Kirche **(„res mixta“)**. Die Kompetenzen beider Partner lassen sich dabei nicht formelhaft statisch gegeneinander abgrenzen, vielmehr kommt es darauf an, im Blick auf die konkrete Problemstellung auf der Grundlage der verfassungsrechtlichen Bestimmungen Lösungen zu entwickeln, die zwischen der Interessenlage beider Seiten einen vermittelnden Ausgleich schaffen. Für die Abgrenzung der staatlichen und kirchlichen Kompetenzen kann generell gelten, dass der Staat den organisatorischen und finanziellen Rahmen für die Durchführung des Religionsunterrichts zu schaffen hat, während die Festlegung der Lehrinhalte und Methoden den Religionsgemeinschaften zusteht. Für die staatlichen Aufsichtsrechte bedeutet dies: *„Der Inhalt und der auf den Inhalt bezogene Teil der Unterrichtsmethoden sind von der staatlichen Schulaufsicht ausgenommen.“*[391] Allerdings kann der Religionsunterricht als Unterrichtsfach, das im Rahmen der öffentlichen Schulen zu erteilen ist, in seinen wissenschaftlichen Anforderungen und im Hinblick auf seine methodisch-didaktische Durchfüh-

388 Nach § 14 Abs. 1 des kirchlichen Gesetzes über den evangelischen Religionsunterricht in der Evangelischen Landeskirche in Baden vom 15. April 2000 (GVBl. S. 114) haben die Gemeindepfarrerinnen und Gemeindepfarrer als Bestandteil ihres Dienstes ein nach der Gemeindegröße gestaffeltes Pflichtdeputat zu erfüllen, das bei Gemeinden unter 2000 Gemeindegliedern acht Wochenstunden beträgt.

389 Im Schuljahr 2006/07 betrug in Baden-Württemberg der Anteil der kirchlichen Lehrkräfte an öffentlichen Schulen im Durchschnitt aller Schularten 40,0 %. Der Spitzenwert beträgt 53,1 % beim evangelischen Religionsunterricht in den beruflichen Schulen im Landesteil Baden. Die Tendenz ist rückläufig. Gegenüber dem Vorjahr beträgt der Rückgang 0,6 %. Im Schuljahr 1997/98 wurde noch 49,3 % des Religionsunterrichts von kirchlichen Lehrkräften erteilt.

390 Vergl. *B. Rumpf*, Fragen zum Religionsunterricht in Baden-Württemberg, VBlBW 1971, S. 166 ff., der die Kirchen als „beliehene Unternehmer“ ansieht.

391 *A. von Campenhausen*, Erziehungsauftrag und staatliche Schulträgerschaft, Göttingen 1967, S. 164.

rung nicht außerhalb der Bedingungen stehen, wie sie für andere Unterrichtsfächer auch gelten. Seine Unterrichtsziele stellen *„Teilaspekte des aus der Staatsgewalt abgeleiteten Bildungsauftrags dar.“*[392] Auch dieses Fach muss sich in lehrplanmäßiger Hinsicht vor der Pädagogik, der allgemeinen Didaktik und den der Schule zugeordneten Bildungszielen verantworten. Geht man davon aus, dass der Religionsunterricht eben wegen seiner Stellung als ordentliches Lehrfach nur Teilaspekt des Bildungsauftrages der staatlichen Schule ist, kann kein grundsätzlicher Zweifel bestehen, dass auch der Religionsunterricht sich im Rahmen dieser Zielsetzungen zu halten hat. Dabei ist freilich der verfassungsrechtliche Grundsatz zu beachten, dass die Erteilung des Religionsunterrichts in Übereinstimmung mit den Grundsätzen der jeweiligen Religionsgemeinschaft zu erfolgen hat. Damit ist dem Staat eine unmittelbare Einflussnahme auf die Lehrinhalte des Unterrichts aus Gründen seiner weltanschaulichen und religiösen Neutralitätspflicht verwehrt.[393] Das muss jedenfalls gelten, soweit es sich um eine positive Inhaltsbestimmung handelt. Das staatliche Bildungsinteresse kann sich lediglich darauf erstrecken, dass die jungen Menschen auch in der Schule das Angebot einer religiösen Unterweisung erhalten, nicht aber auf die Vermittlung bestimmter religiöser Inhalte. Dem Staat ist es in jedem Falle verwehrt, Glaubenssätze vorzuschreiben, zu zensieren oder abzuwandeln. Das schließt aber eine inhaltliche Mitverantwortung des Staates im Blick auf die Einordnung des Religionsunterrichts in die allgemeinen Erziehungs- und Bildungsziele der öffentlichen Schule nicht aus. Insoweit bestehen auch auf den Inhalt des Religionsunterrichts bezogene staatliche Kontroll- und Aufsichtsrechte. Die Grenzen für die Gestattung zum Erteilen von Religionsunterricht sind nach Auffassung des OVG Berlin *„dort zu ziehen, wo zu befürchten ist, daß die Lehrer der betreffenden Religionsgemeinschaft in diesem Unterricht in vollem Umfang oder doch hinsichtlich tragender Prinzipien der Verfassung von den staatlichen Bildungszielen abweichen. Das schließt nicht aus, daß die Religionslehrer aus ihrer religiösen Überzeugung heraus punktuell von der Verfassungs- oder Rechtslage abweichende Standpunkte vertreten dürfen (...). Die Grenze wäre aber dort erreicht, wo nicht nur ein Abweichen in Einzelfragen, sondern ein Gegenunterricht zum staatlichen Unterricht in der Schule stattfindet (...).*[394]

Der Staat hat also das Recht, darüber zu wachen, dass die Inhalte des Religionsunterrichts sich in die allgemeinen Bildungsziele der öffentlichen Schule einordnen und ihnen nicht entgegenwirken. Die staatliche Verantwortung für den Religionsunterricht erfordert deshalb von der Religionsgemeinschaft, nach deren Grundsätzen er erteilt werden soll, *„ein Mindestmaß an Loyalität gegenüber den verfassungsrechtlichen Grundwerten einer offenen, pluralisti-*

392 *Chr. Link*, Religionsunterricht, HdbStKirchR^2, Bd. 2, S. 459; *W. Leisner*, Das staatliche Aufsichtsrecht über den Religionsunterricht unter besonderer Berücksichtigung der Lehrpläne und Lernmittel, München 1976, S. 53.

393 Vergl. dazu: *Chr. Link*, HdbStKirchR^2, Bd. 2, S. 496 ff.

394 NVwZ 1999, S. 788.

schen und dem Toleranzgebot verpflichteten Industriegesellschaft“.[395] Auch die den Unterricht erteilenden Lehrkräfte sind selbstverständlich nicht vom Gebot der Verfassungstreue befreit, wie es für alle Lehrer und Lehrerinnen an öffentlichen Schulen gilt.[396]

Als von den Anforderungen der staatlichen Schule her konzipiertes Unterrichtsfach ist der Religionsunterricht kein *„Fremdkörper in unserem kirchenpolitischen System“* und auch kein *„Fremdkörper in dem Lehrplan der Schule“.*[397] Er ist kein unzeitgemäßes und verfassungsrechtlich angreifbares Privileg der christlichen Großkirchen, sondern er findet seine Legitimation im religiösen Erziehungsrecht der Eltern, der positiven Religionsfreiheit der Schülerinnen und Schüler[398] und seiner Relevanz für die Erziehungsziele der öffentlichen Schule, zu denen auch die Auseinandersetzung mit religiösen und weltanschaulichen Fragestellungen gehört. Es wäre eine pädagogische Unmöglichkeit, eine solche Auseinandersetzung von einem gleichsam „neutralen“ Standpunkt aus betreiben zu wollen, da sich diese nicht auf eine rein kognitive Vermittlung „neutralen Wissens“ beschränken kann, wenn sie ihren Sinn nicht von vornherein verfehlen will. Eine Abschaffung des von den Religionsgemeinschaften verantworteten konfessionellen Religionsunterrichtes zugunsten einer „wissenschaftlichen Religionslehre“, die *„auf objektiver Grundlage in sämtliche Weltreligionen“*[399] einführt, würde den Staat vielmehr in die Verlegenheit bringen, die inhaltliche Verantwortung für eine Erziehung in weltanschaulichen und religiösen Fragen selbst zu übernehmen, eine Rolle, die ihm wegen seiner Neutralitätspflicht in dieser Hinsicht gerade nicht zukommt. Eine „Religionskunde“, die von sich behaupten wollte „neutral“ zu sein, erweist sich bei genauerer Betrachtung als ein Unterrichtsfach, das – im Unterschied zum konfessionellen Religionsunterricht – seine weltanschaulichen Grundlagen leugnet bzw. nicht offen legt und damit verdeckt, dass es in Wahrheit das Gegenteil dessen bewirkt, was es zu verhindern vorgibt, nämlich eine Ideologisierung der Schule.[400]

Literatur:

R. Schmoeckel, Der Religionsunterricht, Berlin/Neuwied 1964; *F. Müller, B. Pieroth*, Religionsunterricht als ordentliches Lehrfach, Berlin 1974 (Staatskirchenrechtliche

395 *Chr. Link* HdbStKirchR[2,] Bd. 2, S. 502.

396 Vergl. dazu: *Chr. Link* ebd., S. 497, Anm. 242.

397 So: *E. Fischer*, Trennung von Staat und Kirche, München 1964, S. 231.

398 Vergl. dazu: *J. Winter*, Zur Anwendung des Art. 7 Abs. 3 GG in den neuen Ländern der Bundesrepublik Deutschland, NVwZ 1991, S. 753 ff. und neuerdings ausführlich *U. Hildebrandt*, Das Grundrecht auf Religionsunterricht, Tübingen 2000 (Jus Ecclesiasticum Bd. 63); zu der Auseinandersetzung um den Religionsunterricht als Grundrecht vergl.: *L. Renck*, Zur grundrechtlichen Bedeutung von Art. 7 III GG, NVwZ 1992, S. 1171 ff.

399 *E. Fischer* ebd., S. 235.

400 Zur Vereinbarkeit des konfessionellen Religionsunterrichts mit dem Neutralitätsgebot vergl. ausführlich: *S. Huster*, Die ethische Neutralität des Staates, Tübingen 2002, S. 349 ff.

Abhandlungen Bd. 4); *J. Winter*, Die Kompetenzen des Schulleiters bei der Aufsicht über den Religionsunterricht und die Lehrkräfte, die ihn erteilen, nach baden-württembergischen Landesrecht, VBlBW 1982, S. 287 ff.; *Chr. Link*, Religionsunterricht, HdbStKirchR[2] Bd. 2, Berlin 1995, S. 439 ff.; *S. Mückl*, Staatskirchenrechtliche Regelungen zum Religionsunterricht, AöR 1997, 513 ff.; *H. Maurer*, Die verfassungsrechtlichen Grundlagen des Religionsunterrichts, *in: F. Ruland, B. Baron v. Maydell, H.-J. Papier (Hrsg.),* Verfassung, Theorie und Praxis des Sozialstaates (Festschrift *Hans F. Zacher*), 1998, S. 577 ff. (wieder abgedruckt in: *Ders.* Abhandlungen zum Kirchenrecht und Staatskirchenrecht, Jus Ecclesiasticum Bd. 59, Tübingen 1998, S. 577 ff.); *Uta Hildebrandt*, Das Grundrecht auf Religionsunterricht, Tübingen 2000, S. 130 f. (Jus Ecclesiasticum Bd. 3); *L. Renck*, Institutionell garantierter Bekenntnisunterricht?, ZRP 2003, S. 137 ff.

B. Das Prinzip der „Konfessionalität" des Religionsunterrichts

Unbeschadet des staatlichen Aufsichtsrechts wird der Religionsunterricht in Übereinstimmung mit den Grundsätzen der Religionsgemeinschaften erteilt **(Prinzip der Konfessionalität)**. Das Bundesverfassungsgericht hat dazu ausgeführt:

„Seine Sonderstellung gegenüber anderen Fächern gewinnt der Religionsunterricht aus dem Übereinstimmungsgebot des Art. 7 Abs. 3 Satz 2 GG. Dies ist so zu verstehen, daß er in ‚konfessioneller Positivität und Gebundenheit' zu erteilen ist (so Anschütz, Die Verfassung des Deutschen Reichs, zuletzt 14. Aufl.; Anm. 4 zu Art. 19 WRV; …). Er ist keine überkonfessionelle vergleichende Betrachtung religiöser Lehren, nicht bloße Morallehre, Sittenunterricht, historisierende und relativierende Religionskunde, Religions- oder Bibelgeschichte. Sein Gegenstand ist vielmehr der Bekenntnisinhalt, nämlich die Glaubenssätze der jeweiligen Religionsgemeinschaft. Diese als bestehende Wahrheit zu vermitteln ist seine Aufgabe (…). Dafür, wie dies zu geschehen hat, sind grundsätzlich die Vorstellungen der Kirchen über Inhalt und Ziel der Lehrveranstaltung maßgeblich. Ändert sich deren Verständnis vom Religionsunterricht, muß der religiös neutrale Staat dies hinnehmen. Er ist jedoch nicht verpflichtet, jede denkbare Definition der Religionsgemeinschaften als verbindlich anzuerkennen. Die Grenze ist durch den Verfassungsbegriff ‚Religionsunterricht' gezogen (…). Auch wenn dieser Begriff nicht in jeder Hinsicht festgelegt ist, sondern wie die übrigen Inhalte der Verfassung, ‚in die Zeit hinein offen' bleiben muß, um die Lösung von zeitbezogenen und damit wandelbaren Problemen zu gewährleisten (…), verbietet sich eine Veränderung des Faches in seiner besonderen Prägung, also in seinem verfassungsrechtlich bestimmten Kern. Deshalb wäre eine Gestaltung des Unterrichts als allgemeine Konfessionskunde vom Begriff des Religionsunterrichts nicht mehr gedeckt und fiele daher nicht unter die institutionelle Garantie des Art. 7 Abs. 3 Satz 1 GG. Andererseits kann das Verlangen, der Unterricht müsse ein dogmatischer sein, zumindest heute nicht mehr so verstanden werden, daß er ausschließlich der Verkündigung und Glaubensunterweisung diene. Er wird vielmehr auch als ein auf Wissensvermittlung

gerichtetes, an den höheren Schulen sogar wissenschaftliches Fach angesehen, das in die Lehre des Bekenntnisses einführt, vergleichenden Hinweisen offen bleibt und zugleich Gelegenheit bietet, mit den Schülern grundsätzliche Lebensfragen zu erörtern (...). Seine Ausrichtung an den Glaubenssätzen der jeweiligen Konfession ist der unveränderliche Rahmen, den die Verfassung vorgibt. Innerhalb dieses Rahmens können die Religionsgemeinschaften ihre pädagogischen Vorstellungen über Inhalt und Ziel des Religionsunterrichts entwickeln, denen der Staat aufgrund des Übereinstimmungsgebots des Art. 7 Abs. 3 Satz 2 Rechnung tragen muß.“[401]

Der Religionsunterricht wird daher nach Bekenntnissen getrennt erteilt.[402] Die Konfessionalität wird sichergestellt durch die konfessionell gebundenen Lehrpläne und die konfessionelle Bindung der Lehrkräfte. Strittig ist, ob dazu auch das Prinzip der „konfessionellen Homogenität der Schülerschaft“ gehört.[403] Nach Ansicht der evangelischen Kirche ist *„die Bekenntnisgebundenheit des Religionsunterrichts durch die Bekenntniszugehörigkeit der Lehrer und durch die Unterrichtsinhalte in konfessionsspezifischer Entfaltung grundsätzlich hinreichend gesichert“*,[404] so dass auch konfessionslosen und konfessionsfremden Schülerinnen und Schülern eine Teilnahme am evangelischen Religionsunterricht mit allen Rechten und Pflichten grundsätzlich offen steht. Diese „Öffnung“ ist eine Frage, die von der den Unterricht inhaltlich verantwortenden Religionsgemeinschaft nach ihren „Grundsätzen“ zu entscheiden ist.[405]

Nach Auffassung der römisch-katholischen Kirche gehört dagegen die konfessionelle Homogenität der Schülerschaft jedenfalls im Prinzip zum verfassungsrechtlich verbürgten System des konfessionellen Religionsunterrichtes, so dass eine Teilnahme konfessionsfremder und konfessionsloser Schülerinnen und

401 BVerfGE 74, S. 244 (252 f.).

402 Vergl. z. B. die ausdrückliche Bestimmung in § 96 Abs. 1 des Schulgesetzes für Baden-Württemberg.

403 Vergl. dazu: *J. Listl* (Hrsg.), Der Religionsunterricht als bekenntnisgebundenes Lehrfach, Berlin 1983 (Staatskirchenrechtliche Abhandlungen Bd. 15) mit sechs Rechtsgutachten von *Chr. Link*, *A. Pahlke*, *J. Listl*, *U. Scheuner* und *A. Hollerbach* zur Frage der Möglichkeit der Teilnahme von Schülern am Religionsunterricht einer anderen Konfession.

404 Entschließung des Rates der Evangelischen Kirche in Deutschland zum Religionsunterricht in der Sekundarstufe II vom 19. Oktober 1974, in: Kirchenamt der EKD (Hrsg.), Die Denkschriften der Evangelischen Kirche in Deutschland, Bildung und Erziehung, Bd. 4/1 Gütersloh 1987, S. 89.

405 Vergl. dazu: *A. v. Campenhausen*, Staatskirchenrechtliche Rückwirkungen der Reform der gymnasialen Oberstufe, DVBl 1976, S. 609 ff.

Schüler nur ausnahmsweise möglich ist.[406] Trotz dieser Unterschiede besteht zwischen der evangelischen und katholischen Position kein Streit darüber, dass die wechselseitige Öffnung des Religionsunterrichts als Grundlage der staatlichen Regelung einer Absprache der beteiligten Religionsgemeinschaften für den Fall bedarf, dass Religionsunterricht beider Konfessionen erteilt wird.[407] Damit soll ein willkürlicher Wechsel von Schülern und Schülerinnen zwischen dem Religionsunterricht verschiedener Konfessionen verhindert werden. Es gilt der Grundsatz, dass ein konfessionsgebundener Schüler nicht einen, sondern **seinen** Religionsunterricht zu besuchen hat, oder anders gesagt: Das Abmelderecht ist kein Ummelderecht. Das folgt u. a. aus der Überlegung, dass der Staat hinsichtlich der rechtlichen Verpflichtung zum Besuch eines konfessionellen Unterrichtsfaches nur an die formale Konfessionszugehörigkeit anknüpfen kann. In einzelnen Bundesländern bestehen zwischen der evangelischen und der römisch-katholischen Kirche solche besondere Vereinbarungen zur wechselseitigen Öffnung des Religionsunterrichts, die es Schülerinnen und Schüler ermöglicht, in beschränktem Umfang zwischen dem evangelischen und dem römisch-katholischen Religionsunterricht zu wechseln. Das Bundesverfassungsgericht hat 1987 in einem Beschluss zur Verfassungsmäßigkeit der entsprechenden Regelung in Rheinland-Pfalz festgestellt, die Zulassung von Schülerinnen und Schülern fremder Konfession gehöre zu der inneren Gestaltung des Religionsunterrichts, die den jeweiligen Grundsätzen der Religionsgemeinschaften folgt. Die geordnete Teilnahme von Schülerinnen und Schülern einer anderen Konfession sei daher verfassungsrechtlich unbedenklich, solange der Unterricht dadurch nicht seine besondere Prägung als konfessionell gebundene Veranstaltung verliere.

„Die Entscheidung über die Zulassung solcher Schüler steht jedoch den Religionsgemeinschaften zu. Ihnen darf kein Angehöriger einer anderen Konfession gegen ihren Willen aufgedrängt werden. Hier geht es – … – nicht nur um eine Frage der Ordnung des Religionsunterrichts, die auch auf andere Weise sichergestellt werden könnte. Betroffen ist vielmehr das in Art. 7 Abs. 3 S. 2 GG gewährleistete Selbstbestimmungsrecht der Religionsgemeinschaften über Ziel und Inhalt des Unterrichts, denn die Zusammensetzung des Teilnehmerkreises hat unmittelbare Rückwirkungen auf die Unterrichtsgestaltung. Namentlich beim Religionsunterricht liegt es auf der Hand, daß die Vermittlung von Glau-

406 Vergl. dazu: *A. Hollerbach*, Religionsunterricht in der reformierten gymnasialen Oberstufe, ArchKathKR 146 (1977), S. 459 ff. – wieder abgedruckt in *J. Listl* (Hrsg.), Der Religionsunterricht, S. 79 ff. – und die Erklärung der Deutschen Bischöfe vom 27. September 1996, Die bildende Kraft des Religionsunterrichts, Zur Konfessionalität des katholischen Religionsunterrichts, Die deutschen Bischöfe, H. 56, S. 69 ff.; zur kritischen Auseinandersetzung mit dieser Position vergl. *B. Pieroth*, ZevKR 38 (1993), S. 189 (197 ff.).

407 Anders aber *B. Pieroth*, ebd., der ein Einverständnis der anderen Konfession nicht für erforderlich hält und ein Eingreifen der Schulaufsicht nur dann für geboten ansieht, *„wenn es um die Aufrechterhaltung eines geordneten Schulbetriebs geht."*

benssätzen inhaltlich und didaktisch einen anderen Ablauf der Lehrveranstaltung erfordern kann als bei Konfessionszugehörigen.“[408]

Angesichts der Tatsache, dass die soziologische Basis für den konfessionellen Religionsunterricht in der bisherigen strikten Bindung an die Grundsätze **einer** Konfession mehr und mehr im Schwinden begriffen ist, wird der Ruf nach einer ökumenischen Gestaltung des Unterrichts immer lauter. Auch aus der Sicht der Religionspädagogik werden die juristischen Vorgaben von Art. 7 GG problematisiert.[409] Die evangelische und die römisch-katholische Kirche sind daher seit längerem darum bemüht, ihre Zusammenarbeit im Rahmen konfessioneller Kooperation immer mehr auszubauen.[410] In der gemeinsamen Erklärung „Zur Kooperation von evangelischem und katholischem Religionsunterricht“, die die Deutsche Bischofskonferenz und der Rat der EKD dazu im Januar/Februar 1998 herausgegeben haben, werden als Möglichkeiten dafür in der schulischen Praxis u. a. genannt: wechselseitiger Gebrauch von Unterrichtsmaterialien, zeitweiliges „Team-Teaching“ von bestimmten Themen und Unterrichtsreihen, gemeinsame Unterrichtsprojekte oder Projekttage, gemeinsame Gestaltung von schulischen und kirchlichen Feiertagen, von Schulgottesdiensten, Andachten und Schulfeiern. Hinzu kommen Formen der Zusammenarbeit auf der Ebene der Schulverwaltung, in der Lehrerbildung und in der Fortbildung.

Ob die Verfassung einen darüber hinausgehenden von mehreren Religionsgemeinschaften gemeinsam verantworteten **ökumenischen Unterricht** zulässt, wenn diese übereinstimmend erklären, dieser entspreche ihren Grundsätzen, ist eine in der juristischen Literatur strittige Frage. Nach Auffassung von *Frisch* ist das nicht der Fall, solange die beteiligten Religionsgemeinschaften in ihren Glaubenslehren noch nicht soweit übereinstimmen, dass die bestehenden Lehrunterschiede nicht mehr als „kirchentrennend“ betrachtet werden.[411] Der konfessionell neutrale Staat müsse nicht hinnehmen, *„daß die nicht erreichte ökumenische Annäherung beim Religionsunterricht vorweggenommen werden soll.“*[412] Grundlage dieser Auffassung ist die These, dass sich das Übereinstimmungsgebot *„nicht auf spezielle für den Religionsunterricht zu entwickelnde Glaubenslehren, die beliebig von den sonstigen Glaubensgrundsätzen der Religionsgemeinschaften abweichen könnten, sondern auf die auch jenseits des Religionsunterrichts von den Religionsgesellschaften vertretenen Lehren“* bezieht.[413] Diese These ist insoweit richtig, als die Unterrichtsinhalte des Religionsunterrichts selbstverständlich nicht in Widerspruch zu den Lehren treten dürfen, die die den Unterricht verantwortenden Religionsge-

408 BVerfGE 74, S. 254 f. (= ZevKR 32 (1987), S. 678 f. (m. Anm. *J. Winter*).

409 Vergl. dazu: *K.-H. Kästner*, in: *H. de Wall, M. Germann* (Hrsg.), Bürgerliche Freiheit und christliche Verantwortung, *(FS Chr. Link)*, Tübingen 2003, S. 301 ff.

410 Vergl. dazu die Denkschrift der EKD, Identität und Verständigung, Standort und Perspektiven des Religionsunterrichts in der Pluralität, Gütersloh 1994, S. 65 ff.

411 *M. Frisch*, DÖV 2004, S. 462 ff.

412 M. *Frisch*, ebd., S. 469.

413 M. *Frisch*, ebd., S. 468 f.

meinschaften auch außerhalb desselben vertreten. Das kann aber nicht bedeuten, dass es Religionsgemeinschaften verwehrt wäre, festzustellen, dass es einen gemeinsamen Bestand an Glaubenslehren gibt, der im Religionsunterricht als verbindlich zugrunde gelegt werden kann. Dass dies nur dann möglich sein soll, wenn die ökumenische Annäherung bereits soweit gediehen ist, dass es überhaupt keine kirchentrennenden Lehrunterschiede mehr gibt, wie *Frisch* es annimmt, findet in der Verfassung keine Grundlage. Im Hinblick auf die Möglichkeit zur konfessionellen Kooperation im Religionsunterricht kann es keinen prinzipiellen Unterschied ausmachen, wie weit die von den Religionsgemeinschaften erklärte Annäherung bereits vorangeschritten ist. Wenn der Staat akzeptieren muss, dass Religionsgemeinschaften im Blick auf den Gesamtbestand ihrer Lehren keine kirchentrennenden Unterschied mehr sehen, sind keine Gründe ersichtlich, warum er dies bei einer nur partiellen Übereinstimmung nicht tun müsste.

Dabei ist auch zu bedenken, dass der Religionsunterricht ohnehin nicht einen Gesamtbestand dogmatischer Lehren der Kirchen zum Gegenstand hat. Welche Inhalte im Religionsunterricht vermittelt werden sollen, bedarf immer der Selektion und der Konkretisierung. Das geschieht durch die Entwicklung der Bildungsstandards und die Festlegungen im Bildungsplan. Die in der Verfassung genannten „Grundsätze" können deshalb auch nicht im Sinne der allgemeinen und umfassenden „Lehren" der Religionsgemeinschaften verstanden werden. Für den evangelischen Religionsunterricht geht das schon deshalb nicht, weil es in der evangelischen Kirche ein autoritatives „Lehramt" nicht gibt, das „Lehrsätze" vorgeben könnte, die als abstrakter Überprüfungsmaßstab für die Inhalte des Religionsunterrichts herangezogen werden könnten. Der Staat muss vielmehr die Erklärung der jeweiligen Religionsgemeinschaft akzeptieren, dass der Inhalt eines bestimmten Religionsunterrichts ihren „Grundsätzen" entspricht, mit der Folge, dass die den Unterricht besuchenden Schülerinnen und Schüler damit der Verpflichtung nachkommen, den Unterricht „ihrer" Konfession zu besuchen.

Im Ergebnis ist deshalb der Auffassung von *Link* zuzustimmen, dass auch ein ökumenischer Religionsunterricht den verfassungsrechtlichen Anforderungen genügt, *„wenn christliche Kirchen (durch ihre vertretungsberechtigten Organe) erklären, dass es – nunmehr – ihren Grundsätzen entspricht, im Unterricht die Bekenntnisverschiedenheiten zugunsten des gemeinsamen biblischen Fundaments zurückzustellen."*[414] Das Bundesverfassungsgericht hat zum Glück, diese Offenheit *„in die Zeit hinein"* nicht verbaut.

414 *Chr. Link*, ZevKR 46 (2001), S. 257 ff. (270). Keine durchgreifenden verfassungsrechtlichen Bedenken bestehen deshalb gegen die Vereinbarung der Evangelischen Landeskirche in Baden, der Evangelischen Landeskirche in Württemberg, der Erzdiözese Freiburg und der Diözese Rottenburg-Stuttgart zur konfessionellen Kooperation im Religionsunterricht an allgemeinen bildenden Schulen vom 1. März 2005, mit der zunächst für die Dauer von drei Schuljahren ein verbindlicher Rahmen für die Erteilung eines konfessionell-kooperativen Religionsunterrichts vereinbart worden ist.

Allerdings dürfen solche Modelle den Rahmen nicht außer Acht lassen, wie er in Art. 7 Abs. 3 GG auch den Religionsgemeinschaften verbindlich vorgegeben ist. Die gemeinsam übernommene Verantwortung mehrerer Religionsgemeinschaften darf daher nicht dazu führen, dass der Unterricht im Sinne einer bloßen „Religionskunde" zu einer bekenntnisneutralen Informationsveranstaltung wird. Ausgeschlossen ist damit auch ein „interreligiöser" Religionsunterricht, der von Organisationen verschiedener Religionen und Weltanschauungen gemeinsam verantwortet wird.

„Der Bogen würde aber überspannt, wollte man diesen Rechtsgedanken in Richtung auf eine „Ökumene" der Weltreligionen, gar der in einem Bundesland vertretenen sonstigen Religionsbekenntnisse und Weltanschauungsvereinigungen weiterentwickeln. Die substanziellen Schnittmengen der Gemeinsamkeiten wäre dann so gering, der Bekenntnisbezug so verwässert, das der Verfassungsbegriff des Religionsunterricht auch bei weitherzigster Auslegung verfehlt würde."[415]

Auch ein „Religionsunterricht für alle in evangelischer Verantwortung", wie er in Hamburg praktiziert wird,[416] verlangt deshalb eine Bekenntniszugehörigkeit der Lehrerinnen und Lehrer, die den Unterricht verantworten, sowie eine konfessionsspezifische Ausrichtung der Unterrichtsinhalte,[417] was freilich wie dargelegt nicht mit einer „dogmatischen" Festlegung und Einengung verwechselt werden darf und die Beteiligung von Angehörigen anderer Religionsgemeinschaft als authentische Interpreten bei der Erteilung des Unterrichts nicht ausschließt.

Literatur:

B. Pieroth, Die verfassungsrechtliche Zulässigkeit einer Öffnung des Religionsunterrichts, ZevKR 38 (1993), S. 189 ff.; *Chr. Link*, Konfessioneller Religionsunterricht in einer gewandelten sozialen Wirklichkeit?, ZevKR 46 (2001), S. 257 ff. *K.-H. Kästner*, Die Konfessionalität des Religionsunterrichts an öffentlichen Schulen zwischen Religionspädagogik und Jurisprudenz, in: *H. de Wall, M. Germann*, Bürgerliche Freiheit und christliche Verantwortung, Festschrift *Christoph Link*, Tübingen 2003, S. 301 ff.; *M. Frisch*, Grundsätzliche und aktuelle Aspekte der grundgesetzlichen Garantie des Religionsunterrichts, DÖV 2004, S. 462 ff.; *M. Pulte*, Ökumenischer Religionsunterricht? – Möglichkeiten und Grenzen aus der Perspektive von Kirchenrecht und Staatskirchenrecht, ArchKathKR 2004, S. 441 ff.

415 *Chr. Link*, ebd., S. 270.

416 Dieser Unterricht ist nach dem dazu von *Chr. Link* erstatteten Gutachten *„mit dem Verfassungsbegriff des Religionsunterrichts – noch – vereinbar"*, ebd., S. 285.

417 Insoweit verlässt das Memorandum zum Religionsunterricht von Mitgliedern des Arbeitsausschusses der „Vereinigung evangelischer Religionslehrer in Hamburg e. V." vom 20. Februar 1992 den verfassungsrechtlichen Rahmen, da es als Voraussetzung für die Erteilung des Religionsunterrichts nur eine fachwissenschaftliche und pädagogische Qualifikation der Lehrerinnen und Lehrer fordert, auf ihre konfessionelle Bindung in Form einer kirchlichen Bevollmächtigung aber verzichten will. Vergl.: Der Evangelische Erzieher, 1993, S. 32.

C. Zur Problematik eines muslimischen Religionsunterrichts

Im Zusammenhang mit den Forderungen nach Einführung eines **muslimischen Religionsunterrichts**[418] stellt sich die Frage, welche Religionsgemeinschaften zur Erteilung von Religionsunterricht an öffentlichen Schulen berechtigt sind. Dazu ist zunächst noch einmal festzustellen, dass diese Befugnis nach Art. 7 GG nicht auf die großen christlichen Kirchen beschränkt ist, sondern auch andere Religionsgemeinschaften davon Gebrauch machen können. Grundsätzlich gilt, dass durch die Regelung in Art. 7 Abs. 3 GG den Religionsgemeinschaften ein **Rechtsanspruch** gegen den Staat eingeräumt wird, einen ihren Glaubensinhalten entsprechenden Religionsunterricht an seinen Schulen einzurichten.[419] Diesen Anspruch können aber nur Organisationen geltend machen, die entweder selbst Religionsgemeinschaften sind oder als Teil einer Religionsgemeinschaft dazu berechtigt sind.[420] Eine Voraussetzung für die Mitverantwortung einer Religionsgemeinschaft für die Erteilung von Religionsunterricht an staatlichen Schulen ist also eine hinreichend klare Organisationsstruktur, die auch privatrechtlicher Form sein kann. Auf ihre Rechtsform kommt es nicht entscheidend an, insbesondere ist nicht erforderlich, dass sie den Status einer Körperschaft des öffentlichen Rechts besitzt.[421] Im Blick auf die organisatorischen und finanziellen Aufwendungen des Staates für die Erteilung des Religionsunterrichtes erscheint es allerdings geboten, den Anspruch auf Erteilung von Religionsunterricht davon abhängig zu machen, dass die Religionsgemeinschaft durch ihre Verfassung und die Zahl ihrer Mitglieder die Gewähr der Dauer bietet, ohne damit die formelle Eigenschaft als Körperschaft des öffentlichen Rechts von ihr zu verlangen.[422] Obwohl eine solche Einschränkung in Art. 7 GG keine unmittelbare Stütze findet, wird man sie aus Gründen der Sachlogik rechtfertigen können, denn aus Art. 7 GG lässt sich kein Rechtsanspruch einer Religionsgemeinschaft ableiten, dass unter allen Umständen ohne weitere Voraussetzungen[423] Religionsunterricht für ihre Schüler und Schülerinnen einzurichten ist. Dabei dürfen islamische Glaubensgemeinschaften allerdings nicht an den Maßstäben der abendländischen Rechtstradition gemessen und von ihnen eine Anpassung

418 Von kirchlicher Seite wird die Einführung eines solchen Unterrichts grundsätzlich befürwortet, siehe dazu die Stellungnahme des Kirchenamtes der EKD, Religionsunterricht für muslimische Schülerinnen und Schüler, vom 16. Februar 1999.

419 BVerwGE 123, S. 49 ff. (= NJW 2005, S. 2101 ff.).

420 BVerwG ebd.

421 So aber *S. Korioth*, NVwZ 1997, S. 1041 ff., nach dessen Ansicht der Status der Körperschaft des öffentlichen Rechts Ausdruck dafür ist, dass die Religionsgemeinschaft die im Bereich des Religionsunterrichts notwendige enge Kooperation mit dem Staat leisten kann und will.

422 In diesem Sinne: BVerwGE 123, S. 49 (70)

423 Zu den Voraussetzungen vergl. die Empfehlung zum islamischen Religionsunterricht der Arbeitsgruppe „Kirchenrecht und Staatskirchenrecht" an der Forschungsstätte der Evangelischen Studiengemeinschaft in Heidelberg, in: *W. Bock* (Hrsg.), Islamischer Religionsunterricht^2, Tübingen 2007, S. 233 ff. (= epd-Dokumentation Nr. 32 v. 5. August 2002, 30 ff.).

ihrer inneren Organisationsstruktur an vergleichbare Strukturen der christlichen Kirchen verlangt werden.[424] Allerdings müssen auch muslimische Vereinigungen, die zur Erteilung von Religionsunterricht zugelassen werden wollen, über eine Mitgliederstruktur verfügen, aus der sich eindeutig feststellen lässt, welche Schülerinnen und Schüler zum Besuch ihres Religionsunterrichts verpflichtet sind. Dabei ist nicht unbedingt deren formelle rechtliche Mitgliedschaft, z. B. als Vereinsmitglied erforderlich, vielmehr reicht es aus, wenn dies bei den Eltern oder wenigstens einem Elternteil der Fall ist.[425]

Neben einer Mindestzahl von Teilnehmerinnen und Teilnehmern, die der Religionsgemeinschaft zugeordnet werden können, gehört zu den weiteren Voraussetzungen, dass im Hinblick auf die Ausgestaltung des Lehrplanes, die pädagogische und fachliche Eignung des Lehrpersonals und das Unterrichtsmaterial den Anforderungen entsprochen werden kann, wie sie auch an alle anderen ordentlichen Unterrichtsfächer zu stellen sind. Darüber hinaus *„muss eine Religionsgemeinschaft, die die Einführung von Religionsunterricht begehrt, Gewähr dafür bieten, dass ihr künftiges Verhalten die in Art. 79 Abs. 3 GG umschriebenen fundamentalen Verfassungsprinzipien, die dem staatlichen Schutz anvertrauten Grundrechte Dritter sowie die Grundprinzipien des freiheitlichen Religions- und Staatskirchenrechts des Grundgesetzes nicht gefährden.“*[426]

Die Einführung eines muslimischen Religionsunterrichts an öffentlichen Schulen, der diesen Anforderungen genügt, ist bisher weniger an grundsätzlichen Bedenken verfassungsrechtlicher Art gegen die grundsätzliche Möglichkeit eines solchen Unterrichts gescheitert als vielmehr daran, dass sich keine der verschiedenen islamischen Gruppierungen in der Lage gezeigt hat, die verfassungsrechtlich vorgesehenen Mitwirkungsrechte und Pflichten bei der formalen und inhaltlichen Ausgestaltung dieses Faches als ordentliches Lehrfach auszuüben und für den Islam in Deutschland legitim wahrzunehmen. In verschiedenen Bundesländern gibt es dafür aber Ansätze.[427] In Bayern ist zum Schuljahr 1985/86 für türkische Schüler muslimischen Glaubens in Kooperation mit dem türkischen Staat Religionsunterricht als ordentliches Lehrfach zunächst für die unteren Jahrgangsstufen eingerichtet worden, für den Teilnahmepflicht besteht.[428] In Baden-Württemberg läuft seit dem Schuljahr 2006/2007 an zehn Grundschulen ein auf vier Jahre befristeter Modell-

424 OVG Berlin, NVwZ 1999, S. 788; siehe dazu auch *J. Jurina,* Die Religionsgemeinschaften mit privatrechtlichem Rechtsstatus, HdbStKirchR² Bd. 1, S. 704 und den Diskussionsbeitrag von *J. Isensee,* in: *H. Marré, J. Stüting* (Hrsg.), Essener Gespräche zum Thema Staat und Kirche Bd. 20, Münster 1986, S. 197, der allerdings die Möglichkeit eines islamischen Religionsunterrichts als ordentliches Lehrfach verneint.

425 BVerwGE. 123, S. 49 (71)

426 BVerwG, ebd., S. 73

427 Vergl. die Übersicht bei *A. v. Campenhausen, H. de Wall,* Staatskirchenrecht⁴, München 2006, S. 88.

428 Siehe die Bekanntmachung des bayerischen Staatsministeriums für Unterricht und Kultus v. 10. Juni 1985, KMBl., S. 87.

versuch „Islamischer Religionsunterricht“ sunnitischer Prägung,[429] der sich auf die Zusammenarbeit mit lokalen Elternverbänden und Moscheevereinen stützt. Voraussetzung für diesen Unterricht ist u. a., dass eine ausreichende Anzahl muslimischer Eltern ihre Kinder zur Teilnahme an diesem Modellversuch anmelden und eine Lehrkraft muslimischen Glaubens an der Schule oder in der Region vorhanden ist, die bereit und von der deutschen Sprachfähigkeit in der Lage ist, islamischen Religionsunterricht zu erteilen und dafür eine besondere Fortbildung absolviert hat.[430] Ein solcher Versuch ist ein Schritt auf dem Wege und ein wichtiger Beitrag zur Integration muslimischer Schülerinnen und Schüler, aber noch kein Religionsunterricht im Sinne des Artikels 7 GG. Ob es dazu am Ende kommt, ist nicht zuletzt eine Frage an die islamischen Organisationen, ob sie bereit und fähig sind, unter den Bedingungen der öffentlichen Schule in Deutschland dafür die inhaltliche Verantwortung zu übernehmen.

Literatur:

G. Eiselt, Islamischer Religionsunterricht an öffentlichen Schulen in der Bundesrepublik Deutschland, DÖV 1981, S. 205; *S. Korioth*, Islamischer Religionsunterricht und Art. 7 III GG, NVwZ 1997, S. 1041 ff.; *A. Albrecht*, Die Verleihung der Körperschaftsrechte an islamische Vereinigungen, KuR 1999, S. 25 ff. (= 210, S. 1 ff.); Chr. *Link*, Religionsunterricht, HdbStKirchR [2] Bd. 2, S. 439 (500 ff.); *W. Loschelder*, Islamische Religionsunterweisung an öffentlichen Schulen, KuR 1999, S. 137 ff. (= 730, S. 31 ff.); *F. Fechner*, Islamischer Religionsunterricht an öffentlichen Schulen, NVwZ 1999, S. 735 ff.; *M. Rohde*, Rechtliche Perspektiven eines islamischen Religionsunterrichts in Deutschland, ZRP 2000, S. 207 ff.; *M. Stock*, Islamunterricht: Religionskunde, Bekenntnisunterricht oder was sonst?, Münster 2003; *A. Emnet*, Verfassungsrechtliche Probleme einer islamischen Religionskunde an öffentlichen Schulen, Frankfurt a. M. u. a., 2003 (Hochschulschriften zum Staats- und Verwaltungsrecht, Bd. 5); *M. Stock*, Einige Schwierigkeiten mit islamischem Religionsunterricht, NVwZ 2004, S. 1399 ff.; *W. Bock* (Hrsg.), Islamischer Religionsunterricht[2], Tübingen 2007 (Religion und Aufklärung, Bd. 7).

D. Zum „Ersatzfach“ Ethik

Einzelne Bundesländer haben für Schüler, die nicht am konfessionellen Religionsunterricht ihrer Religionsgemeinschaft teilnehmen, ein **Ersatzfach „Ethik“** (z. B. Baden-Württemberg, Thüringen) bzw. „Werte und Normen“ (z. B. Niedersachsen) als ordentliches Unterrichtsfach eingerichtet.[431] Die ver-

429 An zwei Standorten in Mannheim und Villingen-Schwenningen gibt es außerdem alevitischen Religionsunterricht.

430 Vergl. dazu: *B. Lichtenthäler*, Islamischer Religionsunterricht an baden-württembergischen Grundschulen. Eine Jahresbilanz, SchVwBW, 2007, S. 9 ff.

431 Vergl. z. B.: § 100 a Schulgesetz für Baden-Württemberg; für Thüringen vergl.: *B. Th. Drößler*, Schulverwaltung 1994, S. 189 ff.; zur Diskussion allgemein vergl.: *H. Anselm*, Religion oder Ethik?, München 1995.

fassungsrechtliche Zulässigkeit dieser Lösung ist umstritten.[432] In der Literatur wird vor allem eingewandt, die Pflicht zur Teilnahme an einem „Ersatzfach" komme einer Strafmaßnahme gleich und sei damit ein Verstoß gegen das Recht zum freien Gebrauch der Abmeldung vom Religionsunterricht. Das Recht der Nichtteilnahme am konfessionellen Religionsunterricht wandele sich in ein reines Wahlrecht zwischen zwei Fächern und bedeute deshalb eine faktische Minderung der durch die Art. 3 Abs. 3, Art. 4 Abs. 1 und Art. 7 Abs. 2 GG grundrechtlich geschützten Positionen.[433] Die Rechtsprechung ist dieser Auffassung nicht gefolgt und hält die Verpflichtung zur Teilnahme am Ethikunterricht für vereinbar mit dem Grundgesetz.[434] Allerdings hat das Verwaltungsgericht Hannover die verfassungsrechtliche Zulässigkeit des Ersatzfaches „Werte und Normen" in Niedersachsen in Zweifel gezogen.[435] Das Gericht hat zwar gegen einen auf eine Vermittlung ethischer Werte bezogenen Unterricht keine grundsätzlichen Bedenken,[436] hält aber mit der in der Literatur geübten Kritik die Verknüpfung des „Ersatzfaches" mit dem konfessionellen Religionsunterricht für verfassungswidrig. Die Vorlage an das Bundesverfassungsgericht ist aber von diesem als unzulässig zurückgewiesen worden.[437] Das Bundesverwaltungsgericht hat mit seinem Urteil über die Zulässigkeit des Ersatzfaches „Ethik" in Baden-Württemberg entschieden, dass das Gebot der weltanschaulichen Neutralität des Staates nicht verletzt wird, wenn der Gesetzgeber die nicht am konfessionellen Religionsunterricht teilnehmenden Schülerinnen und Schüler dazu verpflichtet, an einem „Ersatzfach" teilzunehmen.[438] Voraussetzung dafür ist allerdings, dass das „Ersatzfach" als uneingeschränkt frei wählbare Alternative auch in tatsächlicher Hinsicht mit dem ordentlichen Unterrichtsfach Religion gleichwertig ausgestaltet wird, z. B. hinsichtlich seiner Wählbarkeit als Leistungs- und Prüfungsfach im Abitur. Nur ein derartiges Verständnis wird nach Auffassung des Gerichts den sich aus Art. 7 Abs. 2 und 3 GG i. V. m. Art. 3 Abs. 3 Satz 1 ergebenden Anforderungen des Grundgesetzes gerecht. Die Belastung der Schülerinnen und Schüler mit einem anderen Fach darf daher nicht im Sinne einer „lästigen Alternative" zu einem faktischen Eingriff in die Freiwilligkeit der Teilnahme am Religionsunterricht führen.

---

432 Zu den Bedenken gegen diesen Unterricht vergl.: *B. Jeand'Heur, S. Korioth*, Grundzüge des Staatskirchenrechts, Stuttgart u. a. 2000, Rd.Nr. 313 ff.

433 So: *J. Bader*, NVwZ 1996, S. 450 ff.

434 Vergl.: VG Freiburg, VBlBW 1995, 441; VGH Mannheim, NVwZ 1998, S. 309.

435 VG Hannover, NVwZ 1998, S. 316 ff.

436 Zum Verhältnis des staatlichen Erziehungsauftrages in der Schule zum elterlichen Erziehungsrecht nach Art. 6 Abs. 2 GG vergl. die Entscheidungen des Bundesverfassungsgerichts zur Einführung der obligatorischen Förderstufe in Hessen, BVerfGE 34, S. 165 ff. und zur Zulässigkeit der Sexualerziehung, BVerfGE 47, S. 46 ff., siehe dazu auch: *W. Geiger*, FamRZ 1979, S. 457 ff.; *Chr. Starck*, DÖV 1979, S. 269 ff.; *B. Pieroth*, DVBl 1994, S. 949 ff.

437 NVwZ 1999, S. 756 ff.

438 BVerwG, NVwZ 1999, S. 769 ff.; zu diesem Urteil siehe *L. Renk*, NVwZ 1999, S. 713 ff.

Literatur:

W. Geiger, Recht des Staates und Elternrecht, FamRZ 1979, S. 457 ff.; *Chr. Starck*, Staatliche Schulhoheit, pädagogische Freiheit und Elternrecht, DÖV 1979, S. 269 ff.; *B. Pieroth*, Erziehungsauftrag und Erziehungsmaßstab der Schule im freiheitlichen Verfassungsstaat, DVBl 1994, S. 949 ff.; *B. Th. Drößler*, Religionsunterricht und Ethikunterricht an Thüringer Schulen im Schuljahr 1994/95, Schulverwaltung (Ausgabe Brandenburg, Mecklenburg – Vorpommern, Sachsen, Sachsen-Anhalt, Thüringen und Berlin) 1994, S. 189 ff.; *H. Anselm*, Religion oder Ethik?, München 1995; *G. Czermak*, Das Pflicht-Ersatzfach „Ethikunterricht" als Problem der Religionsfreiheit, des Elternrechts und der Gleichheitsrechte, NVwZ 1996, S. 450 ff.; *J. Bader*, Zur Verfassungsmäßigkeit des obligatorischen Ethikunterrichts, NVwZ 1998, S. 256; *L. Renk*, Bekenntnisunterricht und Ethikunterricht, NVwZ 1999, S. 713 ff.; *G. Püttner, D. Kretschmer*, Ethik-Unterricht – aber wie? in: *K.-H. Kästner, K. W. Nörr, K. Schlaich* (Hrsg.), Festschrift *Martin Heckel*, Tübingen 1999, S. 901 ff.; *G. Werner*, Ethik oder Religion? Zum Ersatzunterricht für den Religionsunterricht, in: *O. Depenheuer* u. a. (Hrsg.), Nomos und Ethos, Hommage an Josef Isensee zum 65. Geburtstag, Berlin 2002, S. 43 ff.

E. Zur Problematik des Faches „Lebensgestaltung – Ethik – Religionskunde" in Brandenburg

Eine Variante dieser Problematik ist der Streit um das Fach **„Lebensgestaltung – Ethik-Religionskunde"** („LER"), wie es das Land Brandenburg eingeführt hat, der vor dem Bundesverfassungsgericht geführt worden ist. Gegenstand des von Abgeordneten des deutschen Bundestages angestrengten Normenkontrollverfahrens und verschiedener Verfassungsbeschwerden war § 11 des Gesetzes über die Schulen im Land Brandenburg vom 12. 4. 1996, der lautet:

„(2) Das Fach Lebensgestaltung – Ethik – Religionskunde soll Schülerinnen und Schüler in besonderem Maße darin unterstützen, ihr Leben selbstbestimmt und verantwortlich zu gestalten und ihnen helfen, sich in einer demokratischen und pluralistischen Gesellschaft mit ihren vielfältigen Wertvorstellungen und Sinnangeboten zunehmend eigenständig und urteilsfähig zu orientieren. Das Fach dient der Vermittlung von Grundlagen für eine wertorientierte Lebensgestaltung, von Wissen über Traditionen philosophischer Ethik und Grundsätzen ethischer Urteilsbildung sowie über Religionen und Weltanschauungen.

(3) Das Fach Lebensgestaltung – Ethik – Religionskunde wird bekenntnisfrei, religiös und weltanschaulich neutral unterrichtet. Die Eltern werden über Ziele, Inhalte und Formen des Unterrichts in Lebensgestaltung – Ethik – Religionskunde rechtzeitig und umfassend informiert. Gegenüber der religiösen oder weltanschaulichen Gebundenheit von Schülerinnen und Schülern ist Offenheit und Toleranz zu wahren."

Eine Einführung konfessionellen Religionsunterrichts im Sinne von Art. 7 Abs. 3 GG war nicht vorgesehen. Den Kirchen und Religionsgemeinschaften war lediglich das Recht eingeräumt, Schülerinnen und Schüler, deren Eltern eine dahingehende schriftliche Erklärung abgeben, in den Räumen der Schule nach ihrem Bekenntnis zu unterrichten. Verfassungsrechtlich ging der Streit im Wesentlichen um zwei Fragen. Zum einen stand die verfassungsrechtliche Zulässigkeit eines Faches, das sich die Vermittlung einer *„wertorientierten Lebensgestaltung"* zum Ziel gesetzt hat, als solche zur Diskussion. Das Land Brandenburg hat sich damit dem Vorwurf ausgesetzt, sich entgegen seiner Neutralitätspflicht in Fragen der weltanschaulichen und religiösen Erziehung *„unzulässigerweise zum Sinngeber"*[439] aufzuschwingen. Das war die inhaltliche Seite der Auseinandersetzung. Die mehr formale Frage bestand darin, ob die so genannte **„Bremer Klausel"** in Art. 141 GG auf die der Bundesrepublik 1990 beigetretenen neuen Bundesländer Anwendung findet. Dieser Artikel bestimmt, dass Art. 7 Abs. 3 GG keine Anwendung findet in einem Land, in dem am 1. Januar 1949 eine andere landesrechtliche Regelung bestand. Er wurde vom parlamentarischen Rat vor allem mit Rücksicht auf das Land Bremen eingeführt, in dem seit dem Jahre 1799 bekenntnismäßig nicht gebundener Unterricht in biblischer Geschichte auf allgemein christlicher Grundlage erteilt wird.[440] Er ist seinem Wortlaut nach nicht auf das Land Bremen beschränkt und galt unstrittig auch für den früheren Westteil der Stadt Berlin.[441] Mit Art. 141 GG sollte der föderative Anspruch der Länder auf Gestaltung des Schulwesens in seiner geschichtlichen Entwicklung anerkannt werden. Eine Anwendung dieser Bestimmung auf die neuen Bundesländer hätte zur Folge, dass für diese keine bundesrechtliche Verpflichtung besteht, konfessionellen Religionsunterricht nach Art. 7 Abs. 3 GG einzuführen.

Nach einer überlangen Verfahrensdauer hat der Streit vor dem Bundesverfassungsgericht in der ungewöhnlichen Form eines vom Gericht vorgeschlagenen Vergleichs sein formales Ende gefunden.[442] Danach ist die zitierte Regelung des brandenburgischen Schulgesetzes unberührt geblieben. Die Landesregierung hat sich aber u. a. verpflichtet, Religionsunterricht, der in der Regel in Lerngruppen mit einer Teilnehmerzahl von mindestens zwölf Schülerinnen und Schülern durchgeführt wird, in die regelmäßige Unterrichtszeit zu integrieren, wobei durch die zeitliche Gestaltung nicht ausgeschlossen werden soll, dass Schülerinnen und Schüler, die den Unterricht im Fach LER besuchen, zusätzlich am Religionsunterricht teilnehmen können. Schülerinnen und Schüler, deren Eltern gegenüber der Schule erklären, dass ihr Kind wertorientierten Unterricht zu den Gegenstandsbereichen des

439 So: *B. Jeand'Heur, S. Korioth*, Grundzüge des Staatskirchenrechts Stuttgart u. a. 2000, Rd.Nr. 323.

440 Vergl. dazu: *v. Doeming*, Entstehungsgeschichte der Artikel des Grundgesetzes, JöR N. F. Bd. 1 (1951), S. 907 ff.; *R. Schmoeckel*, Der Religionsunterricht, Berlin, Neuwied 1964, S. 40 ff.

441 Zur Rechtslage in Berlin vergl. das Urteil des BVerwG, DVBl 2000, S. 1001 ff.; nach Auffassung des Bundesverwaltungsgerichts gilt Art. 141 GG nach der Wiedervereinigung der Stadt heute in ganz Berlin.

442 BVerfGE 104, S. 305; BVerfGE 106, S. 210 ff.

Faches LER allein in der Form des Religionsunterrichts erhalten sollen, und den Besuch eines solchen Unterrichts nachweisen, sind von der Verpflichtung der Teilnahme am Unterricht in LER zu befreien. Der Vergleich sieht außerdem vor, dass den staatlichen Lehrkräften, die Religionsunterricht im Auftrag von Kirchen und Religionsgemeinschaften erteilen, bis zu acht Wochenstunden auf das Pflichtdeputat angerechnet werden. Den Kirchen und Religionsgemeinschaften, deren Beauftragte Religionsunterricht erteilen, werden nach Maßgabe des Haushalts finanzielle Zuschüsse gewährt.

Obwohl das Gericht formal nicht über die Anwendbarkeit von Artikel 141 GG entschieden hat, setzt der Vergleich in der Sache die Annahme voraus, dass eine rechtliche Verpflichtung des Landes Brandenburg zur Einführung eines Religionsunterrichts als ordentliches Unterrichtsfach im Sinne des Artikels 7 GG nicht besteht. Anderseits konnte sich das Land nicht mit der Absicht durchsetzen, den Religionsunterricht als Alternative zum Fach LER aus der Schule herauszuhalten.

Das Landesverfassungsgericht Brandenburg hat in einem Normenkontrollverfahren inzwischen entschieden, dass auch Weltanschauungsgemeinschaften das Recht zustehen muss, Schülerinnen und Schüler in allen Schulformen und Schulstufen in den Räumen der Schule in Übereinstimmung mit ihren Grundsätzen zu unterrichten.[443] Das brandenburgische Parlament hat das Schulgesetz demgemäß ergänzt.[444]

Literatur:

B. Schlink, Religionsunterricht in den neuen Ländern, NJW 1992, S. 1008 ff.; *H. Kremser,* Das Verhältnis von Art. 7 Abs. 3 Satz 1 GG und Art. 141 GG im Gebiet der neuen Bundesländer, JZ 1995, S. 928 ff.; *A. Uhle*, Das brandenburgische Lehrfach „Lebensgestaltung – Ethik – Religionskunde“ ein verfassungsrechtliches Substitut für den Religionsunterricht?, KuR 730,S. 1 ff. (= 1/96, S. 15 ff.); *H. Wißmann*, Art. 141 GG als „Brandenburger Klausel“?, RdJB 1996, S. 368 ff.; *H. de Wall*, Zum Verfassungsstreit um den Religionsunterricht in Brandenburg, ZevKR 42 (1997), S, 353 ff.; *M. Heckel*, Religionskunde im Lichte der Religionsfreiheit. Zur Verfassungsmäßigkeit des „L-E-R“ – Unterrichts in Brandenburg, ZevKR 44 (1999); S. 147 ff.; *H. Goerlich*, Art. 141 GG als zukunftsgerichtete Garantie der neuen Länder und die weltanschauliche Neutralität des Bundes, NVwZ 1998, S. 819 ff. und kritisch dazu *G. Mehrle*, Art. 141 GG in „neuem Licht“?, NVwZ 1999, S. 740 ff.; *Chr. Starck*, Religionsunterricht in Brandenburg. Art. 141 GG als Ausnahme von der Regel des Art. 7 Abs. 3 GG, in: *J. Isensee, W. Rees, W. Rüfner* (Hrsg.), Dem Staate, was des Staates – der Kirche, was der Kirche ist, Festschrift *Joseph Listl*, Berlin 1999, S. 391 ff.; *Chr. Link*, „L-E-R“, Religionsunterricht und das deutsche Staatskirchenrecht, in: *J. Bohnert* u. a. (Hrsg.), Verfassung – Philosophie – Kirche, Festschrift *Alexander Hollerbach*, Berlin 2001, S. 747 ff.; *M. Heckel,* Religionsbedingte Spannungen im Kulturverfassungsrecht, in: *M.-E. Geis, D. Lorenz (Hrsg.)*, Staat-Kirche-Verwaltung, Festschrift *Hartmut Maurer*, München

443 NVwZ 2006, S. 1052 ff.; siehe dazu die Kritik von *N. Janz*, ZevKR 53 (2008), S. 40 ff. (48 ff.).

444 Vergl. *N. Janz*, ebd. S. 50.

2001, S. 369 ff.; *A. Goeschen*, Bremer Klausel: „In einem Lande der Bundesrepublik", Zur Frage, ob die „Bremer Klausel" auf die neuen Bundesländer Anwendung findet, Art. 7 Abs. 3 Satz 1 und 141 GG, ArchKathKR 2001, S. 129 ff.; *K.-H. Kästner*, Juristische Bemerkungen zum Vergleichsvorschlag des Bundesverfassungsgerichts in der Auseinandersetzung über den Religionsunterricht in Brandenburg, ZPT 2003, S. 18 ff.; *N. Janz*, Neuere Entwicklungen der schulischen Wertevermittlung in Brandenburg, ZevKR 2008, S. 41 ff.

IV. Die theologischen Fakultäten an staatlichen Hochschulen

A. Zur verfassungsrechtlichen Stellung theologischer Fakultäten

Theologische Fakultäten an staatlichen Hochschulen sind bis heute ein kennzeichnendes Element des deutschen Hochschulwesens. Im Mittelalter gehörten theologische Fakultäten zum notwendigen Bestandteil einer Universität. In ihnen lebt ein Stück europäischer Wissenschaftsgeschichte fort, denn die Entstehungsgeschichte der Universität im Mittelalter ist untrennbar verbunden mit der Entwicklung der Lehre der Kirche, so dass die Nähe zwischen beiden zur geistesgeschichtlichen Tradition gehört.[445] Der Prozess der Entkonfessionalisierung und Säkularisierung des staatlichen Lebens hat jedoch dazu geführt, dass die Existenzberechtigung theologischer Fakultäten an den staatlichen Hochschulen teilweise in Frage gestellt wird. Die gegen sie geführten Angriffe argumentieren u. a. mit der Behauptung, theologische Fakultäten stünden im Konflikt mit dem Wissenschaftsbegriff von Art. 5 Abs. 3 GG.[446] Vorgeworfen wird der Theologie dabei u. a., dass sie nicht auf eine dogmatische Fixierung ihrer Voraussetzungen verzichte und gegenüber der kirchlichen Autorität nicht autonom sei.Im Bereich der römisch-katholischen Kirche erweisen sich in diesem Zusammenhang vor allem der von Papst Pius X. 1910 eingeführte und bis 1967 gültige „Antimodernisteneid"[447] sowie die 1989 erlassenen neuen Formeln des Glaubensbekenntnisses (Professio fidei) und der Amtseid als problematisch, die von angehenden Klerikern und Gläubigen, die bestimmte kirchliche Aufgaben übernehmen wollen, abgelegt werden müssen.[448] Auch innerhalb der Kirche selbst sind diese in hohem Maße

---

445 Vergl. dazu: *Th. Ellwein*, Die deutsche Universität, Vom Mittelalter bis zur Gegenwart², Wiesbaden 1997, S. 26 ff.; ein markantes Einzelbeispiel für die enge Verbindung zwischen Kirche und Universität ist die Grundsteinlegung der Heiliggeistkirche in Heidelberg, die im direkten Zusammenhang mit der Gründung der dortigen Universität steht. Die Verbindung mit dem Heiliggeiststift war die Voraussetzung für die wirtschaftliche Ausstattung der Universität und damit für den wissenschaftlichen und kulturellen Fortschritt, vergl. dazu: *M. Schwara*, Die Heiliggeistkirche in Heidelberg im Wandel der Zeiten, Frankfurt a.M. u. a. 2003 (Schriften zum Staatskirchenrecht Bd. 11).

446 Vergl. dazu: *E. Fischer*, Trennung von Staat und Kirche³, Frankfurt a. M. 1984, S. 307 ff. und neuerdings *G. Czermak*, Religions- und Weltanschauungsrecht, Berlin, Heidelberg 2007, Rd. Nr. 397.

447 Vergl. dazu: *A. Rinnerthaler*, Antimodernisteneid, LKStKR Bd. 1, Sp. 121 ff.

448 Vergl. dazu: *H. Schmitz*, „Professio fidei" und „Ius iurandum Fidelitatis", Glaubensbekenntnis und Treueid, Wiederbelebung des Antimodernisteneides?, ArchKathKR 1988, S. 351 ff.; *N. Lüdecke*, Ein konsequenter Schritt, Kirchenrechtliche Überlegungen zu „Professio fidei" und Treueid, Herder Korrespondenz 2000, S. 339 ff.; der Wortlaut von Glaubensbekenntnis und Treueid ist abgedruckt in Publik-Forum 2000, S. 30 f.

umstritten, nicht zuletzt deshalb, weil sie dazu beitragen, den Zweifeln an der Wissenschaftlichkeit der katholischen Theologie und der Existenzberechtigung theologischer Fakultäten an staatlichen Hochschulen Nahrung zu geben. Durch die strafbewehrte Treuepflicht zum Römischen Lehramt wird die katholische theologische Wissenschaft *„in einer Weise gebunden, die mit staatlichen Vorstellungen von Wissenschaft inkommensurabel ist.“*[449]

Hinter dieser Kritik steht ein bestimmter Begriff von „Wissenschaft“, der der Freiheitsgarantie des Art. 5 Abs. 3 GG so nicht entspricht:

„Die neuere Entwicklung der Grundrechtsdogmatik und die Rechtsprechung des Bundesverfassungsgerichts haben klargestellt, daß Art. 5 Abs. 3 nicht eine bestimmte Auffassung von Wissenschaftstheorie schützen, schon gar nicht die Ideologie von der Voraussetzungslosigkeit der Wissenschaft dogmatisieren will. ‚Seine Freiheitsgarantie erstreckt sich vielmehr auf jede wissenschaftliche Tätigkeit, d. h. auf alles, was nach Inhalt und Form als ernsthafter planmäßiger Versuch zur Ermittlung der Wahrheit anzusehen ist, (BVerfGE 35, 79 (113)). Dann aber ist klar, daß, ganz abgesehen von historischen Gründen, auch die Theologie als Glaubenswissenschaft oder kirchliche Wissenschaft in den Schutzbereich von Art. 5 Abs. 3 gehört.“[450]

Die ausgesprochene Erwartung der römisch-katholischen Amtskirche an die Inhaber theologischer Lehrstühle an den staatlichen Hochschulen, ihre Glaubensgrundsätze nicht in Frage zu stellen, ist im Übrigen keine Frage der „Wissenschaftlichkeit“ des Faches, weil davon abweichende Äußerungen nicht „unwissenschaftlich“ sind, sondern lediglich einen Konflikt mit dem Wahrheitsanspruch des katholischen Lehramtes hervorrufen.[451] Wie dieser Konflikt im Einzelfall zu lösen ist, ist ein anderes Thema.

Zum Teil wird in der Existenz theologischer Fakultäten an staatlichen Universitäten auch ein Verstoß gegen das Prinzip der Trennung von Staat und Kirche gesehen:

„In einem Staat, der Religionsfreiheit anerkennt und sich zu dem Trennungsprinzip bekennt, können die Geistlichen für einige Religionsgesellschaften, möge es sich bei ihnen auch um große christliche Kirchen handeln, nicht vom Staat ausgebildet werden. Dadurch begibt sich der Staat auf das ihm verschlossene staatsfreie Gebiet und verletzt zudem das Gebot der Neutralität und Parität. Die Folge sind Übergriffe von beiden Seiten.“[452]

---

449 *H. Lechler*, Die wissenschaftliche Vorbildung der Geistlichen als Herausforderung an das deutsche staats-kirchen-rechtliche System, in: *J. Isensee, W. Rees, W. Rüfner* (Hrsg.), Dem Staate, was des Staates – der Kirche, was der Kirche ist (Festschrift *Joseph Listl*), S. 141 ff. (152); zum Verhältnis des Lehramtes der römisch-katholischen Kirche zur Lehr- und Forschungsfreiheit katholischer Theologen vergl. auch: *H. Schmitz*, in: *W. Rees* (Hrsg), Recht in Kirche und Staat, Festschrift *Joseph Listl*, Berlin 2004, S. 369 ff.

450 *A. Hollerbach,* HdbStKirchR[2] Bd. 2, S. 555.

451 So zutreffend: *C.D. Classen*, Religionsrecht, Tübingen 2006, Rd. Nr. 530.

452 *E. Fischer*, Trennung von Staat und Kirche[3], Frankfurt a. M. 1984, S. 311.

Solche Stimmen, die die verfassungsrechtliche Zulässigkeit theologischer Fakultäten schlechthin in Frage stellen, haben sich allerdings nicht durchgesetzt.[453] Die herrschende Auffassung in Lehre und Rechtsprechung geht davon aus, dass die Pflege der theologischen Wissenschaft an staatlichen Universitäten – nicht nur aus historischen Gründen – eine legitime Aufgabe des modernen freiheitlichen Kulturstaates ist. Dieser *„fördert die verschiedenen Wissenschaften, Kunsteinrichtungen, sonstigen Kulturphänomene pluralistisch und frei jeweils in der Verschiedenheit und Vielfalt ihres geistigen – auch religiösen und weltanschaulichen – Profils. Er hat es sich verfassungsrechtlich versagt, sie auf den nivellierenden Leisten eines autoritativen staatlichen Wissenschafts- bzw. Kunstbegriffs zu schlagen."*[454] Ein prinzipieller Verzicht des Staates auf Einrichtung theologischer Fakultäten wäre daher eine Diskriminierung dieser Wissenschaft, die sachlich nicht zu rechtfertigen wäre.[455]

Im Unterschied zu einzelnen Landesverfassungen[456] enthält das Grundgesetz keine ausdrückliche Bestandsgarantie für theologische Fakultäten. Art. 149 Abs. 3 WRV, der bestimmte *„Die theologischen Fakultäten an den Hochschulen bleiben erhalten"*, gehört nicht zu den in das Grundgesetz übernommenen Artikeln. Daraus ist jedoch nicht abzuleiten, dass das Grundgesetz die theologischen Fakultäten hat abschaffen wollen, denn angesichts ihrer historisch überkommenen Bedeutung und tatsächlichen Existenz hätte es *„einer ausdrücklichen Regelung bedurft, wenn diese grundlegende und spektakuläre Rechtsänderung hätte vorgenommen werden sollen."*[457] Das Schweigen des Grundgesetzes lässt sich vielmehr aus der Tatsache erklären, dass das Universitätswesen in die Zuständigkeit der Länder fällt.

B. Vertragsrechtliche Regelungen

Wesentliche Bedeutung für die Bestandssicherung der theologischen Fakultäten kommt dem Vertragsrecht zu. Eine bundesrechtliche Absicherung ergibt sich dabei über Art. 123 Abs. 2 GG i. V. mit Art. 19 des **Reichskonkordats** vom 20. Juli 1933, der bestimmt:

„Die katholisch-theologischen Fakultäten an den staatlichen Hochschulen bleiben erhalten. Ihr Verhältnis zur kirchlichen Behörde richtet sich nach den in den einschlägigen Konkordaten und dazugehörenden Schlußprotokollen fest-

453 Selbst ihre Kritiker halten die These von der „generellen Unzulässigkeit" theologischer Fakultäten für insgesamt nicht überzeugend, siehe: *G. Czermak*, Religions- und Weltanschauungsrecht, Berlin, Heidelberg 2007, Rd. Nr. 394.

454 *M. Heckel*, Die theologischen Fakultäten im weltlichen Verfassungsstaat, Tübingen 1986, S. 18.

455 So auch: *C.D. Classen*, Religionsrecht, Tübingen 2006, Rd. Nr. 530.

456 Die Landesverfassungen von Bayern (Art. 150 Abs. 2), von Hessen (Art. 60 Abs. 2) und von Rheinland-Pfalz (Art. 39) enthalten eine Bestandsgarantie.

457 *G. Czermak*, Religions- und Weltanschauungsrecht, Berlin, Heidelberg 2007, Rd. Nr. 394.

gelegten Bestimmungen unter Beachtung der einschlägigen kirchlichen Vorschriften. Die Reichsregierung wird sich angelegen sein lassen, für sämtliche in Frage kommenden katholischen Fakultäten Deutschlands eine der Gesamtheit der einschlägigen Bestimmungen entsprechende einheitliche Praxis zu sichern".[458]

In den Verträgen wird neben der Frage der Bestandssicherung vor allem die Mitwirkung der Kirchen an der Besetzung theologischer Lehrstühle geregelt. Dabei ergeben sich spezifische Unterschiede zwischen den Konkordaten mit der römisch-katholischen Kirche und den evangelischen Staatskirchenverträgen. Die Konkordate enthalten regelmäßig eine Bestimmung über das **„nihil obstat"**.[459] Die Besetzung eines Theologischen Lehrstuhls erfordert danach die Zustimmung des zuständigen Bischofs. Auch eine nachträgliche Beanstandung ist möglich. Als Beispiel sei Artikel X. des **Badischen Konkordats** vom 12. Oktober 1932 zitiert:

„(1) Bevor an der katholisch-theologischen Fakultät der Universität Freiburg i.Br. jemand zur Ausübung des Lehramtes berufen, zugelassen oder angestellt wird, muss der Erzbischof, bei Erledigung des Erzbischöflichen Stuhls der Erzbistumsverweser, gehört werden, ob gegen die Lehre oder den Lebenswandel oder die Lehrbefähigung des Vorgeschlagenen unter Angabe des Grundes Einwendungen erhoben werden. Im Falle einer derartigen Beanstandung wird die Berufung, Zulassung oder Anstellung nicht erfolgen.

(2) Dementsprechend wird die Staatsregierung im Falle einer seitens des Erzbischofs bez. Erzbistumsverwesers erfolgten ernstlichen Beanstandung der Lehre oder des Lebenswandels oder der Lehrbefähigung eines an der katholisch – theologischen Fakultät angestellten Lehrers im Einvernehmen mit dem Erzbischof für einen den Lehrbedürfnissen entsprechenden Ersatz sorgen."

Schlußprotokoll Art. X, Abs. 1, Satz. 1:

„Vor dem Berufungs- bzw. Zulassungsverfahren wird der Erzbischof benachrichtigt und um seine Äußerung ersucht werden, für die ihm eine ausreichende Frist gewährt wird. In der Äußerung sind die gegen die Lehre oder den Lebenswandel oder die Lehrbefähigung des Vorgeschlagenen bestehenden Bedenken darzulegen; wie weit der Erzbischof in dieser Darlegung zu gehen vermag, bleibt seinem pflichtmäßigen Ermessen überlassen."[460]

Im Unterschied dazu enthält der **Vertrag zwischen dem Freistaat Baden und der Vereinigten Evang.-prot. Landeskirche Badens** vom 14. November 1932 kein so weitgehendes Mitwirkungsrecht der Kirchenleitung. In Artikel VII. heißt es dort:

458 Zitiert nach, *J. Listl*, Die Konkordate und Kirchenverträge in der Bundesrepublik Deutschland, Berlin 1987, Bd.1, S. 45.

459 Vergl. dazu: *H. Grote*, Nihil obstat – Staatskirchenrecht und Hochschullaufbahn, Materialdienst des Konfessionskundlichen Instituts Bensheim, 1995, S. 69 ff.

460 Zitiert nach, *J. Listl*, Die Konkordate und Kirchenverträge, Bd. 1, S. 145/149.

„(1) Für die wissenschaftliche Vorbildung der Geistlichen bleibt die Evangelisch-theologische Fakultät der Universität Heidelberg mit den zur Zeit des Vertragsabschlusses geltenden Rechten bestehen.

(2) Die Berufung oder Anstellung als akademischer Lehrer an der Evangelisch-theologischen Fakultät der Universität erfolgt im Benehmen mit dem zuständigen Organ der Evangelisch-protestantischen Landeskirche.

(3) Solange mit dem Lehrstuhl für praktische Theologie die Leitung des Praktisch-theologischen Seminars verbunden ist, wird der Lehrstuhl im Einvernehmen mit dem zuständigen Organ der Evangelisch-protestantischen Landeskirche besetzt werden."[461]

Schlußprotokoll zu Artikel VII Absätze. 2 und 3:

1. *Vor dem Berufungsverfahren wird das zuständige Organ der Evangelisch-protestantischen Landeskirche in vertraulicher Form benachrichtigt und um seine Äußerung ersucht werden, für die ihm eine ausreichende Frist gewährt wird. In der Äußerung sind die bestehenden Bedenken darzulegen; wie weit das zuständige Organ der Evangelisch-protestantischen Landeskirche in dieser Darlegung zu gehen vermag, bleibt seinem pflichtmäßigen Ermessen überlassen.*
2. *Erhebt in dem Verfahren auf Besetzung des Lehrstuhls für praktische Theologie, solange er mit der Leitung des Praktisch- theologischen Seminars verbunden ist, das zuständige Organ der Evangelisch-protestantischen Landes-*

461 Die Regelung des Absatzes 3, die im Unterschied zu den anderen Lehrstühlen für den Lehrstuhl für Praktische Theologie ein echtes Vetorecht der Landeskirche vorsieht, ist der besonderen Konstellation in Heidelberg geschuldet, dass die Praktisch-theologische Ausbildung der künftigen Pfarrerinnen und Pfarrer nach der Vollendung ihres Studiums durch das 1838 zu diesem Zweck gegründete Praktisch-theologische Seminar der Universität erfolgte. Vergl. dazu: *W. Eisinger*, Das Heidelberger Praktisch-theologische Seminar, „Pflanzschule" und Seminar für junge Theologen, in: Ders., „... und fällt deswegen auch in Gottes Sprache", hrsg. von *J.A. Steiger, H.G. Ulrichs*, Heidelberg 2001, S. 245 ff. Diese Konstruktion wurde erst durch das Übereinkommen zwischen dem Ministerium für Wissenschaft und Kunst Baden-Württemberg und dem Evangelischen Oberkirchenrat Karlsruhe vom 28. Juli/31. August 1983 über die Auslegung des Artikels VII Abs. 3 des Kirchenvertrages vom 14. 11. 1932 geändert, nach der die Ausbildung der Lehrvikare im Rahmen der zweiten Ausbildungsphase durch das Predigerseminar der Landeskirche in Verbindung mit der Theologischen Fakultät in Heidelberg erfolgt, die im Rahmen der Vereinbarung *„weiterhin Verantwortung für den wissenschaftlichen Standard dieser Ausbildung"* trägt. Das geschieht vor allem dadurch, dass in der Funktionsbeschreibung der Lehrstühle für praktische Theologie ein Teil des Deputats für diese Ausbildung zur Verfügung gestellt wird. Zwei dieser Lehrstühle werden nach der Vereinbarung im Einvernehmen mit dem Evangelischen Oberkirchenrat besetzt. Die Vereinbarung ist abgedruckt bei *J. Listl*, Die Konkordate und Staatskirchenverträge in der Bundesrepublik Deutschland, Bd. 1, Berlin 1987, S. 245. Auch nach Artikel 4 des Evangelischen Kirchenvertrages Baden-Württemberg vom 17. Oktober 2007 bleiben mit dem Lehrdeputat der Hochschullehrerinnen und Hochschullehrer für praktische Theologie die Aufgaben der Ausbildung am Predigerseminar der Evangelischen Landeskirche in Baden verbunden.

kirche zu begründende Beanstandungen gegen einen Vorgeschlagenen, so wird dessen Berufung nicht erfolgen. Für das Verfahren gilt Abs. 1 sinngemäß.“[462]

Hinter diesen unterschiedlichen Regelungen stehen u. a. unterschiedliche Auffassungen auf römisch-katholischer und evangelischer Seite über das Lehramt der Kirche:

„Evangelischer Überzeugung gemäß sind Theologische Fakultät und Kirche jedenfalls in ihrer gemeinsamen Aufgabe, Zusammengehörigkeit und Koordination zu sehen. Die Lehrverantwortung wird im evangelischen Christentum dabei ‚plural‘ wahrgenommen; die Theologische Fakultät ‚teilt sie mit anderen kirchenleitenden Instanzen‘. Im evangelischen Christentum besteht allgemeiner Auffassung zufolge ein gegliedertes Lehramt. Dabei ist ‚Lehre‘ nicht statisch, starr oder als bloße Satzwahrheit zu verstehen. Anders als auf katholischer Seite ist in evangelischer Sicht ***eine*** *amtliche, institutionelle kirchliche Lehrinstanz gerade nicht vorhanden. Das freie Ringen um die Wahrheit und das stete, produktive Bemühen um Dialog und Konsens waren seit Luther sicherlich die große Stärke des reformatorischen Christentums.“*[463]

Auf diesem Hintergrund wird verständlich, dass die evangelischen Kirchen sich nicht nur mit dem von *Friedrich Wilhelm IV. von Preußen* 1855 eingeräumten Recht begnügt haben, vor der Besetzung von Professorenstellen ein Gutachten zu Bekenntnis und Lehre des zu Berufenden abzugeben, sondern ein „nihil obstat“ nach römisch-katholischem Vorbild für sich ausdrücklich nicht in Anspruch genommen haben. Ein solches Recht würde die Verantwortung der theologischen Fakultäten in Fragen der theologischen Eignung wie der kirchlichen Lehre relativieren und *„eben jene Verknüpfung von Lehrfreiheit und Lehrbindung in Gefahr bringen, die für evangelische Theologie in Geschichte und Gegenwart charakteristisch ist.“*[464]

Gegen diese Sichtweise hat sich in neuerer Zeit die Auffassung durchgesetzt, dass einer solchen Differenzierung zwischen dem verbindlichen katholischen Vetorecht und der unverbindlichen evangelischen Begutachtung seit der Weimarer Reichserfassung der verfassungsrechtliche Boden entzogen ist.[465] Nach dieser neueren Auffassung ist die Kirche staatskirchenrechtlich nicht verpflichtet, *„die theologische Verzerrung und ideologische Verfremdung ihrer Bekenntnisgrundlagen zu dulden, wenn eine einseitige Kultur- und Kirchenpolitik der staatlichen Wissenschaftsverwaltung die personelle Ausrichtung der Theologenfakultäten als Hebel für Staatseingriffe und geistliche Veränderung*

462 Zitiert nach, J. Listl, *J. Listl*, Die Konkordate und Kirchenverträge, Bd. 1, S. 218.

463 *H. Kreß*, Die evangelischen Staatskirchenverträge in den neuen Bundesländern, Materialdienst des Konfessionskundlichen Instituts Bensheim, 1997, S. 23 (26).

464 *W. Huber*, Wissenschaftsfreiheit III., in: EvStL[3] Bd. 2, Stuttgart 1987, Sp. 4094.

465 Vergl. dazu eingehend: *R. Mainusch*, DÖV 1999, S. 677 ff.

in der Kirche benützen sollte."[466] In verfassungskonformer Auslegung der vertraglichen Bestimmungen wird man deshalb auch für die evangelische Kirche davon ausgehen müssen, *„daß das Votum der Kirche, ein Universitätstheologe sei für sie untragbar, für den Staat verbindlich sein muß. Konsequenterweise müßte es dann auch die Möglichkeit einer nachträglichen Beanstandung geben. In der Tat kann der neutrale Staat – bei allem Eigeninteresse an Theologie als Wissenschaft – die ihm zugeschriebene Verantwortung gar nicht mehr wahrnehmen, da ihm die Maßstäbe dafür fehlen."*[467]

Auf dieser Linie ist in den neueren Staatskirchenverträgen auch für den evangelischen Bereich jedenfalls teilweise ausdrücklich vereinbart worden, dass in solchen Fällen das Votum der zuständigen Kirchenleitung verbindlich ist. Im **Wittenberger Kirchenvertrag** vom 15. September 1993 heißt es in Art. 3 Abs. 2:

„Vor der Berufung eines Professors oder eines Hochschuldozenten für ein evangelisch- theologisches Fachgebiet unter Einschluß der Religionspädagogik an einer Hochschule im Land Sachsen-Anhalt wird den Kirchen Gelegenheit zur Stellungnahme gegeben. Werden Bedenken geäußert, die sich auf Lehre und Bekenntnis beziehen und im einzelnen begründet werden, wird die Landesregierung diese Stellungnahme beachten."

Im Schlußprotokoll wird dazu festgehalten:

„Will die Landesregierung trotz fristgemäß geäußerten Bedenken das Berufungsverfahren für die ausgewählte Person fortsetzen, so werden die Bedenken mit Vertretern der Fakultät/des Fachbereichs und der Kirchenleitung erörtert. Hält die Kirche ihre Bedenken aufrecht, wird eine Berufung nicht vorgenommen, es sei denn, die Wissenschaftsfreiheit würde ernsthaft gefährdet."

Ohne jeden Vorbehalt heißt es im **Güstrower Kirchenvertrag** vom 20. Januar 1994 in Art. 4 Abs. 2:

„Die Anstellung eines hauptamtlichen Hochschullehrers an einer evangelisch-theologischen Fakultät bedarf hinsichtlich Lehre und Bekenntnis des Anzustellenden der Zustimmung der zuständigen Landeskirche. Die Landesregierung gibt der Kirche Gelegenheit zur Äußerung. Gegen ein ausdrückliches kirchliches Votum leitet sie eine Berufung nicht ein und nimmt die Anstellung nicht vor."

Auch der jüngste Kirchenvertrag, den das Land **Baden-Württemberg** mit der Evangelischen Landeskirche in Baden und der Evangelischen Landeskirche in Württemberg im Oktober 2007 abgeschlossen hat, enthält in seinem Artikel 3 neben einer Bestandsgarantie für die Evangelisch-Theologischen Fakultäten an den Universitäten Heidelberg und Tübingen hinsichtlich der Einstellung einer Hochschullehrerin oder eines Hochschullehrers eine Bestimmung, nach der das zuständige Ministerium sicherstellt, *„dass gegen ein kirchliches*

466 *M. Heckel*, Die theologischen Fakultäten im weltlichen Verfassungsstaat, Tübingen 1986, S. 120; kritisch dazu: *Kreß,* Staatskirchenverträge und *Huber,* EvStL^3 Bd. 2, Sp. 4094.

467 *A. Hollerbach*, Theologische Fakultäten und staatliche Pädagogische Hochschulen, HdbStKirchR^2 Bd. 2, S. 589.

Votum eine Berufung nicht eingeleitet und die Einstellung nicht vorgenommen wird.“[468] Ausdrücklich anerkannt wird auch das Recht der Kirchen, Lehre und Bekenntnis einer Hochschullehrerin bzw. eines Hochschullehrers **nachträglich** zu beanstanden. Eine generelle Rechtspflicht des Staates, für einen auf Grund einer nachträglichen Beanstandung aus der theologischen Fakultät ausgeschiedenen Hochschullehrer entsprechenden Ersatz zu stellen, besteht zwar nicht,[469] diese Verpflichtung wird aber vom Land Baden-Württemberg vertraglich in Art. 3 Abs. 3 übernommen: *„In solchen Fällen stellt das zuständige Ministerium sicher, dass die Hochschullehrerin oder der Hochschullehrer nicht Mitglied der Evangelisch-Theologischen Fakultät bleibt, und sorgt im Einvernehmen mit dem zuständigen Evangelischen Oberkirchenrat für entsprechenden Ersatz.“*[470]

Als problematisch an diesen Regelungen erweist sich die Tatsache, dass sich die Verweigerung des „Nihil obstat“ bzw. die nachträgliche Beanstandung die Wissenschaftsfreiheit des Betroffenen nach Art. 5 Abs. 3 GG berühren.[471] Das führt zu einem unvermeidlichen Spannungsverhältnis zwischen der individuellen Rechtsstellung der Betroffen mit dem durch das kirchliche Selbstbestimmungsrecht nach Artikel 140 GG i. V. m. Art. 137 Abs. 3 WRV geschützten Recht der Kirchen auf eine ihrer Lehre entsprechenden Ausbildung des theologischen Nachwuchses. Nach herrschender Auffassung ist diese Konfliktlage in der Weise zu lösen, dass der betroffene Hochschullehrer einer anderen nicht theologischen Fakultät zugewiesen wird, weil sich aus Art. 5 Abs. 3 GG kein Recht auf Zugehörigkeit zu einer bestimmten Fakultät der Universität ergibt, insbesondere nicht auf Zugehörigkeit zu einer theologischen Fakultät, wenn wesentliche Grundbedingungen, die sich aus deren besonderem Status ergeben, nicht erfüllt sind.[472] Auch der persönliche Beamtenstatus des Betroffenen, einschließlich des ungeschmälerten Anspruchs auf Besoldung und Versorgung, sowie sein Recht zur Durchführung von Lehrveranstaltungen bleiben von einer Umsetzung in eine andere Fakultät unberührt.

Das Bundesverwaltungsgericht hat dazu folgendes ausgeführt:

„Soweit danach die Kirche befugt ist, auf den Inhalt der an der Theologischen Fakultät der Beklagten vertretenen Lehre Einfluss zu nehmen, treten entgegenstehende Grundrechte des Lehrstuhlinhabers zurück. Dies betrifft das Recht auf freie Verbreitung seiner Meinung, auf seine Wissenschaftsfreiheit, seine Glaubensfreiheit und seinen Anspruch, dass ihm aus seinem Bekenntnis weder allgemein noch beim Zugang zu einem öffentlichen Amt ein Nachteil entsteht (…). Der bei der Kollision einander widersprechender Grundrechtspositionen erforderliche schonende Ausgleich im Wege der praktischen Konkordanz (…) greift erst im Verhältnis zwischen Staat und Hochschullehrer. Er wird dadurch

468 Art. 3 Abs. 2.

469 Vergl.: *M. Heckel*, Die theologischen Fakultäten, S. 102.

470 Art. 3 Abs. 3

471 Vergl. zu dieser Problematik: *B. Jeand'Heur*, *S. Korioth*, Grundzüge, S. 230 ff.

472 Vergl. dazu: *Heckel*, Die Theologischen Fakultäten, S. 101; *Hollerbach*, HdbStKirchR^2, Bd. 2, S. 583.

erzielt, dass der in weltanschaulicher Hinsicht neutrale Staat – hier vertreten durch die Beklagte – darauf verzichtet, aus dem Wegfall eines aus den spezifischen kirchlichen Belangen erwachsenden Eignungsmerkmals auch statusrechtliche Konsequenzen zu ziehen. Der Kläger bleibt somit weiterhin Professor an der Hochschule, hier sogar – im Einvernehmen mit derselben – an der Theologischen Fakultät der Beklagten, und als solcher befugt, seine religiösen und weltanschaulichen Lehren und Erkenntnisse ohne Zensur und ohne Nachteile für seinen Status als Hochschullehrer zu vertreten und zu verbreiten. Die Beklagte nimmt keinen Einfluss auf den Inhalt und die Ergebnisse seiner Forschung. Sie hat lediglich festgestellt, dass der Kläger zur Wahrung des kirchlichen Selbstbestimmungsrechts seine Tätigkeit nicht mehr im Rahmen eines bekenntnisgebundenen, für die angehenden Geistlichen und Religionslehrer der Evangelischen Kirche obligaten Faches ausüben und seine Auffassungen nicht mehr als Bestandteil ‚der Studiengänge zur Ausbildung des theologischen Nachwuchses' ankündigen kann.“[473]

Die Entscheidung betrifft den Fall des Göttinger Theologieprofessors *Gerd Lüdemann*, der sich offiziell vom Christentum losgesagt hat, gleichwohl aber Inhaber eines Lehrstuhls für evangelische Theologie bleiben will.[474] Die Konföderation evangelischer Kirchen in Niedersachsen hat daraufhin ihre bei der Berufung Lüdemanns abgegebene Stellungnahme zu dessen Bekenntnis und Lehre zurückgenommen und das Niedersächsische Ministerium für Wissenschaft und Kultur um seine Ausgliederung aus der Theologischen Fakultät gebeten, obwohl die Evangelisch-Lutherische Kirche Hannovers in den Verhandlungen über den Vertrag mit dem Land Niedersachsen („Loccumer Vertrag“) 1955 noch ausdrücklich Wert darauf gelegt hat, dass die gutachterliche Stellungnahme nur unverbindlichen Charakter besitze, und das Recht zu einer nachträglichen Beanstandung damals nicht ins Auge gefasst worden ist.[475] Nach verschiedenen Vermittlungsgesprächen teilte die Universität Göttingen Prof. *Lüdemann* mit, dass er mit einem Sonderstatus in der Theologischen Fakultät verbleibe mit der Verpflichtung, anstatt des Faches „Neues Testament“ das Fach „Geschichte und Literatur des frühen Christentums“ zu vertreten. Der gegen die Änderung des Dienstauftrages eingereichte Antrag *Lüdemanns* auf einstweiligen Rechtsschutz ist vom Verwaltungsgericht Göttingen mit der Begründung abgewiesen worden, die Güterabwägung führe zu dem Ergebnis, dass die Wissenschaftsfreiheit des Antragstellers aus Artikel 5 GG gegenüber dem damit kollidierenden verfassungsrechtlich geschützten kirchlichen Selbstbestimmungsrecht aus Artikel 140 GG i. V. m. Artikel 137 Abs. 3 WRV im konkreten Fall als nachrangig anzusehen sei.[476] Das Bundesverwaltungsgericht hat diese Sichtweise mit seinem Urteil bestätigt.

473 BVerwGE 124, S. 315 f.

474 Vergl. dazu: *Chr. Türcke*, Im Würgegriff der Kirche, Die Zeit, Nr. 41 v. 1. Oktober 1998, S. 94 f.; *W. Huber*, Nur wer glaubt kann auch lehren, Die Zeit Nr. 44 v. 22. Oktober 1998, S. 72.

475 Vergl. *R. Mainusch*, DÖV 1999, S. 680.

476 ZevKR 45 (2000), S. 428.

C. Theologische Fakultäten als „res mixtae"

Ähnlich wie beim Religionsunterricht handelt es sich bei den theologischen Fakultäten um eine gemeinsame Angelegenheit von Staat und Kirche, d. h. sie ruhen *„auf zwei Widerlagern oder auf zwei Fundamenten, die einerseits miteinander korrespondieren, anderseits aber auch seit der revolutionären Ausgliederung zwischen ‚Thron und Altar' im Jahre 1919 scharf voneinander getrennt und unterschieden werden müssen."*[477] Die Lösung bestimmter Fragen bedarf deshalb des Zusammenwirkens von Staat und Kirche. Zwei Beispiele aus der Rechtsprechung können das verdeutlichen:

Beispiel 1: Errichtung eines Diplomstudienganges katholische Theologie an der Universität Frankfurt, gegen den Willen der katholischen Kirche:

„1. Die Einrichtung eines Diplomstudienganges katholische Theologie an einer staatlichen Universität, der auf die Ausbildung zum katholischen Volltheologen abzielt und mit einem theologischen Diplom abschließt, ist eine gemeinsame Angelegenheit von Staat/Universität und Kirche.

2. Das Recht der Kirche, ihre Angelegenheiten selbständig zu ordnen und zu verwalten (Art. 140 GG i. V. m. Art. 137 Abs. III S. 1 WRV) betrifft auch die Organisation der an ihr Bekenntnis gebundenen Theologenausbildung. Seine Schranken finden sich nicht nur in den einfachgesetzlichen Regelungen, die für alle gelten, sondern auch in verfassungsrechtlichen Gewährleistungen, insbesondere in der Garantie der Wissenschaftsfreiheit mit den daraus herzuleitenden staatlichen Aufgaben (Art. 5 Abs. III S. 1 GG). Der zur Neutralität verpflichtete Staat hat ein legitimes Interesse daran, etwa mit Hilfe bekenntnisgebundener Studiengänge – deren Inhalt freilich allein in der Verantwortung der Religionsgesellschaften steht – menschliche Wertorientierungen zu fördern. Probleme, die in diesem Spannungsfeld auftreten, sind durch eine konkrete Güterabwägung zu lösen. Danach darf unter den hier gegebenen Umständen die Errichtung des Diplomstudienganges Katholische Theologie nicht ohne Einverständnis der Kirche erfolgen. Ausschlaggebend ist, daß die bekenntnisgebundene Theologenausbildung nach dem maßgeblichen Selbstverständnis der katholischen Kirche eine zentrale Aufgabe dieser Bekenntnisgemeinschaft ist. Eine weitere Verknappung ihrer personellen Ressourcen als Folge der Errichtung des Diplomstudienganges an einer staatlichen Universität, die einen negativen Einfluß auf die Ausbildungsqualität und die Ausbildungsinhalte auch an anderen Ausbildungsstätten haben kann, muss sie nicht hinnehmen. Der möglichst schonende Ausgleich kollidierender Rechtsgüter ist auch durch die Gestaltung des Verwaltungsverfahrens in der Weise zu gewährleisten, daß das Gewicht der jeweiligen Interessen erkennbar wird. Die zuständige Behörde muss der Kirche die Gründe näher darlegen, die aus staatlicher Sicht das Vorhaben

477 *J.E. Christoph*, ZevKR 50 (2005), S. 46 (55).

erfordern. Demgegenüber darf die Kirche ihre Beteiligung nicht grundlos oder gar mißbräuchlich verweigern"[478]

Beispiel 2: Promotion einer katholischen Studentin an einer evangelischen theologischen Fakultät (Tübingen).

„*Da die Kirchen zur Heranbildung ihres Nachwuchses und zur Durchdringung und Vertiefung ihrer Glaubensgrundlagen auf die Forschung und Lehre an den theologischen Fakultäten – jedenfalls zu erheblichen Teilen – angewiesen sind, müssen sie und die theologischen Fakultäten auch das Recht haben, selbst darüber zu befinden, welche Bedeutung dem Bekenntnischarakter der Theologie bei der Verleihung akademischer Grade und der Ausstellung theologischer Prüfungszeugnisse im konkreten Zusammenhang zukommen soll. Denn in den wissenschaftlichen Qualifikationsnachweisen der Theologie ist die Bekenntnisbindung der Theologie und die kirchliche Seite der theologischen Fakultäten als gemeinsame Angelegenheit von Staat und Kirche – und damit der Schutzbereich des Art. 140 GG i. V. m. Art. 137 Abs. III WRV – schon so stark betroffen, daß sich insoweit das Benachteiligungsverbot des Art. 3 Abs. III GG gegenüber der Verfassungsgarantie der kirchlichen Selbstbestimmung als die schwächere Norm darstellt. Soll nach dem kirchlichen und religiösen Selbstverständnis einer Ev.-theol. Fakultät die Zulassung zu akademischen Abschlußprüfungen und der Erwerb akademischer Grade regelmäßig den Angehörigen evangelischer Kirchen vorbehalten und nur ausnahmsweise den Mitgliedern im Ökumenischen Rat vertretener Kirchen und Religionsgemeinschaften eröffnet werden, so muss dies der Staat als Ausdruck des Bekenntnischarakters der Theologie und des geistlichen Selbstverständnisses der theologischen Fakultät sowohl bei der Normsetzung wie auch bei der Ausübung der rechtsprechenden Gewalt respektieren.*"[479]

Fasst man das „Widerlager" auf der kirchlichen Seite ins Auge, so ist jedenfalls im Bereich der evangelischen Kirche der Normenbestand recht bescheiden, so dass sich der Eindruck aufdrängt, „*daß die evangelische Kirche nach dem Wegfall des landesherrlichen Kirchenregiments und der Trennung von Staat und Kirche es bislang versäumt hat, den ‚kirchlichen' Teil der gemeinsamen Angelegenheit Theologische Fakultät für sich zu reklamieren und in geeigneter Weise im Rahmen des landes- bzw. gesamtkirchlichen Rechts zu regeln.*"[480]

---

478 BVerwG, Urteil v. 18.7.1996 zur Einführung des Diplomstudienganges Katholische Theologie an der Universität Frankfurt a. M., ZevKR 41 (1996), S. 460. Vergl. dazu auch die Besprechungen von *S. Muckel*, DVBl 1997, S. 873 ff.; *H. Lecheler*, NJW 1997, S. 439 ff.; *M. Morlok, M. H. Müller*, JZ 1997, S. 549 ff. Zu diesem Fall siehe außerdem: *M. Kirste*, Der Diplomstudiengang Katholische Theologie an der Universität in Frankfurt. Eine staatskirchenrechtliche Kontroverse, Münster 1988 und die Besprechung von *H. Quaritsch*, NVwZ 1990, S. 28 ff. Einen literarischen Niederschlag hat Fall in dem Roman von *M. Walser*, Finks Krieg, Frankfurt a.M. 1996 gefunden.

479 VGH Mannheim, Urt. v. 19.7.1984, ZevKR, 30 (1985), S. 106 (116).

480 *J.E. Christoph*, ZevKR 50 (2005), S. 46 (59).

Zur Behebung dieses Defizits hat die Evangelische Landeskirche in Baden in ihrer zum 1. Januar 2008 in Kraft getretenen neuen Grundordnung mit Zustimmung der Theologischen Fakultät den folgen Artikel 87 aufgenommen:

„Die Theologische Fakultät der Ruprecht-Karls-Universität Heidelberg nimmt in der Verantwortung für die christliche Lehre, durch jene Mitglieder, die mit Zustimmung der Landeskirche in ihr Amt berufen worden sind, an der Leitung der Kirche teil, indem sie

1. *bei der Ausbildung der angehenden Pfarrerinnen und Pfarrer, in Theologischen Prüfungen sowie im Predigerseminar mit der Landeskirche zusammenwirkt;*
2. *durch ein nach Art. 66 Abs. 1 und den dazu erlassenen gesetzlichen Bestimmungen berufenes Mitglied in der Landessynode und im Landeskirchenrat vertreten ist;*
3. *die Organe der Kirchenleitung durch theologische Gutachten berät."*

Damit wird auch in der Kirchenverfassung ausdrücklich anerkannt, dass die Theologische Fakultät in ihrer Mitverantwortung für die christliche Lehre Teil hat an der geistlichen Leitung der Kirche, was sich konkret in den drei genannten Punkten der Mitwirkung ihrer Mitglieder niederschlägt. Die Theologische Fakultät als solche wird damit aber kein Organ der Landeskirche, so dass insoweit das Gebot der organisatorischen Trennung von Staat und Kirche gewahrt bleibt.

Literatur:

E.-L. Solte, Theologie an der Universität. Staats- und kirchenrechtliche Probleme der theologischen Fakultäten, München 1971 (Jus Ecclesiasticum Bd. 13); *Ders.*, Kirche, Staat und evangelische Theologie, in: *J. Bohnert* u. a. (Hrsg.), Verfassung – Philosophie – Kirche, Festschrift *Alexander Hollerbach*, Berlin 2001, S. 791 ff.; *Ders.*, Aktuelle Rechtsfragen der Theologenausbildung an der Universität, ZevKR 49 (2004), S. 351 ff.; *M. Heckel*, Die theologischen Fakultäten im weltlichen Verfassungsstaat, Tübingen 1986 (Jus Ecclesiasticum Bd. 31); *Ders*, Grundfragen der theologischen Fakultäten seit der Wende, in: *H. de Wall, M. German* (Hrsg.), Bürgerliche Freiheit und Christliche Verantwortung, Festschrift *Christoph Link*, Tübingen 2003, S. 213 ff.; *Ders.*, Religionsbedingte Spannungen im Kulturverfassungsrecht, in: *M.-E. Geis, D. Lorenz*, Staat – Kirche – Verwaltung, Festschrift *Hartmut Maurer*, München 2001, S. 351 ff (374 ff.); *Ders.*, Aktuelle Rechtsfragen bei der Besetzung bzw. Einziehung theologischer Lehrstühle, ZevKR 49 (2004), S. 519 ff.; *M. Kirste*, Der Diplomstudiengang Katholische Theologie an der Universität in Frankfurt. Eine staatskirchenrechtliche Kontroverse, Münster 1988; *H. Quaritsch*, Der Streit um die Katholische Theologie an der Universität Frankfurt, NVwZ 1990, S. 28 ff.; *A. Hollerbach*, Theologische Fakultäten und staatliche Pädagogische Hochschulen, HdbStKirchR[2] Bd. 2, Berlin 1995, S. 550 (m. w. Literaturhinweisen); *M. Frisch*, Die theologischen Fakultäten in den Staatskirchenverträgen der neuen Bundesländer, DÖV 1995, S. 636 ff.; *H. Grote*, Nihil obstat – Staatskirchenrecht und Hochschullaufbahn, Materialdienst des Konfessionskundlichen Instituts Bensheim, 1995, S. 69 ff.; *L. Renck*, Verfassungsprobleme der theologischen Fakultäten, NVwZ 1996, S. 333 ff.; *Ders.*, Wissenschaftsfreiheit an den theologischen Fakultäten, in: *S. Muckl* (Hrsg.), Kirche und Religion im sozialen Rechtsstaat, Festschrift *Wolfgang Rüfner*, Berlin 2003, S. 711 ff.; *M. Morlok, M. H. Müller*, Keine Theologie ohne Kirche/keine Theologie gegen die Kirche?, JZ 1997, S. 549 ff.; *S. Muckel*, Die Rechtsstellung der Kirche bei der Errichtung eines theologischen Studienganges an einer staatlichen Universität, DVBl 1997, S. 873 ff.; *H. Lecheler*, Die Rolle des Staates bei der Sicherung der Wissenschaftsfreiheit in der Theologie, NJW 1997, S. 439 ff.; *Ders.*, Die wissenschaftliche Vorbildung der Geistlichen als Herausforderung an das deutsche staats-kirchen-rechtliche System, in: *J. Isensee, W. Rees, W. Rüfner* (Hrsg.), Dem Staate, was des Staates – der Kirche, was der Kirche ist, Festschrift *Joseph Listl*, Berlin 1999, S. 141 ff.; *H.-R. Reuter* (Hrsg.), Theologie in der Universität, Heidelberg 1999 (Texte und Materialien der Forschungsstätte der Evangelischen Studiengemeinschaft e. V., Reihe B Nr. 27); *R. Mainusch*, Lehrmäßige Beanstandung eines evangelischen Theologieprofessors, DÖV 1999, S. 677 ff.; *H-G. Babke*, Theologie an der Universität aus rechtlicher, theologischer und wissenschaftstheoretischer Perspektive, Frankfurt a.M. u. a., 2000 (mit kritischer Rezension *A. v. Campenhausen*, ZevKR 47 (2002), S. 188 ff.); *H. Schmitz*, „Katholischer Theologe", Kanonistische Anmerkungen zu einem vielfältigen Begriff, in: *W. Rees* (Hrsg.), Recht in Kirche und Staat, Festschrift *Joseph Listl*, Berlin 2004, S. 369 ff.; *J. E. Christoph*, Die Evangelisch-theologischen Fakultäten und das evangelische Kirchenrecht – Rechtstellung und aktuelle Probleme, ZevKR 50 (2005), S. 46 ff.; *H. Hallermann*, Was ist eine Katholisch-Theologische Fakultät?, Versuch einer Begriffsbestimmung; KuR 2005, S. 63 ff. (= 740, S. 33 ff.); *J. Nolte*, Islamische Theologie an deutschen Hochschulen?, DöV 2008, S. 129 ff.; *J. E. Christoph*, Die Evangelisch-theologischen Fakultäten und das evangelische Kirchenrecht – Rechtstellung und aktuelle Probleme, ZevKR 50 (2005), S. 46 ff.

V. Die verfassungsrechtlichen Garantien nach Artikel 140 GG i. V. m. Artikel 137 WRV

A. Das Verbot der Staatskirche (Art. 137 Abs. 1 WRV)

Durch Art. 137 Abs. 1 WRV sind die bis 1918 noch bestehenden Reste des Staatskirchentums und des landesherrlichen Kirchenregiments endgültig abgeschafft worden. Der Satz: *„Es besteht keine Staatskirche"* steht am Ende der Entwicklung des Trennungsprozesses von Staat und Kirche, wie er sich im Laufe des 19. Jahrhunderts überall in Deutschland vollzogen hat.[481] Seit der Weimarer Reichsverfassung hat sich der Grundsatz der **Trennung** von Staat und Kirche endgültig durchgesetzt, wie er dem modernen Verständnis des Verhältnisses des in religiösen und weltanschaulichen Fragen neutralen Staates zu den Religionsgemeinschaften entspricht. *Erwin Fischer* als einem der wesentlichen Vertreter eines strikten Trennungssystems sei ohne weiteres zugestanden, dass die *„grundsätzliche Trennung"* von Staat und Kirche die *„einzig sachgemäße Formulierung"* ist.[482] Wie oben bereits dargelegt, geht dies mit dem heutigen Selbstverständnis auch der beiden großen christlichen Kirchen durchaus konform.[483] Die entscheidende Frage ist aber, welche der möglichen **Varianten** bei der Trennung von Staat und Kirche zugrunde gelegt wird, die von strikter Trennung und Distanz über gegenseitiges Entgegenkommen bis zu Nähe, Unterstützung und Kooperation reichen können.[484] Die Antwort darauf kann sich nur aus der Verfassung selbst ergeben.

Art. 140 GG i. V. m. Art. 137 Abs. 1 WRV enthält im Wesentlichen das Verbot der Fortführung oder Wiedereinführung des bis 1918 bestehenden Systems des Landeskirchentums,[485] sowie der *„Einführung staatskirchlicher Rechtsformen und untersagt auch die Privilegierung bestimmter Bekenntnisse.*[486] Daraus folgt u. a., *„daß der Staat einer Religionsgesellschaft keine Hoheitsbefugnisse gegenüber Personen verleihen darf, die ihr nicht angehören."*[487] Deshalb können z. B. juristische Personen nicht zur Kirchensteuer herangezogen werden.[487] Ausgeschlossen ist damit nicht nur eine organisatorische Eingliederung von Religionsgemeinschaften in die Staatsverwaltung, sondern auch die unmittelbare Wahrnehmung von Staatsaufgaben durch religiöse Organisatio-

---

481 Vergl. dazu: *G. Anschütz,* Die Verfassung des Deutschen Reiches, Darmstadt 1960 (unveränderter Nachdruck der 14. Aufl., Berlin 1933), S. 630 ff.

482 *E. Fischer*, Trennung von Staat und Kirche^3, Frankfurt a. Main 1984, S. 163.

483 Vergl. dazu die Ausführungen oben S. 47 ff.

484 Vergl. dazu eingehend am Beispiel der Diskussion in den USA: *W. Brugger*, AöR 2007, S. 4 ff.

485 *A. Hollerbach*, Staatskirche, LThuK^3 Bd. 9, Freiburg 2000, Sp. 900.

486 BVerfGE 19, S. 216.

487 BVerfG, ebd.

nen und umgekehrt von religiösen Aufgaben durch den Staat.[488] Unstrittig ist im Übrigen, dass eine besondere Staatsaufsicht über die Religionsgemeinschaften, wie sie in der Weimarer Republik mit der so genannten **„Korrelatentheorie“** noch vertreten wurde, mit dem Trennungsprinzip und dem in Art. 137 Abs. 3 WRV verbürgten Selbstbestimmungsrecht der Religionsgemeinschaften nicht zu vereinbaren ist.[489]

Die aus der Weimarer Reichsverfassung in das Grundgesetz übernommenen Bestimmungen enthalten allerdings eine Reihe von spezifischen Modifikationen dieses Grundsatzes, so dass unter Rückgriff auf eine Formulierung von *Ulrich Stutz*[490] das damit eingeführte staatskirchenrechtliche System häufig als ein *„hinkendes“* Trennungssystem bezeichnet wird.[491] In neuerer Zeit ist auch von einer „balancierten“ oder „positiven“ Trennung auf der Grundlage der Religionsfreiheit gesprochen worden.[492] Auch das Modell einer „freundschaftlichen Partnerschaft“ spielt in der Diskussion zur Beschreibung des Verhältnisses von Staat und Kirche eine Rolle.[493] Als Ausdruck dieses besonderen deutschen Modells wird dabei vor allem die Tatsache angesehen, dass nach Art. 137 Abs. 5 WRV den Religionsgemeinschaften der hervorgehobene Status einer Körperschaft des öffentlichen Rechts – soweit sie das vor 1918 bereits waren – belassen und anderen Religionsgemeinschaften die Möglichkeit eingeräumt worden ist, diesen Status zu erwerben. Eingeschlossen darin ist nach Art. 140 GG i. V. m. Art. 137 Abs. 6 WRV das Recht, *„auf Grund der bürgerlichen Steuerlisten nach Maßgabe der landesrechtlichen Bestimmungen Steuern zu erheben.“* Diese Bestimmungen sind nicht etwa gegenüber dem in Art. 137 Abs. 1 WRV niedergelegten Verbot einer „Staatskirche“ Regelungen „minderen Rechts“, da das Grundgesetz keine normative Abstufung ihrer Verbindlichkeit erkennen lässt.[494] Der Satz *„Es gibt keine Staatskirche“*

---

488 Vergl.: *M. Morlock*, in: *H. Dreier*, Grundgesetz, Art. 140/Art. 137 WRV, Rd.Nr. 16.

489 Nach dieser Auffassung war *„nach dem Grundsatz der Korrelativität von Recht und Pflicht“* auch nach dem Ende des landesherrlichen Kirchenregiments eine besondere Staatsaufsicht über die Kirchen bestehen geblieben, vergl.: *G. Anschütz,* Die Verfassung des Deutschen Reiches, Darmstadt 1960 (unveränderter Nachdruck der 14. Aufl., Berlin 1933), S. 637.

490 *Ulrich Stutz* wurde 1868 in Zürich geboren und war Professor für deutsches Recht und Kirchenrecht an den Universitäten Freiburg i.Br. (1896), Bonn (1904) und Berlin (1917). Berühmt wurde *Stutz* vor allem durch seine historischen Forschungen zum Recht der Eigenkirche. Er starb 1938 in Berlin. Über ihn vergl.: *K. Fuchs*, in: *T. Bautz* (Hrsg.), Biographisches-Bibliographisches Kirchenlexikon, Bd. 11, Herzberg 1996, S. 151.

491 *U. Stutz*, Die päpstliche Diplomatie unter Leo XIII., Berlin 1926, S. 54; zur Kritik solcher Kurzbegriffe vergl.: *K. Bielitz,* Kurzbegriffe zur Kennzeichnung des Verhältnisses von Staat und Kirche nach dem Grundgesetz, ZevKR 29 (1984), S. 103 ff.

492 Zur Kritik solcher Formeln vergl.: *K. Bielitz*, Kurzbegriffe zur Kennzeichnung des Verhältnisses von Staat und Kirche nach dem Grundgesetz, ZevKR 29 (1984), S. 101 ff.

493 Zur Kritik dieses Denkmodells vergl.: *H. Simon*, Freie Kirche im demokratischen Gemeinwesen, S. 89 ff.

494 *S. Korioth*, in: *Maunz-Dürig-Herzog*, Grundgesetz (Stand Februar 2003), Art. 140, Rd.Nr. 7 zu Art. 137 WRV.

als Ausdruck des Gebots der Trennung von Staat und Kirche wird deshalb überdehnt, wenn er im Sinne eines systematischen Vorranges vor anderen Verfassungsnormen als Konstituierung eines laizistischen Staates verstanden wird, dem jegliche Berührung oder gar Zusammenarbeit mit den Religionsgemeinschaften untersagt ist.

„Das Gebot der Trennung von Staat und Kirche begründet auch ***keine*** *verfassungsrechtliche* ***Laizität.*** *Die Trennung soll religiöse Aktivitäten ermöglichen, auch in den staatlichen Raum hinein, sie begründet* ***keine religiöse Impermeabilität*** *des Staates. Die Trennung von Staat und Religionsgemeinschaften ist auch nicht in der Weise auf eine frühliberale Trennung von Staat und Gesellschaft zu projizieren, daß damit staatliche Förderung von Religionsgesellschaften ausgeschlossen wäre; gerade die leistungsstaatliche Dimension der Grundrechte weist in eine andere Richtung.“*[495]

Eine andere Interpretation würde zum einen die Tatsache ignorieren, dass es sich bei den Bestimmungen der Weimarer Reichsverfassung um einen Kompromiss in der Weimarer Nationalversammlung handelt,[496] der bewusst ins Grundgesetz übernommen worden ist, und der nicht unter der Hand im Sinne eines strikten Trennungssystems umgedeutet werden kann. Zum anderen würde sich daraus die merkwürdige Konsequenz ergeben, dass wir es bei den in der Verfassung ausdrücklich vorgesehenen Modifikationen mit so genanntem „verfassungswidrigen Verfassungsrecht“ zu tun hätten.[497] Das ist zwar eine *„theoretische Möglichkeit“*, die aber bei einem freiheitlich demokratischen Verfassungsgeber *„einer praktischen Unmöglichkeit nahezu gleichkommt.“*[498] Die den Religionsgemeinschaften durch das Grundgesetz eingeräumten Möglichkeiten, den Status einer Körperschaft des öffentlichen Rechts zu erwerben und das damit verbundene System zur Erhebung von Kirchensteuern sowie alle anderen Regelungen, die eine Kooperation des Staates mit den Religionsgemeinschaften ermöglichen bzw. erfordern, – wie z. B. im Bereich des Religionsunterrichts nach Art. 7 Abs. 3 GG – sind daher keine – möglicherweise als verfassungswidrig zu brandmarkende – „Ausnahmen“ von dem Prinzip der grundsätzlichen Trennung von Staat und Kirche, *„sondern Bestätigung der spezifisch grundgesetzlichen, freundlichen Trennung“.*[499]

Literatur:

E. Fischer, Trennung von Staat und Kirche^3, Frankfurt a. Main 1984; *Ders.*, Volkskirche ade!, Trennung von Staat und Kirche^4, Berlin, Aschaffenburg 1993; *H. Simon*, Freie Kirche im demokratischen Gemeinwesen. Entwicklungen im Ver-

495 *M. Morlock*, in: *H. Dreier*, Grundgesetz, Art. 140, Rd.Nr. 20 zu Art. 137 WRV (Hervorhebungen im Original).

496 Siehe dazu: *M. Morlock*, ebd., Rd.Nr. 5 zu Art. 137 WRV.

497 So ausdrücklich für Art. 137 Abs. 6 WRV, *M. Kleine*, Institutionalisierte Verfassungswidrigkeiten, S. 212 ff.

498 BVerfGE 3, S. 213 (233); siehe dazu auch: *S. Korioth*, in: *Maunz-Dürig-Herzog*, Grundgesetz (Stand Februar 2003), Art. 140, Rd.Nr. 8 zu Art. 137 WRV.

499 *S. Korioth*, ebd., Rd.Nr. 5; siehe auch: *L. Michael*, JZ 2002, S. 482 ff. (483 f.).

hältnis von Staat und Kirche, in: *H. P. Schneider, R. Steinberg* (Hrsg.), Verfassungsrecht zwischen Wissenschaft und Richterkunst (Festschrift *Konrad Hesse*), Heidelberg 1990, S. 87 ff.; *M. Kleine*, Institutionalisierte Verfassungswidrigkeiten im Verhältnis von Staat und Kirche unter dem Grundgesetz, Baden-Baden 1993; *A. v. Campenhausen*, in: *v. Mangoldt-Klein- v. Campenhausen,* Das Bonner Grundgesetz[3], Bd. 14, München 1991, Art. 140/Art. 137 WRV Rd.Nr. 3 ff.; *S. Korioth*, in: *Maunz-Dürig-Herzog*, Grundgesetz Kommentar (Stand Februar 2003), Art. 140/ Art. 137 WRV, Rd.Nr. 3 ff.; *M. Morlock*, in: *H. Dreier*, Grundgesetz Kommentar, Tübingen 2000, Art. 140/Art. 137 WRV, Rd.Nr. 14 ff.; *A. v. Campenhausen, H. de Wall*, Staatskirchenrecht[4], München 2006, S. 90 ff.

B. Die Vereinigungsfreiheit (Art. 137 Abs. 2 WRV)

Schon in der Zeit der Weimarer Republik entsprach es der herrschenden Auffassung, dass das Recht zur Bildung religiöser Vereinigungen bereits als Bestandteil der allgemeinen Religionsfreiheit gewährleistet ist.[500] Art. 137 Abs. 2 WRV[501] wird demgemäß auch heute im Verhältnis zu Art. 4 GG nur eine deklaratorische oder bestätigende Bedeutung zuerkannt.[502] In der Sache bezieht sich diese Bestimmung auf die Freiheit zur **Gründung von Religionsgesellschaften**, während Inhalt und Umfang ihrer Betätigungsfreiheit durch das in Art. 140 GG i. V. m. Art. 137 Abs. 3 WRV gewährleistete Recht der Selbstverwaltung geregelt wird. Nicht erfasst werden solche religiösen Vereinigungen, die sich nur der partiellen Pflege des religiösen Lebens ihrer Mitglieder widmen, also keine „Religionsgesellschaften" mit umfassender religiöser Zielsetzung sind. Ihre Gründungsfreiheit ergibt sich allein aus Art. 4 GG bzw. aus der allgemeinen Vereinigungsfreiheit nach Art. 9 Abs. 1 GG.[503]

Im Hinblick das Verhältnis von Art. 137 Abs. 2 WRV zu Art. 9 Abs. 1 GG, der allen Deutschen das Recht einräumt, Vereine und Gesellschaften zu bilden, wird überwiegend angenommen, dass Art. 140 GG i. V. mit Art. 137 Abs. 2 GG als **Lex specialis** einer Anwendung von Art. 9 Abs. 1 GG vorgeht.[504] Deshalb ist das Recht der Vereinigung zu Religionsgemeinschaften nicht auf deutsche Staatsbürger beschränkt. Als weitere Konsequenz wird daraus

500 Vergl.: *G. Anschütz*, Die Verfassung des Deutschen Reiches, Darmstadt 1960 (unveränderter Nachdruck der 14. Aufl. Berlin 1933), S. 632.

501 Zur Entstehungsgeschichte des Grundrechts der Vereinigungsfreiheit von Kirchen und Religionsgemeinschaften vergl. *P. Landau*, Friedrich Wilhelm von Preußen und die Religionsfreiheit, JZ 1995, S. 909 ff.

502 Vergl.: BVerfGE 83, S. 341 ff. (354); *S. Korioth*, in: *Maunz-Dürig-Herzog,* Grundgesetz Kommentar (Stand Februar 2003), Art. 140/Art. 137 WRV, Rd.Nr. 11.

503 Vergl.: *G. Anschütz*, Die Verfassung des Deutschen Reiches[14], S. 633 f.; *A. v. Campenhausen*, Art. 140, in: *v. Mangoldt-Klein-v.Campenhausen*, Das Bonner Grundgesetz[3], Rd.Nr. 17; *S. Korioth*, ebd., Rd.Nr. 16.

504 Vergl.: *S. Korioth, ebd.*, Art. 140 Rd.Nr. 15.; *A. v. Campenhausen*, Art. 140, in: *v. Mangoldt-Klein-v.Campenhausen*, Das Bonner Grundgesetz[3], Rd.Nr. 17; *K. Hesse*, Das Selbstbestimmungsrecht der Kirchen- und Religionsgemeinschaften, HdbStKirchR[2] Bd. 1, S. 522 f.

geschlossen, dass dieses Recht nicht nach Art. 18 GG verwirkt werden kann, wenn es zum Kampf gegen die freiheitlich demokratische Grundordnung missbraucht wird.[505] Umstritten ist allerdings die Frage, ob und unter welchen Voraussetzungen Religionsgemeinschaften, deren Zweck oder deren Tätigkeit den Strafgesetzen zuwiderlaufen, oder die sich gegen die verfassungsmäßige Ordnung oder gegen den Gedanken der Völkerverständigung richten, verboten werden können. Zum Teil wird angenommen, dass ein solches Verbot nicht auf Art. 9 Abs. 2 GG gestützt werden kann, weil die dort genannten Schranken für die allgemeine Vereinigungsfreiheit nicht auf die spezieller Norm des Art. 140 GG i. V. m. Art. 137 Abs. 2 WRV übertragen werden können. Nach dieser Auffassung kommen als Rechtfertigung für das Verbot nur dieselben Begrenzungen in Betracht, wie sie auch im Übrigen für Art. 4 Abs. 1 GG herangezogen werden, nach herrschender Auffassung also die verfassungsimmanenten Schranken.[506] Zum Teil wird auch angenommen, dass die Lücke hinsichtlich der Möglichkeit zum Verbot solcher Religionsgemeinschaften durch eine analoge Anwendung der Grundsätze zu schließen ist, wie sie in den Artikeln 18 (Verwirkung von Grundrechten) und 21 Abs. 2 GG (Verbot von politischen Parteien) GG ihren Ausdruck finden.[507]

Das Bundesverwaltungsgericht hat im Verbotsverfahren gegen Organisationen der „Ludendorff-Bewegung“ bereits 1971 die Auffassung vertreten, dass Art. 140 GG i. V. m Art. 137 Abs. 2 WRV die Religions- und Weltanschauungsgemeinschaften nicht vom Verbot des Art. 9 Abs. 2 GG befreie, die verfassungsmäßige Ordnung anzugreifen.[508]

„Demgegenüber greift nicht die formale Erwägung durch, weil Art. 140 GG und Art. 137 WRV keine dem Art. 9 Abs. 2 GG entsprechende Verbotsvorschrift enthielten, könnten Religions- und Weltanschauungsgemeinschaften, die sich gegen die verfassungsmäßige Ordnung richten, nicht aus diesem Grunde verboten und aufgelöst, sondern hieran allenfalls auf andere Weise gehindert werden. Art. 137 WRV enthält gegenüber dem Art. 9 GG eine Spezialvorschrift für Religions- und Weltanschauungsgemeinschaften nur insoweit, als etwas Besonderes erkennbar in Art. 137 WRV bestimmt ist oder sich aus dem Wesen der Religions- oder Weltanschauungsgemeinschaft notwendigerweise ergibt. Aber weder aus dem Inhalt des Art. 137 WRV noch aus dem – schutzwürdigen – Wesen der Religions- und Weltanschauungsgemeinschaften ergibt sich ein Grund, der es ausschließen würde, solche Gemeinschaften erforderlichenfalls zu verbieten und aufzulösen, wenn sie sich gegen die verfassungsmäßige Ordnung richten.“[509]

505 So: *S. Korioth*, ebd.
506 So: *S. Korioth*, ebd., Rd.Nr. 15.
507 So: *Th. Würtenberger jun.*, ZevKR 18 (1973), S. 67 ff (76).
508 BVerwGE 37, S. 364 (= ZevKR 16 (1971), S. 423).
509 BVerwG, ebd. S. 423.

Das Gericht lässt dabei ausdrücklich offen, ob dies auch für Religionsgemeinschaften mit dem Status einer Körperschaft des öffentlichen Rechts gilt.[510] Eine Anwendbarkeit von Art. 9 Abs. 2 GG auch in diesem Fall zieht es mit dem Hinweis in Erwägung, dass diese Vereinigungen keine staatlichen Aufgaben wahrnehmen und durch Mittel der Staatsaufsicht nicht wirksam zur Beachtung der verfassungsmäßigen Ordnung angehalten werden können.

Eine neue Runde in dieser strittigen Diskussion ist durch Artikel 9 des Gesetzes zur Bekämpfung des internationalen Terrorismus vom 9. Januar 2002[511] eingetreten, durch das das bisher bestehende so genannte **„Religionsprivileg"** ersatzlos gestrichen worden ist, das Religionsgemeinschaften pauschal aus dem Anwendungsbereich des Vereinsgesetzes und damit auch von der Möglichkeit der Anwendung der Verbotsnormen ausnahm. Im Verfahren gegen die Religionsgemeinschaft „Kalifstaat", die vom Bundesinnenminister mit Verfügung vom 8. Dezember 2001 verboten worden ist, hat das Bundesverwaltungsgericht dazu ausgeführt:

„Die Erstreckung der Verbotstatbestände nach dem Vereinsgesetz (§§ 3 I 1, 14 I 1, 15 I VereinsG) auf Religionsgemeinschaften – um eine solche handelt es sich beim Kl. – durch das Erste Änderungsgesetz ist jedenfalls insoweit verfassungsrechtlich unbedenklich, als es um die Abwehr verfassungsfeindlicher Bestrebungen im folgenden Sinn geht. Ungeachtet möglicher Unterschiede in der verfassungsrechtlichen Ableitung ist allgemein anerkannt, dass die Vereinigungsfreiheit der Religionsgemeinschaften gem. Art. 4 I und II, 140 GG i. V. m. Art. 137 II WRV (…) grundsätzlich ihre Schranken in der Abwehr von Gefahren für die verfassungsmäßige Ordnung findet (…). Der schwerwiegende Eingriff des Verbots einer religiösen Vereinigung ist angesichts des Gewichts, das die Freiheit des religiösen Bekenntnisses in der verfassungsrechtlichen Ordnung des Grundgesetzes hat, allerdings nur gerechtfertigt, wenn er bei der Abwägung der kollidierenden Verfassungsgüter nach dem Grundsatz des schonenden Ausgleichs (Verhältnismäßigkeitsgrundsatz) unerlässlich ist (…)."[512]

Ein Verbot einer Religionsgemeinschaft ist nach Auffassung des Gerichts gemessen an diesen Maßstäben gerechtfertigt, *„wenn sie sich in kämpferisch-aggressiver Weise gegen die Prinzipien von Demokratie und Rechtsstaat oder den in Art. 1 Abs. 2 GG verankerten Grundsatz der Menschenwürde richtet."*[513] Die gegen das Urteil eingelegte Verfassungsbeschwerde hat das Bundesverfassungsgericht nicht zur Entscheidung angenommen.[514]

---

510 Artikel 9 GG erfasst nach herrschender Lehre nur die Vereinigungen des Privatrechts, so dass die Religionsgemeinschaften, die Körperschaften des öffentlichen Rechts sind, davon ohnehin nicht erfasst werden, vergl: *R. Scholz*, in: *Maunz-Dürig-Herzog*, Grundgesetz Kommentar (Stand Februar 1999), Art. 9, Rd.Nr. 73.

511 BGBl. I, S. 361.

512 NVwZ 2003, S. 986 ff. (987).

513 Ebd., S. 986.

514 NJW 2004, S. 47 ff.

Im Ergebnis kann also festgehalten werden, dass nach vorherrschender Auffassung in Rechtsprechung und Lehre auch ein Verbot von Religions- und Weltanschauungsgemeinschaften verfassungsrechtlich nicht völlig ausgeschlossen ist, obwohl weder Artikel 4 GG noch Art. 140 GG i. V. m. Art. 137 Abs. 2 WRV dafür eine ausdrückliche Ermächtigung enthalten. Die damit zusammenhängen rechtsdogmatischen Probleme sind aber keineswegs gelöst, im Gegenteil, durch den Wegfall des vereinsrechtlichen „Religionsprivilegs" sind neue hinzugetreten, da sich verfassungsrechtlich bedenkliche Unterschiede zwischen dem Verbot deutscher Religionsgemeinschaften, für die nach wie vor die vereinsrechtliche Grundlage fehlt, und den Religionsgemeinschaften von Ausländern ergeben.[515]

Literatur:

J. Listl, Verbots- und Auflösungsmöglichkeiten von Religions- und Weltanschauungsgemeinschaften bei verfassungsfeindlicher politischer Betätigung, DÖV 1973, S. 181 ff.; *Th. Würtenberger jun.*, Zur Interpretation von Art. 4, 9 und 140 GG i. V. m. Art. 137 WRV, ZevKR 18 (1973), S. 67 ff.; *W. Flume*, Vereinsautonomie und kirchliche oder religiöse Vereinigungsfreiheit und das Vereinsrecht, JZ 1992, S. 238 ff.; *S. Muckel*, Kirchliche Vereine in der staatlichen Rechtsordnung, HdbStKirchR² Bd. 1, Berlin 1994, S. 827 ff.; *M. Planker*, Das Vereinsverbot – einsatzbereites Instrument gegen verfassungsfeindliche Glaubensgemeinschaften?, DÖV 1997, S. 101 ff.; *L. Michael*, Verbot von Religionsgemeinschaften, JZ 2002, S. 482 ff.; *S. Schmieder*, Der Schutz religiös-weltanschaulicher Vereinigungen – die Abschaffung des Religionsprivilegs, JZ 2002, S. 146 ff.; *G. Schiller*, Kompetenzrechtliche Aspekte eines Verbots von Religionsgemeinschaften, ZevKR 48 (2003), S. 257 ff.; *S. Korioth*; in *Maunz-Dürig-Herzog*, Grundgesetz Kommentar (Stand Februar 2003), Art. 140/Art. 137 WRV, Rd.Nr. 11 ff.; *M. Sachs*, Verbot einer Religionsgemeinschaft („Kalifatstaat"), BVerwG, NVwZ 2003, 986, JuS 2004, S. 12 ff.

C. Das Selbstbestimmungsrecht der Religionsgemeinschaften (Art. 137 Abs. 3 WRV)

1. Bedeutung und Inhalt des Selbstbestimmungsrechts

Neben der Garantie der Religionsfreiheit in Artikel 4 GG und dem Grundsatz der Trennung von Staat und Kirche in Art. 140 GG i. V. m. Art. 137 Abs. 1 WRV ist die Garantie des Selbstbestimmungsrechts der Religionsgemeinschaften eine dritte wesentliche Säule des staatskirchenrechtlichen Systems der Bundesrepublik Deutschland.[516] Es ist garantiert in Art. 140 GG i. V. m. Art. 137 Abs. 3 WRV. Diese Bestimmung lautet:

„Jede Religionsgesellschaft ordnet und verwaltet ihre Angelegenheiten selbständig innerhalb der Schranken des für alle geltenden Gesetzes. Sie verleiht ihre Ämter ohne Mitwirkung des Staates oder der bürgerlichen Gemeinde."

515 Vergl. zu dieser Problematik: *L. Michael*, JZ 2002, S. 482 ff (488 f.) und die Ausführungen im Urteil des Bundesverwaltungsgerichts, NJW 2003, S. 987.

516 Zu den Grundlagen des Selbstbestimmungsrechtes vergl.: *U. Scheuner*, in: Autonomie der Kirche, S. 1 ff.

Dieses Selbstbestimmungsrecht steht den Religionsgemeinschaften unabhängig von ihrer Rechtsform zu. Historisch gesehen gehört es in den Prozess der Entflechtung von Staat und Kirche und garantiert als Komplement zum Verbot der Staatskirche in Art. 137 Abs. 1 WRV den Religionsgemeinschaften die Freiheit von staatlicher Bevormundung und besonderer Aufsicht.[517] Das Bundesverfassungsgericht hat dieses Zusammenspiel der Vorschriften von Art. 140 GG wie folgt beschrieben:

„Art. 140 GG steht in einer geschichtlichen Kontinuität, die zum Verständnis der Vorschrift herangezogen werden muß. Nach einer jahrhundertelangen Periode enger Verbindung von Staat und Kirche beginnt in Deutschland im 19. Jahrhundert ein Prozeß zunehmender Lockerung dieses Verhältnisses – trotz mancher heftiger Auseinandersetzungen zwischen Staat und Kirche nicht in der Tendenz feindschaftlicher Trennung, sondern wechselseitiger Zugewandtheit und Kooperation. … Der Staat wird ‚säkularisierter Staat', später ‚weltanschaulich neutraler Staat', die Kirche besinnt sich verstärkt, insbesondere nach 1945, auf ihre Eigenständigkeit. Der Staat beschränkt sich auf die Ordnung des ‚Weltlichen', nimmt keine Kompetenzen mehr in Anspruch zur Entscheidung in Angelegenheiten der Religion und der Seelen, entlaßt am Ende die Kirchen prinzipiell aus seiner Aufsicht und anerkennt zugleich die besondere Bedeutung der Kirche für das Leben in Staat und Gesellschaft. Die Kirchen andererseits verstehen die Lösung vom Staat als Befreiung von Abhängigkeit, erkennen die Unentbehrlichkeit der staatlichen Ordnung und Autorität für die Gesellschaft an, beanspruchen ihre Unabhängigkeit bei der Erfüllung ihres geistlich-religiösen Auftrages, der nach ihrem Selbstverständnis nicht nur das Jenseits betrifft, sondern auch ein Auftrag in dieser Welt ist. Für Staat und Kirche, die sich für dieselben Menschen, für dieselbe Gesellschaft verantwortlich fühlen, entsteht damit die Notwendigkeit verständiger Kooperation (…).[518]

Im Selbstbestimmungsrecht der Religionsgemeinschaften kommt vor allem auch die Absage an die Vorstellung eines **„Totalen Staates"** zum Ausdruck, den *Carl Schmitt* bereits in der Weimarer Republik wie folgt beschrieben hat:

„Ein solcher Staat läßt in seinem Inneren keinerlei staatsfeindliche, staashemmende oder staatszerspaltende Kräfte aufkommen. Er denkt nicht daran, die neuen Machtmittel seinen eigenen Feinden und Zerstörern zu überliefern und seine Macht unter irgendwelchen Stichworten, Liberalismus, Rechtsstaat oder wie man es nennen will, untergraben zu lassen."[519]

In einem so beschriebenen Staat kann das Selbstbestimmungsrecht der Religionsgemeinschaften oder irgendeiner anderen gesellschaftlichen Gruppierung selbstverständlich keinen Platz haben. Der „Totale Staat" kennt keine staatsfreie Sphäre mehr und kein Lebensgebiet, das nicht wenigstens potenti-

517 Vergl.: *M. Morlock*, in: *H. Dreier*, Grundgesetz Kommentar, Tübingen 2000, Art. 140/Art. 137 WRV, Rd.Nr. 40.

518 BVerfGE 42, S. 312 ff. (330).

519 *Carl Schmitt*, Weiterentwicklung des totalen Staates in Deutschland, Europäische Revue IX (1933), S. 67.

ell der unmittelbaren staatlichen Einflussnahme unterworfen wäre. Die Erfahrungen im „Dritten Reich“ haben gezeigt, wohin ein solches Staatsverständnis führt.

Für die staatliche Rechtsordnung zieht das Grundgesetz aus den Erfahrungen des „Dritten Reiches“ durch eine Reihe institutioneller Sicherungen die Konsequenzen, die einen erneuten Rückfall in ein totalitäres Herrschaftssystem verhindern sollen. Dazu gehören neben dem Gottesbezug in der Präambel im Wesentlichen die Gewährleistung der Grund- und Menschenrechte, eine unabhängige Rechtspflege und der föderative Staatsaufbau. Dabei ist wichtig, dass nach unserem heutigen Verständnis diese Garantien nicht dazu dienen, eine als umfassend gedachte Staatsgewalt durch die Verfassung zu begrenzen und ihre Ausübung an die demokratische Mitwirkung der Staatsbürger zu binden, wie es dem Gedanken des „monarchischen Prinzips“ im 19. Jahrhundert entsprach. Die Staatsgewalt ist vielmehr von vornherein nur in dem Maße existent als sie durch die Verfassung konstituiert wird. Das Bundesverfassungsgericht hat diesen Sachverhalt mit folgenden Worten beschrieben und am Beispiel des Selbstbestimmungsrechtes der Religionsgemeinschaften verdeutlicht:

„Das Grundgesetz hat nicht eine virtuell allumfassende Staatsgewalt verfaßt, sondern den Zweck des Staates materialiter auf die Wahrung des Gemeinwohls beschränkt, in dessen Mitte Freiheit und soziale Gerechtigkeit stehen. Die Gewährleistung der Freiheitsrechte ist Ausdruck dafür, daß das Grundgesetz den Staat nicht als den Hüter eines Heilsplanes versteht, kraft dessen er legitimiert erschiene, dem Menschen die Gestaltung seines Lebens bis in die innersten Bereiche des Glaubens und Denkens hinein verordnen zu dürfen. Dieser Gedanke hat zumal in Art. 4 GG seine verfassungsrechtliche Ausprägung gefunden; er verwehrt dem Staat den bestimmenden Zugriff auf die religiöse oder weltanschauliche Dimension der Menschen. Der individuellen und kollektiven Glaubens- und Weltanschauungsfreiheit des Art. 4 I und II GG korrespondiert die Freiheit der Vereinigung zu Religionsgemeinschaften (Art. 140 GG i. V. m. Art. 137 II WRV) und die Gewährleistung der Eigenständigkeit der Religionsgemeinschaften (Art. 140 GG i. V. m. Art. 137 III WRV).[520]

Zu den Grundbedingungen, die dazu beitragen, einen neuerlichen totalitären Anspruch des Staates und einen Übergriff in alle gesellschaftlichen Bereiche zu verhindern, gehört die prinzipielle Unterscheidung von Staat und Gesellschaft.[521] Diese Unterscheidung allein freilich vermag die gesellschaftliche Freiheit noch nicht zu sichern. In der modernen Demokratie kommt es vielmehr auf eine Verbindung beider Bereiche an. Damit ist die Aufgabe gestellt, sowohl zu verhindern, *„daß diejenigen, die den Staatsapparat beherrschen, im Namen des Volkes, des Gemeinwohls, der Staatsräson Ziele proklamieren und zu erreichen trachten, die ohne Rücksicht auf die offene Vielfalt der gesell-*

520 BVerfGE 42, S. 312 ff. (333).

521 Vergl. zu dieser Problematik die Beiträge in: *E.-W. Böckenförde* (Hrsg.), Staat und Gesellschaft, Darmstadt 1974, (Wege der Forschung Bd. CDLXXI).

schaftlichen Interessen und Anschauungen formuliert sind",[522] als auch darauf zu achten, dass die Ordnung der gesellschaftlichen Organisationen und Institutionen nicht von der verfassungsrechtlichen Gesamtrechtsordnung isoliert werden. Im Selbstbestimmungsrecht der Religionsgemeinschaften kommt das in exemplarischer Weise darin zum Ausdruck, dass Art. 140 GG i. V. m. Art. 137 Abs. 3 WRV dieses Recht nur *„innerhalb der Schranken des für alle geltenden Gesetzes"* gewährleistet und damit *„die verfassungsrechtlichen Voraussetzungen einer Zuordnung dieser Freiheit zu anderen für das Leben des Gemeinwesens wesentlichen Freiheiten und Rechtsgütern"*[523] schafft.

Heute ist allgemein anerkannt, dass bereits Art. 4 Abs. 1 und 2 GG das gesamte Leben und Wirken der Religionsgemeinschaften und damit auch den eigentlichen geistigen „Kern" des Selbstbestimmungsrechts erfasst.[524] Zum Teil wird davon ausgegangen, dass der Schutzbereich von Art. 137 Abs. 3 WRV bereits vollständig von Artikel 4 Abs. 1 und 2 GG abgedeckt wird, so dass ihm im Verhältnis zu Artikel 4 GG nur noch eine mehr oder weniger deklaratorische Bedeutung zukommt.[525] Nach anderer Auffassung ist die kollektive Religionsfreiheit nach Art. 4 Abs. 1 und 2 GG als **lex spezialis** zu Art. 140 GG i. V. m. Art. 137 Abs. 3 WRV anzusehen. Im Sinne von konzentrischen Kreisen ist also das Selbstbestimmungsrecht der weitere, die kollektive Religionsfreiheit nach Artikel 4 GG der engere Tatbestand.[526] Tatsächlich ist davon auszugehen, dass sich beide Garantien nicht vollständig decken. Sie haben eine unterschiedliche sachliche Reichweite und unterliegen unterschiedlichen Grenzsetzungen.[527] Die Garantie freier Ordnung und Verwaltung der eigenen Angelegenheiten erweise sich vielmehr *„als notwendige, wenngleich rechtlich selbstständige Sicherung, die der Freiheit des religiösen Lebens und Wirkens der Kirchen und Religionsgemeinschaften die zur Wahrnehmung dieser Aufgaben unerläßliche Freiheit der Bestimmung über Organisation, Normsetzung und Verwaltung hinzufügt"*.[528] Art. 140 GG i.v.m. Art. 137 WRV ist nach dieser Auffassung wie ein Grundrecht zu verstehen und auszulegen, dass ein Freiheitsrecht zugunsten der Religionsgemeinschaften als Institution enthält. *„Die Religionsgemeinschaften werden gegenüber dem Zugriff des Staates intensiv auch in solchen Bereichen geschützt, die nicht in den Schutzbereich der Religionsfreiheit fallen. Art. 137 Abs. 3 S. 1 WRV weist den Religionsgemeinschaften die Ordnung ihrer eigenen Angelegenheiten*

522 *Chr. v. Krockow*, Staat, Gesellschaft, Freiheitswahrung, in: *E-W. Böckenförde*, ebd., S. 474.

523 *K. Hesse*, HdbStKirchR^2, Bd. 1, S. 531.

524 Vergl.: *K. Hesse*, ebd., S. 525.

525 So: *J. Listl*, Das Grundrecht der Religionsfreiheit, S. 372; *M. Morlock*, in: *H. Dreier*, Grundgesetz Kommentar, Tübingen 2000, Art. 140/Art. 137 WRV, Rd.Nr. 42; *M. Heinig*, Öffentlich-rechtliche Religionsgesellschaften, Berlin 2003, S. 147 ff.

526 So: *G. Neureither*, Recht und Freiheit im Staatskirchenrecht, Berlin 2002; siehe auch: *S. Korioth*, in: *Maunz-Dürig-Herzog*, Grundgesetz Kommentar, Art. 140/ Art. 137 WRV, Rd. Nr. 21.

527 Vergl. dazu: *K. Hesse*, HdbStKirchR^2, Bd. 1, S. 523 ff.

528 BVerfG, NJW 1981, S. 1829.

grundsätzlich ausschließlich zu – unabhängig von der religiösen Prägung der Angelegenheiten.“[529]

Dieser Auffassung ist zuzustimmen. Der innere Zusammenhang zwischen der Gewährleistung der Religionsfreiheit und der eigenständigen Garantie des Selbstbestimmungsrechts der Religionsgemeinschaften bleibt gleichwohl wichtig, weil er die verfahrensrechtliche Brücke darstellt, die es dem Bundesverfassungsgericht ermöglicht, durch den Rückbezug auf Artikel 4 GG die Verletzung kirchlicher Rechte am Maßstab des Art. 140 GG i. V. m. Art. 137 Abs. 3 WRV zu prüfen, obwohl eine Verfassungsbeschwerde nach Art. 93 Abs. 1 Nr. 4 a GG nicht unmittelbar auf diese Norm gestützt werden kann.[530] Die Absicherung des Kernbereichs des Selbstbestimmungsrechts über die kollektive Religionsfreiheit ist nicht zuletzt auch in europarechtlichen Zusammenhängen von großer Bedeutung.

Zu den eigenen Angelegenheiten der Religionsgemeinschaften, die sie selbst regeln können, gehören nicht nur Fragen rein religiösen Charakters, wie z. B. die Ordnung des Gottesdienstes, der Kasualien oder des kirchlichen Unterrichts, sondern alles, was den Auftrag der Religionsgemeinschaften nach ihrem Selbstverständnis ausmacht, einschließlich der Auswirkungen im Bereich der staatlichen Rechtsordnung. Zwischen beiden Bereichen besteht daher kein strikter Gegensatz im Sinne einer **„Bereichsscheidung“**, vielmehr kann es zu Überschneidungen kommen, die im Konfliktfall über die Frage nach den Grenzen des Selbstbestimmungsrechts zu lösen sind.[531]

In der **„Goch-Entscheidung“** des Bundesverfassungsgerichts ging es um die Frage, ob ein katholisches Krankenhaus im niederrheinischen Goch verpflichtet ist, eine Betriebsratswahl zuzulassen, obwohl § 118 Abs. 2 des Betriebsverfassungsgesetzes bestimmt, das Gesetz *„findet keine Anwendung auf Religionsgemeinschaften und ihre karitativen und erzieherischen Einrichtungen unbeschadet deren Rechtsform“*. In seinem immer wieder zitierten Leitsatz zu diesem Beschluss hat das Bundesverfassungsgericht ausgesprochen:

Nach Art. 140 GG i. V. m. Art. 137 Abs. 3 WRV *„sind nicht nur die organisierte Kirche und die rechtlich selbstständigen Teile dieser Organisation, sondern alle der Kirche in bestimmter Weise zugeordneten Einrichtungen ohne Rücksicht auf ihre Rechtsform Objekte, bei deren Ordnung und Verwaltung die Kirche grundsätzlich frei ist, wenn sie nach kirchlichem Selbstverständnis ihrem Zweck oder ihrer Aufgabe entsprechend berufen sind, ein Stück Auftrag der Kirche in dieser Welt wahrzunehmen und zu erfüllen.“*[532]

Seit dieser Entscheidung ist anerkannt, dass auch die privatrechtlich organisierten sozialen Einrichtungen der Kirchen an der verfassungsrechtlichen Garantie des kirchlichen Selbstbestimmungsrechtes in vollem Umfange teil-

529 *B. Grzeszick*, AöR129 (2004), S. 168 ff. (214).

530 BVerfGE 19, S. 129.

531 Vergl.: *M. Morlock*, in: *H. Dreier*, Grundgesetz Kommentar, Art. 140 GG/Art. 137 Abs. 3, Rd.Nr. 45.

532 BVerfGE 46, S. 73.

haben, sofern sie nach den vom Bundesverfassungsgericht entwickelten Maßstäben der Kirche zuzuordnen sind. Die **Kriterien** für diese Zuordnung hat das Gericht nicht in allgemeingültiger Form festgelegt. Im konkreten Fall hat es verlangt, dass das Krankenhaus teilhat an der Verwirklichung eines Stückes des Auftrages der katholischen Kirche in der Welt – sich damit also inhaltlich identifiziert –, und dass dieses im Einklang mit dem Bekenntnis der katholischen Kirche geschieht. Zu diesem Zweck muss die satzungsmäßige Verbindung mit den Amtsträgern der katholischen Kirche sichergestellt sein. Das bedeutet nicht nur, dass sich die in einer kirchlichen Einrichtung bestehenden Regelungen auf die Befugnisse der Kirche zur Rechtssetzung zurückführen lassen müssen, wenn sie unter Berufung auf das kirchliche Selbstbestimmungsrecht an die Stelle staatlichen Rechts treten sollen,[533] es schließt vielmehr die Notwendigkeit ein, dass die Kirche einen bestimmenden Einfluss auf die jeweilige Einrichtung ausüben kann.[534] Nach einem Urteil des Bundesarbeitsgerichts aus dem Jahre 1976, im dem es ebenfalls um den Ausschluss des Betriebsverfassungsgesetzes ging, ist dafür zwar nicht erforderlich, dass das Verwaltungsorgan der Einrichtung ein Organ der Kirche ist, sondern es genügt, *„wenn es sich aus Personen zusammensetzt, die selbst Organ der Kirche sind, die solchen Organen angehören oder bei deren Auswahl den Organen der Kirche ein entscheidender Einfluss eingeräumt ist.“*[535] Maßgebendes Kriterium für die Zuordnung einer Einrichtung ist also nicht etwa die Zugehörigkeit zur Kirchenverwaltung und auch in der *„Mitwirkung von Laien bei der Verwaltung solcher Einrichtungen kann keine Lockerung der Zuordnung zur Kirche gesehen werden“*.[536]

Literatur:

U. Scheuner, Begründung, Gestaltung und Grenzen kirchlicher Autonomie, in: *H.-G. Jung, H.-H. Frh. v. Schlotheim, W. Weispfenning* (Hrsg.), Autonomie der Kirche, Symposion für *Armin Füllkrug*, Neuwied u. Darmstadt 1979, S. 1 ff.; *A. v. Campenhausen,* Art. 140, in: *v. Mangoldt-Klein-v.Campenhausen*, Das Bonner Grundgesetz[3], Bd. 14, München 1991, Rd.Nr. 26 ff.; *K. Hesse*, Das Selbstbestimmungsrecht der Kirchen- und Religionsgemeinschaften, HdbStKirchR[2] Bd. 1, Berlin 1994, S. 521 ff.; *M. Morlock*, in: *H. Dreier*, Grundgesetz Kommentar, Tübingen 2000, Art. 140/Art. 137 WRV, Rd.Nr. 40 ff.; *G. Neureither*, Recht und Freiheit im Staatskirchenrecht, Das Selbstbestimmungsrecht der Religionsgemeinschaften als Grundlage des staatskirchenrechtlichen Systems der Bundesrepublik Deutschland, Berlin 2002 (Staatskirchenrechtliche Abhandlungen Bd. 37); *S. Korioth*, in: *Maunz-Dürig-Herzog*, Grundgesetz Kommentar, Stand Februar 2003, Art. 140/ Art. 137 WRV, Rd. Nr. 17 ff.

533 Vergl. dazu: *J. Winter*, in: Diakonie in Bindung und Freiheit, S. 47 ff.

534 Zu den Problemen, die sich daraus unter dem Gesichtspunkt eines vereinsrechtlich unzulässigen Fremdeinflusses ergeben können vergl.: *F. Hermann*, Die rechtliche Organisation international tätiger kirchlicher Hilfswerke, Frankfurt a. M. 2006, S. 177 ff.

535 BAG, ZevKR 22 (1977), S. 190 (193 f.); = NJW 1976, S. 1166 ff.

536 BVerfGE 53, S. 366, S. 392.

2. Exkurs zur Zuordnung diakonischer Einrichtungen zur evangelischen Kirche

An der Entwicklung der verfassungsrechtlich notwendigen Zuordnungskriterien diakonischer Einrichtungen nach dem Selbstverständnis der evangelischen Kirche hat es lange Zeit gefehlt.[537] Eine entsprechende **Richtlinie** hat der Rat der EKD erst im Dezember 2007 beschlossen.[538] Die kontinuierliche Verbindung von diakonischer Einrichtung und Kirche wird danach gewährleistet durch:

„a) Personen, die aufgrund eines kirchlichen Auftrages in der Einrichtung als geborene oder gewählte Mitglieder mitwirken,
b) Mitwirkung des diakonischen Werkes der EKD bzw. des Landesverbandes der Diakonie oder der Kirche bei Satzungsänderungen und
c) die erklärte Bereitschaft, das einschlägige kirchliche Recht anzuwenden."

Gemessen an den Vorgaben des Bundesverfassungsgerichts dürfte das die unterste Grenze dessen sein, was unter staatskirchenrechtlichen Gesichtspunkten notwendig erscheint. Insbesondere ist zu fordern, dass die diakonischen Einrichtungen das einschlägige kirchliche Recht – das betrifft insbesondere das kirchliche Arbeits- und Mitarbeitervertretungsrecht, aber z. B. auch das Datenschutzrecht – auch tatsächlich anwenden. Deshalb ist es aus staatskirchenrechtlichen Gründen wichtig, dass in den Satzungen der Diakonischen Werke in den Gliedkirchen entsprechende Verpflichtungen für die Mitglieder enthalten sind.[539] Da es im Hinblick auf die rechtlich selbstständigen diakonischen Einrichtungen in der evangelischen Kirche eine unmittelbare Zuständigkeit des kirchlichen Gesetzgebers und direkte Weisungsbefugnisse der kirchlichen Aufsicht nicht gibt, ist das der einzige Weg, eine entsprechende Verpflichtung rechtlich verbindlich zu machen. Bei Verstößen gegen diese Verpflichtung steht als äußerste Konsequenz der Ausschluss der Einrichtung aus dem Verband zur Verfügung, die freilich in der Praxis als ultima ratio selten zur Anwendung kommen dürfte.

Die Schwierigkeiten in der Frage der Zuordnung der diakonischen Einrichtungen zur evangelischen Kirche und die Einbindung in deren Rechtsordnung ergeben sich nicht zuletzt auf dem Hintergrund der wechselvollen Geschichte, die dazu geführt hat, dass sich die organisierte Diakonie der evangelischen Kirche in ihrer heutigen Form in der Tradition der 1848 von *Johann Hinrich Wichern* ins Leben gerufenen **„Inneren Mission"** außerhalb der institutionellen Verfassungsstruktur der Kirche entwickelt hat. *Wichern* hat in seiner Rede zur Frage des Verhältnisses der Inneren Mission zur Kirche Folgendes ausgeführt:

537 Zur Problematik der Zuordnung diakonischer Einrichtungen vergl.: *A.-R. Glawatz*, Die Zuordnung privatrechtlich organisierter Diakonie zur evangelischen Kirche, Frankfurt a.M. 2003; *Dies.*, ZevKR 51 (2006), S. 352 ff.; *U. Bälz*, KuR 2008, S. 35 ff.

538 Richtlinie des Rates der Evangelischen Kirche in Deutschland nach Art. 15 Abs. 2 Grundordnung der EKD über die Zuordnung diakonischer Einrichtungen zur Kirche – Zuordnungsrichtlinie – vom 8. Dezember 2007, Abl. EKD S. 405.

539 Vergl. z. B. § 5 Abs. 5 der Satzung des Diakonischen Werkes der Evangelischen Landeskirche in Baden.

„Von je her steht mir die hier ausgesprochene Überzeugung fest, daß die Kirche die innere Mission in die Hand nehmen muss. Jetzt wird sie zum Teil mit betrübtem Herzen betrieben, weil man von Seiten derer, welche die Kirche vertreten, die Tätigkeit als nicht berechtigt anerkennt. Es ist ein Mißtrauen gegen sie eingetreten, welches auch mit dem aufrichtigsten Bekenntnis: Die innere Mission will nur der Kirche und dem Staat als der anderen göttlichen Stiftung dienen, nicht hat entfernt werden können. Wenn nun diese Versammlung es ausspräche, daß der Kirchenbund Förderung und Schutz dieser Tätigkeit zukommen lasse, daß er die innere Mission in sich aufnehmen wolle, unbeschadet der notwendigen Freiheit derselben: so würde dieser Arbeit ein Stempel aufgedrückt, wovon ein Gottessegen ausgehen müßte."[540]

Wichern hat die Innere Mission also nicht als *„eine Lebensäußerung außer oder neben der Kirche"* verstanden, *„sondern sie will eine Seite des Lebens der Kirche selbst offenbaren, und zwar das Leben des Geistes der gläubigen Liebe, welche die verlorenen, verlassenen, verwahrlosten Massen sucht, bis sie sie findet."*[541] Der aus der Wittenberger Kirchenversammlung vom September 1849 hervorgegangene **Central-Ausschuss für die Innere Mission** legte daher in seinem von *Wichern* entworfenen Programm von 1849 Wert auf die Feststellung *„daß er nur für eine der Kirche dienende Stelle angesehen werde."*[542] Dementsprechend heißt es in den ersten Statuten des Central-Ausschusses vom 9. Januar 1849 im § 1: Die Aufgabe der inneren Mission *„umfaßt nur diejenigen Lebensgebiete, welche die geordneten Ämter der evangelischen Kirche mit ihrer Wirksamkeit ausreichend zu bedienen nicht imstande sind, so daß sie diesen in die Hände arbeitet und in demselben Maße ihre Aufgabe für gelöst ansieht, als die Wirksamkeit des kirchlichen Amtes sich erweitert."*[543]

Der Central-Ausschuss bestand nach § 4 der Statuten aus den beiden Präsidenten der Wittenberger Kirchenversammlung, das waren zunächst *Moritz August v. Bethmann-Hollweg* und *Friedrich Julius Stahl*, und zwei anderen hinzugewählten Mitgliedern, denen es überlassen war, die Mitgliederzahl durch Kooptation zu ergänzen.[544] Rechtsfähigkeit erlangte der Central-Aus-

540 *J. H. Wichern*, Sämtliche Werke, hrsg. von *P. Meinhold*, Bd. 1, Berlin-Hamburg 1962, S. 156.

541 *J. H. Wichern*, Die innere Mission der deutschen evangelischen Kirche. Eine Denkschrift an die deutsche Nation, in: *P. Meinhold* (Hrsg.) ebd., S. 183.

542 Central-Ausschuss für die innere Mission der deutschen evangelischen Kirche, „Programm und Statut", in: *P. Meinhold* (Hrsg.), *Johann Hinrich Wichern*, Sämtliche Werke, Bd. 2, Berlin-Hamburg 1965, S. 20.

543 abgedruckt bei: *P. Meinhold*, ebd. Bd. 1, S. 360.

544 zu den Mitgliedern siehe: *H. Talazko*, Der Central-Ausschuss für die innere Mission der deutschen evangelischen Kirche in der Kaiserzeit, Organisation und Arbeitsweise, in: *T. Strohm, J. Thierfelder* (Hrsg.), Diakonie im Deutschen Kaiserreich (1871-1919), Heidelberg 1995, S. 210 (Veröffentlichungen des Diakoniewissenschaftlichen Instituts an der Universität Heidelberg, Bd. 7); wieder abgedruckt in: *J.-C. Kaiser* (Hrsg.), Soziale Arbeit in historischer Perspektive. Zum geschichtlichen Ort der Diakonie in Deutschland (FS Helmut Talazko), Stuttgart 1998, S. 278 ff.

schuss nach dem damals gültigen Konzessionssystem für religiöse Vereinigungen durch preußischen Erlass vom 8. August 1849. Demgemäß sind die späteren Satzungsänderungen noch bis 1958 jeweils durch die Staatsaufsicht genehmigt worden, obwohl dem Konzessionssystem durch Art. 137 Abs. 4 der Weimarer Reichsverfassung der Boden entzogen war.

Die 1849 beschlossenen Statuten blieben – mit leichten Modifizierungen von 1878[545] – bis in die Zeit nach dem Zweiten Weltkrieg in Kraft. Der Central-Ausschuss war nach diesen Statuten nicht mehr als eine Versammlung von Honoratioren, deren Aufgabe sich im wesentlichen darauf beschränkte, Kontakte zu pflegen, bestehende Einrichtungen zu fördern, die Gründung neuer anzuregen und die Tätigkeit der Inneren Mission zu koordinieren. Er hatte dagegen keinerlei Vertretungsrechte für den Gesamtbereich der Inneren Mission gegenüber den staatlichen Instanzen im Reich und in den Ländern oder sonst in der Öffentlichkeit. Diese Situation änderte sich erst mit der Gründung des **„Centralverbandes der Inneren Mission“**, dessen Satzung am 1. Januar 1921 in Kraft trat. Dieser Centralverband bestand aus dem Central-Ausschuss der Inneren Mission, den ihm angeschlossenen Landes- und Provinzialausschüssen, -vereinen oder -verbänden und den Fachverbänden, deren Tätigkeit über die Grenzen eines Landes oder einer Provinz hinausging, wobei deren Freiheit in vollem Umfang gewahrt blieb. Die Geschäftsführung des Verbandes lag in den Händen des Central-Ausschusses, dem nun auch das Recht zukam, die Vertretung in der Öffentlichkeit, insbesondere gegenüber den Behörden, wahrzunehmen. Mit der Gründung des Centralverbandes war ein wesentlicher Schritt zur organisatorischen Neuordnung getan, der es der Inneren Mission erlaubte, sich als moderner Verband der freien Wohlfahrtspflege darzustellen und als solcher gegenüber den staatlichen Behörden aufzutreten.

Die Innere Mission hat zwar von Anfang an eine enge Verbindung zur Kirche angestrebt, ihre Rechtsform aber außerhalb der kirchlichen Verfassungsstrukturen entwickelt. Eine Ursache dafür wird man in der Tatsache suchen dürfen, dass die Struktur der Inneren Mission zwar ideell von kirchlichen Amtsträgern getragen worden ist, ihre materielle Existenzgrundlage aber von wirtschaftlich potenten Laien geschaffen werden musste. Von daher bestand ein notwendiger innerer Zusammenhang zwischen der Finanzierung der Inneren Mission einerseits und ihrer **privatrechtlichen Organisationsform** andererseits. Es galt lange Zeit der Grundsatz, dass Kirchensteuermittel nicht für soziale Zwecke verwendet werden dürfen. Das Verhältnis der Inneren Mission zur verfassten Kirche war von der Vorstellung bestimmt, es sei nicht Sache der Kirche, diakonische Aufgaben selbst zu übernehmen. Zu einer prinzipiellen Verbindung institutionell-organisatorischer Art, die über rein persönliche Fühlungnahmen und Verbindungen vor allem in der Form personaler Unionen zwischen Kirchenämtern und wichtigen Stellen der Inneren Mission hinausgegangen wäre, ist es daher lange Zeit nicht gekommen. Die

545 siehe dazu: *H. Talazko* ebd., S. 207 ff.

Entwicklung freier diakonischer Initiativen ist historisch gesehen der Ausdruck evangelischer Verantwortung der „Laien“ und der Autonomie christlicher Gemeinschaften gegenüber den Strukturen der als Körperschaft des öffentlichen Rechts eng mit dem Staat verflochtenen verfassten Kirche.

Die kirchenrechtliche Anerkennung der diakonisch-missionarischen Werke als *„Wesens- und Lebensäußerung der Kirche“* ist erst das Ergebnis des Kirchenkampfes im „Dritten Reich“ gewesen. Bereits vor 1933 ergaben sich Bemühungen der Landeskirchen und des Deutschen Evangelischen Kirchenausschusses, in den Leitungsgremien der Inneren Mission größeren Einfluss zu gewinnen. Ein wesentlicher Punkt in dieser Entwicklung war der Skandal um die finanziellen Unregelmäßigkeiten der Deutschen Evangelischen Heimstättengesellschaft (Devaheim) Ende 1931, durch den auch das öffentliche Ansehen der Kirche stark beschädigt worden ist. Das Ziel war eine grundsätzliche Änderung des Verhältnisses der Kirche zu den freien Verbänden im Sinne ihrer „Verkirchlichung“. Diese Tendenz musste auf dem Hintergrund des nationalsozialistischen Staates, der aus ideologischen Gründen auf eine „Gleichschaltung“ aller gesellschaftlichen Lebensbereiche abzielte, zusätzlichen Auftrieb bekommen. Die Innere Mission hat sich freilich zunächst in die damaligen kirchenpolitischen Auseinandersetzungen nicht unmittelbar hineinziehen lassen und es – trotz unterschiedlicher Positionen und harter interner Auseinandersetzungen – verstanden, nach außen hin einen ‚neutralen‘ Kurs zu fahren. Durch die Auseinandersetzungen mit dem nationalsozialistischen Staat war die Innere Mission allerdings in zunehmendem Maße gezwungen, ihr Verhältnis zur Kirche endgültig zu klären. Sie musste dabei das Kunststück vollbringen, sich einerseits des Schutzes der Kirche vor staatlichen Übergriffen zu versichern, andererseits aber versuchen, eine völlige Unterstellung unter die Leitungsgewalt der Kirche zu vermeiden. Die Gefahr einer Unterstellung der Anstalten und Einrichtungen der Inneren Mission unter die Leitung der NSV hat *„weite Kreise der Inneren Mission zu der Erkenntnis gebracht … daß die Innere Mission auch rechtlich zu einem unveräußerlichen Bestandteil der Deutschen Evangelischen Kirche bzw. der Landeskirchen“* erklärt werden muss, so der Direktor des Central-Ausschusses *Horst Schirmacher* an Landesbischof *Marahrens*, Hannover, in einem Brief v. 10. Oktober 1939, in dem er ihn als Mitglied des Geistlichen Vertrauensrates darum bittet, *„das kirchenrechtliche Verhältnis der Inneren Mission zur Deutschen Evangelischen Kirche überprüfen zu lassen mit dem Ziel einer schnellstens durchzuführenden Eingliederung der Inneren Mission in die verfasste Kirche“*[546]. Diesem Ziel diente der „Erlaß des Leiters der Deutschen Evangelischen Kirchenkanzlei betreffend die Innere Mission der Deutschen Evangelischen Kirche“ vom 12. Juli 1940.[547] Der Erlass erklärt die in der Inneren Mission zusammengeschlossenen Verbände, Anstalten und Einrichtungen der evangelischen Liebestätigkeit und Volksmission zu einem

546 *ADW*, CA 876 IV/2 (Abschrift).

547 GBl. der DEK, S. 39; zur Entstehungsgeschichte dieses Erlasses vergl.: *J. Winter*, Die Kirche und ihr Diakonisches Werk, in: *G. Rau, H.-R.-Reuter, K. Schlaich* (Hrsg.), Das Recht der Kirche Bd. 3, S. 245 ff.

„Bestandteil der Deutschen Evangelischen Kirche." Er enthält außerdem eine Reihe von Bestimmungen, die praktische Einwirkungen der Leitung der Deutschen Evangelischen Kirche auf die Innere Mission ermöglichen. Der Erlass geht weit über das hinaus, was bisher als *„fördernde Obhut"*[548] der Kirche für die Innere Mission gelten konnte. Er enthält die seither viel verwendete Formel: *„Die Innere Mission ist Wesens- und Lebensäußerung der evangelischen Kirche."* Der zunehmende staatliche Druck hat 1940 dazu geführt, dass die Innere Mission gezwungen war, sich unter den Schutz der von staatlicher Seite anerkannten offiziellen Kirchenleitung zu begeben, um der drohenden Eingliederung in die NSV zu entgehen. Der Kirchenkampf hat Klarheit darüber geschaffen, dass ein *„harmloses Programm eines gleichgesinnten Nebeneinander"*[549] keine tragfähige Grundlage mehr sein kann, das Verhältnis von Kirche und Diakonie zueinander zu bestimmen. Dazu hat *Rudolf Smend* schon 1955 gesagt, es sei *„nur noch ein bezeichnendes Denkmal ferner kirchengeschichtlicher Vergangenheit."*[550] Die historische Entwicklung hat ihren Weg genommen von einer Diakonie neben der Kirche zu einer Diakonie der Kirche.

Eine wichtige Station auf diesem Wege war die Gründung des **Hilfswerkes der Evangelischen Kirche in Deutschland** nach dem Zweiten Weltkrieg.[551] Unter dem maßgeblichen Einfluss von *Eugen Gerstenmaier* kam es bereits bei der ersten Kirchenkonferenz nach dem Ende des Zweiten Weltkrieges in Treysa vom 27. – 31. August 1945 zur Proklamation eines von der Kirche selbst getragenen Hilfswerkes. Dies führte zunächst zur Gründung von Hilfswerken in den einzelnen Landeskirchen, bevor nach der Gründung der EKD 1948 eine erste vorläufige Ordnung für ein „Hilfswerk der Evangelischen Kirche in Deutschland" als Kirchengesetz erlassen werden konnte. Die Evangelische Kirche in Deutschland bekennt sich in Artikel 15 ihrer heute noch gültigen Grundordnung vom 13. Juli 1948 in Aufnahme der Formulierung aus dem Erlass von 1940 dazu, dass *„die diakonisch-missionarischen Werke Wesens- und Lebensäußerungen der Kirche"* sind. Sie bringt damit zum Ausdruck, dass Diakonie als Zusammenfassung aller Arbeiten christlicher Liebestätigkeit eine Sache der Kirche selbst und nicht einer neben ihr stehenden Organisation ist.[552] Das Hilfswerk verstand sich *„als epochalen Neuansatz kirchlich-diakonischen Handelns, als ersten Schritt auf dem Weg von einer Kirche des Wortes und der Worte allein zu einer ‚Kirche in Aktion,, die ihre diakonische Aufgabe nicht mehr an privatrechtlich organisierte Vereine wie die Innere Mission delegieren, sondern als Hilfswerk, als ‚Kirche im Akt des Helfens,, selbst wahrnehmen würde."*[553]

548 So: Art. 4 Nr. 3 der Verfassung der Deutschen Evangelischen Kirche vom 14. Juli 1933.

549 *R. Smend,* Das Kirchenrecht und die kirchlichen Werke und Dienste, ZevKR, Bd. 4 (1955), S. 72.

550 *R.* Smend, ebd.

551 Vergl. dazu.: *J. M. Wischnath*, Kirche in Aktion, Göttingen 1986.

552 Vergl. dazu: *H. Brunotte*, Die Grundordnung der Evangelischen Kirche in Deutschland, Berlin 1954, S. 180.

553 *J. M. Wischnath*, Kirche in Aktion , S. IX.

Mit der Entstehung des Hilfswerkes war auch die Innere Mission gezwungen, ihr Verhältnis zur verfassten Kirche neu zu überdenken. Das **„Diakonische Werk der EKD e. V."** in seiner heutigen Form ist das Ergebnis eines langen und kontroversen Prozesses. Dieser begann 1957 mit dem Zusammenschluss des Central-Ausschusses für die Innere Mission und des Hilfswerkes.[554] Eine parallele Entwicklung der Fusion von Innerer Mission und Hilfswerk hat in den Gliedkirchen der EKD stattgefunden. Im Bereich des Bundes der Evangelischen Kirchen in der DDR ist nach der Trennung von den westlichen Gliedkirchen durch Kirchengesetz vom 29. Juni 1970 ein eigenes Werk „Innere Mission und Hilfswerk der Evangelischen Kirchen in der Deutschen Demokratischen Republik" geschaffen worden, das nach der staatlichen Wiedervereinigung mit dem Diakonischen Werk der EKD wieder zusammengeführt worden ist. Aufgrund der politischen Verhältnisse in der DDR waren die Beziehungen zwischen Kirche und Diakonie wesentlich enger als in der Bundesrepublik. So waren die Diakonischen Werke keine rechtlich selbstständigen Organisationen, sondern Bestandteile der jeweiligen landeskirchlichen Verwaltungen. Inzwischen ist aber im Wege der Anpassung an die westlichen Verhältnisse auch eine rechtliche Verselbstständigung der Diakonischen Werke der östlichen Gliedkirchen der EKD in der Form des eingetragenen Vereins erfolgt.

Die endgültige Fusion von Innerer Mission und Hilfswerk ist durch das Kirchengesetz über das Diakonische Werk vom 6. November 1975[555] erfolgt. Nach § 1 dieses Gesetzes nimmt die Evangelische Kirche in Deutschland ihre diakonische Aufgabe unter Mitverantwortung ihrer Organe durch das Diakonische Werk wahr. Sie beauftragt das Diakonische Werk, diese Aufgabe für die Evangelische Kirche in Deutschland gegenüber den Gliedkirchen und ihren Werken, Verbänden und Einrichtungen, den anderen Verbänden der freien Wohlfahrtspflege, dem Staat und der Öffentlichkeit und gegenüber ökumenischen Partnern zu vertreten. Zur Wahrnehmung der Mitverantwortung sieht das Kirchengesetz Sitz und Stimme von Vertretern der EKD in den Gremien des Werkes (**Diakonische Konferenz** und **Diakonischer Rat**) sowie eine Reihe von Mitwirkungsrechten vor. So bedürfen z. B. Vorschläge zur Wahl des Präsidenten des Werkes und Satzungsänderungen der Zustimmung der EKD. Vor grundsätzlichen Fragen, die das Werk berühren, soll das Diakonische Werk das Benehmen mit dem Rat der EKD herstellen. Der jährliche Wirtschaftsplan des Werkes ist vor seiner Verabschiedung dem Rat der EKD vorzulegen und die Organe der EKD sind über dessen Arbeit und Planungen umfassend zu unterrichten. Dies geschieht z. B. durch den jährlichen Bericht, den der Präsidenten des Diakonischen Werkes der EKD-Synode vorlegt.

554 Die rechtliche Natur dieses Zusammenschlusses war umstritten. Vergl. dazu: *H. Liermann*, Recht und Rechtsstellung des Diakonischen Werkes – Innere Mission und Hilfswerk – der Evangelischen Kirche in Deutschland, ZevKR 16 (1971), S. 131 ff.

555 Abl. EKD, S. 713.

Die geschilderte Entwicklung hat dazu geführt, dass heute die verfasste Kirche und ihre Diakonie über personelle Verflechtungen hinaus auch rechtlich und institutionell miteinander verbunden sind. Unbestrittener Maßen ist heute anerkannt, dass die diakonisch-missionarischen Werke eine *„Wesens- und Lebensäußerung“* der Kirche selbst sind. Die privatrechtliche Organisationsform der diakonischen Einrichtungen, bei der es weitgehend geblieben ist, steht dem nicht entgegen, denn *„die Freiheit der Kirche im Staat schließt ein, daß sich die Kirche zur Erfüllung ihres Auftrages auch der Organisationsformen des staatlichen Rechts bedienen kann, ohne daß dadurch die Zugehörigkeit der auf dieser Rechtsgrundlage gegründeten Einrichtungen zur Kirche aufgehoben würde.“*[556] Die privatrechtliche Organisation der diakonischen Einrichtungen beruht heute weniger auf der historisch überholten grundsätzlichen Distanz zwischen der evangelischen Kirche und den Einrichtungen der Diakonie, sondern entspricht eher Gesichtspunkten der Zweckmäßigkeit und der sachlichen Notwendigkeit, wie sie sich aus der unterschiedlichen Aufgabenstellung und anderen Finanzierungsgrundlagen ergeben. Diese Unterschiede ändern aber nichts daran, dass die Diakonie auf allen kirchlichen Ebenen auf eine institutionelle Rückbindung an die Kirche angewiesen ist, wenn sie an den verfassungsrechtlichen Garantien des kirchlichen Selbstbestimmungsrechts teilhaben will. Träger des Selbstbestimmungsrechtes aus Art. 140 GG i. V. m. Art. 137 Abs. 3 WRV ist nämlich nur die Kirche selbst. Es ist allein ihre Sache, darüber zu entscheiden, welche Einrichtungen und Werke ihr zugeordnet sind und sie an den Garantien des Selbstbestimmungsrechts teilhaben zu lassen. Deshalb ist es wichtig, dass die wechselseitige geistlich-theologische Identifikation von Kirche und Diakonie auch rechtlich einen für staatliche Gerichte nachvollziehbaren angemessenen Ausdruck findet.

Literatur:

J. M. Wischnath, Kirche in Aktion. Das Evangelische Hilfswerk 1945-1957 und sein Verhältnis zur Kirche und Inneren Mission, Göttingen 1986 (AKZ Bd. 14); *J. Winter*, Kirchenautonomie und Privatautonomie im Bereich der Diakonie, in: Diakonie in Bindung und Freiheit, Festschrift Helmut Seifert, Stuttgart 1988, S. 47 ff. (Schriftenreihe der Diakonie – Recht Bd. 2); *Ders.*, Die Kirche und ihr Diakonisches Werk, in: *G. Rau, H.-R. Reuter, K. Schlaich* (Hrsg.), Das Recht der Kirche, Bd. III, (Forschungen und Berichte der Evang. Studiengemeinschaft Bd. 51), Gütersloh 1994, S. 238 ff.; *A.-R. Glawatz*, Die Zuordnung privatrechtlich organisierter Diakonie zur evangelischen Kirche, Frankfurt a.M. 2003; *Dies.*, Die Zuordnung der Diakonie zur Kirche, ZevKR 51 (2006), S. 352 ff.; *F. Hermann*, Die rechtliche Organisation international tätiger kirchlicher Hilfswerke, Frankfurt a. M. 2006 (Schriften zum Staatskirchenrecht Bd. 32);*U. Bälz*, Die verfassungsrechtliche Zuordnung der Diakonie zur Kirche, KuR 2008, S. 35 ff.

556 BVerfGE 53, S. 392.

3. Die Schranken des „für alle geltenden Gesetzes"

Zur Sicherung seiner Verantwortung für das Gemeinwohl gewährleistet der Staat in Art. 137 Abs. 3 WRV das kirchliche Selbstbestimmungsrecht nur *„innerhalb der Schranken des für alle geltenden Gesetzes"*. Wie der genaue Gehalt dieser Schranken zu bestimmen ist, ist eine schwierige Frage, zu der sich die Auffassungen *„weit verzweigt"*[557] haben. Exemplarisch dafür ist die Kontroverse zwischen *Herbert Krüger* und *Konrad Hesse* Ende der fünfziger Jahre.[558] Die unterschiedlichen Auffassungen dazu zeigen nicht zuletzt, *„daß sich die grundlegenden Konzeptionen von Souveränität so wie von Recht, Staat und Verfassung unmittelbar auf das Staatskirchenrecht auswirken; die insofern bestehenden Differenzen schlagen sich direkt in verschiedenen staatskirchenrechtlichen Modellen nieder"*[559] Es kann daher nicht überraschen, dass die Interpretation der Schrankenklausel zu den schwierigsten Fragen des Staatskirchenrechts gehört. Als besonders wirkmächtig[560] hat sich dabei lange Zeit die Formel erwiesen, die *Johannes Heckel*[561] bereits 1932 entwickelt hat:

„,Das für alle geltende Gesetz', ist nicht das generelle Gesetz im Sinne der Gewaltenteilungslehre, auch nicht ein Gesetz, das sich auf eine Allgemeinheit von Individuen oder Verbänden von ihnen bezieht; es ist endlich auch nicht jedes Gesetz, das von der volonté générale getragen wird; sondern es ist das Gesetz, das auf die Allgemeinheit in prägnantem Sinn zugeschnitten ist, nämlich auf die deutsche Nation. Oder genauer gesagt: das ,für alle geltende, Gesetz ist ein Gesetz, das trotz grundsätzlicher Bejahung der kirchlichen Autonomie vom Standpunkt der Gesamtnation als sachlich notwendige Schranke der kirchlichen Freiheit anerkannt werden muss; m.a.W. jedes für die Gesamt-

557 *G. Neureither*, Recht und Freiheit im Staatskirchenrecht, S. 238 ff.

558 Vergl. die Besprechung von *Krüger* des Buches von *Hesse* über den Rechtsschutz durch staatliche Gerichte im kirchlichen Bereich, ZevKR 6 (1957/58) und dessen Antwort, Staatskirchenrechtliche Voreiligkeiten, ZevKR 6 (1957758), S. 177 ff., beide sind wieder abgedruckt mit Beiträgen weiterer Autoren in: *H. Quaritsch, H. Weber*, Staat und Kirche in der Bundesrepublik, Staatskirchenrechtliche Aufsätze 1950-1967, Bad Homburg v.d.H., Berlin, Zürich, 1967.

559 *W. Bock*, Das für alle geltende Gesetz, S. 94.

560 Vergl dazu dem umfangreichen Nachweis bei *Neureither*, Recht und Freiheit im Staatskirchenrecht, S. 242, Anm. 422.

561 *Johannes Heckel*, am 24. November 1889 in Kammerstein geboren, war Schüler von *Ulrich Stutz*. Sein erstes Ordinariat erhielt er 1928 in Bonn, von 1934 bis 1964 hatte er in München – mit einer Unterbrechung nach dem Kriege – den Lehrstuhl für öffentliches Recht, insbesondere deutsches Staats- und Verwaltungsrecht sowie Kirchenrecht inne. Das wissenschaftliche Lebenswerk *Heckels* zeichnet sich vor allem durch seine Beiträge zur kirchlichen Rechtsgeschichte und zur Lutherforschung aus. Vgl. dazu sein Hauptwerk „Lex charitatis ", Eine juristische Untersuchung über das Recht in der Theologie Martin Luthers^2, Köln, Wien 1973 und die in dem von *S. Grundmann* herausgegebenen Sammelband Das blinde undeutliche Wort „Kirche" zusammengestellten Aufsätze, Köln, Graz 1964. Aus der Zeit des Nationalsozialismus ist bis heute vor allem beachtlich sein rechtshistorischer Beitrag „Cura religionis – Jus in sacra – Jus circa sacra" in der Festschrift für *Ulrich Stutz* von 1938, unveränderter fotomechanischer Nachdruck^2, Darmstadt 1962.

nation als politische, Kultur- und Rechtsgemeinschaft unentbehrliche Gesetz, aber auch nur ein solches Gesetz. Daraus folgt: Nur zwingende Interessen des deutschen Gesamtvolkes dürfen zu einer Verengung der kirchlichen Autonomie führen."[562]

Der Ansatz dieser Formel behält auch im Kontext des Grundgesetzes seine grundsätzliche Berechtigung, weil er die „*Besonderheit der kirchlichen Eigenständigkeit in den Mittelpunkt rückt.*"[563] Allerdings kann – wie nicht zuletzt die Erfahrung im „Dritten Reich" gezeigt hat – „*auch die Nation als Kultur- und Rechtsgemeinschaft Gesetze für die staatliche Gesamtordnung unerläßlich erklären, die für die Kirchen unannehmbar sind. Andererseits sind bau- und polizei- oder zollrechtliche Normen sicherlich auch für die Kirchen verbindlich, auch wenn ihre Unentbehrlichkeit für die Gesamtnation nur schwer zu begründen ist.*"[564] Hinzu kommt, dass „*der Begriff der ‚Gesamtnation als politische Kultur- und Rechtsgemeinschaft' einer zunehmend multikulturellen und multikonfessionellen Gesellschaft nicht mehr gerecht*" wird.[565] Der einfache Rückgriff auf die Formel von *Heckel* zur Lösung konkreter staatskirchenrechtlicher Fragestellungen ist deshalb sicher nicht mehr möglich. Einigkeit besteht aber bis heute darüber, dass die Schrankenklausel jedenfalls nicht so zu verstehen ist, dass jedes allgemein gehaltene Staatsgesetz eine zulässige Grenze kirchlicher Selbstbestimmung darstellt. Das Bundesverfassungsgericht hat das im „**Bremer Pastorenfall**"[566] auf folgende Formel gebracht:

„*Darin, daß für die Kirchen in bestimmten Zusammenhängen nicht jedes allgemeine staatliche Gesetz Schranke für ihre in Art. 137 WRV anerkannte Regelungs- und Verwaltungsbefugnis ist, stimmen alle Interpreten überein (...) Meinungsverschiedenheiten bestehen hinsichtlich der Kriterien, nach denen ein*

562 Das staatskirchenrechtliche Schrifttum der Jahre 1930 und 1931, Verwaltungsarchiv 37 (1932), S. 281; wieder abgedruckt in: *J. Heckel*, Das blinde undeutliche Wort „Kirche", Gesammelte Aufsätze, Köln, Graz 1964, S. 591 (593).

563 *G. Klostermann*, Der Öffentlichkeitsauftrag der Kirchen – Rechtsgrundlagen im kirchlichen und staatlichen Recht, Tübingen 2002, S. 55 (Jus Ecclesiasticum Bd. 64).

564 *A. v. Campenhausen, H. de Wall,* Staatskirchenrecht[4], S. 109; zur eingehenden Kritik der Formel vergl. weiter: *G. Neureither*, Recht und Freiheit im Staatskirchenrecht, S 242 ff.

565 *Neureither*, ebd., S. 246.

566 BVerfGE 42, S. 312 ff.; das Bundesverfassungsgericht hatte in diesem Fall die Frage zu entscheiden, ob es zulässig ist, dass Pfarrer und Kirchenbeamte nach bremischem Kirchenrecht vom Dienst beurlaubt werden, wenn sie ein Mandat im Bundestag oder in der gesetzgebenden Körperschaft eines Landes (Bürgerschaft/Landtag) übernehmen. Das Gericht stellt dazu fest, dass Art. 48 Abs. 2 GG, nach dem niemand daran gehindert werden darf, das Amt eines Abgeordneten zu übernehmen oder auszuüben, dieser kirchlichen Regelung nicht im Wege stehe. Das Kirchengesetz regele im Blick auf die Wahrnehmung des kirchlichen Amtes eine innere Angelegenheit der Kirche, die jedenfalls keine unmittelbare Rechtswirkung – allenfalls eine mittelbare faktische Wirkung – im staatlichen Zuständigkeitsbereich entfalte. Zu diesem Verfahren siehe auch die von *D. Dahrmann* zusammengestellte und eingeleitete Dokumentation: Kirchliches Amt und politisches Mandat, Hannover 1977.

staatliches Gesetz für die Kirchen keine Schranke ihres Handelns bildet. Da die Schrankenklausel erst in Verbindung mit einem konkreten Sachverhalt ihre besondere Färbung und Aussagekraft erhält, genügt hier die Anknüpfung an die Entscheidung des Bundesverfassungsgerichts vom 17. Februar 1965, in der ausgeführt wird, daß der Staat in die inneren Verhältnisse der Kirche nicht eingreifen darf, daß die Frage, ob eine kirchliche Maßnahme dem innerkirchlichen Bereich berührt, sich danach entscheidet, was materiell, der Natur der Sache oder Zweckbeziehung nach als eigenen Angelegenheit der Kirche anzusehen ist, und dass innerhalb dieser eigenen Angelegenheiten die Kirchen an das für alle geltende staatliche Gesetz nicht gebunden sind (BVerfGE 18, 385 (386 ff.)). … Zu den ‚für alle geltenden Gesetzen' können nur solche Gesetze gerechnet werden, die für die Kirche dieselbe Bedeutung haben wie für den Jedermann. Trifft das Gesetz die Kirche nicht wie den Jedermann, sondern ***in ihrer Besonderheit als Kirche*** *härter, ihr Selbstverständnis, insbesondere ihren geistig-religiösen Auftrag beschränkend, also* ***anders*** *als den normalen Adressaten, dann bildet es insoweit keine Schranke. Und zweitens: Eine Regelung, die keine unmittelbaren Rechtswirkungen in den staatlichen Zuständigkeitsbereich hat, bleibt eine ‚innere Angelegenheit, auch dann, wenn sie dorthin mittelbare Auswirkungen hat.*"[567]

Als besonders strittig an dieser Position hat sich – neben den Schwierigkeiten, die die Interpretation der **„Jedermann-Formel"** als solche hervorruft[568]– vor allem die so genannte **„Bereichsscheidungslehre"**erwiesen**,** nach der die Religionsgemeinschaften *„im Rahmen ihrer Selbstbestimmung an ‚das für alle geltende Gesetz' im Sinne des Art. 140 GG i. V. m. Art. 137 Abs. 3 WRV nicht gebunden"* sind.[569]

Für die Auslegung des Art. 137 Abs. 3 WRV folgt aus dieser Lehre *„daß das Selbstbestimmungsrecht der Religionsgemeinschaften den innerkirchlichen Innenbereich, das forum internum der Religionsgemeinschaften, von jeder staatlichen Ingerenz freistellt. In diesem Bereich gibt es kein ‚für alle geltendes Gesetz' (und darf es von Verfassungswegen kein solches Gesetz geben): Was maßgebliche Lehre der jeweiligen Religionsgemeinschaft ist, welche religiösen Pflichten den Mitgliedern der Religionsgemeinschaften gegenüber der Religionsgemeinschaft, aber auch der Gemeinschaft gegenüber ihren Mitgliedern obliegen, unter welchen Voraussetzungen bestimmte religiöse Amtshandlungen (etwa: Taufe, kirchliche Trauung oder Beerdigung) zu gewähren bzw. zu versagen sind, welche kirchlichen Ämter existieren und welche Pflichten die kirchlichen Amtsträger treffen, das alles (und vieles mehr) ist ausschließlich Angelegenheit der fraglichen Religionsgemeinschaft, in die der Staat regulierend (und judizierend) nicht eingreifen darf. Der Verzicht auf staatliche Ingerenz in den kirchlichen Innenbereich entspricht nicht nur der Garantie der Religionsfreiheit; in ihm kommt auch der säkulare Charakter des Staates zum Ausdruck.*"[570]

---

567 Ebd., S. 333 f. (Hervorhebung im Original).
568 Zur Kritik siehe: *A. v. Campenhausen, H. de Wall*, Staatskirchenrecht[4], S. 111.
569 BVerfGE 18, S. 388.
570 *H. Weber*, HdbStKirchR[2], Bd. 1, S. 576.

Gegen diese Position wird u. a. eingewandt, dass sich für eine solche Unterscheidung zwischen einem „Innenbereich“, der keinerlei staatlichem Einfluss unterliegt, und einem „Außenbereich“, in dem die Religionsgemeinschaften dem *„für alle geltenden Gesetz“* unterliegen, im Text von Art. 137 Abs. 3 WRV keine Anhaltspunkte ergeben.[571] Zum Teil ist in der Bereichsscheidung eine *„irreführende Floskel“*,[572] gesehen worden, denn das *„für alle geltende Gesetz“* soll ja gerade das Selbstbestimmungsrecht, das sich von vornherein nur auf die *„eigenen Angelegenheiten“* bezieht, begrenzen. Eine strenge Anwendung der Bereichscheidungslehre würde also im Ergebnis darauf hinauslaufen, dass die Schrankenklausel leer läuft, weil es keine Anwendungsbereiche für sie gibt. Tatsächlich ist in den Anfangsjahren der Bundesrepublik die Auffassung vertreten worden, dass unter der Herrschaft des Grundgesetzes die Schrankenklausel überhaupt nicht mehr anwendbar ist, weil es dafür an der erforderlichen besonderen Staatsaufsicht im Sinne der in der Weimarer Republik noch vertretenen Korrelationstheorie fehle.[573] Während diese Auffassung *„sich letztlich zu stark an den vorrechtlichen Status der Religionsgemeinschaften“*[574]anlehnt, geht *Helmut Quaritsch,*[575] in seiner Interpretation der Bereichsscheidung *„in strikter Opposition zu den Verfassungstheorien, die sich stärker an einem offenen Verhältnis zwischen Staat, Gesellschaft und einzelnen orientieren … von einem eher an den Traditionen des 19. Jahrhunderts sowie der frühen Neuzeit orientierten Staatsmodell aus“*.[576] Diese etatistische Betrachtungsweise führt zu *„einer Beschränkung kirchlichen und religiösen Handelns auf den kircheninternen Bereich und damit zu einer Ausgrenzung des religionsbezogenen Handelns in der Gesellschaft vom verfassungsrechtlich gebotenen Schutz. Quaritsch verkennt, daß auch das Handeln der Kirche und Religionsgemeinschaften in der Gesellschaft also soweit es einen inneren Kreis überschreitet, verfassungsrechtlich von Art. 4 und Art 140 GG geschützt ist.“*[577]

Jenseits solcher Extrempositionen, die die Religionsgemeinschaften entweder ganz von der Bindung an das für alle geltende Gesetz freistellen oder eine enge Abgrenzung zu Lasten des innerkirchlichen Bereichs vornehmen, verdient die Auffassung den Vorzug, nach der die Schrankenklausel die Aufgabe hat *„die Gewährleistung kirchlicher Freiheit den Gewährleistungen anderer Rechtsgüter zuzuordnen, die ebenfalls zu der von der Verfassung konstituierten Ordnung des Gesamtkörpers gehören und für sie ebenfalls wesentlich sind. Die Erfordernisse des einen geschützten Bereichs können nach den Grundsätzen der Verhältnismäßigkeit und Erforderlichkeit gegenüber denjenigen des ande-*

571 Zur eingehenden Kritik der Bereichsscheidungslehre vergl.: *G. Neureither*, Recht und Freiheit im Staatskirchenrecht, S. 248 ff.

572 *P. Häberle*, ZevKR 11 1964/65), S. 394 ff. (401).

573 Vergl. dazu: *G. Neureither*, Recht und Freiheit im Staatskirchenrecht, S. 246 ff.

574 *G. Neureither*, ebd., S. 248.

575 Der Staat, 1962, S. 175 ff.

576 *W. Bock*, Das für alle geltende Gesetz, S. 59.

577 *W. Bock*, ebd., S. 98; vergl. dazu auch: *S. Korioth*, in: *Maunz-Dürig-Herzog*, Grundgesetz Kommentar, Art. 140, S. 188, Anm. 6.

ren geschützten Bereichs zur Geltung gebracht werden. Da indessen beide für jene Ordnung wesentlich sind, muß jeder in seinem Kern erhalten bleiben."[578]

In Sinne dieser Darlegungen hat das Bundesverfassungsgericht an der problematischen „Jedermann-Formel" nicht festgehalten und in der **„St. Marien – Entscheidung"**, in der es um die Verfassungsmäßigkeit organisatorischer Bestimmungen im Krankenhausgesetz des Landes Nordrhein-Westfalen im Blick auf kirchliche Krankenhäuser ging, Folgendes ausgeführt:

„Um den Kirchen und kirchlichen Einrichtungen die Möglichkeit zu geben, ihrer religiösen und diakonischen Aufgabe (...), ihren vorgegebenen Grundsätzen und Leitbildern auch im Bereich von Organisation, Verwaltung und Betrieb umfassend nachkommen zu können, ist ihnen die selbständige Ordnung und Verwaltung ihrer Angelegenheiten von der Verfassung garantiert. Daß diese Garantie nur, innerhalb der Schranken des für alle geltenden Gesetzes, gegeben ist, besagt nicht, daß jegliche staatliche Rechtsetzung, sofern sie nur im Sinne eines klassischen Gesetzesbegriffes abstrakt und generell ist und aus weltlicher Sicht von der zu regelnden Materie her als vernünftig erscheint, ohne weiteres in den den Kirchen und ihren Einrichtungen zustehenden Autonomiebereich eingreifen könnte. Unabhängig von seiner formalen Ausgestaltung trifft vielmehr jedes in diesem Sinne dem kirchlichen Selbstbestimmungsrecht Schranken ziehende Gesetz seinerseits auf eine ebensolche Schranke, nämlich auf die materielle Wertentscheidung der Verfassung, die über einen für die Staatsgewalt unantastbaren Freiheitsbereich hinaus die besondere Eigenständigkeit der Kirchen und ihrer Einrichtungen gegenüber dem Staat anerkennt (...). Die Erkenntnis der wertsetzenden Bedeutung dieses Grundsatzes führt im Sinne einer Wechselwirkung dazu, daß über die formalen Maßstäbe des ‚für alle Geltens' hinaus sich je nach der Gewichtung der Berührungspunkte staatlicher und kirchlicher Ordnung für die staatliche Rechtssetzungsbefugnis bestimmte materielle Grenzen ergeben."[579]

Wie es auch sonst im Verfassungsrecht vorkommt, stellt sich die inhaltliche Bestimmung der Schrankenklausel also als ein Problem der Abwägung konkurrierender Rechtsgüter dar, die im Sinne einer **„Wechselwirkung"** zu einem möglichst schonenden Ausgleich gebracht werden müssen. Aus dieser Sicht ist eine staatliche Schrankenregelung nur dort notwendig und vertretbar, soweit sie im Einzelfall zur Erfüllung der öffentlichen Aufgaben unumgänglich ist, d. h., wenn ohne sie das angestrebte Ziel nicht zu erreichen wäre, oder anders ausgedrückt, das für alle geltende Gesetz *„ist dasjenige, aber nur dasjenige Gesetz, das zwingenden Erfordernissen des friedlichen Zusammenlebens von Staat und Kirche in einem religiös und weltanschaulich neutralen politischen Gemeinwesen entspricht*".[580] In Anlehnung an die Formulierung

578 *K. Hesse* ZevKR 11 (1964/65), S. 337 ff. (357).

579 BVerfGE 53, S. 366 ff. (404).

580 *A. Hollerbach*, Grundlagen des Staatskirchenrechts, in: *J. Isensee, P. Kirchhof* (Hrsg.), Handbuch des Staatsrechts, Bd. VI Freiheitsrechte, Heidelberg 1989, S. 536.

für die Schranken der Religionsfreiheit in Art. 9 Abs. 2 EMRK heißt das konkreter gesagt, das Selbstbestimmungsrecht der Religionsgemeinschaften *"darf nicht Gegenstand anderer als vom Gesetz vorgesehener Beschränkungen sein, die in einer demokratischen Gesellschaft notwendige Maßnahmen im Interesse der öffentlichen Sicherheit, der öffentlichen Ordnung, Gesundheit und Moral oder für den Schutz der Rechte und Freiheiten anderer sind.*[581]

Das bedeutet zugleich, dass die Schrankenklausel in Art. 140 GG i. V. m. Art 137 Abs. 3 WRV nicht ohne Weiteres identisch ist mit den verfassungsimmanenten Schranken, wie sie sich für die Begrenzung der Religionsfreiheit aus Artikel 4 GG ergeben.[582] Das ist nur dann der Fall, soweit sich beide Schutzbereiche miteinander decken. Soweit sich aus Art. 140 GG i. V. m. Art. 137 Abs. 3 WRV aber weitergehende Rechte ergeben, ist die Schrankenklausel des „für alle geltenden Gesetzes" einerseits weiter, weil auch einfache Gesetze für eine Beschränkung des Selbstbestimmungsrechts in Betracht kommen können, sie ist anderseits aber auch enger, weil dieses auch mit Rechtsgütern in Konkurrenz treten kann, die Verfassungsrang haben und damit in der beschrieben Weise zum Ausgleich gebracht werden muss. Anders als Artikel 4 unterliegt das Selbstbestimmungsrecht also jedenfalls teilweise einem Gesetzesvorbehalt.[583] Von vornherein ausgeschlossen sind nur solche Gesetze, die sich speziell gegen das Selbstbestimmungsrecht der Religionsgemeinschaften richten **(Verbot von Sondergesetzen)**.[584] Die Formel meint aber nicht, das Selbstbestimmungsrecht bestehe nur *„nach Maßgabe der für alle geltenden Gesetze"* – man beachte den Plural –, wie es bezeichnenderweise in der Verfassung der DDR von 1948 umformuliert worden ist. Weder kann das staatliche Recht „Maßgaben" für die Ordnung und Verwaltung der eigenen Angelegenheiten der Kirche enthalten, sondern dieses Recht nur begrenzen, noch sind alle „Gesetze" dafür geeignet.

Bei der Lösung der Schrankenfrage über die vom Bundesverfassungsgericht entwickelte Lehre von der „Wechselwirkung" darf allerdings nicht übersehen werden, dass sie Wertungen von Fall zu Fall voraussetzt und deshalb vergleichsweise wenig Rechtssicherheit bietet. Vor allem ist sie anfällig für wechselnde Stimmungslagen und Veränderungen im staatskirchenrechtlichen „Klima". Der Freiraum, den das Selbstbestimmungsrecht gewährt, ist deshalb durch die Rechtsprechung des Bundesverfassungsgerichts *„keineswegs so stark abgesichert, daß es nicht durch Neuinterpretationen des Art. 140 GG*

581 In diesem Sinne: *A. v. Campenhausen, H. de Wall*, Staatskirchenrecht[4], S. 109.

582 Anders allerdings *B. Grzeszick*, AöR 129 (2004), S. 168 ff (214), der davon ausgeht, dass das kirchliche Selbstbestimmungsrecht nur durch die verfassungsimmanenten Schranken begrenzt wird. *„Im übrigen bleibt es dabei, daß die eigenen Angelegenheiten der Kirche allein von dieser geordnet und verwaltet werden."* Eine allgemeine Abwägung des kirchlichen Selbstbestimmungsrechts mit staatlichem Recht kommt danach nicht in Betracht. Diese ist vielmehr auf kollidierende Rechtsgüter mit Verfassungsrang beschränkt.

583 Vergl. *M. Morlock*, in: *H. Dreier*, Grundgesetz, Art. 140/Art. 137 WRV, Rd.Nr. 53.

584 Vergl.: *S. Korioth*, in: *Maunz-Dürig-Herzog*, Grundgesetz Kommentar (Stand Februar 2003), Art. 140/Art. 137 WRV, Rd.Nr. 48 f.

i. V. m. Art. 137 WRV und der dazu ergangenen Rechtsprechung verändert, verengt, auch in einer die Kirche bedrückenden Weise eingeschränkt werden könnte.“[585] Umso wichtiger ist die Beachtung der Mahnung, die der frühere Richter des Bundesverfassungsgerichts *Willi Geiger* schon vor mehr als 25 Jahren an die Kirchen gerichtet hat, nämlich darauf zu achten, *„daß sie in allen Bereichen, in denen ihr Wirken gemäß dem Auftrag ihres Stifters, ihrer Lehre und ihres Selbstverständnisses unverzichtbar ist, ihre eigene Ordnung schaffen, d. h. in kirchlichen Gesetzen niederlegen“.*[586] Nur so kann es nämlich gelingen, *„all denjenigen, die im täglichen Leben, im Beruf und in der Politik das staatliche Recht als das selbstverständliche Maß für ihr Tun und Lassen, ihr Dürfen und Sollen zugrundelegen, deutlich zu machen, daß für die in der Kirche und für die kirchlichen Einrichtungen und für die in der kirchlichen Gemeinschaft Lebenden und in den kirchlichen Einrichtungen Tätigen noch eine andere rechtliche Ordnung existiert, nach der – ebenfalls legitimerweise – Verhältnisse gestaltet werden und im Streitfall zu entscheiden sind. Solange die kirchlichen Regelungen nur sozusagen ‚ausnahmsweise‘ vorgezeigt werden und damit Erheblichkeit beanspruchen, darf es nicht verwundern, daß allgemein von der Maßgeblichkeit des staatlichen Rechts ausgegangen wird, wo in Wahrheit die kirchliche Ordnung Geltung zu beanspruchen hat und sei es nur im Wege ihrer Verweisung auf das staatliche Recht. Nähmen die Kirchen wahr, was ich eben postuliert habe, dann würde sich auch erweisen, daß überhaupt kein Grund besteht zu Mißtrauen, die Kirchen könnten gemeinwohlgefährdende, unzureichende, den Menschen in seinen Grundrechten beeinträchtigende oder verletzende Regelungen treffen und deshalb müsse der Staat dafür sorgen, daß seine Regelungen in den weiten Bereich kirchlicher Aktivitäten hineinreichen.“*[587] Dem ist auch heute – nicht zuletzt mit Blick auf die nichtchristlichen Religionsgemeinschaften, die sich auf das Selbstbestimmungsrecht berufen wollen,– nichts weiter hinzuzufügen.

Literatur:

J. Heckel, Das staatskirchenrechtliche Schrifttum der Jahre 1930 und 1931, Verwaltungsarchiv 37 (1932), S. 281, wieder abgedruckt in: *Ders.*, Das blinde undeutliche Wort „Kirche“, Gesammelte Aufsätze, Köln, Graz 1964, S. 591; *H. Quaritsch*, Kirche und Staat, Verfassungs- und staatstheoretische Probleme der staatskirchenrechtlichen Lehre der Gegenwart, Der Staat 1962, S. 175 ff., wieder abgedruckt in: *Ders., H. Weber* (Hrsg.), Staat und Kirche in der Bundesrepublik, Staatskirchenrechtliche Aufsätze 1950-1967, S. 265 ff.; *P. Häberle*, Kirchliche Gewalt als öffentliche und „mittelbare“ staatliche Gewalt, zum Beschluß des BVerfG vom 17. 2. 1965, ZevKR 11 (1964/65), S. 395 ff.; *K. Hesse*, Freie Kirche im demokratischen Gemeinwesen, ZevKR 11 (1964/65), S. 337 ff.; *W. Geiger*, Die Rechtsprechung des Bundesverfassungsgerichts zum kirchlichen Selbstbestimmungsrecht, ZevKR 26 (1981), S. 156 ff.; *W. Bock*, Das für alle geltende Gesetz und die kirchliche Selbstbestimmung, Eine verfassungsrechtliche Untersuchung am Beispiel des

585 *W. Geiger*, ZevKR 26 (1981), S. 156 ff (174)
586 Ebd.
587 Ebd., S. 174.

Amtsrechts der evangelischen Kirche, Tübingen 1996 (Jus Ecclesiasticum Bd. 55); *M. Morlock*, in: *H. Dreier*, Grundgesetz, Tübingen 2000, Art. 140/Art. 137 WRV, Rd.Nr. 53 ff.; *G. Neureither*, Recht und Freiheit im Staatskirchenrecht, Das Selbstbestimmungsrecht der Religionsgemeinschaften als Grundlage des staatskirchenrechtlichen Systems der Bundesrepublik Deutschland, Berlin 2002, S. 238 ff. (Staatskirchenrechtliche Abhandlungen Bd. 37); *B. Grzeszick*, Staatlicher Rechtsschutz und kirchliches Selbstbestimmungsrecht, Kollidierendes Verfassungsrecht als alleinige Schranke des kirchlichen Selbstbestimmungsrechts. AöR 129 (2004), S. 168 ff.; *S. Korioth*, in: *Maunz-Dürig-Herzog*, Grundgesetz Kommentar (Stand Februar 2003), Art. 140/Art. 137 WRV, Rd.Nr 44 ff.; *A. v. Campenhausen, H. de Wall*, Staatskirchenrecht^4, München 2006; S. 107 ff.

4. Exkurs zur Eigenständigkeit und Eigenart des Evangelischen Kirchenrechts

Der beschriebene Prozess der Trennung von Staat und Kirche stellte die evangelische Kirche nach dem Zusammenbruch der Monarchie nach 1918 zum ersten Mal in ihrer Geschichte vor die Notwendigkeit, ihre Rechtsordnung unabhängig vom Staat zu entwickeln, eine Situation, auf die sie nur mangelhaft vorbereitet war. So kommt es, dass sie sich in der Weimarer Republik in gewohnter Weise an den Kategorien des staatlichen Verfassungsrechts orientierte. Das erwies sich spätestens mit dem Einbruch der nationalsozialistischen Ideologie in die staatliche Rechtsordnung als in höchstem Maße problematisch und erzwang eine Neubesinnung über das Grundverständnis des evangelischen Kirchenrechts in seinem Verhältnis zum staatlichen Recht. Eine radikale Trennung und Entgegensetzung der unsichtbaren **„Glaubenskirche“** und der sichtbaren Glaubensgemeinschaft in der Gestalt der verfassten **„Rechtskirche“** führte im 19. Jahrhundert den Juristen *Rudolph Sohm*[588] zu dem berühmten Satz: *„Das Kirchenrecht steht mit dem Wesen der Kirche im Widerspruch.“*[589] Auf dem Hintergrund des Rechtsverständnisses seiner Zeit, das unter Recht nur eine staatliche Zwangsordnung verstehen konnte, bestritt Sohm der verfassten Kirche, überhaupt Kirche zu sein. Für ihn gab es nur die spiritualisierte, im Glauben erfahrbare universale Geistkirche. Er lieferte damit die Ordnung der verfassten Kirche ganz der staatlichen Rechtsetzungsgewalt aus. Zwar hat es schon vor 1933 nicht an Versuchen gefehlt, die Lehre Sohms zu überwinden,[590] jedoch vermochten

588 *Rudolph Sohm* (1841-1917) geb. in Rostock, war Professor in Göttingen, Freiburg, Straßburg und Leipzig (ab 1887).

589 *R. Sohm*, Kirchenrecht, Erster Band, Leipzig 1892, S. 1; zu den Auffassungen *Sohms* vergl.: *V. Mantey*, Kirche ohne Recht?, *Rudolph Sohms* Verständnis von Kirche und Recht und *Martin Luthers* Zwei-Reiche-Lehre, ZevKR 49 (2004), S. 718 ff.; zur Auseinandersetzung des Theologen *Adolph Harnack* mit *Sohm* vergl: *A. Harnack*, Entstehung und Entwicklung der Kirchenverfassung und des Kirchenrechts in den zwei ersten Jahrhunderten, Urchristentum und Katholizismus, Darmstadt 1980 (Reprograf. Nachdruck der Ausgabe Leipzig 1910).

590 Vergl. vor allem: *G. Holstein*, Die Grundlagen des evangelischen Kirchenrechts, Tübingen 1928; *H. Liermann* Deutsches Evangelisches Kirchenrecht, Stuttgart 1933 (Bibliothek des öffentlichen Rechts Bd. V).

sich auch diese Entwürfe noch nicht endgültig von der begrifflichen Trennung zwischen einer unsichtbaren, notwendig rechtsfreien Geistkirche und einer sichtbaren verfassten Rechtskirche zu lösen. Das Kirchenrecht blieb grundsätzlich der Einflussnahme durch den Staat unterworfen, und der Umfang der kirchlichen Selbstverwaltung war eine Frage der Reichweite des der Kirche vom Staat überlassenen Rechtskreises. Erst der Kirchenkampf im „Dritten Reich" brachte eine grundsätzliche rechtstheologische Klärung mit sich, die bis heute die Grundlage des modernen evangelischen Kirchenrechts bildet. Wesentliche Bedeutung kommt auch hier der **Barmer Theologischen Erklärung** (BTE) von 1934 zu. Der Ort, an dem das Zeugnis von der Liebe Christi in der Welt sichtbar Gestalt gewinnen muss, ist die *„Gemeinde von Brüdern"*. Diese *„hat mit ihrem Glauben wie mit ihrem Gehorsam, mit ihrer Botschaft wie mit ihrer* ***Ordnung*** *mitten in der Welt der Sünde als die Kirche der begnadigten Sünder zu bezeugen, daß sie allein sein Eigentum ist, allein von seinem Trost und von seiner Weisung in Erwartung seiner Erscheinung lebt und leben möchte"*, so heißt es in der dritten These der Erklärung.[591] Deshalb ist auch die soziale Gestalt der Kirche nicht beliebig und darf sich nicht *„dem Wechsel der jeweils herrschenden weltanschaulichen und politischen Überzeugungen"* anpassen. Der Auftrag der Kirche besteht nicht nur darin, durch *„Predigt und Sakrament die Botschaft von der freien Gnade Gottes auszurichten an alles Volk"* (BTE These 6), sondern sie muss dieser Verkündigung auch selbst als Akt des Gehorsams in ihrem sozialen Leben und der Gestaltung ihrer Rechtsordnung entsprechen. In diesem Sinne einer *„antwortenden Entsprechung"*[592] hat auch das Kirchenrecht **Zeugnischarakter,** ohne dadurch seinen Charakter als menschliches Recht zu verlieren.[593]

Die Barmer Theologische Erklärung schließt jede Fremdbestimmung kirchlichen Rechts aus und postuliert eine **eigenständige** Kirchenordnung, die nicht mehr in der staatlichen Rechtsetzungsgewalt begründet oder aus ihr ableitbar ist. Die Kirche als Institution ist nach dem Grundverständnis der dritten These nicht allein eine Konsequenz ihrer geschichtlichen Existenz in der Welt, sondern die Stiftung durch Jesus Christus schließt institutionelle Momente mit ein, die etwa im Akt der Taufe, im wiederholten Gemeinschaftsakt des Herrenmahls, im Schlüsselamt, aber auch im missionarischen und diakonischen Auftrag der Gemeinde ihren Ausdruck finden. Die göttliche Setzung der Gemeinde in ihrer sichtbaren Sozialgestalt und die Institutionalisierung in den Formen des von Menschen gemachten weltlichen Rechts greifen ineinander und sind notwendigerweise aufeinander bezogen. Sie können zwar unterschieden, aber nicht voneinander geschieden werden.

591 Hervorhebung durch den Verfasser. Zur dritten These der BTE vergl. im Ganzen: *A. Burgsmüller (Hrsg.),* Kirche als „Gemeinde von Brüdern" (Barmen III), Bd.1, Vorträge aus dem Theol. Ausschuß der Evang. Kirche der Union[2], Gütersloh 1983, Bd. 2, Votum des Theol. Ausschusses der Evangelischen Kirche der Union[2], München 1981.

592 *W. Huber*, in: *A. Burgsmüller* (Hrsg.), Kirche als „Gemeinde von Brüdern", Bd.1, S. 249 ff. (260).

593 Vergl. dazu: *K. Schlaich*, ZevKR 29 (1983), S. 337 ff (353 ff.).

Wenn in der dritten These der BTE davon die Rede ist, die christliche Kirche sei dort zu finden, wo *„Jesus Christus in Wort und Sakrament durch den Heiligen Geist als der Herr gegenwärtig handelt"*, so liegt dies ganz auf der Linie des Kirchenverständnisses von Art. VII. der Confessio Augustana von 1530, nach der gelehrt wird, *„dass allezeit die eine, heilige, christliche Kirche sein und bleiben muss. Sie ist die Versammlung aller Gläubigen, bei denen das Evangelium rein gepredigt und die heiligen Sakramente dem Evangelium gemäß gereicht werden."* Die BTE vollzieht freilich insofern eine Präzisierung der dort getroffenen Feststellung, als sie klarstellt, dass die Kirche Setzung Jesu Christi nicht nur im Blick auf das Geschehen der Verkündigung als aktuelles Ereignis ist, sondern auch im Blick auf das körperschaftliche Subjekt der personal-sozialen Menschengemeinschaft, die auf die Verkündigung antwortet. Eine Spiritualisierung des Kirchenbegriffs im Sinne der These *Rudolph Sohms* ist damit endgültig nicht mehr möglich. Das Kirchenrecht steht mit dem Wesen der Kirche nicht im Widerspruch, es hat vielmehr dem Auftrag der Kirche zu dienen und findet darin seine Vollmacht und seine Grenze (**Dienstcharakter** des Kirchenrechts).[594]

Die soziale Grundform der christlichen Gemeinde leitet sich aus der einzigartigen Stellung Jesu Christi als dem Herrn ab, durch dessen gegenwärtiges Handeln die „bruderschaftliche" Gemeinschaft erst vermittelt wird, so wie es in Matthäus 23 Vers 8 heißt: *„Denn nur einer ist euer Meister; ihr aber seid alle Brüder."* Bruderschaft und Christokratie sind das Koordinatenkreuz, an dessen Schnittpunkt der einzelne Christ seine Personalität im Glauben an Christus und daraus abgeleitet seine Solidarität mit den Brüdern und Schwestern findet. Geistliches Grundgesetz dieser Gemeinschaft ist die **Lex caritatis** der Gottes- und Nächstenliebe (Matth. 22 Vers 37 ff.; Römer 13 Vers 10), geistliche Freiheit und brüderliche Gleichheit. Im Unterschied zur klassischen Auffassung der römisch-katholischen Kirche, nach der die mit einer bestimmten rechtlichen Verfassung ausgestattete Institution der maßgebliche Faktor ist, der die Identität der Kirche über die Zeiten hinweg vermittelt, stützt sich die Identität der Kirche nach CA VII auf das stete Vorhandensein der „notae ecclesiae", d. h. auf die schriftgemäße Verkündigung des Evangeliums und der Sakramentsverwaltung. Dem Kirchenrecht wird damit keine kontinuitätsvermittelnde Wirkung zuerkannt. Es kann und muss vielmehr von jeder Generation in einem gewissen Rahmen zweckbezogen gestaltet werden.[595] Dennoch ist auch das evangelische Kirchenrecht nicht nur das Ergebnis zeitgeschichtlicher Strömungen oder Erwägungen reiner Zweckmäßigkeit. Das evangelische Kirchenrecht ist an Schrift und Bekenntnis gebunden.[596] Insofern ist es gegenüber dem staatlichen Recht **„eigengeartet"**.

594 In diesem Sinne ausdrücklich der Vorspruch zur Grundordnung der Evangelischen Landeskirche in Baden.

595 Vergl. dazu: *D. Pirson*, Die Heilige Schrift und das kanonische Recht, S. 96 ff.

596 Vergl. dazu demnächst ausführlich die Heidelberger Dissertationen von *J. Neie*, Bekenntnis, Bekenntnistand und Bekenntnisbindung im evangelischen Kirchenrecht und *D. Konrad,* Der Rang und die grundlegende Bedeutung des Kirchenrechts im Verständnis der evangelischen und katholischen Kirche.

Im evangelischen Kirchenrecht besteht aber Übereinstimmung darin, dass sich aus Schrift und Bekenntnis kein Kodex unveränderlicher Rechtsnormen für die Gestaltung der kirchlichen Rechtsordnung ableiten lässt.[597] Das evangelische Kirchenrecht kennt deshalb auch im Unterschied zur römisch-katholischen Kirche kein **„jus divinum“** mit unmittelbarem Rechtscharakter.[598] Schrift und Bekenntnis liefern nur **Weisungen** für das ordnende kirchliche Handeln, die in der Freiheit des Evangeliums und aus der Verantwortung für den Verkündigungsauftrag der Gemeinde in der jeweiligen Situation durch menschliche Rechtsetzung konkretisiert werden müssen.[599]

Der Grundsatz, nach dem die Kirche der ständigen Reformation bedarf, gilt auch für das Recht der Kirche, das immer wieder daraufhin befragt werden muss, ob es seinem Dienst- und Zeugnischarakter noch entspricht. Das kirchliche Recht hat damit eine prinzipielle Offenheit und Flexibilität, wie sie dem staatlichen Recht in dieser Form fremd ist. Der Zeugnis- und Dienstcharakter des Kirchenrechts schließt außerdem aus, dass es in zweckrationalen Strukturen aufgeht oder sich in funktionalen Organisationsformen erschöpft.

Als eine spezielle Form der Gestaltung kirchlichen Lebens, die der staatlichen Rechtsordnung fremd ist, sind in diesem Zusammenhang vor allem die so genannten **„Lebensordnungen“** zu nennen, die das Recht der kirchlichen **Amtshandlungen** regeln. Darunter sind traditionell nur solche Vollzüge zu verstehen, die sich in gottesdienstlichen Formen verdichten und agendarisch geordnet sind, also die Taufe, die Konfirmation, die Trauung und die kirchliche Bestattung. Der Begriff der „Lebensordnungen“ erfasst heute aber weit darüber hinaus Bereiche, die nicht zu den „Amtshandlungen“ im diesem engeren Sinne gehören.[600] Ihre rechtliche Verbindlichkeit ist umstritten und in den einzelnen Landeskirchen unterschiedlich ausgeprägt. Die Lebensordnungen unterliegen wegen ihrer Nähe zu Verkündigung und Seelsorge in besonderer Weise dem **“Usus legis spiritualis”**.[601]

Nach Auffassung der **dualistischen Kirchenrechtslehre** ist das Kirchenrecht gegenüber dem weltlichen Recht **wesensverschieden**. Als Vertreter dieser Lehre gilt vor allem *Johannes Heckel.*

„Jedoch in welchem Sinn immer man das autonome menschliche Kirchenrecht ‚weltlich‘ nennen mag, so bleibt doch ein tiefer Unterschied zwischen dem im Reiche der Welt herrschenden Recht und dem autonomen menschlichen Kirchenrecht. Die Legitimationsgrundlage und demzufolge der Geltungsanspruch

597 Vergl: *M. Honecker*, ZThK 2005, S. 93 ff. (113).

598 Vergl. dazu: *H.-R. Reuter*, in: *G. Rau, H.-R. Reuter, K. Schlaich* (Hrsg.), Das Recht der Kirche Bd.1, Gütersloh 1997, S. 280 ff.

599 Zur Funktion der biblischen Weisungen im evangelischen Kirchenrecht vergl. in der Vorauflage, S. 43 ff.

600 Siehe dazu die Leitlinien kirchlichen Lebens der Vereinigten Evangelisch-lutherischen Kirche Deutschlands (VELKD), Handreichung für eine kirchliche Lebensordnung, Gütersloh 2003 und die Ordnung kirchlichen Lebens der Evangelischen Kirche der Union^2, Berlin 2001.

601 Zu den Lebensordnungen vergl. im Einzelnen in der Vorauflage, S. 47 ff.

sowie die Grenze der Verbindlichkeit sind da und dort nicht dieselbe. Es gibt also ein ‚ius ecclesiasticum'. Sein Verhältnis zum weltlichen Recht läßt sich aufs knappste in eine Formel fassen, die Luther für die Kirche in der Welt geprägt hat: Die Kirchenordnung ist ‚mundana, sed non de hoc mundo'."[602]

Die in der Barmer Theologischen Erklärung angelegte Überwindung des **doppelten Kirchenbegriffs**, wie er dem Bewusstsein des 19. Jahrhunderts entsprach, wird hier im Sinne einer Eigenrechtsmacht der Kirche gegenüber dem Staat ersetzt bzw. ergänzt[603] durch einen **doppelten Rechtsbegriff**.[604] Das erweist sich deshalb als problematisch, weil die evangelische Kirche nach ihrem Selbstverständnis nicht für sich in Anspruch nimmt, im Sinne der Lehre von der „societas perfecta" eine völlig eigenständige Befugnis zur Rechtsetzung zu besitzen. Die These von der „Eigenständigkeit" des kirchlichen Rechts gegenüber dem Staat darf deshalb nicht in diese Richtung missverstanden werden. Sie ist vielmehr, *„die kirchenrechtliche Entsprechung zu dem staatskirchenrechtlichen Grundsatz, dass die Kirchen ihre Angelegenheiten selbständig innerhalb der Schranken des für alle geltenden Gesetzes regeln. … Die These von der Eigenständigkeit des kirchlichen Rechts wendet sich gegen die Gefahr einer äußeren Überfremdung des Kirchenrechts; die These von der Eigengeartetheit des Kirchenrechts wendet sich gegen die Gefahr einer inneren Beliebigkeit des Kirchenrechts."*[605] In diesem Sinne unterscheidet sich das evangelische Kirchenrecht nach Auffassung der **monistischen Kirchenrechtslehre** von weltlichem Recht nur nach seinem Ursprung und dem zu ordnenden Sachbereich, nicht in seinem Wesen.[606] Es ist Ausdruck der geschichtlichen Existenz der Kirche, hat aber ein anders **„Telos"** als das staatliche Recht. Die monistische Kirchenrechtslehre kann heute – vor allem auch hinsichtlich der Behandlung kirchenrechtlicher Fragen in der Praxis – als die herrschende Auffassung angesehenen werden. Die Begründung, Ausrichtung und Begrenzung kirchlichen Rechts durch die unverzichtbar vorgegebenen, biblisch gewiesenen, geistlichen Ordnungselemente – Wortverkündigung, Sakramentsverwaltung, Seelsorge, allgemeines Priestertum der Gläubigen, Taufe als Voraussetzung und Basis der Kirchengliedschaft, Dienst am Nächsten – bedeutet also nicht, dass der Rückgriff auf Elemente staatlicher Rechts-

602 *J. Heckel,* Lex charitatis, S. 397.

603 *Heckel* selbst hielt am dualistischen Kirchenbegriff fest.

604 Zum doppelten Rechtsbegriff siehe: *K. Schlaich*, ZevKR 28 (1983), S. 337 ff. (339 ff.)

605 *W. Huber*, Gerechtigkeit und Recht[3], Gütersloh 2006, S. 513.

606 Als Vertreter eines einheitlichen Rechtsbegriffes gilt u. a. *Hans Dombois,* der neben *Johannes Heckel* und *Erik Wolf* nach dem zweiten Weltkrieg mit seinem dreibändigen Werk „Das Recht der Gnade" eine eigene groß angelegte rechtstheologische Konzeption vorgelegt hat. Zu seiner Person vergl. den Nachruf von *R. Dreier*, NJW 1997, S. 3361 ff.; zu den drei genannten Entwürfen vergl.: *W. Steinmüller*, Evangelische Rechtstheologie, 2 Bände, Köln, Graz 1968 (Forschungen zur kirchlichen Rechtsgeschichte und zum Kirchenrecht, 8. Bd.); speziell zu *Hans Dombois* siehe: *H. Folkers* (Hrsg.), Zugänge zum Recht der Gnade, Studien zum Kirchenrecht und Theologie II, Heidelberg 1990 (Texte und Materialien der Forschungsstätte der Evangelischen Studiengemeinschaft, Reihe A, Nr. 33).

ordnung völlig ausgeschlossen wäre.[607] Das kirchliche Recht hat als Instrument der Ordnung und Befriedung menschlicher Gemeinschaft trotz seiner im theologischen Selbstverständnis begründeten Eigenart in den sachlogischen Grundstrukturen durchaus Entsprechungen und Gemeinsamkeiten mit dem staatlichen Recht. Auch führt die öffentliche Wirksamkeit in der Volkskirche zu vielfältigen gesellschaftlichen Verflechtungen, die eine Übernahme staatlichen Rechts in vielen Bereichen – jedenfalls unter den Bedingungen eines demokratischen Rechtsstaates – theologisch möglich und praktisch sinnvoll erscheinen lassen. Aus der These von der „Eigenständigkeit" und der „Eigengeartetheit", des kirchlichen Rechts ergibt sich aber staatskirchenrechtlich die Berechtigung und innerkirchlich *„die Verpflichtung der Kirche, selbständig zu prüfen, welche staatlichen Rechtsregeln sie über das für alle geltende Gesetz hinaus im kirchlichen Bereich anwenden will und in welchem Umfang sie an gesellschaftlichen Regelungsmechanismen teilnimmt, die sich unter bestimmten geschichtlichen Gegebenheiten ausbilden."*[608]

Literatur:

J. Heckel, Lex Charitatis, Eine juristische Untersuchung über das Recht in der Theologie Martin Luthers, Wien 1973; *A. Janssen*, Historisch-kritische Theologie und evangelisches Kirchenrecht, ZevKR 1981, S. 31 ff.; *W. Huber*, Die wirkliche Kirche, Das Verhältnis von Botschaft und Ordnung als Grundproblem evangelischen Kirchenverständnisses im Anschluß an die 3. Barmer These, in: *A. Burgsmüller* (Hrsg.), Kirche als „Gemeinde von Brüdern", Barmen III Bd.1, Vorträge aus dem Theologischen Ausschuß der Evangelischen Kirche der Union^2, Gütersloh 1983, S. 249 ff.; *K. Schlaich,* Kirchenrecht und Kirche, Grundfragen einer Verhältnisbestimmung heute, ZevKR 28 (1983), S. 353 ff.; *J. Winter,* Die Barmer Theologische Erklärung, Ein Beitrag über ihre Bedeutung für Verfassung, Recht, Ordnung und Verwaltung der Evangelischen Landeskirche in Baden nach 1945, Heidelberg 1986 (Freiburger Rechts- und Staatswissenschaftliche Abhandlungen Bd. 47); *D. Pirson*, Die Heilige Schrift und das kanonische Recht, in: *G. Rau, H.-R. Reuter, K. Schlaich* (Hrsg.), Das Recht der Kirche Bd. 2, Zur Geschichte des Kirchenrechts, Gütersloh 1995, S. 96 ff. (Forschungen und Berichte der Evangelischen Studiengemeinschaft Bd. 50); *H.-R. Reuter*, Der Rechtsbegriff des Kirchenrechts in systematisch-theologischer Hinsicht, in: *G. Rau, H.-R. Reuter, K. Schlaich* (Hrsg.), Das Recht der Kirche Bd.1, Zur Theorie des Kirchenrechts, Gütersloh 1997, S. 280 ff. (Forschungen und Berichte der Evangelischen Studiengemeinschaft Bd. 49); *H. Stössel*, Kirchenleitung nach Barmen, Das Modell der Evangelischen Landeskirche in Baden, Tübingen 1999 (Jus Ecclesiasticum Bd. 60); *M. Honecker*, Gibt es ein „evangelisches" Kirchenrecht?, ZThK 2005, S. 93 ff.; *W. Huber*, Gerechtigkeit und Recht^3, Gütersloh 2006, S. 513 ff.; *J. Neie,* Bekenntnis, Bekenntnisstand und Bekenntnisbindung im evangelischen Kirchenrecht (erscheint demnächst); *D. Konrad,* Der Rang und die grundlegende Bedeutung des Kirchenrechts im Verständnis der evangelischen und katholischen Kirche (erscheint demnächst).

607 Anders aber *Ratschow*, Theologische Erklärung zur gegenwärtigen Lage der Deutschen Evangelischen Kirche Barmen-Gemarke 29.-31. Mai 1934, ZevKR 28 1983, S. 384 ff., der den Rückgriff auf das staatliche Recht nach der Gesamtintention der BTE als falsche Lehre ansieht.

608 *W. Huber*, Gerechtigkeit und Recht^3, Gütersloh 2006, S. 513.

5. Zur Grundrechtsfähigkeit und Grundrechtsbindung der Religionsgemeinschaften

In den Kontext des kirchlichen Selbstbestimmungsrechts gehört auch die Frage nach der Bindung der Religionsgemeinschaften an die staatlichen Grundrechte. Dahinter verbirgt sich ein doppeltes Problem, nämlich ob sie – wie der Staat – unmittelbare Adressaten einer Grundrechts**verpflichtung** sein können, oder ob sie selbst vielmehr eine Grundrechts**fähigkeit** für sich in Anspruch nehmen können. Beide Tatbestände schließen sich möglicher Weise gegenseitig aus.[609]

An der Grundrechtsfähigkeit könnte es bei denjenigen Religionsgemeinschaften fehlen, die den Status einer Körperschaft des öffentlichen Rechts nach Art. 140 GG i. V. m. Art. 137 Abs. 3 WRV für sich in Anspruch nehmen, denn nach den allgemein anerkannten Grundsätzen fallen Körperschaften des öffentlichen Rechts nicht unter die juristischen Personen, die sich nach Art. 19 Abs. 3 GG auf Grundrechte berufen können.[610] Das gilt aber nicht ausnahmslos.[611] Ausnahmen hat das Bundesverfassungsgericht zugelassen, *„wenn ihre Bildung und Betätigung Ausdruck der freien Entfaltung der natürlichen Personen sind, besonders wenn der ‚Durchgriff' auf die hinter den juristischen Personen stehenden Menschen dies als sinnvoll oder erforderlich erscheinen läßt"*, wenn sie also *„den Bürgern auch zur Verwirklichung ihrer individuellen Grundrechte dienen"*[612] und *„als eigenständige vom Staat unabhängige oder jedenfalls distanzierte Einrichtungen"*[613] bestehen. Für die politischen Gemeinden hat das Bundesverfassungsgericht entschieden, dass sie nicht *„als in dieser Art eigenständige, vom Staat unabhängige oder jedenfalls distanzierte Einrichtungen"* anzusehen sind, denn grundsätzlich sei davon auszugehen, *„daß der Bürger* ***selbst*** *seine Grundrechte wahrnimmt und etwaige Verletzungen geltend macht. Eine ‚Vertretung', wie hier angesprochen, würde eine gefährliche Einbruchstelle in die Individualfreiheit eröffnen; die grundrechtlich verbürgten Freiheiten des Menschen sollen prinzipiell nicht von der Vernunfthoheit öffentlicher Einrichtungen verwaltet werden"*.[614] Für die Religionsgemeinschaften ist jedoch in Rechtsprechung und Lehre unbestritten, dass sie auch als Korporationen grundrechtsfähig sind.[615] Religionsgemeinschaften können sich also unabhängig von ihrer Rechtsform nach Art. 19 Abs. 3 GG auf Grundrechte berufen, soweit diese für juristische Personen in Betracht kommen.

---

609 In diesem Sinne: *G. Barwig*, Die Geltung der Grundrechte im kirchlichen Bereich, S. 227/236.

610 Vergl. dazu: C. B*umke, A. Voßkuhle*, Casebook Verfassungsrecht[5], München 2008, S. 50 ff.

611 Vergl. dazu z. B. BVerfGE 15, S. 256 ff. zur Frage der Grundrechtsfähigkeit einer staatlichen Universität.

612 BVerfGE 21, S. 362 ff. (369).– Rentenversicherungsträger.

613 BVerfGE 61, S. 82 ff. (103).

614 Ebd., S. 103 f. (Hervorhebung im Original).

615 Vergl.: BVerfGE 19, S. 129 ff. (132) und die weiteren Nachweise bei *G. Barwig*, S. 49, Anm. 9.

Aus der Tatsache, dass die Religionsgemeinschaften auch als Körperschaften des öffentlichen Rechts Träger von Grundrechten sein können, folgt allerdings noch nicht automatisch, dass sie nicht selbst Adressaten einer Grundrechtsverpflichtung sein könnten. Die Grundrechtsfähigkeit einer Körperschaft gegenüber dem Staat schließt nicht aus, dass sie ihrerseits gegenüber ihren Mitgliedern, insbesondere in arbeits- und dienstrechtlichen Zusammenhängen auch zur Beachtung von Grundrechten verpflichtet ist.[616] Gleichwohl scheidet die Annahme einer unmittelbaren Bindung der Religionsgemeinschaften an die Grundrechte aus. Eine solche ergibt sich weder aus ihrem formalen Status als Körperschaften des öffentlichen Rechts, sofern sie nicht ausnahmsweise vom Staat verliehene hoheitliche Befugnisse ausüben,[617] noch lässt sie sich unabhängig davon allein durch ihre soziale Machtstellung als gesellschaftliche Verbände begründen.[618]

Das kann allerdings nicht bedeuten, dass die Religionsgemeinschaften von jeglicher Bindung an die Grundrechte frei gestellt wären. Seit dem wegweisenden „Lüth-Urteil" des Bundesverfassungsgerichts vom 22. November 1951 ist anerkannt, dass die Grundrechte zwar in erster Linie Abwehrrechte des Bürgers gegen den Staat sind, zugleich aber *„eine objektive Wertordnung"* verkörpern, *„die als verfassungsrechtliche Grundentscheidung für alle Bereiche des Rechts gilt"*.[619] Diesen **objektiven Wertgehalt** der Grundrechtsbestimmungen auf allen Rechtsgebieten zur Geltung zu bringen, ist Aufgabe des staatlichen Gesetzgebers, so dass sich mittelbare Auswirkungen über die allgemeine Rechtsordnung auch für die Beziehungen unter Rechtssubjekten ergeben können, die nicht dem Hoheitsbereich des Staates zuzuordnen sind.[620] Insoweit obliegen dem Staat bestimmte **Schutzpflichten**, die den Bürger vor einer Beeinträchtigung seiner grundrechtlich geschützten Positionen bewahren, die von nichtstaatlicher Seite bewirkt werden.[621] Obwohl die Dogmatik zur Schutzpflicht des Staates damals noch nicht entwickelt war, kann die Entscheidung des Bundesverfassungsgerichts im Streit zwischen dem Springer-Konzern und einem kleineren Presseunternehmen über die Zulässigkeit eines politisch motivierten Boykottaufrufs, der unter Ausnutzung einer wirtschaftlichen Machtposition durchgesetzt werden soll, als ein klassisches Beispiel dafür gelten.[622] Soweit der Staat die Grundrechte in der Wahrnehmung dieser Pflicht durch die allgemeine Rechtsordnung konkretisiert

616 Wie hier *C. Bumke, A. Voßkuhle*, Casebook Verfassungsrecht^5, München 2008, S. 52.

617 Solche Fälle können z. B. im Bereich des Friedhofsrechtes, der öffentlich-rechtlichen Dienstverhältnisse, des Steuerrechts und des Privatschulwesens auftreten; vergl. dazu: *H. Weber* ZevKR 42 (1997), S. 583.

618 Vergl. dazu eingehend: *Barwig,* Die Geltung der Grundrechte, S. 230 ff.

619 BVerfGE 7, S. 198

620 Vergl. dazu: *H. Weber*, ZevKR 42 (1997), S. 583; *C. D. Classen*, Die Drittwirkung der Grundrechte in der Rechtsprechung des Bundesverfassungsgerichts, AöR 1997, S. 65 ff.

621 Zur Schutzpflicht vergl.: *C. Bumke, A. Voßkuhle,* Casebook Verfassungsrecht^5, München 2008, S. 30.

622 BVerfGE 25, S. 256 („Blinkfüer-Entscheidung").

hat, entfalten sie ihre Wirkung grundsätzlich auch gegenüber den Religionsgemeinschaften.

Eine Einschränkung dieser Bindungswirkung kann sich aber im Wege einer notwendigen Abwägung mit dem Selbstbestimmungsrecht der Religionsgemeinschaften nach Art. 140 GG i. V. m. Art. 137 Abs. 3 WRV in ihren eigenen Angelegenheiten ergeben. Dabei kann man nicht davon ausgehen, dass die Grundrechte generell als Begrenzung des kirchlichen Selbstbestimmungsrechts zu qualifizieren sind, weil sie unter die Schrankenklausel des *„für alle geltenden Gesetzes“* fallen. Vielmehr ist *Konrad Hesse* in der Auffassung zu folgen, dass sich eine über den Umfang der Bindung anderer Grundrechtsträger hinausgehende unmittelbare Grundrechtsbindung der Kirchen in Angelegenheiten ihres Selbstbestimmungsrechts auf diese Weise nicht begründen lässt, weil die Grundrechte nicht als Begrenzungen von Freiheiten verstanden werden können, ohne in ihr Gegenteil verkehrt zu werden.[623] Die Frage, ob Gesetze mit grundrechtlichem Gehalt das Selbstbestimmungsrecht der Kirchen wirksam beschränken, ist also im Einzelfall nach den oben dargestellten allgemein gültigen Grundsätzen zu entscheiden. Der Staat muss auf das Selbstbestimmungsrecht der Religionsgemeinschaften auch dann Rücksicht nehmen, wenn er durch seine Gesetzgebung Grundrechte mit Wirkung für den allgemeinen Rechtsverkehr konkretisiert.

Im Ergebnis heißt das, dass z. B. die katholische Kirche nicht über den allgemeinen Gleichheitssatz nach Art. 3 Abs. 1 GG gezwungen werden kann, entgegen ihrem Selbstverständnis Frauen zum Priesteramt zuzulassen.[624] Auch die Zölibatsverpflichtung ist eine zulässige kirchenrechtliche Regelung, die allerdings im staatlichen Bereich unbeachtlich ist, also nach staatlichem Recht kein Ehehindernis darstellen kann. Ebenso wenig steht das Grundrecht der Glaubensfreiheit der Durchführung kirchlicher **Lehrverfahren**[625] entgegen, mit deren Hilfe geklärt werden soll, ob ein ordinierter Amtsträger mit seinen Lehrauffassungen vom kirchlichen Bekenntnis abweicht und in seiner Funktion noch tragbar ist.

Als Beispiel für eine Konkretisierung von Grundrechten durch den einfachen Gesetzgeber kann das Allgemeine Gleichbehandlungsgesetz vom 14. August 2006 („Antidiskriminierungsgesetz“)[626] gelten, dessen Ziel nach § 1 darin besteht, *„Benachteiligungen aus Gründen der Rasse oder wegen der ethnischen Herkunft, des Geschlechts, der Religion oder Weltanschauung, einer Behinderung, des Alters oder der sexuellen Identität zu verhindern oder zu beseitigen“*. Dieses Gesetz gilt als Umsetzung der „Anti-Diskriminierungsrichtlinie“ des Rates der Europäischen Union zur Festlegung eines allgemeinen Rahmens für die Verwirklichung der Gleichbehandlung in Beschäftigung und Beruf vom 27. November 2000[627]

623 *K. Hesse*, Grundrechtsbindung der Kirchen?, in: *P. Mikat* (Hrsg.), Kirche und Staat in der neueren Entwicklung, Darmstadt 1980 (WdF Bd. 566), S. 297.

624 Vergl.: A. *v. Campenhausen, H. de Wall*, Staatskirchenrecht ^{4},München 2006, S. 114.

625 Vergl dazu den Exkurs in der Vorauflage, S. 124 ff.

626 BGBl I, S. 1897.

627 Zum Wortlaut der Richtlinie vergl. oben S. 16.

grundsätzlich auch für die Religionsgemeinschaften, nimmt aber auf deren Selbstbestimmungsrecht die nach Art. 140 GG i. V. m. Art. 137 WRV gebotene Rücksicht, da es nach seinem § 9 eine unterschiedliche Behandlung wegen der Religion oder Weltanschauung bei der Beschäftigung durch Religionsgemeinschaften und den ihnen zugeordneten Einrichtungen zulässt, *„wenn eine bestimmte Religion oder Weltanschauung unter Beachtung des Selbstverständnisses der jeweiligen Religionsgemeinschaft oder Vereinigung im Hinblick auf ihr Selbstbestimmungsrecht oder nach der Art der Tätigkeit eine gerechtfertigte berufliche Anforderung darstellt.“* Nach Auffassung der Kommission der Europäischen Gemeinschaften ist diese Ausnahmeregelung vom Wortlaut der Richtlinie der EU 2000/78/EG nicht gedeckt, weil sie dazu führt, *„dass eine Religionsgemeinschaft eine bestimmte berufliche Anforderung allein aufgrund ihres Selbstbestimmungsrechts festlegen könnte, ohne dass diese bestimmte Anforderung in Bezug auf die konkrete Tätigkeit auch einer Verhältnismäßigkeitsprüfung unterworfen wäre.“*[628] Der Konflikt, der sich hier anbahnt, ist freilich im Sinne des nationalen deutschen Verfassungsrechts zu lösen. Das ergibt sich schon aus der Tatsache, dass die EU-Richtlinie selbst in ihrer Ausnahmeregelung in Art. 4 Abs. 2 zugunsten der Religionsgemeinschaften ausdrücklich auf die *„verfassungsrechtlichen Bestimmungen und Grundsätze der Mitgliedstaaten“* verweist, so dass *„das Europarecht insoweit nicht zu einer Instrumentalisierung in der innerstaatlichen Diskussion geeignet ist, um die Grenzen zulässiger Ungleichbehandlung bzw. Loyalitätspflichten gegenüber Art. 137 Abs. 3 WRV zu verschieben. Ob die Verletzung einer Loyalitätspflicht zulässiger Weise zum Anlass einer arbeitsrechtlichen Maßnahme gemacht werden darf, ist ausschließlich nach innerstaatlichem – in casu: deutschem oder österreichischem – Recht zu entscheiden.“*[629] Die Einwände der Europäischen Kommission verlieren spätestens ihre Substanz, wenn die Erklärung zur Schlussakte des Amsterdamer Vertrages vom 2. Oktober 1997, in der sich die Europäischen Union verpflichtet hat, den Status, den Kirchen und Religionsgemeinschaften in den Mitgliedstaaten nach deren Rechtsvorschriften genießen, zu achten und nicht zu beeinträchtigen, mit dem Inkrafttreten der Lisabonner Beschlüsse zum primären Gemeinschaftsrecht wird.

Unabhängig von der Frage der Bindung der Religionsgemeinschaften an die Grundrechte kraft staatlichen Rechts, steht es den Kirchen selbstverständlich frei, sich diese durch innerkirchliche **Rezeption** von sich aus zueigen zu machen. Dies liegt deshalb nahe, weil das darin enthaltene Rechtsethos weitgehend dem christlichen Verständnis von der Würde des Menschen entspricht. Während im CIC der römisch-katholischen Kirche von 1983 im

628 Aufforderungsschreiben vom 31. Januar 2008 wegen Vertragsverletzung an den Bundesminister des Auswärtigen 2007/2362, S. 5.

629 *Chr. Grabenwarter*, Die Kirchen in der Europäischen Union – Am Beispiel der Diskriminierungsverbote in Beschäftigung und Beruf, in: *Chr. Grabenwarter, N. Lüdecke* (Hrsg.), Standpunkte im Kirchen- und Staatskirchenrecht, Würzburg 2002, S 60 ff. (77), (Forschungen zur Kirchenrechtswissenschaft Bd. 33).

Buch II, Titel I – Pflichten und Rechte aller Gläubigen – ein innerkirchlicher Katalog von Grundrechten enthalten ist,[630] galt es im evangelischen Bereich lange als herrschende Meinung, *„daß es dem Wesen der Kirche und des evangelischen Kirchenrechts widerspricht, grundrechtliche Freiheiten in und gegenüber der Kirche zuzugestehen.“*[631] Erst in neuerer Zeit wird anerkannt, dass im Horizont des evangelischen Kirchenverständnisses nach der Barmer Theologischen Erklärung von 1934 die Anerkennung von Grundrechten in der Kirche als unverzichtbar erscheint. Im evangelischen Verfassungsrecht fehlt es aber nach wie vor weitgehend an einer Positivierung eines solchen Katalogs. Einzelne Kirchenverfassungen enthalten aber ein ausdrückliches Bekenntnis zur Menschenwürde[632] sowie Bestimmungen, die sich auf den Gleichheitsgrundsatz von Männern und Frauen und andere Diskriminierungsverbote beziehen.[633] Von einer generellen autonomen Rezeption staatlicher Grundrechte durch das Kirchenrecht kann aber bis heute nicht gesprochen werden.[634]

Literatur:

R. Smend, Glaubensfreiheit als innerkirchliches Grundrecht, ZevKR 3 (1953/54), S. 113 ff.; *W. Rüfner*, Die Geltung von Grundrechten im kirchlichen Bereich; *H. Weber*, Die Grundrechtsbindung der Kirchen; *K. Hesse*, Grundrechtsbindung der Kirchen?; *K.-H. Kästner*, Die Geltung von Grundrechten im kirchlichen Angelegenheiten, **alle** in: *P. Mikat* (Hrsg.), Kirche und Staat in der neueren Entwicklung, Darmstadt 1980 (WdF Bd. 566); *H. Ehnes*, Die Bedeutung des Grundgesetzes für die Kirche, insbesondere die Grundrechte in der Kirche, ZevKR 34 (1989), S. 382 ff.; *W. Stolz*, Menschenrechte und Grundrechte im evangelischen Kirchenrecht, in: Landeskirchenvorstand der Synode der Evangelisch-reformierten Kirche in Nordwestdeutschland (Hrsg.), Recht nach Gottes Wort, Menschenrechte und Grundrechte in Gesellschaft und Kirche, Neukirchen 1989, S. 100 ff.; *H. Weber*, Grundrechtsbindung der Kirchen und Religionsgemeinschaften, HdbStKirchR^2 Bd. 1, Berlin 1994, S. 573 ff.; *Ders.;* Bindung der Kirchen an staatliche und innerkirchliche Grundrechte und das Verhältnis der Grundrechtsgewährleistungen zueinander, ZevKR 42 (1997), S. 282 ff.; *W. Huber*, Grundrechte in der Kirche, *H. Ehnes*, Grundrechte in der Kirche, **beide** in: *G. Rau, H.-R. Reuter, K. Schlaich* (Hrsg.), Das Recht der Kirche Bd. 1, Zur Theorie des Kirchenrechts, Gütersloh 1997, S. 518 ff./S. 545 ff (Forschungen und Berichte der Evangelischen Studiengemeinschaft Bd. 49); *G. Barwig*, Die Geltung der Grundrechte im kirchlichen Bereich, Frankfurt a.M. 2007, (Schriften zum Staatskirchenrecht Bd. 21).

630 Vergl. dazu: *D. Steuer-Flieser,* „Grundrechte“ im Codex Juris Canonici von 1983 im Vergleich mit dem deutschen Grundgesetz, Baden-Baden 1999.

631 *R. Smend*, ZevKR 3 (1953/54), S. 113 (125).

632 Zum Beispiel Art. 2 Abs. 2 der Grundordnung der Evangelischen Landeskirche in Baden: „Die Evangelische Landeskirche in Baden achtet in ihren Ordnungen und in ihrem Handeln die Würde jedes einzelnen Menschen als Ebenbild Gottes.“

633 Zu den Einzelheiten vergl. in der Vorauflage S. 116 ff.

634 Siehe dazu. *G. Barwig*, Die Geltung der Grundrechte im kirchlichen Bereich, S. 279 ff.

6. Selbstbestimmungsrecht im kirchlichen Dienst- und Arbeitsrecht

Als konfliktträchtiges Feld im Zusammenhang mit dem kirchlichen Selbstbestimmungsrecht hat sich vor allem das kirchliche Dienst- und Arbeitsrecht, einschließlich des Rechts der Personalvertretung erwiesen. Die Verfassungsgarantie des kirchlichen Selbstbestimmungsrechts gewährleistet den Kirchen auch das Recht, darüber zu befinden, welche Dienste es in ihren Einrichtungen geben soll und in welcher Rechtsform sie wahrzunehmen sind. Dazu hat das Bundesverfassungsgericht in seinem Beschluss vom 4. Juni 1985, in dem es um die Loyalitätsobliegenheiten kirchlicher Mitarbeiter ging **(Fall Rommelfanger)**, Folgendes entschieden:

„*1. Die Verfassungsgarantie des kirchlichen Selbstbestimmungsrechtes gewährleistet den Kirchen, darüber zu befinden, welche Dienste es in ihren Einrichtungen geben soll und in welchen Rechtsformen sie wahrzunehmen sind. Die Kirchen können sich dabei auch der Privatautonomie bedienen, um ein Arbeitsverhältnis zu begründen und zu regeln. Auf dieses findet das staatliche Arbeitsrecht Anwendung; hierbei bleibt das kirchliche Selbstbestimmungsrecht wesentlich. Das ermöglicht den Kirchen, in den Schranken des für alle geltenden Gesetzes den kirchlichen Dienst nach ihrem Selbstverständnis zu regeln und die spezifischen Obliegenheiten kirchlicher Arbeitnehmer verbindlich zu machen.*

2. Welche kirchlichen Grundverpflichtungen als Gegenstand des Arbeitsverhältnisses bedeutsam sein können, richtet sich nach den von der verfassten Kirche anerkannten Maßstäben. Dagegen kommt es weder auf die Auffassung der einzelnen betroffenen kirchlichen Einrichtungen, bei denen die Meinungsbildung von verschiedenen Motiven beeinflußt sein kann, noch auf diejenige breiter Kreise unter den Kirchengliedern oder gar einzelner bestimmten Tendenzen verbundener Mitarbeiter an.

3. Im Streitfall haben die Arbeitsgerichte die vorgegebenen kirchlichen Maßstäbe für die Bewertung vertraglicher Loyalitätspflichten zugrunde zu legen, soweit die Verfassung das Recht der Kirchen anerkennt, hierüber selbst zu befinden. Es bleibt danach grundsätzlich den verfassten Kirchen überlassen, verbindlich zu bestimmen, was ‚die Glaubwürdigkeit der Kirche und ihrer Verkündigung erfordert‘, was ‚spezifisch kirchliche Aufgaben sind‘, was ‚Nähe‘ zu ihnen bedeutet, welches die ‚wesentlichen Grundsätze der Glaubens- und Sittenlehre‘ sind und was als – gegebenenfalls schwerer – Verstoß gegen diese anzusehen ist.

4. Auch die Entscheidung darüber, ob und wie innerhalb der im kirchlichen Dienst tätigen Mitarbeiter eine ‚Abstufung‘ der Loyalitätspflichten eingreifen soll, ist grundsätzlich eine dem kirchlichen Selbstbestimmungsrecht unterliegende Angelegenheit.

5. Liegt eine Verletzung von Loyalitätspflichten vor, so ist die weitere Frage, ob sie eine Kündigung des kirchlichen Arbeitsverhältnisses sachlich rechtfertigt, nach den kündigungsschutzrechtlichen Vorschriften der §§1 KSchG, 626 BGB zu beantworten. Diese unterliegen als für alle geltendes Gesetz im

Sinne des Art. 137 Abs. 3 Satz 1 WRV umfassender arbeitsgerichtlicher Anwendungskompetenz."[635]

Auf dieser Basis hat das Bundesverfassungsgericht die Verfassungsbeschwerde eines Assistenzarztes in einem katholischen Krankenhaus verworfen, der im Magazin „Stern" einen Aufruf zum Thema Schwangerschaftsabbruch unterzeichnet und sich damit in Widerspruch zur Position der römisch-katholischen Kirche zu dieser Frage gesetzt hatte. Auch eine Beschwerde bei der Europäischen Kommission für Menschenrechte hatte keinen Erfolg. Der andere in diesem Verfahren entschiedene Fall betraf den Kirchenaustritt eines kaufmännischen Angestellten in einem katholischen Jugendwohnheim.[636] Durch diese Entscheidung des Bundesverfassungsgerichts sind die grundsätzlichen Fragen der arbeitsrechtlichen Folgen einer Verletzung von **Loyalitätspflichten** kirchlicher Mitarbeiterinnen und Mitarbeiter weitgehend geklärt, so dass die höchsten Gerichte damit kaum noch befasst werden. Das Bundesarbeitsgericht hat in einer Entscheidung aus dem Jahre 1988 die Kündigung einer Lehrkraft wegen einer nach katholischem Kirchenrecht ungültigen Eheschließung für zulässig erachtet, allerdings betont, dass auch bei Vorliegen einer Loyalitätspflichtsverletzung kein absoluter Kündigungsgrund vorliegt, sondern Raum für eine individuelle Interessensabwägung bleiben muss.[637] Das verfassungsrechtlich verbürgte Selbstbestimmungsrecht der Kirchen umfasst also auch die arbeitsrechtliche Ordnung.[638] Machen die Kirchen wie jedermann durch den Abschluss von privatrechtlichen Arbeitsverhältnissen von ihrer Privatautonomie Gebrauch, findet zwar das staatliche Arbeitsrecht – insbesondere die Arbeitsschutzgesetze – grundsätzlich Anwendung, die Zugehörigkeit dieses Bereichs zu den eigenen Angelegenheiten der Kirche wird dadurch aber nicht aufgehoben. Der Staat muss deshalb den Religionsgemeinschaften auch bei der Gestaltung privatrechtlicher Arbeitsverhältnisse Wege offen halten, die es ihnen ermöglichen, von ihrer Freiheit zur Organisation, Normsetzung und Verwaltung Gebrauch zu machen.

Im Interesse der notwendigen Rechtssicherheit ist es notwendig, dass die Religionsgemeinschaften die besonderen beruflichen Anforderungen, die sie an ihre Mitarbeiterschaft stellen, selbst definieren und festlegen. Die römisch-katholische Kirche hat das in der „**Grundordnung** des kirchlichen Dienstes im Rahmen kirchlicher Arbeitsverhältnisse" vom 22. September 1993 getan.[639] In den meisten Gliedkirchen der EKD bestehen dazu seit

---

635 BVerfGE 70, S. 138 ff.

636 Zu den Loyalitätspflichten kirchlicher Mitarbeiter vergl.: *E. Spengler*, NZA 1987, S. 833 ff.

637 BAG Urt. v. 25. 5. 1988, AP Nr. 36 zu Art. 140 GG; siehe dazu auch: *J. Jurina*, KuR 1998, S. 71 (= 340, S. 1).

638 Zum kirchlichen Arbeitsrecht vergl. im Ganzen: *R. Richardi*, Arbeitsrecht in der Kirche[4]; *Ders.*, HdbStKirchR[2], Bd. 2, S. 927 ff.; *J. Listl*, in: Jahrbuch für christliche Sozialwissenschaft Bd. 27, Münster 1986, S. 131 ff.

639 Erklärung der deutschen Bischöfe zum kirchlichen Dienst, Die deutschen Bischöfe H. 51; abgedruckt auch in NJW 1994, S. 1394; vergl. dazu: *A. Weiß*, in: *W. Rees* (Hrsg.), Recht in Kirche und Staat, Festschrift *Joseph Listl*, Berlin 2004, S. 511 ff.

längerem gesetzliche Regelungen.[640] Der Rat der EKD hat dazu für deren eigene Dienststellen und Einrichtungen im Jahre 2005 nach schwierigen Diskussionen eine entsprechende **Richtlinie** beschlossen.[641] Obwohl diese für die Landeskirchen nur eine **Empfehlung** darstellt, ihre eigenen Regelungen auf einer entsprechenden Grundlage zu treffen, kommt ihr in staatskirchenrechtlichen Zusammenhängen ein besonderes Gewicht zu, *„wenn es darum geht, das kirchliche Selbstverständnis mit Rechtsbedeutung zu demonstrieren“*.[642] In dieser Richtlinie wird als Grundsatz in § 2 Abs. 1 festgehalten, dass der Dienst in der Kirche durch den Auftrag bestimmt ist, das Evangelium in Wort und Tat zu bezeugen. Alle Frauen und Männer, die in Anstellungsverhältnissen der Kirche und Diakonie tätig sind, tragen zur Erfüllung dieses Auftrages in unterschiedlicher Weise bei. Die berufliche Mitarbeit setzt grundsätzlich die Zugehörigkeit zu einer Gliedkirche der EKD oder zu einer Kirche voraus, mit der die Evangelische Kirche in Kirchengemeinschaft verbunden ist.[643] Für Aufgaben, die nicht der Verkündigung, Seelsorge oder Leitung zuzuordnen sind, kann von dem Erfordernis der Mitgliedschaft in der evangelischen Kirche ausnahmsweise abgewichen werden, wenn andere Mitarbeiterinnen und Mitarbeiter nicht zu gewinnen sind. Diese sollen aber einer anderen Mitgliedskirche der Arbeitsgemeinschaft christlicher Kirchen angehören. Für evangelische Mitarbeiterinnen und Mitarbeiter wird in der Richtlinie die Erwartung ausgesprochen, *„dass sie Schrift und Bekenntnis anerkennen“* und, sofern sie in der Verkündigung, Unterweisung und Seelsorge tätig sind, *„wird eine inner- und außerdienstliche Lebensführung erwartet, die der übernommenen Verantwortung entspricht“*:[644] Von christlichen Mitarbeiterinnen und Mitarbeitern wird erwartet, dass sie Schrift und Bekenntnis achten und für die christliche Prägung ihrer Einrichtung eintreten. Nichtchristliche Mitarbeiterinnen und Mitarbeiter haben den kirchlichen Auftrag zu beachten, und die ihnen übertragenen Aufgaben im Sinne der Kirche zu erfüllen. Die Grundordnung der römisch-katholischen Kirche enthält in ihrem Artikel 4 einen ähnlich differenzierten Katalog der **„Loyalitätsobliegenheiten“**.

Werden diese Anforderungen nicht mehr erfüllt, kommt als letzte Maßnahme nach Abwägung aller Umstände des Einzelfalles eine außerordentliche **Kün-**

640 Vergl. z. B. das Kirchliche Gesetz über das Dienstverhältnis der kirchlichen Mitarbeiter im Bereich der Landeskirche und des Diakonischen Werkes der Evangelischen Landeskirche in Baden (Rahmenordnung) vom 1. Mai 1984, i. d. F. vom 21. Oktober 1994, GVBl., S. 176).

641 Richtlinien des Rates der EKD nach Art. 9 Buchst. b Grundordnung über die Anforderungen der privatrechtlichen beruflichen Mitarbeit in der EKD und des Diakonischen Werkes der EKD vom 4. Juni 2005, epd-Dokumentation Nr. 29, vom 12. Juli 2005; S. 5 ff.; zu dieser Richtlinie vergl. auch das Gutachten von *H.-R. Reuter* in der genannten epd-Dokumentation, S. 13 ff. und *G. Klostermann*, KuR 2006, S. 112 ff. (121); *A. Schilberg*, KuR 2006, S. 150 ff.

642 *G. Klostermann*, ebd., S. 122.

643 Das sind insbesondere diejenigen Kirchen, die zur Gemeinschaft Evangelischer Kirchen in Europa (GEKE) gehören (ehemals Leuenberger Kirchengemeinschaft).

644 Vergl. dazu: *K. v. Notz*, Lebensführungspflichten im evangelischen Kirchenrecht, Frankfurt a.M. 2003 (Schriften zum Staatskirchenrecht Bd. 10).

digung aus wichtigem Grund in Betracht, *„wenn der Mangel nicht auf andere Weise (z. B. Versetzung, Abmahnung ordentliche Kündigung) behoben werden kann.“*[645] Als Grund für eine außerordentliche Kündigung wird insbesondere der **Austritt** aus der evangelischen Kirche *„oder ein Verhalten, das eine grobe Missachtung der evangelischen Kirche und ihrer Ordnungen und somit eine Beeinträchtigung der Glaubwürdigkeit des kirchlichen Dienstes darstellt.“* ausdrücklich benannt.[646]

Ein Kündigungsgrund kann auch gegeben sein, wenn ein Mitarbeiter oder eine Mitarbeiterin aus einer anderen als der evangelischen Kirche austritt. In Art. 5 Abs. 5, Satz 1 der Grundordnung der römisch-katholischen Kirche heißt es dazu: *„Mitarbeiterinnen und Mitarbeiter, die aus der katholischen Kirche austreten, können nicht weiterbeschäftigt werden.“* Problematisch daran ist, dass keine Ausnahmebestimmung für den Fall des Übertritts in eine andere christliche Kirche vorgesehen ist. Im Gegensatz dazu ist nach der Richtlinie der EKD für den Dienst in der evangelischen Kirche und ihrer Diakonie nur ungeeignet *„wer aus der evangelischen Kirche ausgetreten ist, ohne in eine andere Mitgliedskichen der Arbeitsgemeinschaft Christlicher Kirchen übergetreten zu sein.“*[647] Dieser Unterschied ist nicht zufällig, sondern Ausdruck der grundsätzlichen Differenz im ekklesiologischen Selbstverständnis der beiden Kirchen.

Die evangelische und die römisch-katholische Kirchen haben von ihrem Recht zur Selbstbestimmung im Bereich des Arbeitsrechts vor allem durch den so genannten **„Dritten Weg“** Gebrauch gemacht.[648] Dieses Verfahren wurde nach entsprechenden Vorüberlegungen, die bereits auf das Ende der fünfziger Jahre zurückgehen, in den siebziger Jahren des vorigen Jahrhunderts als ein eigenständiges Modell zur Regelung der kollektiven arbeitsrechtlichen Bedingungen für die privatrechtlich angestellten Mitarbeitenden eingeführt.[649] Die Festlegung der kollektiven Arbeitsbedingungen erfolgt dabei weder – wie es früher der Fall war – einseitig durch den kirchlichen Arbeitgeber (erster Weg), noch durch den Abschluss von Tarifverträgen mit Gewerkschaften (zweiter Weg), sondern durch paritätisch besetzte **Arbeitsrechtliche Kommissionen**, die in der Regel auf landeskirchlicher Ebene beste-

645 § 5 Abs. 1.

646 § 5 Abs. 2.

647 § 3 Abs. 3; ein solcher Fall liegt z. B. vor, wenn eine Arbeitnehmerin in einem evangelischen Kindergarten, in der Öffentlichkeit werbend für eine andere Glaubensgemeinschaft auftritt und deren von den Glaubenssätzen abweichende Lehren verbreitet, vergl. dazu: BVerwG, NZA 2001, S. 1136 ff. und BVerfG, NZA 2002, S. 609 ff.; der Fall ist derzeit beim Europäischen Gerichtshof für Menschenrechte anhängig.

648 Zum Dritten Weg vergl. im Ganzen: *G. Grethlein, E. Spengler*, Betriebs – Berater, Beilage 10/1980 zu Heft 30/1980; *A. Janssen*, Das Streikrecht; *A. Pahlke*, Kirche und Koalitionsrecht; *Ders.*, NJW 1986, S. 350 ff.; *A. v. Campenhausen*, in: *H. Marré, J. Stüting* (Hrsg.), Essener Gespräche zum Thema Staat und Kirche Bd. 18, Münster 1984, S. 9 ff.; *G. Thüsing*, ZTR 1999, S. 298 ff.

649 Zur Entstehungsgeschichte vergl.: *H. Lührs*, KuR 2007, S. 220 ff.

hen.[650] Damit hat sich in den Kirchen die Erkenntnis durchgesetzt, dass die einseitige Festlegung der Arbeitsbedingungen durch die kirchenleitenden Organe kein der Kirche und ihrem Selbstverständnis angemessenes Verfahren sein kann. Der „Dritte Weg" ist vor allem eine Abkehr vom so genannten „Ersten Weg", wie er bis dahin auf der Grundlage der in den dreißiger Jahren erlassenen Tarifordnungen für den öffentlichen Dienst, die nach 1945 zunächst weiter galten,[651] in den Kirchen praktiziert worden ist. Die Richtlinien des Rates der EKD vom Oktober 1976 für ein Arbeitsrechtsregelungsgesetz stellen dazu fest:

„Kirchlicher Dienst ist durch den Auftrag der Verkündigung des Evangeliums in Wort und Tat bestimmt. Die Erfüllung dieses Auftrages erfordert eine vertrauensvolle, partnerschaftliche Zusammenarbeit von kirchlichen Leitungsorganen und kirchlichen Mitarbeitern, die auch in der Gestaltung des kirchlichen Arbeitsrechts ihren Ausdruck finden."

Das ist ein klares Bekenntnis zur **Mitbestimmung** der kirchlichen Mitarbeiterschaft im Arbeitsrecht, deren Notwendigkeit sich nicht aus staatlichem Recht ableitet, sondern sich aus dem Verkündigungsauftrag der Kirche unmittelbar selbst ergibt und dort seine eigene Legitimation findet. Die Arbeitsrechtsregelungsgesetze der Kirchen haben deshalb zum Ziel, *„ein Verfahren zu gewährleisten, nach dem unter gleichberechtigter Beteiligung der kirchlichen Mitarbeiter und gleichzeitiger Vermeidung von Arbeitskämpfen allgemein verbindliche Regelungen für die einzelnen Arbeitsverträge der kirchlichen Mitarbeiter geschaffen werden können."*[652]

Dem Tarifvertragssystem liegt die Vorstellung eines Interessengegensatzes zwischen Arbeitgebern und Arbeitnehmern als sozialen Gegenspielern zugrunde, der notfalls mit Hilfe von Druck und Gegendruck zum Ausgleich gebracht werden muss. Das Ziel ist die sozial gerechte Verteilung eines gemeinsam erwirtschafteten betrieblichen Gewinns. Kommt es darüber zu keiner Einigung, stehen Streik und Aussperrung als letzte Mittel des Arbeitskampfes zur Verfügung. Gedankliche Voraussetzung für die Funktionsfähigkeit dieses Systems ist der Gegensatz von Kapital und Arbeit, die Parität der Mittel im Arbeitskampf und die Gegnerfreiheit.[653] An diesen wesentlichen Voraussetzungen fehlt es in der Kirche, so dass es nahe lag, nach einer Alternative zum Tarifvertragssystem Ausschau zu halten, das mit den Grundbedingungen kirchlichen Dienstes besser kompatibel ist. Auch hier bedarf es eines angemessenen Ausgleichs zwischen dem verantwortlichen Umgang mit den

650 Auf Bundesebene besteht die Arbeitsrechtliche Kommission des Diakonischen Werkes der EKD, die mit den Arbeitsvertragsrichtlinien (AVR) ein eigenes Tarifwerk geschaffen hat. Vergl. dazu: *F. Mussgnug,* Die Ordnung für die Arbeitsrechtliche Kommission des Diakonischen Werkes der EKD, KuR 2001, S. 227 (=350, S. 107 ff.). In den Landeskirchen Nordelbien und Berlin-Brandenburg-Schlesische Oberlausitz bestehen Tarifverträge mit Gewerkschaften.

651 Vergl. dazu: *Lührs*, KuR 2007, S 230. ff .

652 *A. Janssen*, Das Streikrecht, S. 10.

653 Vergl. dazu: *Janssen*, ebd., S. 62.

vorhandenen finanziellen Ressourcen durch die kirchenleitenden Organe auf der einen Seite und den wirtschaftlichen Interessen der Mitarbeiterschaft auf der anderen Seite. Kommt es dazu in der Arbeitrechtlichen Kommission zu keiner Einigung, sollen aber die im Tarifvertragssystem möglichen Arbeitskampfmaßnahmen durch die verbindliche Entscheidung einer paritätisch besetzten Schiedskommission unter neutralem Vorsitz ersetzt werden.

Als wesentliche Elemente, die den „Dritten Weg" kennzeichnen, sind also festzuhalten: die gleichberechtigte Beteiligung der Mitarbeiterschaft an der Entwicklung des kollektiven Arbeitrechts, der Ausschluss von Arbeitskämpfen und die **verbindliche Schlichtung**. Die Koalitionsfreiheit nach Art. 9 Abs. 3 GG, d. h. das Recht zur Wahrung der Arbeits- und Wirtschaftsbedingungen Vereinigungen zu bilden, ist durch den Dritten Weg der Kirchen nicht verletzt, da dieses Recht den kirchlichen Mitarbeiterinnen und Mitarbeitern durch den „Dritten Weg" weder theoretisch bestritten noch praktisch genommen wird.[654] Die Religionsgemeinschaften sind aber nicht verpflichtet, Tarifverträge mit den Gewerkschaften abzuschließen, denn, wie das Bundesverfassungsgericht in anderem Zusammenhang entschieden hat, ist nicht anzunehmen, *„daß Art. 9 Abs. 3 GG andere Formen einer sinnvollen Regelung und Befriedigung des Arbeitslebens als die des Tarifsystems ausschließen will."*[655]

Den kirchlichen Arbeitsrechtsregelungen ist hinsichtlich ihrer normativen Wirkung allerdings die volle Gleichstellung mit Tarifverträgen bisher versagt geblieben. Nach Auffassung des Bundesarbeitsgerichts können kirchliche Arbeitsrechtsregelungen ein Arbeitsverhältnis nicht wie ein Tarifvertrag unmittelbar und zwingend regeln. Sie bedürfen vielmehr der vertraglichen Transformation und unterliegen damit der Billigkeitskontrolle durch staatliche Gerichte (§ 317 Abs. 1 i. V. m. § 319 Abs. 1 S. 1 BGB).[656] Trotz dieser Einschränkungen hat sich der Dritte Weg der Kirchen als alternatives Modell zum Abschluss von Tarifverträgen in der Praxis seit langem bewährt. Betrachtet man die Ergebnisse, die in diesem Verfahren zu Stande gekommen sind, so kann von einer materiellen Schlechterstellung der kirchlichen Mitarbeiterinnen und Mitarbeiter im Vergleich zu entsprechenden Berufsbil-

654 Strittig ist freilich die Frage, ob die Kirchen unter Berufung auf ihr Selbstbestimmungsrecht das Streikrecht wirksam ausschließen können. Entgegen der herrschenden Auffassung, vergl. *R. Richardi*, Arbeitsrecht in der Kirche[4], S. 139 (mit zahlreichen Nachweisen), hat *J. Kühling* in einem für die Gewerkschaft Verdi angefertigtes Gutachten, Arbeitskampf in der Diakonie, AuR 2001, S. 241 ff., die Auffassung vertreten, dass kirchlichen Mitarbeitern grundsätzlich ein Recht zum Arbeitskampf zustehe. Zum Ausschluss des Streikrecht vergl.: auch: *A. Janssen*, ebd.

655 BVerfGE 50, S. 290 ff. (372); vergl. dazu: *A. Pahlke*, Kirche und Koalitionsrecht; *A. Janssen*, ebd.

656 Urteil v. 17. 4. 1996 – 10 AZR 558/95; zur Kritik vergl.: *G. Thüsing*, ZTR 1999, S. 298 ff.; bemerkenswert ist in diesem Zusammenhang allerdings Art. 1 Abs. 2 des am 10. April 2008 in Kraft getretenen baden-württembergischen Staatskirchenvertrages mit den evangelischen Landeskirchen, der den Kirchen im Rahmen ihres Selbstbestimmungsrechts auch das Recht zum Erlass verbindlicher Arbeitsrechtsregelungen garantiert; vergl. dazu: U. K. Jacobs, ZMV 2008, S. 195 f.

dern des öffentlichen Dienstes, an denen sich das kirchliche Arbeitsrecht weitgehend orientiert, aufs Ganze gesehen keine Rede sein. Gleichwohl ist die grundsätzliche Kritik am „Dritten Weg“ der Kirchen nie verstummt. Dabei haben die kritischen Einwände gegen den „Dritten Weg“ und das Postulat einer kirchlichen „Dienstgemeinschaft“, die dessen Grundlage bildet,[657] zum Teil durchaus gegenläufigen Charakter. Einerseits wird den Kirchen vorgehalten, dass sie es nicht vermocht hätten gegenüber dem staatlichen Recht mit diesem Verfahren *„substantiell andere und bessere Formen dialogischer und kooperativer Arbeits- und Mitbestimmungsformen zu entwickeln“*[658] anderseits soll das Konzept der Dienstgemeinschaft dazu dienen, *„ausgedehnte Abweichungen und Unterschiede“* zu begründen, *„die zwischen dem Arbeitsrecht und den Arbeitsbeziehungen in den Kirchen und dem Arbeitsrecht und den Arbeitsbeziehungen in Wirtschaft, Dienstleistung und Verwaltung bestehen.“*[659] Einmal ist es also die zu große Nähe, das andere Mal die zu große Distanz zum allgemeinen Arbeitsrecht. Nur einer der Vorwürfe kann wohl wirklich zutreffen.

Niemand wird behaupten wollen, dass das Verfahren des „Dritten Weges“ zur Kategorie der „Biblischen Weisungen“ oder im katholischen Sprachgebrauch zum „Jus divinum“ zu rechnen ist. Der Ausschluss von Tarifverträgen ist kein Dogma, das nicht überwunden werden könnte, wenn bestimmte Voraussetzungen erfüllt sind. Zu diesen Voraussetzungen gehört insbesondere, die grundsätzliche Anerkennung des kirchlichen Selbstbestimmungsrechts auch auf diesem Gebiet, denn wie alles kirchliche Recht steht auch das kirchliche Arbeitsrecht im Dienste der Erfüllung des kirchlichen Auftrages und ist daran gebunden.

Literatur:

G. Grethlein, E. Spengler, Der Dritte Weg der Kirchen, Entstehung – Darstellung – Rechtswirkungen, Betriebs-Berater, Beilage 10/1980 zu Heft 30/1980; *A. Janssen*, Das Streikrecht der Angestellten und Arbeiter im öffentlichen Dienst und der „Dritte Weg“ der Kirchen, Heidelberg 1982 (Freiburger Rechts- und Staatswissenschaftliche Abhandlungen Bd. 43); *A. Pahlke*, Kirche und Koalitionsrecht, Tübingen 1983 (Jus Ecclesiasticum Bd. 29); *E. Spengler*, Der „Dritte Weg“ der Kirchen im Arbeitsrecht, NJW 1986, S. 350 ff.; *A. v. Campenhausen*, Die Verantwortung der Kirche und des Staates für die Regelung von Arbeitsverhältnissen im kirchlichen Bereich, in: *H. Marré, J. Stüting* (Hrsg.), Essener Gespräche zum Thema Staat und Kirche Bd. 18, Münster 1984, S. 9 ff.; *W. Dütz*, Aktuelle kollektivrechtliche Fragen des kirchlichen Dienstes, in: *H. Marré, J. Stüting* (Hrsg.), Essener Gespräche zum Thema Staat und Kirche Bd. 18, Münster 1984, S. 67 ff.; *J. Listl*, Das Arbeitsverhältnis der kirchlichen Dienstnehmer in der Rechtsprechung der Gerichte der Bundesrepublik Deutschland, in: Jahrbuch für christliche Sozialwissenschaft Bd. 27, Münster 1986, S. 131 ff.; *E. Spengler*, Die Rechtsprechung der

657 Siehe dazu den nachfolgenden Exkurs.

658 *G. Brackelmann*, in: *H. Beyer/H. Nutzinger*, Erwerbsarbeit und Dienstgemeinschaft, Bochum 1991, S. 331.

659 *H. Lührs*, KuR 2007, S. 221.

Arbeitsgerichte in kirchlichen Angelegenheiten – insbesondere zur Loyalitätspflicht der kirchlichen Mitarbeiter, NZA 1987, S. 833 ff.; *J. Jurina*, Ehebruch als Kündigungsgrund, KuR 1998, S. 71 (= 340, S. 1); *R. Richardi*, Das kollektive kirchliche Dienst- und Arbeitsrecht, HdbStKirchR², Bd. 2 Berlin 1994, S. 927 ff.; *Ders.*, Arbeitsrecht und Kirchenrecht, RdA 1999, S. 112 ff.; *Ders.*, Arbeitsrecht in der Kirche⁴, Staatliches Arbeitsrecht und kirchliches Dienstrecht, München 2003; Ders., Sicherung der Privatautonomie für den kirchlichen Dienst durch das kirchliche Arbeitsrecht, ZevKR 52 (2007); S. 182 ff.; *G. Thüsing*, Der Dritte Weg – seine Grundlagen und seine Zukunft, ZTR 1999, S. 298 ff.; Ders., Das Arbeitsrecht in der Kirche – Ein Nachtrag der aktuellen Entwicklungen, NZA 2002, S. 306 ff.; *A. Weiß*, Die Loyalität der Mitarbeiter im kirchlichen Dienst, Zur Festsetzung der Loyalitätsobliegenheiten in der Grundordnung, in: *W. Rees* (Hrsg.), Recht in Kirche und Staat, Festschrift *Joseph Listl*, Berlin 2004, S. 511 ff.; *H.-R. Reuter*, Kirchenspezifische Anforderungen an die privatrechtliche berufliche Mitarbeit in der Evangelischen Kirche und ihrer Diakonie, epd-Dokumentation Nr. 29/2005, S. 13 ff.; *A. Schilberg*, Die Richtlinie über die Anforderungen der privatrechlichen beruflichen Mitarbeit in der EKD und ihrer Diakonie, KuR 2006, S. 150 ff.; *H.-R. Reuter*, Kirchenspezifische Anforderungen an die privatrechtliche berufliche Mitarbeit in der Evangelischen Kirche und ihrer Diakonie, epd-Dokumentation Nr. 29/2005, S. 13 ff.; U. K. Jacobs, Anerkennung der normativen Wirkung von Arbeitsrechtsreglungen im Staatskirchenvertrag BW, ZMV 2008, S. 195 f.

7. Exkurs zur kirchlichen Dienstgemeinschaft

Hinter dem Verfahren des „Dritten Weges“ steht ein bestimmtes Verständnis kirchlichen Dienstes, das das Kirchliche Gesetz über das Dienstverhältnis der kirchlichen Mitarbeiter im Bereich der Landeskirche und des Diakonischen Werkes der Evangelischen Landeskirche in Baden, die so genannte „Rahmenordnung“, vom 1. Mai 1984 in der Grundbestimmung seines § 1 in folgende Worte gefasst hat, die hier exemplarisch zitiert werden sollen:

„(1) Kirchlicher Dienst ist durch den Auftrag der Kirche bestimmt, das Evangelium in Wort und Tat zu bezeugen. Die Übernahme bestimmter Dienste durch Glieder der Kirche ist Ausdruck aktiver Kirchenmitgliedschaft aus der Verantwortung gegenüber dem der Gemeinde gegebenen Auftrag und aus der geistlichen Verantwortung des in der Taufe begründeten Priestertums aller Gläubigen (§ 6 Abs. 2 und § 44 Grundordnung).

(2) Die in den verschiedenen Ämtern und Diensten tätigen Mitarbeiter und Mitarbeiterinnen wirken an der Erfüllung dieses Auftrages mit. Sie sind deshalb in ihrem Dienst und ihrer Lebensführung diesem Auftrag und seiner glaubwürdigen Erfüllung verpflichtet.

(3) Diese Verpflichtung bildet die Grundlage der Rechte und Pflichten von Anstellungsträgern und Mitarbeitern in ihrer gemeinsamen Verantwortung als Dienstgemeinschaft in Bindung an Schrift und Bekenntnis und die Ordnung der Landeskirche.“[660]

660 GVBl. S. 91; zuletzt geändert durch Kirchliches Gesetz vom 21. Oktober 1994 GVBl. S. 176.

Es sei zugegeben, dass diese Formulierungen ziemlich steil daherkommen und zu praktischen Konsequenzen führen, über die man streiten kann. Die rechtstheologische Begründung der unmittelbaren Ableitung der Mitarbeit in der Kirche aus dem theologischen Prinzip des in der Taufe begründeten Priestertums aller Gläubigen weist einerseits über den Bereich des Arbeitrechts im engeren Sinne hinaus, weil sie für alle in der Kirche Mitarbeitenden zutrifft, sie bedeutet anderseits aber auch eine Engführung, denn sie schließt diejenigen aus der Dienstgemeinschaft aus, die nicht getauft sind. Im Sinne dieser gedanklichen Linie fordert § 10 Abs. 1 b des Mitarbeitervertretungsgesetzes der EKD für die passive Wählbarkeit in die Mitarbeitervertretung grundsätzlich die Mitgliedschaft in einer christlichen Kirche oder Gemeinschaft, die der Arbeitsgemeinschaft Christlicher Kirchen in Deutschland angeschlossen ist **(ACK-Klausel)**, allerdings mit einer Öffnungsklausel für abweichende Regelungen in den Gliedkirchen. Diese Regelungen sind im Sinne der zitierten rechtstheologischen Konzeption des kirchlichen Dienstes konsequent, erweisen sich aber in der Praxis als problematisch, weil die Kirche insbesondere im Bereich der Diakonie viele Menschen beschäftigt, die diese Voraussetzungen nicht erfüllen.

Joseph Jurina, der damals im Erzbischöflichen Ordinariat in Freiburg für das kirchliche Arbeitsrecht zuständig war, hat deshalb vorgeschlagen, den Begriff der „Dienstgemeinschaft" nicht auf diejenigen zu beschränken, die durch ihre Mitarbeit in erster Linie einen Beitrag zum geistlichen Auftrag der Kirche leisten *wollen*, sondern ihn als *„ein objektives Strukturelement des kirchlichen Dienstes"* zu verstehen, *„das in vielfältiger Hinsicht Maßstabsfunktion besitzt, aus dem sich Anforderungen an die kirchlichen Mitarbeiter ergeben, dessen Gültigkeit aber nicht von seiner subjektiven Annahme durch die Mitarbeiter abhängt – so wünschenswert es auch ist, dass ein innerer Mitvollzug des religiösen Auftrages durch die Mitarbeiter erfolgt."*[661]

Hier wird deutlich, dass das Konzept der „Dienstgemeinschaft" zwei Seiten hat, nämlich eine nach innen gerichtete, die alle im kirchlichen Dienst Tätigen subjektiv an den kirchlichen Auftrag und seine glaubwürdige Erfüllung bindet, und eine Außenseite, die dessen Bedingungen und seine Besonderheiten objektiv beschreibt.[662] Je nach dem, welche dieser beiden Seiten hervorgehoben und betont wird, ergeben sich unterschiedliche praktische Konsequenzen. Die von *Jurina* vorgestellte objektive Konzeption hat sicher den Vorzug, dass sie sich näher an den Realitäten des kirchlichen Dienstes orientiert, auch wenn sie – worauf *Jurina* selbst hinweist – in ihrer rechtstheologischen Begründung weniger anspruchsvoll ist. Ein Vorteil dieser Sichtweise ist im Übrigen, dass er alle in der Kirche Beschäftigten in die „Dienstgemeinschaft" einbezieht und sie auf deren objektiven Gehalt verpflichtet. Allerdings darf das nicht dazu führen, dass das „Kronenkreuz" als Symbol der Zugehörigkeit zum Diakonischen Werk am Türschild der Einrichtung zur reinen Fassade

661 *J. Jurina*, ZevKR 29 (1984), S. 172 ff. (178).
662 Siehe dazu: *J. Joussen*, ZMV (Sonderheft) 2007, S. 24 ff. (29).

wird, weil die Kraft nicht mehr ausreicht, den damit verbundenen geistlichen Anspruch auch mit Leben zu erfüllen. Dazu ist jedenfalls ein Hauptbestand von Mitarbeiterinnen und Mitarbeitern notwendig, die sich dem kirchlichen Auftrag auch subjektiv durch ihre persönliche Glaubensüberzeugung und Lebenspraxis verbunden wissen. Alles andere wäre „geistliche Hochstapelei". Hier gilt der Grundsatz: *„Wo Kirche draufsteht, muss auch Kirche drin sein"* und das wird nicht allein dadurch gewährleistet, dass hinter der Einrichtung ein kirchlicher Rechtsträger steht. Deshalb ist es richtig, dass die Beschäftigung von Mitarbeiterinnen und Mitarbeitern, die keiner christlichen Kirche angehören, auch weiterhin den Ausnahmefall darstellt. Diesen Grundsatz aufzugeben, würde nicht zuletzt zu einer Erosion des kirchlichen Selbstbestimmungsrechts in diesem Bereich führen, wie es in Art. 140 GG i. V. m. Art. 123 Abs. 3 WRV garantiert ist.

Welche Gefahren hier dem Selbstbestimmungsrecht der Religionsgemeinschaften drohen, zeigt das Urteil des Arbeitsgerichts Hamburg vom 4. Dezember 2007,[663] in dem unter Berufung auf die Antidiskriminierungsrichtlinie der Europäischen Union 2000/78/EG[664] und das darauf beruhende deutsche Allgemeine Gleichbehandlungsgesetz (AGG) die Auffassung vertreten wird, dass die Forderung nach der Zugehörigkeit einer Sozialpädagogin türkischer Herkunft zur christlichen Religion keine in Hinblick auf das Selbstverständnis der beklagten diakonischen Einrichtung *„gerechtfertigte berufliche Anforderung"* darstellt.[665] Danach darf eine solche Anforderung nur noch für kirchliche Tätigkeiten im *„verkündigungsnahen"* Bereich gestellt werden, also bei Stellen, die der Verkündigung, Seelsorge und Unterweisung oder der Leitung zuzuordnen sind. Folgt man dieser Auffassung ist der Versuch, die Dienstgemeinschaft in der Kirche aus dem theologischen Prinzip des Priestertums aller Gläubigen zu begründen, völlig unmöglich gemacht. Schon daran wird deutlich, dass hier eine gravierende Beschränkung des theologisch begründeten Selbstbestimmungsrechts der Kirche vorliegt. Wie oben bereits im Zusammenhang mit der Richtlinie des Rates der EKD über die Anforderungen der privatrechtlichen beruflichen Mitarbeit in der Kirche dargestellt, kennt das kirchliche Arbeitsrecht selbst unter dem Gesichtspunkt der Nähe zum Verkündigungsauftrag hinsichtlich der Loyalitätsobliegenheiten und dem Erfordernis der Kirchenmitgliedschaft Differenzierungen und Ausnahmen. Ohne diese könnten bestimmte Dienstleistungen insbesondere in der Diakonie nicht mehr erbracht werden. Der neuerliche „Quantensprung" besteht aber darin, dass die Frage, ob und in welchem Umfang solche Differierungen notwendig sind, von den Religionsgemeinschaften im Rahmen ihres Selbstverständnisses nicht mehr selbst entscheiden kann, sondern durch staatliche Gerichte beantwortet wird. Das ist nicht zuletzt unter dem Gesichtspunkt der staatlichen Neutralitätspflicht höchst bedenklich.

---

663 Geschäftszeichen 20 Ca 105/07.

664 Vergl. dazu: *G. Klostermann*, KuR 2006, S. 112 ff.

665 Siehe dazu auch oben S. 195.

Das Festhalten an dem Grundsatz, dass die Mitarbeit im kirchlichen Dienst im Normalfall die Mitgliedschaft in einer christlichen Kirche voraussetzt, darf nun allerdings nicht zu dem Missverständnis führen aus der so begründeten Dienstgemeinschaft sei zu folgern, die Beziehung zwischen der Kirche und den von ihr Beschäftigten sei im Kern vor allem religiös zu bestimmen und nicht als eine arbeitsrechtliche zu qualifizierende.[666] Es wäre verfehlt, anzunehmen, hinter dem Begriff der „Dienstgemeinschaft“ könnte sich ein Arbeitsethos verbergen, wie es *Wilhelm Löhe* für den Stand der Diakonissen wie folgt formuliert hat:

„Was will ich? Dienen will ich. Wem will ich dienen? Dem Herrn in seinen Elenden und Armen. Und was ist mein Lohn? Ich diene weder um Lohn noch Dank, sondern aus Dank und Liebe, mein Lohn ist das ich darf.“

„Mein Lohn ist, das ich darf“, als Ethos des besonderen Standes der Diakonissen verdient eine solche Haltung sicher hohen Respekt, als allgemeines Prinzip der Gestaltung kirchlicher Arbeitsverhältnisse aber kann es nicht in Betracht kommen. Im Unterschied dazu dient das Verfahren des „Dritten Weges“ ja gerade zur Herstellung einer Lohngerechtigkeit auch im materiellen Sinne, dem es sich als Zielsetzung verpflichtet weiß. Das aber setzt verlässliche arbeitsrechtliche Regelungen voraus.[667] Das Postulat einer „Dienstgemeinschaft“, ist kein romantisch verklärtes Bild einer heilen kirchlichen Welt, in der die Menschen für Gotteslohn arbeiten und unterschiedlichen Interessen geleugnet oder ausgeblendet werden. Es ist das Verdienst des Kirchengerichtshof der EKD ins Bewusstsein gebracht zu haben, dass die Dienstgemeinschaft kein Konstrukt ist, das einseitig nur die kirchlichen Mitarbeiterinnen und Mitarbeiter in die Pflicht nimmt, sondern auch den kirchlichen Dienstgeber verpflichtet, seinerseits alles zu unterlassen, was die Dienstgemeinschaft stören würde. In seiner Entscheidung vom 9. 10. 2006 zur Zulässigkeit der Beschäftigung von Leiharbeitnehmern in einer diakonischen Einrichtung stellt er fest, dass deren auf Dauer angelegte Beschäftigung dem kirchlichen Grundsatz des Leitbildes von einer Dienstgemeinschaft widerspricht und deshalb mit dem kirchlichen Arbeitsrecht unvereinbar ist. Die Einrichtung wollte Mitarbeiterinnen und Mitarbeiter einer Personal- und Servicegesellschaft, die sie selbst zuvor aus betriebswirtschaftlichen Gründen zu diesem Zweck gegründet hatte, zu ungünstigeren tariflichen Bedingungen als ihr Stammpersonal dauerhaft beschäftigen. Die Mitarbeitervertretung wollte diesen Einstellungen nicht zustimmen und ist in dieser Haltung vom Gericht bestätigt worden.

In seiner Kritik an dieser Entscheidung wendet sich *Joussen* dagegen, die „Dienstgemeinschaft“ betriebs- bzw. unternehmensbezogen zu verstehen, wie es der Verwaltungsgerichtshof getan hat. Sie sei etwas fundmental anderes als „Betriebsgemeinschaft“, *„denn sie orientiert sich nach außen, das heißt an dem Gesamtauftrag der Kirche insgesamt und nicht an dem eines einzelnen*

666 So zu Recht: *J. Jurina*, ZevKR 29 (1984), S. 172 ff. (178).
667 *Jurina,* ebd. S. 179.

Unternehmens."[668] Deshalb will er den Einsatz von Leiharbeitnehmern jedenfalls von solchen internen Servicegesellschaften zulassen, die die kirchlichen Träger selbst gegründet haben, die also ihrerseits dem kirchlichen Recht unterliegen. Da deren Mitarbeiterschaft – anders als die Mitarbeitenden von „externen" Servicegesellschaften – ebenfalls im kirchlichen Dienst stehen, sei ihr Einsatz auch kein Verstoß gegen die Dienstgemeinschaft, denn auch diese wirkten am Auftrag der Kirche in der Welt mit.[669] Der Einsatz von Leiharbeitnehmern interner Servicegesellschaften verstößt nach seiner Auffassung dann nicht gegen die kirchliche Dienstgemeinschaft, wenn ihr Einsatz gerade dazu dienen soll, die Möglichkeit zur Fortsetzung des Betriebes zu gewährleisten und damit objektiv der Erhaltung der Dienstgemeinschaft dient. Deshalb dürfe es auch keine Bindung an die AVR *„um jeden Preis"* geben, jedenfalls dann nicht, wenn die Einrichtung andernfalls durch den finanziellen Ruin ihren Auftrag nicht mehr erfüllen könnte.[670] Diese dürfen daher nach *Joussen* auch von den Regelungen des „Dritten Weges" abweichen und zwar zu dem Zweck, diesen dauerhaft abzusichern und somit das objektive Ziel der Dienstgemeinschaft, nämlich die Erfüllung des kirchlichen und diakonischen Zweckes zu erreichen.

Diese Überlegungen sind letztlich nicht überzeugend. Zwar ist richtig, dass die Dienstgemeinschaft eine auf das Gesamte der Kirche bezogene Dimension hat, die über den einzelnen kirchlichen Betrieb hinausgreift, sie muss sich aber auch auf diesen beziehen. Würde die Dienstgemeinschaft für die innerbetrieblichen Verhältnisse keine Konsequenzen haben, bestünde die Gefahr, dass sie sich zu einem juristisches Phantom entwickelt, dessen einziger Sinn am Ende darin besteht, einen ideologischen Überbau zur Begründung des „Dritten Weges" abzugeben oder gar zur einseitigen Disziplinierung der Mitarbeitenden herzuhalten. Die Dienstgemeinschaft ist eben nicht nur ein unverbindliches Leitbild, sondern ein objektives Strukturmerkmal kirchlichen Dienstes mit konkreten juristischen Folgen, die Dienstnehmer- und die Dienstgeberseite gleichermaßen in die Pflicht nehmen. Auf der Dienstnehmerseite bestehen diese in den besonderen Loyalitätspflichten zu ihrem kirchlichen Dienstgeber, auf der Dienstgeberseite in der Verpflichtung zur Fürsorge für jede einzelne Mitarbeiterin und jeden einzelnen Mitarbeiter, wie es in § 1 Abs. 1 der AVR des DW-EKD unter Hinweis auf das Wesen der Dienstgemeinschaft ausdrücklich festgehalten ist. Diese Fürsorge schließt bezogen auf die Gesamtheit des Betriebes auch ein, für Lohngerechtigkeit zu sorgen. In Can. 231 § 2 des CIC der römisch-katholischen Kirche ist für die auf Dauer oder auf Zeit bestellten Laien ausdrücklich bestimmt, dass sie das Recht auf eine angemessene Vergütung haben, die ihrer Stellung entspricht und mit der sie, auch unter Beachtung des staatlichen Rechts, für die eigenen Erfordernisse und für ihre Familie in geziemender Weise sorgen können. Dieser inhaltliche Aspekt wird von *Joussen* zu wenig berücksichtigt. Seine Position läuft darauf hinaus,

668 ZMV (Sonderheft) 2007, S. 24 ff. (29).
669 *Joussen*, Ebd., S. 29 f
670 *J. Joussen*, ebd.

den „Dritten Weg" im Wesentlichen als ein formales Verfahren anzusehen, dessen Ergebnisse zur Disposition des Dienstgebers stehen, wenn eine wirtschaftliche Notlage das nach seiner Auffassung erfordert.

Die Forderung nach einer Lohngerechtigkeit kann aber nicht bedeuten, dass in einer kirchlichen Einrichtung alle Mitarbeitenden zu den genau gleichen rechtlichen Bedingungen beschäftigt werden müssen. Differenzierungen können unter den verschiedensten Gesichtspunkten notwendig sein, die sich nicht nur aus den persönlichen Verhältnissen der Betroffenen ergeben können, sondern auch im Hinblick auf betriebliche Notwendigkeiten. Deshalb ist auch grundsätzlich nicht zu beanstanden, wenn in kirchlichen Einrichtungen auch Leiharbeitnehmer zum Einsatz kommen.[671] Das ist erst dann problematisch – und zwar unabhängig davon, ob es sich um „externe" oder „interne" Servicegesellschaften handelt –, wenn dies nicht unter dem Gesichtspunkt der Überbrückung vorübergehender Schwankungen im Personalbedarf geschieht, sondern – und darin ist dem Verwaltungsgerichtshof der EKD voll zuzustimmen – aus rein wirtschaftlichen Überlegungen dazu dient, das notwendige Stammpersonal dauerhaft durch Mitarbeitende zu ersetzen, die vergleichbare Dienste zu wesentlich schlechteren finanziellen Konditionen erbringen müssen. Eine solche Personalpolitik wäre ein eklatanter Verstoß gegen die Glaubwürdigkeit der Kirchen bei ihrem Einsatz für die soziale Gerechtigkeit, denn: *„Sie können nicht Maßstäbe des wirtschaftlichen Handelns formulieren und öffentlich vertreten, ohne sie auch an sich selbst und das eigene wirtschaftliche Handeln anzulegen."*[672]

Nun übersehen werden darf allerdings, dass es für die Träger der diakonischen Einrichtungen wirtschaftlichen Zwänge gibt, die sie möglicher Weise an die Grenze ihrer Konkurrenz- und Existenzfähigkeit führen können. Durch die veränderten sozialpolitischen Rahmenbedingungen, unter denen soziale Arbeit heute erbracht werden muss, wird die Bindung an das kirchliche Arbeitsrecht von den Trägern der Einrichtungen zunehmend als Fessel empfunden.[673] Die Inanspruchnahme des kirchlichen Selbstbestimmungsrechts ist ein taugliches Instrument, um sich gegen die Bevormundungen und Zumutungen einer ungezügelten Regelungswut des Sozialstaates zur Wehr zu setzen. Im Kampf gegen den Konkurrenzdruck privater Anbieter auf dem Markt sozialer Dienstleistungen kann es dagegen nicht in Ansatz gebracht

---

671 Die AVR des DW-EKD lassen das in bestimmten Grenzen zu, machen das aber u. a. davon abhängig, dass Leiharbeitnehmer nach dem Arbeitnehmerüberlassungsgesetz nur zur kurzfristigen Überbrückung von Personalengpässen eingesetzt werden, was bei Einrichtungen mit insgesamt mehr als 50 Mitarbeiterinnen und Mitarbeitern anzunehmen ist, wenn nicht mehr als 5 % der insgesamt im Jahresdurchschnitt beschäftigten Vollkräfte in den Einrichtungen des Trägers Leiharbeitnehmer sind (§ 5 AVR).

672 Kirchenamt der EKD, Sekretariat der Deutsche Bischofskonferenz (Hrsg.), Für eine Zukunft in Solidarität und Gerechtigkeit, Hannover/Bonn 1997 (Gemeinsame Texte 9), S. 96.

673 Vergl dazu: Evangelische Akademie Bad Boll, Selbstbestimmungsrecht von Kirche und Diakonie – Freiheit oder Fessel ?,epd-Dokumentation Nr. 16 v. 15. April 2002.

werden und die Bindung an die Vorgaben des kirchlichen Arbeitsrechts ist dabei eher hinderlich.[674] Es ist deshalb verständlich, dass neuerdings die diakonischen Dienstgeber verstärkt durch Ausgründungen[675] und die Beschäftigung von Leiharbeitnehmern versuchen, aus dem System des „Dritten Weges" auszubrechen, weil sie in anderen Tarifsystemen für sie günstigere Bedingungen vorfinden. So kommt es, dass heute der früher von gewerkschaftlicher Seite so vehement bekämpfte „Dritte Weg" vor allem von der Mitarbeiterseite als Garant angemessener Entlohnung und sozialer Arbeitsverhältnisse verteidigt und seine Beibehaltung gefordert wird.[676]

Der Gedanke der „Dienstgemeinschaft" in der Kirche und das Verfahren des „Dritten Weges" erscheinen im Übrigen in einem anderen Licht, wenn man die offensichtliche Erosion des Systems der Tarifverträge durch konkurrierende Gewerkschaften in den Blick nimmt. Dieses System bietet jedenfalls derzeit keine befriedigende Antwort auf die Frage, wie der innerbetriebliche Frieden gesichert werden kann, wenn einzelne Gruppen versuchen, ihre Sonderinteressen ohne Rücksicht auf das Gesamtgefüge der Lohngerechtigkeit und das Wohl des Unternehmens mit Kampfmaßnahmen durchzusetzen.[677] Angesichts dessen erscheint die verbindliche Schlichtung nach dem Muster des „Dritten Weges" der Kirchen jedenfalls nicht als die schlechtere Wahl. Jenseits der unterschiedlichen Positionen, die es in Verteidigung und Abwehr des „Dritten Weges" nach wie vor gibt, und ungeachtet der Probleme, die sich hinsichtlich der Konsistenz der theologischen und juristischen Begründungen der kirchlichen „Dienstgemeinschaft" im Einzelnen ergeben mögen, könnte sich die verbindliche Schlichtung für bestimmte Konstellationen auch außerhalb des kirchlichen Bereichs als die sinnvollere Lösung anbieten als die Auseinandersetzung über die Reichweite und die Grenzen des Streikrechts von Fall zu Fall vor den Arbeitsgerichten oder gar als ein Eingreifen der Politik in die Tarifautonomie.[678]

---

674 Vergl. dazu *meinen* Beitrag in *D. Hildemann*, Kirche der Freiheit – Diakonie der Knechtschaft?, Leipzig 2008, S. 23 ff.

675 Zu den damit zusammenhängenden Problemen vergl. *M. Furhmann*, Ku R 2005, S. 175 ff. (= 350, S. 219 ff.).

676 Die zehnte Fachtagung zum kirchlichen Arbeitsrecht am 5. und 6. März 2006 in Eichstätt hat sich mit diesen Fragen intensiv beschäftigt. Vergl. dazu die Dokumentation als Sonderheft der ZMV 2007.

677 Geradezu ein Lehrstück in dieser Hinsicht sind die quälenden Auseinandersetzungen bei der Deutschen Bahn um die Forderungen der Gewerkschaft der Lokführer nach einem eigenständigen Tarifvertrag. Spätestens dieser Streit hat ins allgemeine Bewusstsein gerufen, dass es in Deutschland an einem Recht des Arbeitskampfes fehlt, mit dessen Hilfe z. B. die Frage nach der Verhältnismäßigkeit von Maßnahmen der Arbeitskampfes, die zu Lasten der Rechte Dritter ausgetragen werden, in verlässliche juristische Bahnen gelenkt werden könnte.

678 Siehe dazu bereits *A. Janssen*, Das Streikrecht der Angestellten und Arbeiter im öffentlichen Dienst und der „Dritte Weg" der Kirchen, Heidelberg 1982 (Freiburger Rechts- und Staatswissenschaftliche Abhandlungen Bd. 43).

Literatur:

J. Jurina, Die Gemeinschaft der Mitarbeiter des kirchlichen Dienstes, ZevKR 29 (1984), S. 172 ff. *G. Brackelmann*, Plädoyer für einen „Vierten Weg“, in: *H. Beyer/ H. Nutzinger*, Erwerbsarbeit und Dienstgemeinschaft, Bochum 1991, S. 331; *G. Thüsing*, Dienstgemeinschaft trotz konfessioneller Verschiedenheit, Zu den arbeitsrechtlichen Konsequenzen ökumenischer Trägerschaften in karitativen und diakonischen Bereich, in: *W. Rees* (Hrsg.), Recht in Kirche und Staat, Festschrift *Joseph Listl*, Berlin 2004, S. 626 ff.; *M. Fuhrmann*, Flucht aus dem kirchlichen Dienst? Kirchenarbeitsrechtliche Aspekte des Outsourcing, KuR 2005, S. 175 ff. (= 350, S. 219 ff.); *G. Klostermann*, Antidiskriminierung und das Arbeitsrecht in der evangelischen Kirche, KuR 2006, S. 122 ff.; *J. Joussen*, Formen der Arbeitnehmerüberlassung in kirchlichen Einrichtungen und das Selbstverständnis kirchlicher Arbeitgeber, ZMV (Sonderheft) 2007, S. 24 ff.; *H. Lührs*, Kirchliche Dienstgemeinschaft. Genese und Gehalt eines umstrittenen Begriffs, KuR 2007, S. 220 ff.; *J. Winter*, Kirche – (m)Macht – Diakonie. Ein kirchen- und staatskirchenrechtlicher Blick, in: *D. Hildemann,* Kirche der Freiheit – Diakonie der Knechtschaft?, Leipzig 2008, S. 23 ff.

8. Gerichtsbarkeit im kirchlichen Bereich

a. Zur Geschichte und Begründung kirchlicher Gerichtsbarkeit

Seit 318 bzw. 333 besaßen die Bischöfe in Konkurrenz mit dem Staat eine anerkannte Zivilgerichtsbarkeit, später gab es eine Schiedsgerichtsbarkeit unter Christen. Seit 1539 gab es landesfürstliche Konsistorien. Ihre gerichtlichen Funktionen gingen später zugunsten der allgemeinen Staatsgerichte verloren. Erst seit Ende des 19. Jahrhunderts setzte die kirchliche Gerichtsbarkeit wieder ein, zunächst in der Form der Disziplinargerichtsbarkeit gegen Geistliche.[679]

Die Reformation lehnte in Auseinandersetzung mit der päpstlichen Jurisdiktion und in Abwehr gegen das verweltlichte kanonische Recht eine eigene kirchliche Gerichtsbarkeit kraft göttlichen Rechts ab:

„Nach göttlichem Recht besteht deshalb das bischöfliche Amt darin, das Evangelium zu predigen, Sünden zu vergeben, Lehrfragen zu entscheiden, Lehre, die gegen das Evangelium ist zu verwerfen und die Gottlosen, deren gottloses Wesen offen zu Tage liegt, von der kirchlichen Gemeinschaft auszuschließen – nicht mit menschlicher Gewalt, sondern allein durch Gottes Wort .... Soweit nun die Bischöfe sonst noch Macht oder Rechtsprechung in anderen Angelegenheiten ausüben, wie zum Beispiel in Ehe- und Steuersachen, tun sie dies kraft menschlichen Rechts.“[680]

Eine kirchliche Gerichtsbarkeit ist nach diesem Verständnis – wie auch die Gerichtsbarkeit des Staates – ein *„weltlich Ding“*.[681] In der evangelischen Kir-

679 Zur Geschichte der kirchlichen Gerichtsbarkeit vergl.: *E.-L. Solte*, EvStL, Sp. 748.

680 CA 28, 1530.

681 Vergl. dazu: *H. Weber*, Kirchlicher Rechtsschutz und staatliche Gerichtsbarkeit, in: 50 Jahre Kirchliches Verfassungs- und Verwaltungsgericht der Evangelischen Kirche in Hessen und Nassau 1952-2002, S. 20 ff. (22 ff.).

che ist die Notwendigkeit der Existenz eigener Gerichte deshalb keineswegs eine Selbstverständlichkeit.[682] Das hat seine Ursache nicht nur in einer seit der Reformation ausgeprägten Distanz zum Kirchenrecht, sondern vor allem auch in den theologischen Vorbehalten gegen den Geist des „Richtens", denn so heißt es in der biblischen Weisung im Matthäus Evangelium: *„Richtet nicht, damit ihr nicht gerichtet werdet. Denn nach welchem Recht ihr richtet, werdet ihr gerichtet und mit welchem Maß ihr messt, wird euch zugemessen werden."*[683] Die Streitentscheidung durch einen autoritativen Richterspruch, bei dem es fast immer Gewinner und Verlierer gibt, gilt deshalb als unbiblisch. Vielmehr ist die gütliche Einigung bzw. der Rechtsverzicht unter Christen der vom Liebesgebot Jesu gewiesene Weg. Für innerkirchliche Streitigkeiten findet das seinen Ausdruck im 1. Korintherbrief mit der Ermahnung:

„Wie kann jemand von euch wagen, wenn er einen Streit hat mit einem andern, sein Recht zu suchen vor den Ungerechten und nicht vor den Heiligen? Wisst ihr nicht, dass die Heiligen die Welt richten werden? Wenn nun die Welt von euch gerichtet werden soll, seid ihr dann nicht gut genug, geringe Sachen zu richten? Wisst ihr nicht, dass wir über Engel richten werden? Wie viel mehr über Dinge des täglichen Lebens. Ihr aber, wenn ihr über diese Dinge rechtet, nehmt solche, die in der Gemeinde nichts gelten, und setzt sie zu Richtern. Euch zur Schande muss ich das sagen. Ist denn keiner unter euch, der zwischen Bruder und Bruder richten könnte? Vielmehr rechtet ein Bruder mit dem anderen, und das vor Ungläubigen! Es ist schon schlimm genug, dass ihr miteinander rechtet. Warum lasst ihr euch nicht lieber Unrecht tun? Warum lasst ihr euch nicht lieber übervorteilen? Vielmehr tut ihr Unrecht und übervorteilt, und das unter Brüdern!"[684]

Das Zitat belegt, dass es schon in der frühchristlichen Gemeinde Streitigkeiten gegeben hat, mahnt aber eine vorrangige innerkirchliche Streitschlichtung an. Die Bibel wendet sich also nicht gegen die Möglichkeit einer richterlichen Tätigkeit überhaupt. Verworfen wird nur das selbstgerechte, überhebliche und heuchlerische Unwerturteil über andere Personen.[685] Deshalb muss es auch in der Kirche Verfahren geben, die es ermöglichen, Streitigkeiten zu schlichten und den möglichen Missbrauch von Entscheidungsbefugnissen kirchlicher Amtsträger und Organe durch unabhängige Instanzen überprüfen zu lassen. Das ist nicht zuletzt eine Konsequenz aus der vierten These der Barmer Theologischen Erklärung von 1934, die davon spricht, dass die verschiedenen Ämter in der Kirche keine Herrschaft der einen über die anderen begründen. Die Gewährung von Rechtsschutz ist deshalb nicht nur ein Gebot, das sich als Folge der Übernahme rechtsstaatlicher Grundsätze aus dem staatlichen Bereich ergibt, sondern liegt im theologischen Selbstverständnis der Kirche begründet. Unter praktischen Gesichtspunkten lässt sich festhalten, *„daß eine selbständige und unabhängige kirchliche Gerichtsbarkeit*

682 Vergl. dazu: *B. Guntau*, ZevKR 51 (2006), S. 327 ff. (350 f.).
683 Zum Verständnis dieses Zitats vergl.: *J. Wenzel*, ZevKR 49 (2004), S. 559 ff.
684 1. Korinther 6, 1-8.
685 Vergl. Wenzel, ZevKR 49 (2004), S. 559 f.

der streit- und parteinnahen Konfliktschlichtung dient, über die größere Sachnähe verfügt und dem Rechtsschutzgebot Rechnung trägt. Sie trägt mit dazu bei, daß schon im innerkirchlichen Bereich ein in einem ordnungsgemäßen Verfahren ergangenes unabhängiges Sachurteil ergehen kann und Rechtsfrieden hergestellt wird.“[686]

b. Zur innerkirchlichen Gerichtsbarkeit

In den evangelischen Landeskirchen bestehen kirchliche Verwaltungsgerichte, die z.T bereits auf die Weimarer Republik zurückgehen und nach dem zweiten Weltkrieg weiter ausgebaut worden sind.[687] Sie sind den staatlichen Verwaltungsgerichten im Wesentlichen nachgebildet und zuständig für die Aufhebung kirchlicher Verwaltungsakte, für Verpflichtungs- und Feststellungsklagen, für Leistungsklagen bei vermögensrechtlichen Ansprüchen der Pfarrer und Kirchenbeamten aus ihrem Dienstverhältnis und für kirchenrechtliche Streitigkeiten zwischen kirchlichen Körperschaften. Teilweise haben sie auch verfassungsgerichtliche Kompetenzen. In einigen Landeskirchen sind auch Normenkontrollverfahren möglich. Sie sind nicht zuständig für Kirchensteuersachen, Lehr- und Disziplinarverfahren sowie für Entscheidungen im Bereich der kirchlichen Lebensordnungen. Für Disziplinarverfahren und für Lehrverfahren[688] bestehen eigene Spruchkörper.

Die Evangelische Kirche in Deutschland hat für ihren Bereich die Rechtspflege durch das Kirchengesetz über die Errichtung, die Organisation und das Verfahren der Kirchengerichte vom 6. November 2003 neu geordnet.[689] Als Kirchengerichte der Evangelischen Kirche in Deutschland bestehen seitdem:

1. der Verfassungerichtshof der Evangelischen Kirche in Deutschland;
2. das Kirchengericht der Evangelischen Kirche in Deutschland als Kirchengericht erster Instanz, und
3. der Kirchengerichtshof der Evangelischen Kirche in Deutschland als Kirchengericht zweiter Instanz.[690]

Als gesamtkirchliche Gerichte bestehen außerdem das Verfassungs- und Verwaltungsgericht der VELKD und der Verwaltungsgerichtshof der UEK.

Hinsichtlich der Besetzung der kirchlichen Gerichte ist der Hinweis nicht unwichtig, dass sie bereits in erster Instanz z.T. mit hochrangigen Richterinnen und Richtern aus dem Bereich der staatlichen Rechtspflege besetzt

686 *J. Wenzel*, ebd., S. 577.

687 Vergl. dazu: *H. Maurer*, ZevKR 17 (1972), S. 48 ff.; *J. Winter*, in: Staatslexikon[7], Bd. 2, Sp. 916 ff.; *A. Kotb*, Die Verwaltungsgerichtsbarkeit der Evangelischen Landeskirche in Baden, Frankfurt a. M. u. a. 1998.

688 Zu den Einzelheiten vergl. den Exkurs in der Vorauflage, S. 124 ff.

689 Vergl. dazu: *B. Guntau*, ZevKR 51 (2006), S. 327 ff.; *H. Schliemann*, NJW 2005, S. 393 ff.

690 Zu den Einzelheiten vergl.: *Guntau*, ebd.; *H. Claessen*, Grundordnung der Evangelischen Kirche in Deutschland, Kommentar und Geschichte, Stuttgart 2007, S. 514 ff.

sind.[691] Schon diese Tatsache stellt sicher, dass der Standard ihrer Entscheidungen in vollem Umfang den Anforderungen entspricht, wie sie auch im staatlichen Bereich gültig sind.

Die römisch-katholische Kirche kennt ein ausgebautes Prozessrecht, dem das VII. Buch des CIC (Can. 1400 – 1752) gewidmet ist. Es behandelt in fünf Teilen:

- Das Gerichtswesen im Allgemeinen
- Das Streitverfahren
- Besondere Arten von Verfahren (Ehenichtigkeitsverfahren, Weihenichtigkeitsverfahren)
- Den Strafprozess
- Das Verfahren zur Amtsenthebung oder Versetzung von Pfarrern.

In der römisch-katholischen Kirche gibt es drei Gerichtsstufen:

- Bischöfliche Gerichte
- Metropolitan Gerichte
- Gesamtkirchliche Gerichte (Römische Rota, Apostolische Signatur)

Eine Verwaltungsgerichtsbarkeit gibt es nur für die Überprüfung von Verwaltungsakten der Römischen Kurie. Im bischöflichen Bereich ist sie bisher nicht eingerichtet.[692]

c. Staatlicher Rechtsschutz im kirchlichen Bereich

Die Existenz kirchlicher Gerichte wirft die Frage auf, ob und in welchem Umfang in innerkirchlichen Angelegenheiten auch ein Rechtsschutz durch staatliche Gerichte in Betracht kommt. Rechtsdogmatisch stellt sich das Problem als Verhältnisbestimmung zwischen der Pflicht des Staates zur Eröffnung eines Rechtsweges nach Art. 19 Abs. 4 GG, wenn *„jemand durch die öffentliche Gewalt in seinen Rechten verletzt“* wird („Justizgewährungspflicht“) und dem Selbstbestimmungsrecht der Religionsgemeinschaften in Art. 140 GG i. V. m. Art. 137 Abs. 3 WRV. Zu beachten ist auch, dass die *„rechtsprechende Gewalt“*, nach Artikel 92 GG *„durch das Bundesverfassungsgericht, durch die in diesem Grundgesetz vorgesehenen Bundesgerichte und durch die Gerichte der Länder ausgeübt wird.“*

Die Selbstbestimmungsrecht der Religionsgemeinschaften gemäß Art. 140 GG i. V. m. Art. 137 Abs. 3 WRV umschließt auch die Befugnis, *„Möglichkeiten zu schaffen, innerkirchliche Streitigkeiten im Einklang mit dem kirchlichen Selbstverständnis durch die Anrufung eigener Gerichte oder Schlichtungsgremien beizulegen. Ist ein derartiger Rechtsweg geschaffen und von ihm ein effektiver Rechtsschutz auch zu erwarten, dürfen staatliche Gerichte nicht vor*

---

691 So ist z. B. das Verwaltungsgericht der Evangelischen Landeskirche in Baden u. a. besetzt mit einer ehemaligen Richterin des VHG Mannheim als Vorsitzende, einer Richterin am BGH und einem Rechtsanwalt am BGH als Beisitzer.

692 Vergl. dazu: *M. Kaiser*, in: Essener Gespräche, Bd. 7, Münster 1972; *G. May*, in: *J. Listl, H. Schmitz* (Hrsg.), HdbKathR², Regensburg 1999, S. 1153 ff.

Erschöpfung des kirchlichen Rechtsweges entscheiden (...). Der Klage fehlt dann das Rechtsschutzbedürfnis.“[693]

Die Rechtsprechung der staatlichen Verwaltungsgerichte ging lange davon aus, dass Klagen im Zusammenhang mit Streitigkeiten, die dem kirchlichen Selbstbestimmungsrecht unterfallen, von staatlichen Gerichten generell als **unzulässig** abzuweisen sind. Das betraf insbesondere dienstrechtliche Statusklagen kirchlicher Mitarbeiter im öffentlich-rechtlichen Dienstverhältnis (Pfarrer und Kirchenbeamte). Das Bundesverwaltungsgericht hat dazu Folgendes ausgeführt:

„*Infolge der öffentlichen Rechtsstellung und öffentlichen Wirksamkeit der Kirchen, die sie aus ihrem besonderen Auftrag herleiten und durch die sie sich von anderen gesellschaftlichen Gebilden grundsätzlich unterscheiden, ist kirchliche Gewalt zwar öffentliche, aber nicht staatliche Gewalt (...). Ist die Kirche nur im Bereich ihrer innerkirchlichen Angelegenheiten tätig geworden, dann liegt kein Akt der öffentlichen Gewalt vor, gegen den die Klage vor den staatlichen Gerichten eröffnet ist. Nur soweit die Kirchen vom Staat verliehene Befugnisse ausüben oder soweit ihre Maßnahmen den kirchlichen Bereich überschreiten oder in den staatlichen Bereich hineinreichen, betätigen sie mittelbar auch staatliche Gewalt mit der sich daraus ergebenden Einschränkung ihrer Selbstbestimmung. Innerkirchliche Regelungen oder Maßnahmen, die im staatlichen Zuständigkeitsbereich keine unmittelbaren Rechtswirkungen entfalten, dürfen staatliche Gerichte nicht auf ihre Rechtmäßigkeit prüfen, da sonst die von der Verfassung gewährleistete Eigenständigkeit und Unabhängigkeit der kirchlichen Gewalt geschmälert würde (...). Dieses verfassungsrechtlich garantierte Selbstverwaltungs- und Selbstbestimmungsrecht umfaßt alle Maßnahmen, die in Verfolgung der vom kirchlichen Grundauftrag her bestimmten Aufgaben zu treffen sind, z. B. die Vorgabe struktureller Art, die Personalauswahl und die mit all diesen Entscheidungen untrennbar verbundene Vorsorge zur Sicherstellung der ‚religiösen Dimension‘ des Wirkens i. S. d. kirchlichen Selbstverständnisses. (...). Die Grundsätze des Selbstbestimmungsrechts und der Ämterautonomie, die in Art. 140 GG i. V. m. Art. 137 Abs. 3 WRV ausdrücklich anerkannt werden, beinhalten nicht nur, daß die Kirchen und Religionsgesellschaften frei bestimmen dürfen, welche Anforderungen an die Amtsinhaber zu stellen sind und welche Rechte und Pflichten diese im einzelnen haben (...). Das Selbstbestimmungsrecht enthält im Bereich des kirchlichen Dienstrechts sowohl eine allgemeine Regelungskompetenz als auch die Freiheit zum Organisationsakt und zur Personalentscheidung im Einzelfall.*“[694]

693 BGH, NJW 2003, S. 2097 ff. (2099); das Rechtsschutzbedürfnis entfällt aber nur dann, wenn ein justizförmiger Rechtsschutz gewährt wird, denn nur dieser hat Vorrang vor der staatlichen Justizgewährung. „*Ist dagegen eine justizförmiger Rechtsschutz nicht gewährleistet, können die staatlichen Gerichte nach der Rechtsprechung des Bundesgerichtshofs sofort angerufen werden.*“, *J. Wenzel*, ZevKR 49 (2004), S. 559 ff (576).

694 DVBl 1983, S. 507.

Das Bundesverwaltungsgericht hat damit die Klage eines badischen Kirchenbeamten abgewiesen, der sich dagegen gewandt hatte, dass die Evangelische Landeskirche in Baden ihre Pfarrer und Kirchenbeamte bei der Bundesversicherungsanstalt für Angestellte anstelle einer unmittelbaren beamtenrechtlichen Versorgungsanwartschaft versichert hat. Dieser engen Begrenzung staatlicher Rechtsschutzgewährung in Kirchensachen ist die Literatur weitgehend nicht gefolgt. Gegen die gefestigte Rechtsprechung der Verwaltungsgerichte ging die herrschende Meinung in der Literatur immer davon aus, dass Klagen vor staatlichen Gerichten mit Bezug auf das kirchliche Selbstbestimmungsrecht zumindest als zulässig anzusehen sind. Der erforderliche schonende Ausgleich zwischen staatlicher Justizgewährungspflicht und dem Selbstbestimmungsrecht der Religionsgemeinschaften zur Durchführung einer praktischen Konkordanz der beiden Verfassungspositionen ist danach im Rahmen der **Begründetheit** vorzunehmen.

Das Bundesverfassungsgericht hat mehrere Verfassungsbeschwerden durch Kammerentscheidungen vom 18. September 1998 nicht angenommen, obwohl eine Entscheidung in dieser Frage seit langem angekündigt und mit Spannung erwartet worden war.[695] Dennoch ergeben sich aus der ausführlichen Begründung des Kammerbeschlusses wichtige Hinweise zur Auffassung des Gerichts in der Sache. In einem der Fälle, in dem um die Gewährung von Witwen- und Waisengeld an die Hinterbliebenen eines aus dem Dienst ausgeschiedenen Pfarrers der Nordelbischen Evangelisch-Lutherischen Kirche gestritten wurde, wird zur Begründung ausgeführt:

„Wenn und soweit die Kirchen die Möglichkeit geschaffen haben, Rechtsstreitigkeiten von einem kirchlichen Gericht beurteilen zu lassen, und somit die Gelegenheit besteht, die Streitigkeit im Einklang mit dem kirchlichen Selbstverständnis beizulegen, gebietet die verfassungsrechtlich geschuldete Rücksichtnahme gegenüber diesem Selbstverständnis den staatlichen Gerichten, über Fragen des kirchlichen Amtsrechts nach Maßgabe der allgemeinen Gesetze und in Erfüllung des Justizgewährungsanspruchs jedenfalls nicht vor Erschöpfung des insoweit gegebenen kirchlichen Rechtswegs zu entscheiden.“[696]

In einem anderen Fall hatte sich ein Angehöriger der Jüdischen Gemeinde in Wiesbaden gegen die Wahl eines Mitgliedes in die Revisions- und Wahlkommission der Gemeinde gewandt. Diese Verfassungsbeschwerde wurde auf der Linie der bereits zitierten Auffassung des Bundesverwaltungsgerichtes mit folgender Begründung nicht angenommen:

„Für die allein den inneren Bereich der Religionsgesellschaften betreffenden Angelegenheiten ergeben sich nach Art. 140 GG i. V. m. Art 137 Abs. 3 WRV aus den staatlichen Gesetzen keine Schranken ihres Handelns (...). Die den Religionsgesellschaften in diesem Bereich von Verfassungs wegen gewährleistete Eigenständigkeit und Unabhängigkeit schließt hier jede staatliche Einmischung – auch eine Überprüfung durch staatliche Gerichte – aus. Zu dem

695 Siehe dazu den kritischen Kommentar von *Chr. Kirchberg*, NVwZ 1999, S. 735 ff.
696 NJW 1999, S. 350.

genannten Bereich innerkirchlicher Angelegenheiten gehört auch das kirchliche Organisationsrecht, wenn und soweit es allein um die innere Organisation geht, die den bürgerlichen Rechtskreis nicht berührt (...). Eine rein innerkirchliche Organisationsfrage ist es aber auch, ob und unter welchen Voraussetzungen Personen in kirchliche Gremien gewählt werden können. Der bürgerliche Rechtskreis wird durch solche Regelungen nicht berührt."[697]

Für die Beurteilung der Zulässigkeit von Klagen vor staatlichen Gerichten in kirchlichen Angelegenheiten kommt es deshalb nach dieser Rechtsprechung des Bundesverfassungsgerichts darauf an, ob es sich um einen Vorgang handelt, der sich auf eine rein innerkirchliche Frage bezieht, oder ob davon auch der bürgerliche Rechtskreis betroffen ist. Im ersten Fall ist die Klage von vornherein unzulässig. Im zweiten Fall ist die Zulässigkeit erst dann anzunehmen, wenn der innerkirchliche Rechtsweg erschöpft ist. Den kirchlichen Gerichten kommt dann die Funktion einer **„Vorschaltgerichtsbarkeit"** zu.

Der damit bereits eingeleiteten Tendenzwende folgte gleichsam als *„Paukenschlag"*[698] die Entscheidung des Bundesgerichtshofs vom 11. Februar 2000, von der man sich verspricht *„eine jahrzehntelang diskutierten Grundsatzfrage der adäquaten Zuordnung der Kirche und Religionsgemeinschaften zum Funktionsbereich rechtsstaatlicher Gerichtsbarkeit"*[699] auch in der höchstrichterlichen Judikatur einer sachgerechten Lösung näher zu bringen. Alle Anzeichen deuten also darauf hin, *„dass die Phase des weitreichenden Rückzugs in Kirchensachen von der Justizgewährungspflicht zu Ende geht."*[700]

Der BGH hatte über einen Fall zu entscheiden, in dem eine jüdische Religionsgemeinschaft einen ehemaligen Vorsitzenden des Vorstandes auf Unterlassung bestimmter Handlungen verklagt hat, nachdem dessen Wahl vom Schiedsgericht beim Zentralrat der Juden für ungültig erklärt worden war.[701] Diese Entscheidung wurde vom Beklagten nicht akzeptiert. Der BGH betont in dieser Entscheidung, dass die staatlichen Gerichte grundsätzlich zur Entscheidung aller Rechtsfragen berufen sind, deren Beurteilung nach staatlichem Recht – hier nach den §§ 862, 1004 BGB – zu beurteilen sind. Eine Subsidiarität der staatlichen Gerichtsbarkeit gegenüber der Gerichtsbarkeit der Religionsgemeinschaften wird ausdrücklich abgelehnt.[702] Die staatliche Gerichtsbarkeit könne wegen ihrer Justizgewährungspflicht, die aus dem zivil-

697 NJW 1999, S. 350.

698 *H. Weber*, in: 50 Jahre Kirchliches Verfassungs- und Verwaltungsgericht, S. 20 ff. (21)

699 *K-H. Kästner*, NVwZ 2000, S. 889.

700 *H. Weber*, in: 50 Jahre Kirchliches Verfassungs- und Verwaltungsgericht, S. 27.

701 NJW 2000, S. 1555 ff.; siehe dazu auch die Besprechungen von *K.-H. Kästner*, NVwZ 2000, S. 889 ff.; *A. Nolte*, NJW 2000, S. 1844 f.

702 Der BGH hat später allerdings klargestellt, dass damit nur zum Ausdruck gebracht werden sollte, *„dass der Justizgewährungsanspruch durch die Einrichtung kirchlicher Gerichte nicht ausgeschlossen wird. Nicht war damit zugleich auch gesagt, dass dem innerkirchlichen Rechtsweg gegenüber dem staatlichen kein Vorrang gebührt."* (NJW 2003, S. 2099).

rechtlichen Streitgegenstand folge, einer Entscheidung nicht ausweichen, auch wenn im Rahmen der Begründetheit der Klage innergemeinschaftliche Vorfragen in besonderer Weise Rechnung zu tragen sei. Streitgegenstand seien im zu entscheidenden Fall die geltend gemachten zivilrechtlichen Unterlassungsansprüche und nicht die Frage der Rechtmäßigkeit der Wahl zum Vorsitzenden, die lediglich eine Vorfrage sei. Mit Rücksicht auf das durch Art. 140 GG i. V. m. Art. 137 Abs. 3 WRV gewährleistete Selbstbestimmungsrecht der Religionsgemeinschaften sei insoweit die getroffene Entscheidung des Schiedsgerichts von präjudizieller Wirkung. Solange die Entscheidung nicht willkürlich sei oder gegen fundamentale Rechtsprinzipien verstoße, seien solche vorgreiflichen Entscheidungen selbst dann grundsätzlich zu respektieren, wenn das im Einzelfall dazu führen könne, dass staatliche Gerichte an der Durchsetzung von Entscheidungen mitwirken, von denen sie mangels vollständiger Überprüfbarkeit gar nicht wissen, ob die angefochtene Maßnahmen berechtigt sind. Der BGH schließt sich damit der in der Literatur herrschenden Auffassung an, nach der die Fragen des kirchlichen Selbstbestimmungsrechtes im Rahmen der Begründetheit einer Klage zu berücksichtigen sind. Auch nach diesem Urteil konnte man davon ausgehen, dass rein innerkirchliche Maßnahmen, die den bürgerlichen Rechtskreis von vornherein nicht berühren – für deren Beurteilung also auch keine Normen des staatlichen Rechts zur Verfügung stehen – grundsätzlich keiner rechtlichen Kontrolle durch staatliche Gerichte zugänglich sind. Zu denken wäre hier zum Beispiel an Entscheidungen im Rahmen der kirchlichen Lebensordnungen, etwa über die Frage der Zulassung zum Patenamt oder der kirchlichen Bestattung eines Verstorbenen, der aus der Kirche ausgetreten ist. Solche Entscheidungen sind wegen ihres engen Zusammenhanges mit der Seelsorge selbst der Nachprüfbarkeit durch kirchliche Gerichte entzogen.[703]

Der BGH hat nun allerdings wenig später in einem weiteren Fall seine Rechtsprechung präzisiert und weiterentwickelt. Diesmal ging es um die Gehaltsklage eines Geistlichen der Heilsarmee, deren Begründetheit davon abhing, ob seine Entlassung aus dem Dienst als wirksam anzusehen war. Auch hier geht das Gericht davon aus, dass ein Rechtsschutzbedürfnis durch staatliche Gerichte nicht besteht, solange ein bestehender kirchlicher Rechtsweg nicht ausgeschöpft worden ist, fügt dann aber hinzu:

„Eine von der geistlichen Grundordnung und von dem Selbstverständnis der Kirche oder Glaubensgemeinschaft getragene Maßnahme nach autonomem Kirchen- oder Gemeinschaftsrecht kann durch staatliche Gerichte nicht auf ihre Rechtmäßigkeit, sondern nur auf ihre Wirksamkeit überprüft werden.“

Diese **„Wirksamkeitskontrolle“** ist *„darauf beschränkt, ob die Maßnahme gegen Grundprinzipien der Rechtsordnung verstößt, wie sie in dem allgemeinen Willkürverbot (Art. 3 I GG) sowie in dem Begriff der guten Sitten (§ 138*

703 Vergl. z. B. § 15 c des Kirchlichen Gesetzes über die Ordnung der kirchlichen Verwaltungsgerichtsbarkeit vom 16. 4. 1970 der Evangelischen Landeskirche in Baden.

BGB) und in dem ordre public (Art. 6 EGBGB) ihren Niederschlag gefunden haben".[704]

Als eine Art „authentische Interpretation" dieser Entscheidung können die Ausführungen des Vorsitzenden des erkennenden 5. Zivilsenats, des früheren Vizepräsidenten des Bundesgerichtshofs, *Joachim Wenzel* angesehen werden, die dieser in seinem Festvortrag aus Anlass des fünfundsiebzigjährigen Bestehens des kirchlichen Verwaltungsgerichts in Baden, dem *Wenzel* zeitweise selbst angehört hat, vor der badischen Landessynode vorgetragen hat.[705] Zur Funktion der „Wirksamkeitskontrolle" führt *Wenzel* darin aus:

„Da zum ordre public auch gehört, daß eine Entscheidung im Ergebnis mit den Grundrechten vereinbar ist, stellt dieser Prüfungsmaßstab sicher, daß die der kirchlichen Selbstverwaltung durch die Verfassung auferlegten Schranken auch in der kirchlichen Rechtsanwendung eingehalten werden. Ist die Entscheidung dagegen (auch) religiös motiviert, darf das staatliche Gericht nicht nach eigenen Wertungsmaßstäben entscheiden, sondern muß die Sicht der maßgebenden kirchlichen Organe zugrundelegen und diese notfalls ermitteln." Stützt sich die Entscheidung *„auf ein Kirchengesetz oder auf einen Beschluss der Synode, so ist zu prüfen, ob die Regelung wie z. B. der frühere Arierparagraph allein der Diskriminierung dient oder auch einen Bezug zu Schrift und Bekenntnis hat. Im ersten Fall hat das staatliche Gericht dieselbe Befugnis wie das kirchliche Verwaltungsgericht und kann das Gesetz ohne Vorlage an das Bundesverfassungsgericht unangewendet lassen. Ist die Regelung dagegen Ausdruck des religiösen Selbstverständnisses der Kirchen, so ist sie vom staatlichen Gericht zu respektieren."*[706]

Auch der 7. Senat des Bundesverwaltungsgericht hat sich inzwischen in einem Streitfall über die Aufteilung von Staatsleistungen innerhalb der „Jüdischen Gemeinschaft" im Lande Sachsen-Anhalt der vom BGH entwickelten Auffassung angeschlossen, nach der staatliche Gerichte grundsätzlich zur Entscheidung aller Rechtsfragen berufen sind, deren Beurteilung sich nach staatlichem Recht richtet.[707] Der 2. Senat hat allerdings im Klageverfahren eines evangelischen Geistlichen, das sein Pfarrdienstverhältnis betraf, an seiner ständigen Rechtsprechung festgehalten, nach der in solchen Fällen der Rechtsweg zu den staatlichen Gerichten nicht eröffnet ist.[708] Die von *Wenzel* konstatierte *„unüberbrückbare Divergenz"*[709] zwischen den Auffassungen des Bundesgerichtshofs und des Bundesverwaltungsgerichts ist also noch nicht ganz ausgeräumt. Dennoch kann man davon ausgehen kann, dass nunmehr hinsichtlich der Frage der Zulässigkeit von Klagen vor staatlichen Gerichten in Angelegenheiten der Religionsgemeinschaften in Rechtsprechung und Lehre ein weitgehender Konsens gefunden worden ist. Ob dies in gleicher

704 NJW 2003, S. 2097; in diesem Sinne auch schon BVerfGE 70, S. 168.
705 ZevKR 49 (2004), S. 559 ff.
706 Ebd., S. 574.
707 DVBl. 2002, S. 986 (mit Anmerkung *M. Germann*).
708 NVwZ 2003, S. 2112.
709 ZevKR 49 (2004), S. 576.

Weise auch für die weitergehenden Auffassungen des BGH über die „Wirksamkeitskontrolle“ gilt, wird die weitere Entwicklung noch zeigen müssen. Das Bundesverfassungsgericht hat sich zwar durch Beschluss des zweiten Senats im Rahmen einer vorgelagerten Entscheidung über die Annahme einer Verfassungsbeschwerde eines württembergischen Pfarrers gegen seine Versetzung in den Wartestand implizit auf die vom Bundesgerichtshof aufgestellten Maßstäbe eingelassen,[710] allerdings *„ohne irgendeine Prüfung der aufgeworfenen verfassungsrechtlichen Streitfragen“*.[711] Nach Auffassung der Richterin *Lübbe-Wolf* hätte der Senat die Verfassungsbeschwerde deshalb annehmen müssen, um eine *„wohlerwogene Entscheidung“* darüber zu treffen, ob staatliche Gerichte nach den – für eine andere Fallkonstellation entwickelten – Maßstäben des BGH zu einer solchen Überprüfung überhaupt berechtigt sind.[712] Das letzte Wort in dieser Sache dürfte also noch nicht gesprochen sein, zumal die Frage der Reichweite staatlicher Gerichtsbarkeit auch beim Europäischen Gerichtshof für Menschenrechte in Straßburg zur Verhandlung ansteht.

Literatur:

K. Hesse; Der Rechtsschutz durch staatliche Gerichte im kirchlichen Bereich. Zugleich ein Beitrag zur Frage des rechtlichen Verhältnisses von Kirche und Staat in der Gegenwart, Göttingen 1956; *H. Maurer*, Die Verwaltungsgerichtsbarkeit der evangelischen Kirche, Göttingen 1958 (Göttinger Rechtswissenschaftlich Studien, Bd. 25); *Ders.*, Grundprobleme der kirchlichen Gerichtsbarkeit, ZevKR 17 (1972), S. 48 ff.; *Ders.*, Kirchenrechtliche Streitigkeiten vor den allgemeinen Verwaltungsgerichten, in: *H.-U. Erichsen* u. a. (Hrsg.), System des verwaltungsgerichtlichen Rechtsschutzes, Festschrift für *Christian-Friedrich Menger*, Köln 1985 (beide wieder abgedruckt in: *H. Maurer*, Abhandlungen zum Kirchenrecht und zum Staatskirchenrecht, Tübingen 1998, S. 137 ff., Jus Ecclesiasticum Bd.59); *A. Krämer*, Verfassungsrechtliche und staatskirchenrechtliche Probleme kirchlicher Gerichtsbarkeit, DVBl 1981, S. 1 ff.; *G. Winands*, Kirchliche Sanktion eines Zölibatsverstoßes und staatliche Gerichtsbarkeit, DÖV 1986, S. 98; *J. Winter*, Gerichtsbarkeit, kirchliche, in: Staatslexikon d. Görres Gesellschaft[7], Bd. 2, Freiburg u. a. 1986, Sp. 916 ff.; *H. Weber*, Staatliche und kirchliche Gerichtsbarkeit, NJW 1989, S. 2217 ff.; *Ders.*, Kontroverses zum Rechtsschutz durch staatliche Gerichte im kirchlichen Amtsrecht, NJW 2003, S. 2067 ff.; *Ders.*, Kirchlicher Rechtsschutz und staatliche Gerichtsbarkeit, in: 50 Jahre Kirchliches Verfassungs- und Verwaltungsgericht der Evangelischen Kirche in Hessen und Nassau 1952-2002, Dokumentation der Festveranstaltung am 6. September 2002 im Dominikanerkloster Frankfurt, Darmstadt 2003, S. 20 ff.; *U. Steiner*, Staatliche und kirchliche Gerichtsbarkeit, NVwZ 1989, S. 410 ff.; *H. Kästner*, Staatliche Justizhoheit und religiöse Freiheit, Tübingen 1991(Jus Ecclesiasticum Bd. 41); *Ders.* Tendenzwende in der Rechtsprechung zum staatlichen Rechtsschutz in Kirchensachen, NVwZ 2000, S. 889 ff.; *Ders.*, Möglichkeiten und Grenzen der Rechtsprechung kirchlicher Verfassungs- und Verwaltungsgerichte, in: Union Evangelischer Kirchen in der EKD, 8. Tagung für Richter an kirchlichen Verwaltungsgerichten, Berlin 2002, S. 7 ff.; *W. Rüfner*,

710 BVerfGE 111, S. 1 ff.

711 Abweichendes Votum der Richterin *Lübbe-Wolf*, ebd., S. 7 (9).

712 Ebd.

Zuständigkeit staatlicher Gerichte in kirchlichen Angelegenheiten, HdbStKirchR² Bd. 2, Berlin 1994, S. 1081 ff.; *A. Kotb*, Die Verwaltungsgerichtsbarkeit der Evangelischen Landeskirche in Baden, Frankfurt a. M. u. a. 1998 (Europäische Hochschulschriften Reihe II Rechtswissenschaft Bd. 2448); *G. May*, Grundfragen kirchlicher Gerichtsbarkeit, in: *J. Listl, H. Schmitz* (Hrsg.), HdbKathR², Regensburg 1999, S. 1153 ff.; *A. Nolte*, Durchbruch auf dem Weg zu einem gleichwertigen staatlichen Rechtsschutz in „Kirchensachen", NJW 2000, S. 1844 ff.; *K. Oellers-Frahm*, Staatliche und religionsautonome Gerichtsbarkeit, in. *R. Grote, Th. Maraun* (Hrsg.), Religionsfreiheit zwischen individueller Selbstbestimmung, Minderheitenschutz und Staatskirchenrecht – Völker- und verfassungsrechtliche Perspektiven, Berlin u. a. 2001, S. 471 ff., (Beiträge zum ausländischen öffentlichen Recht und Völkerrecht Bd. 146); *S. Magen*, Der Rechtsschutz in Kirchensachen nach dem materiell-rechtlichen Ansatz, NVwZ 2002, S. 897 ff.; *J. Wenzel*, „Richtet nicht, auf daß ihr nicht gerichtet werdet" – Zum Richten in Staat und Kirche, ZevKR 49 (2004), S. 559 ff.; *B. Grzeszick*, Staatlicher Rechtsschutz und kirchliches Selbstbestimmungsrecht, Kollidierendes Verfassungsrecht als alleinige Schranke des kirchlichen Selbstbestimmungsrechts, AöR 129 (2004), S. 168 ff.; *Chr. Goos*, Rechtsschutz in Kirchensachen – eine unendliche Geschichte?, ZBR 2004, S. 159 ff.; *M. Germann*, Staatliche und kirchliche Gerichtsbarkeit, in: *W. Rees* (Hrsg.), Recht in Kirche und Staat, Festschrift *Joseph Listl*, Berlin 2004, S. 226 ff.; *H. Schliemann*, Die neue Ordnung der Kirchengerichtsbarkeit in der Evangelischen Kirche in Deutschland, NJW 2005, S. 393 ff.; *B. Guntau*, Die Neuordnung der Rechtspflege in der Ev. Kirche in Deutschland durch das Kirchengesetz über die Errichtung, die Organisation und das Verfahren der Kirchengerichte der Evangelischen Kirche in Deutschland, ZevKR 51 (2006), S. 327 ff.; *E.-L. Solte*, Gerichtsbarkeit, kirchliche, in: *W. Heun* u. a. (Hrsg.), EvStL, Neuausgabe, Stuttgart 2006, Sp. 748 ff.

D. Der Erwerb der Rechtsfähigkeit (Art. 137 Abs. 4 WRV)

Durch die Bestimmung des Art. 137 Abs. 4 WRV, nach der die Religionsgesellschaften die Rechtsfähigkeit nach den allgemeinen Vorschriften des bürgerlichen Rechts erwerben, sind alle vor dem Inkrafttreten der Weimarer Reichsverfassung bestehenden diskriminierenden Sonderbestimmungen aufgehoben worden, die den Erwerb der Rechtsfähigkeit für Religionsgemeinschaften von einer besonderen staatlichen Konzession abhängig gemacht haben. Die Gleichstellung der Religionsgemeinschaften mit allen anderen Vereinigungen ist eine Konsequenz aus dem Prinzip der Trennung von Staat und Kirche und der Abschaffung der staatlichen Kirchenhoheits- und -aufsichtsrechte. Die Bestimmung bedeutet allerdings nicht, dass Religionsgesellschaften die Rechtsfähigkeit *nur* nach den Vorschriften des bürgerlichen Rechts erwerben können. Art. 137 Abs. 5 WRV, der für die Religionsgemeinschaften die Möglichkeit eröffnet, den Status einer Körperschaft des öffentlichen Rechts beizubehalten bzw. zu erwerben, geht Absatz 4 als lex specialis vor. Insoweit haben die Religionsgemeinschaften die **Auswahlfreiheit** über ihre Rechtsform.[713] Andererseits stellt Absatz 4 aber auch kein Privileg für

713 Vergl. dazu: *M. Morlock*, in: *H. Dreier*, Grundgesetz Kommentar, Art. 140/Art. 137 WRV, Rd.Nr. 29.

die Religionsgemeinschaften dar, das es ihnen ermöglichen würde, den Status eines eingetragenen Vereins *immer* zu erwerben, unabhängig davon, ob die nach allgemeinem Recht dafür notwendigen Voraussetzungen vorliegen. Die religiöse Vereinigungsfreiheit gewährt keinen Anspruch auf eine bestimmte Rechtsform, wie z. B. die des eingetragenen Idealvereins, sondern gewährleistet nur die Möglichkeit, in einer irgendwie gearteten rechtlichen Existenzform am Rechtsverkehr teilzunehmen. Diese Problematik ist neuerdings vor allem im Zusammenhang mit der Frage nach der Eintragung von solchen Organisationen in das Vereinsregister aktuell geworden, die zwar von sich behaupten, Religionsgemeinschaften zu sein, die sich aber überwiegend auf wirtschaftlichem Gebiet betätigen.[714]

Durch die Eintragung ins Vereinsregister verliert eine Religionsgemeinschaft nicht das durch Art. 140 GG i. V. m. Art. 137 Abs. 3 WRV garantierte Selbstbestimmungsrecht in ihren eigenen Angelegenheiten. Das bedeutet, dass die Religionsgemeinschaften bei der Anwendung des Vereinsrechts nicht nur die Gestaltungsmöglichkeiten des dispositiven Rechts voll ausschöpfen können, sondern auch bei der Handhabung zwingender Vorschriften durch die staatlichen Instanzen sind die Auslegungsspielräume, soweit erforderlich zugunsten der Religionsgemeinschaften auszunutzen, solange dies nicht dazu führt, unabweisbare Rücksichten auf die Sicherheit des Rechtsverkehrs und der Rechte anderer zu vernachlässigen. Im Innenverhältnis haben religiöse Vereine daher Gestaltungsspielräume, die über die Möglichkeiten anderer Vereine hinausgehen. Hinsichtlich des Ausschlusses eines unzulässigen Fremdeinflusses auf einen religiösen Verein hat das Bundesverfassungsgericht in seiner „Bahái – Entscheidung“ ausgeführt:

„Hiernach läßt es das Vereinsrecht zu, bei einem religiösen Verein, der sich als Teilgliederung einer Religionsgesellschaft konstituiert, Einschränkungen der autonomen Auflösungs-, Ausschließungs- oder Betätigungsbefugnisse nicht als mit der Vereinsautonomie unvereinbare Fremdbestimmung von außen anzusehen, sofern sie der Sicherung der Einordnung in die größere Religionsgemeinschaft im Rahmen der bestehenden religionsrechtlichen Verknüpfung – etwa der Wahrung der Identität der Glaubenslehre und grundlegender glaubensbedingter Lebensführungspflichten – dienen und sich darauf begrenzen.“[715]

Festzuhalten bleibt, *„daß auch die Religionsgemeinschaften mit privatrechtlichem Status in vollem Umfang am konstitutionellen Grundstatus aller Kirchen und Religionsgemeinschaften gemäß dem Grundgesetz partizipieren, d. h. an den Garantien, die sich aus dem Grundrecht der Religionsfreiheit, dem Verbot der Staatskirche und der Gewährleistung des Selbstbestimmungsrechts innerhalb der Schranken des für alle geltenden Gesetzes ergeben“*[716]

714 Siehe dazu die Ausführungen oben S. 116 ff.

715 BVerfGE 83, S. 341 ff. (360 f.); zur Zulässigkeit des Fremdeinflusses auf religiöse Vereine vergl. auch: KG Berlin, MDR 1975, S. 140 ff.; BayObLG, NJW 1980, S. 1756 ff.; LG Oldenburg, JZ 1992, S. 250 ff.; OLG Köln, NJW 1992, S. 1048 ff.

716 *J. Jurina*, HdbStKirchR^2, Bd.1, S. 696.

Literatur:

A. v. Campenhausen, Art. 140, in: *v. Mangoldt-Klein-v. Campenhausen*, Das Bonner Grundgesetz[3], Bd. 14, München 1991, Rd.Nr. 136 ff.; *J. Jurina*, Die Religionsgemeinschaften mit privatrechtlichem Status,HdbStKirchR[2], Berlin 1994, S. 689 ff.; *M. Morlock*, in: *H. Dreier*, Grundgesetz Kommentar, Tübingen 2000, Art. 140/ Art. 137 WRV, Rd.Nr. 23 ff.; *A. v. Campenhausen, H. de Wall*, Staatskirchenrecht[4], München 2007, S. 121 ff.

E. Die Religionsgemeinschaften als Körperschaften des öffentlichen Rechts (Art. 137 Abs. 5 WRV)

Durch Art. 140 GG i. V. m. Art. 137 Abs. 5 WRV haben die Religionsgemeinschaften, die diesen Status schon vor dem Inkrafttreten der Weimarer Reichsverfassung hatten, ihre Stellung als Körperschaften des öffentlichen Rechts behalten. Andere Religionsgemeinschaften können ihn unter bestimmten Voraussetzungen erwerben. Diese Bestimmung lautet:

„Die Religionsgesellschaften bleiben Körperschaften des öffentlichen Rechts, soweit sie solche bisher waren. Anderen Religionsgesellschaften sind auf Antrag gleiche Rechte zu gewähren, wenn sie durch ihre Verfassung und die Zahl ihrer Mitglieder die Gewähr der Dauer bieten. Schließen sich mehrere derartige öffentlich-rechtliche Religionsgesellschaften zu einem Verband zusammen, so ist auch dieser Verband eine öffentlich-rechtliche Körperschaft."

Die Beibehaltung der öffentlich-rechtlichen Organisationsform der Religionsgemeinschaften ist von *Konrad Hesse* mit einem viel zitierten Verdikt *„als die Crux der staatskirchenrechtlichen Problematik der Gegenwart"* bezeichnet worden.[717] Dieser Status wird zum Teil als staatskirchenrechtliches Relikt vergangener Zeiten angesehen, das unter der Herrschaft des pluralistischen, weltanschaulich neutralen Verfassungsstaates keine Berechtigung mehr habe und deshalb als *„verfassungswidriges Verfassungsrecht"* zu qualifizieren sei.[718] Es genügt daher nicht, auf die bloße Tatsache zu verweisen, dass mit der Übernahme von Art. 137 Abs. 5 WRV in das Grundgesetz den Kirchen und den anderen Religionsgemeinschaften, die die Voraussetzungen dafür erfüllen, dieser besondere Status vom positiven Verfassungsrecht garantiert ist, vielmehr bedarf es einer auch politisch zu vermittelnden neuen Verortung im Selbstverständnis einer pluralistischen Gesellschaftsordnung.

„Es geht dabei nicht um die Frage, ob diese Stellung eine genuin öffentlich-rechtliche ist. ... Die Frage, die sich heute stellt, ist vielmehr die der Legitimie-

717 ZevKR 11 (1964/65), S. 357.

718 So: *G. Schmidt-Eichstaedt*, Kirchen als Körperschaften des öffentlichen Rechts?, Köln u. a. 1975; *Ders.*, Der Staat 1982, S. 423 ff.; zur Auseinandersetzung mit dieser Position siehe die Besprechung von *Chr. Link*, AöR 1979, S. 507 ff. und *S. Korioth*, in: *Maunz-Dürig-Herzog*, Grundgesetz Kommentar, Stand Februar 2003, Art. 140 GG/Art. 137 WRV Rd.Nr. 65.

rung dieses Status und seiner vielfältigen Auswirkungen, welche den Kernbestand heutiger institutioneller Sicherung der Kirche ausmachen, namentlich des kirchlichen Besteuerungsrechts. Der besondere Auftrag der Kirche, Grundlage der Gewährleistung ihrer Freiheit, fordert nicht den öffentlichrechtlichen Status; dieser kann sich sogar als Hemmnis des Lebens aus geistlicher Substanz erweisen. Auch die tatsächliche Bedeutung der Kirchen für den Gesamtzusammenhang der öffentlichen Ordnung hängt – wie das Beispiel der Kirchen in den Vereinigten Staaten zeigt – nicht von ihrer Körperschaftsqualität ab, um so weniger, als sich der Bereich sachlicher Öffentlichkeit längst nicht mehr mit dem staatlichen öffentlichen Rechts deckt. Wenn daher ein notwendiger Zusammenhang zwischen Öffentlichkeitsauftrag, öffentlicher Bedeutung und öffentlichrechtlicher Stellung der Kirche nicht besteht, so bleibt nur die historische Rechtfertigung, die aber im modernen Staat fragwürdig werden muß, weil in ihm jedes historische Recht, das sich nicht mehr aktuell zu legitimieren vermag, verjährt. So kann es nicht verwundern, wenn ein guter Teil der heutigen Spannungen und Gefahren hier seine Wurzeln hat. Eine Kirche, die sich als freie Kirche versteht, wird sich nicht allein auf die wohlbefestigte Bastion ihrer Stellung als Körperschaft des öffentlichen Rechts verlassen dürfen, sondern sich auf das offene Feld freier Selbstbehauptung hinauswagen müssen.“[719]

Tatsächlich ist der Status der Körperschaft des öffentlichen Rechts *„nicht mehr Wesenselement des konstitutionellen Grund-Status der Kirchen, sondern nur noch eine den Kirchen nützliche ‚Dreingabe‘, nicht mehr notwendige Bedingung ihrer öffentlichen Wirksamkeit, Bedeutung und Freiheit, sondern eine diese nur ergänzende und verfassungsrechtliche Hilfestellung. Der Körperschaftsstatus ist insbesondere nicht mehr öffentlichkeitsbegründend. Die Kirche wäre heute Öffentlichkeitsträger auch ohne öffentlich-rechtlichen Körperschaftsstatus. Die Möglichkeit der Kirche, in der Öffentlichkeit zu wirken, ist grundrechtslegitimierte Freiheitsentfaltung.*“[720]

Nach dieser Sichtweise erweist sich der den Religionsgemeinschaften in Art. 140 GG i. V. m. Art. 137 Abs. 5 WRV angebotene Status einer Körperschaft des öffentlichen Rechts im Kontext des Grundgesetzes als *„ein Mittel zur Entfaltung der Religionsfreiheit (…). Der Status einer Körperschaft des öffentlichen Rechts soll die Eigenständigkeit und Unabhängigkeit von Religionsgemeinschaften unterstützen. … Mit dem Körperschaftsstatus werden ihnen bestimmte hoheitliche Befugnisse übertragen, sowohl gegenüber ihren Mitgliedern – etwa beim Besteuerungsrecht und der Dienstherrenfähigkeit – als auch – bei der Widmungsbefugnis – gegenüber Anderen. Zudem verschafft ihnen das öffentlich-rechtliche Kleid in der Wahrnehmung der Gesellschaft eine besondere Stellung (…). Diese Vergünstigungen erleichtern es der Religionsgemeinschaft, ihre Organisation und ihr Wirken nach den Grundsätzen ihres reli-*

719 *K. Hesse*, ZevKR 11 (1964/65), S. 357 f.

720 *K. G. Meyer-Teschendorf*, Staat und Kirche im pluralistischen Gemeinwesen, Tübingen 1979, S. 125 f.; Vergl. dazu auch: *A. Hollerbach*, Die Kirchen unter dem Grundgesetz, in: *Ders.*; Ausgewählte Schriften, Berlin 2006, S. 253 ff. (276 ff.).

giösen Selbstverständnisses zu gestalten und die hierfür erforderlichen Ressourcen etwa in Form finanzieller Mittel, zu erlangen."[721]

Verglichen mit dem Begriff der Körperschaft des öffentlichen Rechts im allgemeinen Verständnis kommt diesem Begriff im Zusammenhang des Art. 140 GG i. V. m. Art 137 Abs. 5 WRV die Funktion eines ***"Mantelbegriffes"*** zu.[722] Aus dem Status einer Körperschaft des öffentlichen Rechts, folgt keine organisatorische Einbindung der Religionsgemeinschaften in die mittelbare Staatsverwaltung.[723] *Hans Liermann* hat dazu in seinem 1933 erschienenen Lehrbuch Deutsches Evangelisches Kirchenrecht Folgendes ausgeführt:

„Die Körperschaftsrechte der deutschen evangelischen Landeskirchen sind in der Tat viel älter als die Weimarer Verfassung. Sie stammen aus der Zeit ihrer langsamen Loslösung vom Staat in den vorangegangenen Jahrhunderten, sind gleichsam Reste von Staatlichkeit, welche die Kirchen aus der Zeit, als sie selbst noch ein Stück Staat waren, in die neuere, sie zunächst vom Staat als selbständige Körperschaft unterscheidende und dann mehr und mehr von ihm lösende staatsfreie Epoche mit hinübergenommen haben. Daraus ergibt sich zunächst einmal, daß die Kirchen als öffentlich-rechtliche Körperschaften nicht mit dem gleichen Maße gemessen werden können wie andere öffentlich rechtliche Körperschaften (z. B. Kommunalverbände, öffentlich-rechtlich organisierte Standesvertretungen usw.), welche der Staat geschaffen hat. Die Kirchen sind nicht Geschöpfe des Staates, sondern sind, ihren eigenen Wert in sich tragend, aus ihm herausgewachsen, ohne daß er viel dafür oder dagegen getan hat. Deswegen hat die RV. in richtiger Erkenntnis der Grenzen, die ihr gesetzt waren, nur einen Zustand, den sie vorgefunden hat, verfassungsrechtlich gesichert".[724]

Bei den öffentlich-rechtlich organisierten Religionsgemeinschaften handelt es sich also um Körperschaften **„sui generis"**.[725] Mit diesem Status werden sie weder Teil der Staatsverwaltung, noch unterliegen sie einer besonderen Staatsaufsicht, so dass damit kein Verlust grundrechtlicher Freiheiten einhergeht.[726] Noch einmal *Hans Liermann*:

„Die Rechte der Kirchen im Staate sind diejenigen einer öffentlich-rechtlichen Körperschaft, ihre Pflichten gegenüber dem Staat gehen über diejenigen eines privaten Vereins nicht hinaus. Das heißt den Kirchen stehen auf der einen Seite, wie aus Art. 137 RV. ohne weiteres hervorgeht, die wesentlichen Rechte der

721 BVerfGE 102, S. 371 (387 f.); kritisch dazu: *Chr. Hillgruber*, NVwZ 2001, S. 1347 ff.

722 BVerfG ebd., S. 388.

723 Im Sinne des allgemeinen Verwaltungsrechts versteht man unter einer Körperschaft des öffentlichen Rechts solche Organisationen, die als Träger der mittelbaren Staatsverwaltung in den Staat eingegliedert sind und unter seiner Aufsicht staatliche Aufgaben erfüllen.

724 Deutsches Evangelisches Kirchenrecht, Stuttgart 1933, S. 187 f. (Bibliothek des öffentlichen Rechts Bd. V).

725 Vergl.: *S. Korioth*, in: *Maunz-Dürig-Herzog*, Grundgesetz Kommentar, Stand Februar 2003, Art. 140 GG/Art. 137 WRV, Rd. Nr. 69.

726 Vergl.: BVerfGE 102, S. 387 f.; siehe auch: *M. Heinig*, Öffentlich-rechtliche Religionsgesellschaften, S. 398.

öffentlich-rechtlichen Korporation zu. Auf der anderen Seite hat sich aber der Staat, und zwar gilt das auf Grund des Art. 137 RV. für Reich und Länder in gleicher Weise, an der Kirche für desinteressiert erklärt. Er hat damit folgerichtig auf die sonst bei öffentlich-rechtlichen Körperschaften übliche strenge Staatsaufsicht verzichtet. Während nämlich der Staat im allgemeinen bei öffentlich-rechtlichen Körperschaften eine positive Staatsaufsicht in der Richtung ausübt, daß er die Körperschaften bei Erfüllung ihrer Aufgaben überwacht und gegebenenfalls deren Leistungen erzwingt, begnügt er sich gegenüber den Kirchen mit der rein negativen Abwehr etwaiger gesetzwidriger Handlungen und überläßt es jenen, in diesem weit gesteckten Rahmen selbst ihre Aufgaben und Leistungen zu bestimmen.... Innerhalb der weiten Grenzen der allgemeinen Gesetze wirken die Kirchen als autonome Korporationen."[727]

Im Blick auf die großen christlichen Kirchen ist diese besondere Rechtsform vor allem damit begründet worden, dass damit ihre Bedeutsamkeit für die Gesamtordnung des öffentlichen Lebens anerkannt und unterstrichen wird. *Alexander Hollerbach* hat dazu bei den Essener Gesprächen zum Thema Staat und Kirche 1969 ausgeführt:

„*Körperschaft des öffentlichen Rechts wird verstanden als eine Rechtsform, welche der Eigenstruktur der Kirchen wenn nicht adäquat, so doch jedenfalls angemessener ist als die Rechtsform des privaten Vereins oder der privaten Stiftung. Die Kirchen sind für den Staat, bei aller Inkommensurabilität im Legitimationsgrund und in ihren Aufgaben, ihm verwandte, herrschaftlich-genossenschaftlich strukturierte, nicht auf Privatautonomie beruhende gewachsene und geschichtsmächtige Lebensverbände, sie sind zugleich Verwaltungsgemeinschaften mit Ämtern und Behörden, mit rechtlichen Organisations- und Handlungsformen, die auch das weltliche Recht kennt. Die Kirchen sind im Sinne einer alten Terminologie dann in der Tat Korporationen und nicht Assoziationen, sie sind Lebensverbände, nicht Zweckverbände. Insoweit steht die Korporationsqualität auch in engem Zusammenhang mit der grundsätzlich volkskirchlichen und territorialistischen Struktur des deutschen Kirchenwesens.*"[728]

Aus dem Status der Körperschaft des öffentlichen Rechts ergeben sich für die Religionsgemeinschaften eine Reihe von praktischen Konsequenzen. Dazu gehören vor allem die so genannte **„Dienstherrenfähigkeit"**, also die Befugnis, öffentlich-rechtliche Dienstverhältnisse zu begründen, die nicht dem Arbeitsrecht und dem Sozialversicherungsrecht unterliegen, einschließlich der Disziplinargewalt gegen kirchliche Amtsträger, die auch im staatlichen Recht Wirkungen entfalten kann. Weitere wichtige Konsequenzen sind die als **„Organisationsgewalt"** bezeichnete Kompetenz, eigene Untergliederungen und sonstige öffentlich-rechtliche Rechtssubjekte zu errichten, zu ändern oder aufzuheben und das **„Parochialrecht"**, also die Möglichkeit die Zugehörigkeit eines Mitgliedes durch das Wohnsitzprinzip zu begründen. Zu erwähnen sind außerdem die Befugnis, kirchliche Sachen durch Widmung mit einer

727 Deutsches Evangelisches Kirchenrecht., S. 189 f.
728 *A. Hollerbach*, in: Essener Gespräche Bd.1, Münster 1969, S. 56 f.

öffentlich-rechtlichen Dienstbarkeit zu belasten, mit der Folge, dass sie nur für den bestimmten kirchlichen Zweck benutzt werden dürfen **(„res sacrae“)**, und schließlich die Befugnis zur **Rechtssetzung** mit öffentlich-rechtlicher Wirkung in ihrem Bereich.[729] Die wirtschaftlich wichtigste Konsequenz aus dieser Rechtsstellung ist das Recht zur Erhebung von **Kirchensteuern**, das in Art. 137 Abs. 6 WRV eigens garantiert ist. Neben diesen Rechten, die den verfassungsrechtlich garantierten Kern der Stellung einer Körperschaft des öffentlichen Rechts ausmachen, treten eine Reihe von Regelungen des einfachen Rechts, die unter dem Begriff des **„Privilegienbündels“**[730] zusammengefasst werden. Dazu gehören vor allem: die Befreiung von bestimmten Steuern, Kosten und Gebühren, das Recht zur Beteiligung an staatlichen Planungsverfahren, das Recht zur Mitwirkung in bestimmten öffentlich-rechtlichen Gremien – wie z. B. in den Rundfunkräten –, die Anerkennung als Träger der freien Jugendhilfe, der besondere Schutz vor der Enteignung kirchlichen Vermögens und strafrechtliche Bestimmungen, die dem Schutz der religiösen Betätigung dienen. Religionsgemeinschaften mit dem Status einer Körperschaft des öffentlichen Rechts sind nicht konkursfähig und deshalb von der Zahlung der Umlage für das Konkursausfallgeld ausgenommen.[731] Im Status der Körperschaft des öffentlichen Rechts schlägt sich der im deutschen Staatskirchenrecht gefundene Kompromiss einer grundsätzlichen Trennung von Staat und Kirche, die aber nicht auf alle institutionellen Berührungspunkte verzichtet, am deutlichsten nieder.

„Grund für diese Privilegierung der Religionsgemeinschaften ist die besondere Stellung, die diese Gemeinschaften – darunter vornehmlich die christlichen Kirchen, die schon vor dem Erlaß der WRV Körperschaften des öffentlichen Rechts waren und deren Rechtsstellung in Art. 137 Abs. 5 WRV lediglich bestätigt worden ist – in der Gesellschaft einnehmen. Da die Religionsgemeinschaften im Gegensatz zu anderen gesellschaftlichen Kräften und Gruppen keine partiellen Interessen vertreten, sondern den ganzen Menschen in allen Feldern seiner Betätigung ansprechen (...), weisen sie sowohl unter dem Gesichtspunkt ihres ‚Öffentlichkeitsanspruches‘ (...) als auch nach ihrem tatsächlichen organisatorischen Erscheinungsbild gewisse Parallelen zur Herrschaftsordnung des Staates auf, an die dieser mit der Gewährung eines besonderen, seiner eigenen Rechtsgestalt angeglichenen Status sowie bestimmter hiermit verbundener

729 Die Rechtssetzungsbefugnis ist allerdings auf die normative Ausgestaltung der aus dem Körperschaftsstatus abgeleiteten Befugnisse beschränkt und entfaltet keine darüber hinausgehenden Wirkungen für die staatliche Rechtsordnung. Die mit dem Körperschaftsstatus verbundene Organisationsgewalt berechtigt die Kirchen deshalb z. B. nicht, die Kosten ihrer innerkirchlichen Verwaltungstätigkeit durch eine einseitig hoheitliche Regelung in Form einer Gebührenordnung auf außenstehende Dritte abzuwälzen, BVerwG, ZevKR 53 (2008), S. 352 ff.

730 Dieser Begriff ist allerdings missverständlich, da es einen Automatismus zwischen dem Status einer Körperschaft des öffentlichen Rechts und bestimmten staatlichen Vergünstigungen im Sinne von „Privilegien“ nicht gibt. So zu Recht: BVerfG, NJW 2001, S. 433.

731 BVerfGE 66, S. 1 ff.

Befugnisse anknüpft. Dieser Status ist mithin ein Element positiver Religionspflege (...). Er läßt eine Wertschätzung des Staates für die von ihm anerkannten Religionsgemeinschaften erkennen und hebt diese Gemeinschaften um ihrer besonderen Bedeutung für die öffentliche Gesamtordnung willen gegenüber anderen Gemeinschaften, auch den privatrechtlichen Religionsgemeinschaften, hervor (...). Zugleich spiegelt er die historisch gewachsene Eigenart des Verhältnisses zwischen Staat und Kirche in Deutschland wider, die nicht durch strikte Trennung und staatliche Indifferenz, sondern durch wechselseitige Zugewandtheit und Kooperation gekennzeichnet ist. (...)."[732]

In diesen Sätzen des Bundesverwaltungsgerichts wird noch einmal deutlich, dass die Rechtsstellung der Religionsgemeinschaften als Körperschaften des öffentlichen Rechts zwar „historisch gewachsen" ist, damit aber allein nicht begründet werden kann. Unter der Herrschaft des Grundgesetzes kann es nicht darum gehen, bestimmten Religionsgemeinschaften eine sachlich nicht mehr begründete Sonderstellung einzuräumen, sondern es handelt sich um eine Grundsatzregelung der *„guten öffentlichen Ordnung"* mit dem Ziel einer *„Zusammenordnung vernünftiger Werte und Gemeinzwecke"*.[733] Unabhängigkeit vom Staat einerseits, Mitverantwortung für die öffentliche und soziale Ordnung andererseits bestimmen diesen besonderen Status.

Damit freilich entsteht das Problem, ob der Gesichtspunkt einer besonderen „Nützlichkeit" für das Gemeinwohl und eine ausgesprochene Staatsnähe bei der Frage der Verleihung der Korporationsrechte eine Rolle spielen darf. Art. 137 Abs. 5 WRV nennt dafür rein formale Kriterien, nämlich dass eine Religionsgesellschaft durch ihre Verfassung und die Zahl ihrer Mitglieder die Gewähr der Dauer bieten muss. Gemeint ist damit nach herrschender Auffassung ein qualitativer Gesamtzustand hinsichtlich der rechtlichen Organisation, des Zeitraumes des Bestehens, der Zahl der Mitglieder und der Intensität des religiösen Lebens, der die Annahme einer dauerhaften Bestandskraft der Religionsgemeinschaft rechtfertigt. Im Hinblick auf die mangelnde Konkursfähigkeit der Religionsgemeinschaften, die den Status einer Körperschaft des öffentlichen Rechtes haben, setzt die Anerkennung außerdem voraus, dass die Religionsgemeinschaft *„nach ihrer Bedeutung im öffentlichen Leben, von ihrem Mitgliederstand und ihren Vermögensverhältnissen her in der Lage ist, ihren finanziellen Verpflichtungen auf Dauer nachzukommen. Ob diese Voraussetzungen gegeben sind, wird der verfassungsrechtlichen Unterscheidung in Art. 137 Abs. 5 WRV folgend bei jeder Entscheidung besonders sorgfältig zu prüfen sein, die die Anerkennung einer Religionsgesellschaft zum Inhalt hat (...).*"[734]

Weitergehende inhaltliche Anforderungen lassen sich aus Art. 137 Abs. 5 WRV jedenfalls nicht direkt entnehmen. *Rudolf Smend* hat aber darüber hinaus zu Beginn der fünfziger Jahre des zwanzigsten Jahrhunderts eine

---

732 BVerwG, DVBl. 1997, S. 1239.
733 *R. Smend,* ZevKR, Bd. 2 (1952/53), S. 374 ff.
734 BVerfGE 66, S. 24.

gewisse **Anerkennungswürdigkeit** gefordert und die Auffassung vertreten, in dem Gesamtstatus der Kirchen als öffentliche Korporationen sei nicht nur die Gewährung von allerlei Vorteilen für die begünstigten Religionsgemeinschaften enthalten, sondern darin liege zugleich *„eine öffentliche Bestätigung ihres Werts, eine öffentliche Gewährleistung dafür, daß hinter ihren vom Staat anerkannten und geschützten Formen und Bezeichnungen, z. B. hinter der staatlich geschützten, Achtung und Vertrauen fordernden Bezeichnung ihrer obersten Einheiten wie ihrer Gebäude als ‚Kirchen', ihrer geistlichen Amtsträger als ‚Pfarrer' oder ‚Pastoren', eine vom Staat anerkannte und in gewissem Sinne gewährleistete würdige, das sittliche Gesamtleben mittragende, Vertrauen verdienende Wirklichkeit vorhanden sei.“*[735]

Gegen diese Sichtweise ist vorgetragen worden, sie zwinge den Staat zu einer inhaltlichen Bewertung, die mit dem Wortlaut von Art. 137 Abs. 5 WRV nicht zu vereinbaren sei.[736] Das OVG Berlin hat in einer viel beachteten Entscheidung zum Anspruch der **Zeugen Jehovas** auf Verleihung der Rechte einer Körperschaft des öffentlichen Rechts das Erfordernis einer solchen „Anerkennungswürdigkeit“ ausdrücklich abgelehnt.[737] Auch das OVG erkennt aber an, dass mit Rücksicht auf den Grundsatz der Einheit der Verfassung die **„Rechtstreue“** der Religionsgemeinschaft als weitere Verleihungsvoraussetzung selbstverständlich gegeben sein muss: *„Denn der Staat ist nicht verpflichtet, einer Religionsgesellschaft Körperschaftsrechte zu verleihen, die sich in erheblichem Umfang gegen die bestehende Rechtsordnung auflehnt oder deren Betätigung mit dem geltenden Recht unvereinbar ist.“*[738] Über dieses Erfordernis einer allgemeinen Rechtstreue der Religionsgemeinschaft besteht in Rechtsprechung und Literatur weitgehend Einigkeit. Nach wie vor umstritten ist aber, ob über eine formale Rechtstreue hinaus eine tendenziell positive Grundeinstellung gegenüber dem Staat verlangt werden kann, die im Interesse des Gemeinwohls ein partnerschaftliches, auf Kooperation angelegtes Verhältnis zwischen dem Staat und der betreffenden Religionsgemeinschaft ermöglicht.[739] In der neueren Literatur finden sich zunehmend Stimmen, die sich für das Erfordernis einer „Anerkennungswürdigkeit“ im Sinne des Grundgedankens von Smend aussprechen. Die Verleihung der Rechte einer Körperschaft des öffentlichen Rechts erfolgt danach nicht unter rein formalen Gesichtspunkten, der Staat bringt damit vielmehr *„rechtsförmig zum Ausdruck, daß die betroffene Religionsgemeinschaft den im Grundgesetz angelegten Kultur- und Sozialauftrag miterfüllt und daß er eine entsprechende Mitgestaltung für die Zukunft erwartet.... Eine Religionsgemeinschaft bietet durch ihre Verfassung und die Zahl ihrer Mitglieder die Gewähr der Dauer als Grundlage für den Status einer öffentlich-rechtlichen Körperschaft, wenn eine*

735 *R. Smend*, ZevKR, Bd. 2 (1952/53), S. 376.
736 Vergl. dazu: H. *Weber*, ZevKR 34 (1989), S. 359.
737 NVwZ 1996, S. 478 (480).
738 Ebd., S. 480; zur Frage der Rechtstreue vergl.: *G. Robbers*, in: *K.-H. Kästner*, *K. W. Nörr*, *K. Schlaich* (Hrsg.), Festschrift *Martin Heckel*, Tübingen 1999, S. 413 ff.
739 In diesem Sinne *S. Muckel*, DÖV 1995, S. 311 ff (316).

stetige Mitgestaltung des Kultur- und Sozialauftrages des Grundgesetzes zu erwarten ist."[740] So weit geht das Bundesverwaltungsgericht in seiner Revisionsentscheidung zum Antrag der Zeugen Jehovas zwar nicht, es verlangt aber, dass die Religionsgemeinschaft als Körperschaft des öffentlichen Rechts dem demokratisch verfassten Staat „*die für eine dauerhafte Zusammenarbeit unerläßliche Loyalität*" entgegenbringt. Eine Kooperation zwischen beiden sei „*ohne ein Mindestmaß an gegenseitigem Respekt*" nicht vorstellbar.

„*Ebenso wie der Staat sich mit der Gewährung des Kooperationsstatus nicht in die Angelegenheiten der Religionsgemeinschaften einmischt, sondern im Gegenteil deren Eigenständigkeit stützt und fördert, kann umgekehrt von der Religionsgemeinschaft, die mit ihrem Antrag nach Art. 140 GG i. V. m. Art. 137 Abs. 5 Satz 2 WRV die Nähe zum Staat sucht und dessen spezifische rechtliche Gestaltungsformen und Machtmittel für ihre Zwecke in Anspruch nehmen will, erwartet werden, daß sie die Grundlagen der staatlichen Existenz nicht prinzipiell in Frage stellt. Trügt diese Erwartung, so ist dem Staat die Kooperation mit ihr nicht zumutbar und infolgedessen der Anspruch auf Anerkennung als Körperschaft des öffentlichen Rechts nicht gegeben. Das gilt namentlich bei Konfrontationen im demokratisch-staatsbürgerlichen Bereich. Gerade in diesem Bereich brauchen, wie sich aus Art. 140 GG i. V. m. Art. 136 Abs. 1 WRV ergibt, die Ansprüche des Staates nicht von vornherein hinter denen der Religionsgemeinschaft zurückzustehen.*"[741]

Im konkreten Fall der Zeugen Jehovas bestreitet das Bundesverwaltungsgericht zwar nicht die allgemeine Rechtstreue dieser Organisation und erkennt ihre grundsätzlich positive Einstellung zum Staat an, einen die Anerkennung als Körperschaft des öffentlichen Rechts ausschließenden Mangel an Loyalität gegenüber dem demokratischen Staat sieht es aber in der Tatsache begründet, dass diese Religionsgemeinschaft ihren Mitgliedern die Teilnahme an staatlichen Wahlen prinzipiell verbietet:

„*Mit diesem religiös begründeten Verbot der Wahlteilnahme und dem entsprechenden Verhalten ihrer Mitglieder setzt die Kl. sich in einen verfassungsrechtlich nicht hinnehmbaren Widerspruch zu dem für die staatliche Ordnung im Bund und in den Ländern konstitutiven Demokratieprinzip, das zum unantastbaren Kernbestand der Verfassung gehört (...)... Diese nicht nur staatspolitisch, sondern zugleich auch verfassungsrechtlich zentrale Bedeutung der Parlamentswahlen wird von der Kl. mißachtet. Denn sie schwächt zwangsläufig in dem Umfang, in dem sie auf das Wahlverhalten der Bürger Einfluß nimmt oder künftig gewinnt, die Legitimationsbasis, auf die der Staat für die Ausübung der Staatsgewalt – einschließlich der Übertragung dieser Gewalt auf Private – angewiesen ist. Da sie die aus dem Demokratieprinzip folgenden legiti-*

---

740 *P. Kirchhof*, HdbStKirchR [2], Bd. 1, S. 661 (667 f.); in diesem Sinne auch *A. Albrecht*, KuR 1999, S. 25 ff. (= 210, S. 1 ff.).

741 BVerwG, DVBl. 1997, S. 1241; Zu diesem Urteil vergl. die kritischen Besprechungen von *J. Müller-Volbehr*, NJW 1997, S. 3358 ff.; *S. Huster*, JuS 1998, S. 117 ff.; *M. Morlok, M. Heinig*, NVwZ 1999, S. 697 ff.

men Ansprüche des Staates an seine Bürger nicht anerkennt, kann sie nicht verlangen, von ihm als Körperschaft des öffentlichen Rechts und damit als sein Kooperationspartner anerkannt zu werden.“[742]

Das Bundesverfassungsgericht hat diese Entscheidung mit Urteil vom 19. 12. 2000 aufgehoben und zur weiteren Aufklärung des tatsächlichen Sachverhalts an die Fachgerichte zurückverwiesen.[743] In seiner Urteilsbegründung hält das Bundesverfassungsgericht zunächst fest, dass es weitere Voraussetzungen für die Verleihung des Status einer Körperschaft des öffentlichen Rechts gibt, die in Art. 140 GG i. V. m. Art. 137 Abs. 5 WRV nicht ausdrücklich genannt sind. Dazu gehört nicht nur das allgemein anerkannte Erfordernis der Rechtstreue, sondern:

„*Eine Religionsgemeinschaft, die den Status einer Körperschaft des öffentlichen Rechts erwerben will, muss insbesondere die Gewähr dafür bieten, dass ihr künftiges Verhalten die in Art. 79 Abs. 3 GG umschriebenen fundamentalen Verfassungsprinzipien, die dem staatlichen Schutz anvertrauten Grundrechte Dritter sowie die Grundprinzipien des freiheitlichen Religions- und Staatskirchenrechts des Grundgesetzes nicht gefährdet.*“[744]

Begründet wird dies zum einen mit der Verantwortung des Staates, die Grundwerte der Verfassung, insbesondere die Achtung und den Schutz der Menschenwürde als tragendes Konstitutionsprinzip und obersten Grundwert der freiheitlichen, demokratisch verfassten Grundordnung zur Geltung zu bringen. Zum anderen weist das Gericht darauf hin, dass die mit dem Körperschaftsstatus verbunden Vergünstigungen mit erhöhten Einflussmöglichkeiten und besonderen Machtmitteln in Staat und Gesellschaft verbunden sind, die auch die erhöhte Gefahr eines Missbrauchs zum Nachteil der Religionsfreiheit der Mitglieder oder anderen Verfassungsgütern bewirken. Deshalb muss der Staat „*darauf bedacht sein und dafür Sorge tragen, daß durch das Handeln öffentlich-rechtlicher Gebilde Rechte Dritter nicht verletzt werden, selbst wenn diese Zuordnung zum öffentlichen Recht eher eine formelle ist*“, denn den korporierten Religionsgemeinschaften liegen „*die besonderen Pflichten des Grundgesetzes zum Schutz der Rechte Dritter näher als anderen Religionsgemeinschaften. Diese Pflichten verbieten die Verleihung des Status einer Körperschaft des öffentlichen Rechts an eine Religionsgemeinschaft, gegen die einzuschreiten der Staat zum Schutz grundrechtlicher Rechtsgüter berechtigt oder gar verpflichtet wäre.*“[745] Ausgeschlossen ist deshalb z. B., einer Religionsgemeinschaft diesen Status zu verleihen, „*die nicht die Gewähr dafür bietet, daß das Verbot einer Staatskirche sowie die Prinzipien von Neutralität und Parität unangetastet bleiben.*“[746]

742 BVerwG, ebd., S. 1241.
743 BVerfGE 102, S. 370 ff.
744 BVerfG, ebd., S. 392.
745 BVerfG, ebd., S. 393.
746 BVerfG, ebd., S. 394.

Eine darüber hinausgehende besondere Loyalität zum Staat verlange das Grundgesetz von den korporierten Religionsgemeinschaften dagegen nicht. Auch die Bereitschaft zur Zusammenarbeit mit dem Staat sei keine Bedingung für die Verleihung des Körperschaftsstatus. Der Staat lasse diese Kooperation zwar in weiten Bereichen – wie z. B. bei der Kirchensteuer und dem Religionsunterricht – zu, überlasse es aber dem religiösen Selbstverständnis der Religionsgemeinschaft, ob sie derartige Angebote annehmen oder Distanz zum Staat wahren möchte.

Bei der Prüfung der Frage, ob einer Religionsgemeinschaft der Körperschaftsstatus zu verweigern ist, komme es nicht auf deren Lehre und Glauben an, die zu beurteilen dem weltanschaulich neutralen Staat verwehrt sei, sondern auf ihr tatsächliches Verhalten. Insoweit genügt es nach Auffassung des Bundesverfassungsgerichts im Unterschied zur Entscheidung des Bundesverwaltungsgerichts nicht, dass die Zeugen Jehovas ihren Mitgliedern aus religiösen Gründen die Teilnahme an staatlichen Wahlen verbieten. Mit diesem Verbot werde kein politisches Programm verfolgt, das auf eine Schwächung des Demokratieprinzips abziele, sondern ein *„apolitischer Lebensentwurf"*, der *„sich nicht gegen die freiheitliche Verfassungsordnung, sondern auf ein Leben jenseits des politischen Gemeinwesens, in ‚christlicher Neutralität'"* richte.[747] Zudem habe das Verhalten der Zeugen Jehovas praktisch keine negativen Folgen für die vom Demokratieprinzip geforderte demokratische Legitimation der Staatsgewalt, da es offenbar keinen spürbaren Einfluss auf Nichtmitglieder ausübe. *„Deshalb ist ihr Verhalten gegenüber staatlichen Wahlen ein Gesichtspunkt, der zwar bei der gebotenen typisierten Gesamtbetrachtung Berücksichtigung finden kann, der aber für sich allein die Annahme einer Gefährdung der unantastbaren Gehalte des Demokratieprinzips nicht trägt."*[748]

Offen lässt das Gericht, ob den Zeugen Jehovas aus anderen Gründen der Status der Körperschaft des öffentlichen Rechts zu verweigern ist, etwa wegen der behaupteten Beeinträchtigung des Kindeswohls durch bestimmte Erziehungspraktiken oder das zwangsweise Festhalten austrittswilliger Mitglieder mit vom Grundgesetz missbilligten Mitteln. Dies nachzuprüfen, obliegt der erneuten Prüfung durch die Fachgerichte.

Die Religionsgemeinschaft der Zeugen Jehovas ist inzwischen nach Beendigung des Rechtsstreits am 13. Juni 2006 durch den Berliner Senat der Status einer Körperschaft des öffentlichen Rechts verliehen worden. Die mit einer solchen Verleihung verbundene allgemeine Rechtsfähigkeit gilt für die gesamte Rechtsordnung, so dass alle Behörden und Gerichte des Bundes und der Länder diese Gemeinschaft als juristische Person behandeln müssen.[749] Die weiteren Rechtsfolgen sind allerdings strittig. Folgt man der Auffassung von *Diana Zacharias* müssen die anderen Bundesländer *„die Zweitverleihung, die wegen der bundesweiten Geltung der Körperschaftsrechte nur deklarato-*

747 BverfG, ebd., S. 398.
748 BVerfG, ebd., S. 398 f.
749 *E. Friesenhahn*, HdbStKirchR[1], Bd. 1, Berlin 1974, S. 576.

risch ist, ohne eigenständige Prüfung der Verleihungsvoraussetzungen aussprechen.“[750] Die Erstverleihung begründet danach die Vermutung, dass die korporierte Religionsgemeinschaft die Gewähr der Dauer bietet und rechtstreu ist. Diese Vermutung kann nur dadurch erschüttert werden, *„dass von außen her tatsächliche Vorfälle bekannt werden, die die Kultusverwaltung dann zu erforschen berechtigt ist.“*[751] Nach anderer Auffassung dürfen die Religionsgemeinschaften die mit dem Körperschaftsstatus verbundenen Hoheitsrechte nur in dem Lande wahrnehmen, in denen ihnen dieser Status verliehen worden ist, soweit sie nicht auf Bundesrecht beruhen.[752] *„Wo es sich hingegen um bloße Vergünstigungen handelt, etwa um Gebührenbefreiungen, ist kein Grund ersichtlich, entsprechende Vorschriften nicht allgemein auf alle Körperschaften anzuwenden.“*[753]

In der Beurteilung dieser Frage wird es nicht zuletzt auch auf die innere Organisationsform der Religionsgemeinschaft ankommen. Besteht diese im gesamten Bundesgebiet nur als einheitliche Rechtsperson mit einheitlichem Mitgliederbestand und einheitlicher Leitung, dürfte eine unterschiedliche Behandlung in den einzelnen Bundesländern tatsächlich nicht in Betracht kommen. Handelt es sich dagegen um regional eigenständige Organisationsformen, die sich in ihrem Mitgliederbestand und ihren Leitungsorganen unterscheiden, spricht nichts dagegen, den einzelnen Bundesländern im Hinblick auf diese in ihrem Gebiet bestehenden regionalen Gliederungen ein je eigenständiges Prüfungs- und Entscheidungsrecht zuzubilligen, jedenfalls soweit Abweichungen in Lehre und Praxis dazu Anlass geben, wie sie z. B. in den unterschiedlichen Strömungen des Islam zu Tage treten.

Der Entscheidung des Bundesverfassungsgerichts kommt besondere Bedeutung zu, weil sie einem Missbrauch, der mit dem Status einer Körperschaft des öffentlichen Rechts verbunden sein kann, wirksame Schranken setzt, ohne dabei auf den problematischen Gesichtspunkt einer besonderen „Staatsloyalität“ abzuheben. Damit würde eine Voraussetzung für die Anerkennung unterstellt, die als solche im Wortlaut des Art. 137 Abs. 5 WRV keinen Anhaltspunkt findet und die Gefahr in sich birgt, den Anspruch darauf letztlich von politischen Bewertungen abhängig zu machen, die mit der weltanschaulichen und religiösen Neutralitätspflicht des Staates nicht zu vereinbaren sind. Dass hier ein mögliches Konfliktfeld auch mit den etablierten christlichen Kirchen liegt, mag der Hinweis auf die Auseinandersetzungen um die Beteiligung der römisch-katholischen Kirche am staatlichen System der Schwangerschaftskonfliktberatung in Deutschland und das so genannte „Kirchenasyl“ zeigen. Im Hinblick darauf ist bemerkenswert, dass das Bundesverfassungsgericht ausdrücklich anerkennt, dass es religiöse Vorbehalte geben kann, die im unaus-

750 NVwZ 2007, S. 1257.

751 *D. Zacharias*, ebd., S. 1262.

752 *E. Friesenhahn*, HdbStKirchR[1], Bd. 1, Berlin 1974, S. 576; *P. Kirchhof*, HdbStKirchR[2], Bd. 1, Berlin 1994, S. 687.

753 *D. Bohl*, Der öffentlich-rechtliche Körperschaftsstaus der Religionsgemeinschaften, S. 96.

weichlichen Konfliktfall dazu führen, den Glaubensgeboten mehr zu gehorchen als den Geboten des Rechts:

„Derartige Vorbehalte sind Ausdruck der für Religionen nicht untypischen Unbedingtheit ihrer Glaubenssätze. Sie sind auch von manchen alt- und neukorporierten Religionsgemeinschaften bekannt, und es ist nicht ausgeschlossen, daß sie, je nach Lage des Einzelfalles, unter dem Schutz des Art. 4 GG stehen. Aus Rücksicht auf die Religionsfreiheit, der der Status einer Körperschaft des öffentlichen Rechts aus Art. 140 GG i. V. mit Art. 137 Abs. 5 WRV letztlich dient, stehen sie der Verleihung dieses Status jedenfalls solange nicht im Wege, als die Religionsgemeinschaft im Grundsatz bereit ist, Recht und Gesetz zu achten und sich in die verfassungsmäßige Ordnung einzufügen“[754]

Der Körperschaftsstatus darf also nicht als Instrument benutzt werden, um politisches Wohlverhalten zu erzwingen oder eine Rechtspflicht zur Kooperation zu begründen, z. B. in der Schwangerschaftskonfliktsberatung. Der Körperschaftsstatus schafft zwar geeignete Rahmenbedingungen für die Kooperation der Religionsgemeinschaften mit dem Staat, das darf aber nicht zu einer rechtlichen oder tatsächlichen Staatsabhängigkeit führen, die die Unabhängigkeit und den geistlichen Auftrag der Religionsgemeinschaft gefährdet.[755] Wenn dies so wäre, dürften sich jedenfalls die christlichen Kirchen aus ihrem Selbstverständnis heraus darauf nicht einlassen. Für die evangelische Kirche ist in diesem Zusammenhang vor allem an die fünfte These der Barmer Theologischen Erklärung von 1934 zu erinnern, die es ausdrücklich als falsche Lehre verwirft, *„als solle und könne sich die Kirche über ihren besonderen Auftrag hinaus staatliche Art, staatliche Aufgaben und staatliche Würde aneignen und damit selbst zu einem Organ des Staates werden.“* Eine Kooperation mit dem Staat ist deshalb auch als Körperschaft des öffentlichen Rechts für die Kirche unter Wahrung ihres Selbstbestimmungsrechtes und ihres religiösen Auftrages nur in der Form freiwilliger Selbstbindung möglich.

Es spricht deshalb viel dafür, auf die oben geschilderten Versuche zu verzichten, über eine „teleologische Reduktion“ des Art. 137 Abs. 5 Satz 2 WRV mit Hilfe unbestimmter Rechtsbegriffe wie dem Erfordernis einer „Anerkennungswürdigkeit“ oder einer besonderen „Staatsloyalität“ den Anspruch der Religionsgemeinschaften auf Verleihung der Rechte einer Körperschaft des öffentlichen Rechts zu beschränken. Vielmehr ist dem Bundesverfassungsgericht darin beizupflichten, dass dieser Status nur dann versagt oder entzogen werden kann, wenn der Staat andernfalls höherrangige andere Pflichten verletzen würde.[756]

754 BVerfG, ebd., S. 391 f.

755 Siehe dazu: *J. Isensee*, Die Zukunftsfähigkeit des deutschen Staatskirchenrechts, in: *J. Isensee, W. Rees, W. Rüfner* (Hrsg.), Dem Staate, was des Staates – der Kirche, was der Kirche ist (FS *Joseph Listl*), Berlin 1999, S. 83.

756 Siehe dazu auch: *D. Bohl*, Der öffentlich-rechtliche Körperschaftsstatus der Religionsgemeinschaften, Baden-Baden 2001.

Im Ergebnis bleibt festzuhalten, dass ein Staat, der unter den Voraussetzungen des Art. 140 GG i. V. m. Art. 137 Abs. 5 in der Interpretation, die sie jetzt durch das Bundesverfassungsgericht erfahren haben, Religions- und Weltanschauungsgemeinschaften den besonderen Status einer Körperschaft des öffentlichen Rechts einräumt, damit weder gegen seine Pflicht zur weltanschaulichen und religiösen Neutralität verstößt, noch damit andere Organisationen in verfassungswidriger Weise benachteiligt. Der Status der Körperschaft des öffentlichen Rechts für die Religionsgemeinschaften erweist sich im Kontext eines Staates, der sich die umfassende Befriedigung, Pflege und Förderung kultureller Bedürfnisse seiner Bürger zur Aufgabe gesetzt hat, keineswegs als Fremdkörper, sondern er kann im Gegenteil als Vorreiter einer modernen pluralistischen Kulturstaatlichkeit gelten.[757] Die Aufgabe besteht darin, dies im gesellschaftlichen und politischen Kontext immer wieder neu zu verdeutlichen und zu vermitteln. Die Religionsgemeinschaften tun das am besten, indem sie die ihnen mit diesem Status gebotenen Möglichkeiten vor allem auch dazu nutzen, sich in freiwilliger Kooperation mit dem Staat – und wenn es sein muss auch gegen ihn – zum Wohle und Nutzen aller Menschen für soziale Gerechtigkeit, gesellschaftlichen Frieden und Freiheit einzusetzen.

Literatur:

E. Forsthoff, Die öffentliche Körperschaft im Bundesstaat: eine Untersuchung über die Bedeutung der institutionellen Garantien in den Artikeln 127 und 137 der Weimarer Verfassung, Tübingen 1931, Beiträge zum öffentlichen Recht der Gegenwart Bd. 3; *K. Müller,* Die Gewährung der Rechte einer Körperschaft des öffentlichen Rechts an Religionsgesellschaften gemäß Art. 137 Abs. V Satz 2 WRV, ZevKR 2 (1952/53), S. 139 ff.; *R. Smend,* Zur Gewährung der Rechte einer Körperschaft des öffentlichen Rechts an Religionsgesellschaften gemäß Art. 137 WRV, ZevKR 2 (1952/53), S. 374 ff.; *H. Weber*, Die Religionsgemeinschaften als Körperschaften des öffentlichen Rechts im System des Grundgesetzes, Berlin 1966, Schriften zum öffentlichen Recht Bd. 32; *Ders.*, Die Verleihung von Körperschaftsrechten an Religionsgemeinschaften, ZevKR 34 (1989), S. 337 ff.; *A. Hollerbach*, Die Kirchen unter dem Grundgesetz, Veröffentlichungen der Vereinigung der deutschen Staatsrechtslehrer, 26 (1968), S. 57 ff., wieder abgedruckt in: *Ders.* Ausgewählte Schriften, hrsg. von *G. Robbers*, Berlin 2006, S. 253 ff. (276 ff.); *Ders.*; Die Kirchen als Körperschaften des öffentlichen Rechts, in: *J. Krautscheidt, H. Marré* (Hrsg.), Essener Gespräche zum Thema Staat und Kirche Bd.1, Münster 1969, S. 46 ff.; *E. Friesenhahn*, Die Kirchen als Körperschaften des öffentlichen Rechts, HdbStKirchR[1], Bd. 1, Berlin 1974, S. 545 ff.; *G. Schmidt-Eichstaedt*, Kirchen als Körperschaften des öffentlichen Rechts? – Eine Überprüfung des öffentlich-rechtlichen Status von Religions- und Weltanschauungsgemeinschaften, Köln u. a. 1976; *Ders.*, Die Körperschaftsqualität der Kirchen – Wegbereiter für ein neues öffentliches Verbandsrecht?, Der Staat 1982, S. 423 ff.; *A. v. Campenhausen*, Art. 140, in: *v. Mangoldt-Klein-v. Campenhausen*, Das Bonner Grundgesetz[3], München 1991, Bd. 14; Rd.Nr. 145 ff.; *H. Zilles, B. Kämper*, Kirchengemeinden als Kör-

757 Vergl. dazu: *K.G. Meyer-Teschendorf*, Staat und Kirche im pluralistischen Gemeinwesen, Tübingen 1979, S. 118 ff., der Art. 140 GG i. V. mit Art 137 Abs. 5 WRV eine Pionierfunktion für ein übergreifendes öffentliches Verbänderecht zuweist.

perschaften im Rechtsverkehr, NVwZ 1994, S. 109 ff.; *S. Muckel*, Muslimische Gemeinschaften als Körperschaften des öffentlichen Rechts, DÖV 1995; *P. Kirchhof*, Die Kirchen und Religionsgemeinschaften als Körperschaften des öffentlichen Rechts, HdbStKirchR^2, Bd. 1, Berlin 1995, S. 661 ff.; *G. Robbers*, Sinn und Zweck des Körperschaftsstatus im Staatskirchenrecht, in: *K.-H. Kästner, K. W. Nörr, K. Schlaich* (Hrsg.), Festschrift *Martin Heckel*, Tübingen 1999, S. 413 ff.; *A. Albrecht*, Die Verleihung der Körperschaftsrechte an islamische Vereinigungen, KuR 1999, S. 25 ff. (= 210, S. 1 ff.); *S. Huster*, Körperschaftsstatus unter Loyalitätsvorbehalt ? – BVerwG, NJW 1997, S. 2396, JuS 1998, S. 117 ff.; *M. Morlok, M. Heinig*, Parität im Leistungsstaat – Körperschaftsstatus nur bei Staatsloyalität?, NVwZ 1999, S. 697 ff.; *J. Winter*, Die Religionsgemeinschaften als Körperschaften des öffentlichen Rechts im deutschen Staatskirchenrecht, öarr 2000, S. 202 ff.; *D. Bohl*, Der öffentlich-rechtliche Körperschaftsstatus der Religionsgemeinschaften. Verleihungsvoraussetzungen und Verfahren, Baden-Baden 2001; *D. Zacharias*, Verfassungsrechtliche Voraussetzungen für die Verleihung der Körperschaftsrechte, KuR 2001, S. 33 ff. (=210, S. 21 ff.); *S. Magen*, Zum Verhältnis von Körperschaftsstatus und Religionsfreiheit, NVwZ 2001, S. 888 ff.; *Ders.* Körperschaftsstatus und Religionsfreiheit, Zur Bedeutung des Art. 137 Abs. 5 WRV im Kontext des Grundgesetzes, Tübingen 2004, Jus Ecclesiasticum Bd. 75; *Chr. Hillgruber*, Der Körperschaftsstatus von Religionsgemeinschaften, NVwZ 2001, S. 1347; *Ders.*, Über den Sinn und Zweck des staatskirchenrechtlichen Körperschaftsstatus, in: *Chr. Grabenwarter, N. Lüdecke* (Hrsg.), Standpunkte im Kirchen und Staatskirchenrecht, Würzburg 2002, Forschungen zur Kirchenrechtswissenschaft Bd. 33; *M. Heinig*, Öffentlich-rechtliche Religionsgesellschaften, Studien zur Rechtsstellung der nach Art. 137 Abs. 5 WRV korporierten Religionsgesellschaften in Deutschland und in der Europäischen Union, Berlin, 2003; *S. Korioth*, in: *Maunz-Dürig-Herzog*, Grundgesetz Kommentar, Stand Februar 2003, Art. 140 GG/Art. 137 WRV, Rd. Nr. 63 ff.; *D. Zacharias*, Zur Zweitverleihung der Körperschaftsrechte an Religionsgemeinschaften, NVwZ 2007, S. 1257 ff.

F. Das Kirchensteuersystem (Art. 137 Abs. 6 WRV)

Eine der wichtigsten Konsequenzen, die mit dem Status eine Körperschaft des öffentlichen Rechts verbunden ist, ist das in Art. 140 GG i. V. m. Art. 137 Abs. 6 WRV den Religionsgemeinschaften eingeräumte Recht, *„auf Grund der bürgerlichen Steuerlisten nach Maßgabe der landesrechtlichen Bestimmungen Steuern zu erheben“* Die Bundesrepublik Deutschland kennt damit ein Kirchensteuersystem, das es den als öffentlich-rechtliche Körperschaften anerkannten Religionsgemeinschaften ermöglicht, zur Deckung ihres Finanzbedarfs ohne konkrete Gegenleistung von ihren Mitgliedern durch die staatliche Verwaltung einmalige oder regelmäßige Geldleistungen zwangsweise beitreiben zu lassen.[758] Auch in einigen Kantonen der **Schweiz** können Religionsgemeinschaften Steuern erheben. In der Schweiz ist die kirchliche Finanzord-

758 Zur Definition der Kirchensteuer vgl.: *Fr. Giese*, Deutsches Kirchensteuerrecht, Stuttgart 1910, Nachdruck Amsterdam 1965, S. 576; *H. Marré*, HdbStKirchR^2 Bd. 1, S. 1108.

nung allerdings *„komplex und nur Eingeweihten überschaubar"*.[759] Jeder Kanton hat ein eigenes kirchenpolitisches System und selbst innerhalb desselben Kantons stehen Kirchengemeinden mit und ohne Kirchensteuersystem nebeneinander. In **Österreich** ist es bis heute im Wesentlichen bei der Rechtslage geblieben, wie sie das durch die Nationalsozialisten als antikirchliche Maßnahme am 1. Mai 1939 eingeführte Gesetz über die Erhebung von Kirchenbeiträgen im Lande Österreich gebracht hat. Die Erhebung der Kirchenbeiträge ist danach den anspruchsberechtigten Kirchen grundsätzlich selbst überlassen. Zur Durchsetzung des Anspruchs sind sie auf den Zivilrechtsweg verwiesen.[760]

In der früheren **DDR** ist das ursprünglich in Art. 43 Abs. 4 der Verfassung von 1949 noch enthalten gewesene kirchliche Besteuerungsrecht bereits vor dem Inkrafttreten der neuen DDR-Verfassung von 1968 durch eine Verfügung des Ministeriums der Justiz vom 10. Februar 1956 abgeschafft worden.[761] Die DDR-Verfassung von 1948 hatte ebenso wie das Grundgesetz Artikel 137 WRV nahezu wörtlich rezipiert. Insbesondere blieb den beiden großen Volkskirchen der Status einer Körperschaft des öffentlichen Rechts erhalten, so dass sie bis zum Ende der DDR ihre auf der körperschaftlichen Organisationstruktur beruhende Tradition bewahren konnten.[762] Während also zunächst jedenfalls nach dem Wortlaut der Verfassungen die staatskirchenrechtliche Einheit in ganz Deutschland erhalten geblieben ist, hat die neue DDR-Verfassung von 1968[763] auch äußerlich erkennbar *„mit der deutschen staatskirchenrechtlichen Tradition gebrochen."*[764]

---

759 *Fuchs,* Zum Verhältnis von Staat und Kirche in der Schweiz, in: Essener Gespräche Bd. 5, S. 125 (156); zu den staatskirchenrechtlichen Verhältnissen in der Schweiz vergl. weiter: *L. Carlen*, Das Verhältnis von Kirche und Staat in der Schweiz, in: *J. Listl, H. Schmitz* (Hrsg.), HdbKathKR², Regensburg1999, S. 1308 ff.; *A. v. Campenhausen, H. de Wall*, Staatskirchenrecht⁴, S. 340 ff.; *E. Tanner*, Die Grundpfeiler des schweizerischen Religionsrechts, KuR 2006, S. 174 ff.

760 Zu den Einzelheiten des österreichischen Systems vergl.: *H. R. Klecatsky,* Lage und Probleme des österreichischen Kirchenbeitragssystem, in: Essener Gespräche Bd. 6, S. 54.; *I. Gampl*, Österreichisches Staatskirchenrecht, Wien – New York 1971, § 72; *Peter Leisching* in: *J. Listl, H. Schmitz* (Hrsg.), HdbKathKR², Regensburg 1999, S. 1294 ff.

761 Vergl: dazu: *H. Kremser*, Der Rechtsstatus der evangelischen Kirchen in der DDR und die neue Einheit der EKD, Tübingen 1993, S. 34 ff. (Jus Ecclesiasticum Bd. 46); zur staatskirchenrechtlichen Lage in der DDR vergl. weiter: *A. Hollerbach*, Das Verhältnis von Kirche und Staat in der Deutschen Demokratischen Republik, in: *J. Listl, H. Müller, H. Schmitz* (Hrsg.), HdbKathKR Regensburg 1983, S. 1072 ff.; *O. Luchterhand*, Verfassungsgrundlagen kirchlicher Eigenständigkeit, ihre Bedrohung und Verteidigung, in: *H. Dähn* (Hrsg.), Die Rolle der Kirchen in der DDR, Eine erste Bilanz, München 1993, S. 21 ff.

762 *Kremser*, ebd., S. 32.

763 Vergl. dazu: *Ulbrichts* Grundgesetz, Die sozialistische Verfassung der DDR, mit einem einleitenden Kommentar von *D. Müller-Römer,* Köln 1968; die Verfassung wurde 1974 noch einmal einer Revision unterzogen, vergl.: Die neue Verfassung der DDR, mit einem einleitenden Kommentar von *D. Müller-Römer*, Köln 1974.

764 *A. Hollerbach*, HdbKathKR, S. 1076.

In der Bundesrepublik Deutschland ist das Kirchensteuersystem in seiner heutigen Form das Ergebnis einer historischen Entwicklung, die in der ersten Hälfte des 19. Jahrhunderts einsetzte und zu einem allmählichen Auseinandertreten von Staat und Kirche geführt hat. Die Lösung der engen institutionellen und finanziellen Verklammerung von Staat und Kirche machte es notwendig, den Kirchen eine eigene finanzielle Sicherung auf der Grundlage von Mitgliedsbeiträgen zu verschaffen. Diesem Ziel diente die Einführung des kirchlichen Besteuerungsrechts. Die historische Betrachtung zeigt, dass es Sinn dieses Institutes ist, den Kirchen ihre finanzielle Selbstständigkeit und damit vor allem auch ihre Unabhängigkeit vom Staat zu sichern. Die Übernahme der Regelung aus der Weimarer Reichsverfassung in das Grundgesetz hat deshalb nicht dazu geführt, dass das Kirchensteuersystem als Fremdkörper im verfassungsrechtlichen Gefüge der Bundesrepublik zu betrachten ist. Das Kirchensteuerrecht entspricht vielmehr dem Leitbild des weltanschaulich neutralen Staates und fügt sich „systemadäquat" in die Förderung der pluralen Gesellschaft durch den demokratischen Kultur- und Sozialstaat ein. Es kann als allgemeines Kennzeichen gerade der deutschen staatsrechtlichen Verhältnisse gelten, die kulturelle Verantwortung beim Staat zu konzentrieren. Auch wenn man dies für einen beklagenswerten Zustand hält, ist doch die Tatsache unübersehbar, dass sich die Neutralität des Staates auch in anderen Bereichen des gesellschaftlichen Lebens nicht in einem passiven „Sich-nicht-Einmischen" ausdrückt, sondern in einer positiven Förderung der notwendigen Freiräume, in denen sich das wirtschaftliche, kulturelle und religiöse Leben erst entfalten kann. Das Kirchensteuersystem macht dabei die Kirchen nicht nur von unmittelbaren staatlichen Zuwendungen unabhängig, sondern entzieht sie darüber hinaus der Gefahr, aus finanziellen Gründen in die Abhängigkeit anderer Interessengruppen zu geraten. In der politischen Diskussion ist die Wahrung dieser Unabhängigkeit – vor allem vom jeweiligen politischen Gegner – neben den negativen Auswirkungen die eine Abschaffung des Kirchensteuersystems auf die Bewältigung der sozialstaatlichen Aufgaben haben würde, eines der stärksten Argumente, am Besteuerungsrecht der Religionsgemeinschaften festzuhalten.

Art. 137 Abs. 6 WRV gewährt den Kirchen das Besteuerungsrecht *„aufgrund der bürgerlichen Steuerlisten nach Maßgabe der landesrechtlichen Bestimmungen"*. Das bedeutet in der Praxis eine unmittelbare Verkoppelung der Kirchensteuer mit anderen vom Staat erhobenen Steuern (**Maßstabssteuern**), indem in der Regel zur Lohn- oder Einkommenssteuer, aber auch zur Vermögens- oder Grundsteuer ein prozentualer Zuschlag erfolgt.[765] Dieser Zuschlag ist in den einzelnen Bundesländern unterschiedlich hoch und beträgt in der Regel 8 % oder 9 %. Steuergläubiger sind entweder die Diözesen bzw. die Landeskirchen oder die Ortskirchengemeinden. Die Wahl zwischen beiden Möglichkeiten treffen die Kirchen selbst.

765 Zur Bemessungsgrundlage der Kirchensteuer vergl.: *J. Petersen*, KuR 2002, S. 39 ff. (= 410, S. 87 ff.).

Aus Art. 137 Abs. 6 WRV ergibt sich im Übrigen in Abweichung der allgemeinen Regelung die ausschließliche Gesetzgebungskompetenz der Bundesländer für den kirchensteuerlichen Bereich. Als staatliche Rechtsquellen kommen neben dem Grundgesetz deshalb das Landesverfassungsrecht und die einfache Landesgesetzgebung mit ihren Durchführungsverordnungen in Betracht. Hinzu treten vertragliche Vereinbarungen zwischen Staat und Kirche auf Bundes- und Landesebene als gemeinsame staatlich-kirchliche Rechtsquellen. Der Landesgesetzgeber schafft mit seinen Kirchensteuergesetzen die für alle öffentlichen Abgaben notwendige gesetzliche Grundlage für die Erhebung der Kirchensteuer. Er kann sich dabei auf eine allgemeine Ermächtigung beschränken und den Kirchen die Regelungen der Einzelheiten selbst überlassen. Verfassungsrechtlich zulässig wäre aber auch eine staatliche Regelung der Kirchensteuererhebung bis in alle Einzelheiten.[766] Das darf allerdings nicht zu einem Eingriff in das durch Art. 140 GG in Verbindung mit Art. 137 Abs. 3 WRV garantierte Selbstbestimmungsrecht der Kirchen führen. Den Kirchen bleibt es daher in jedem Fall überlassen – vorbehaltlich eines staatlich geregelten Austrittsrechts – zu bestimmen, wen sie als steuerpflichtiges Mitglied betrachten,[767] ob sie von der staatlichen Ermächtigung zur Steuererhebung Gebrauch machen wollen und für welche Zwecke das Kirchensteueraufkommen verwendet werden soll. Auch steht ihnen die Verwaltung der Kirchensteuer grundsätzlich selbst zu. Die meisten Landeskirchen und Diözesen haben mit dieser Aufgabe jedoch aus praktischen Erwägungen die staatliche Finanzverwaltung betraut. Die Bundesländer haben sich in der Praxis – mit Ausnahme Bayerns – darauf beschränkt, in Rahmenrichtlinien diejenigen Regelungen zu treffen, die aus kompetenzrechtlichen Gründen unbedingt vom Staat erlassen werden müssen. Es bleibt den zuständigen Organen der Kirchen überlassen, den staatlich vorgegebenen Rahmen durch Kirchensteuerverordnungen und Hebesatzbeschlüsse auszufüllen. In diesem Zusammenspiel von staatlichen und kirchlichen Rechtssätzen wird besonders deutlich, dass es sich beim kirchlichen Besteuerungsrecht weder um ein vollständig vom Staat abhängiges Recht der Kirchen noch um ein eigenes kirchliches Hoheitsrecht, sondern um eine gemeinsame Angelegenheit von Staat und Kirche handelt.[768] Der Kirche bleibt es überlassen, die materiellen Voraussetzungen zu normieren, an die die Kirchensteuerpflicht ihrer Mitglieder anknüpfen soll, während der Staat die formellen Möglichkeiten für eine zwangsweise Beitreibung im Wege des Verwaltungszwanges zur Verfügung stellt. Zugleich zeigt sich hier der Unterschied zu sonstigen kirchlichen Abgaben, die die Kirchen aufgrund von Art. 140 GG i.V.m. Art. 137 Abs. 3 WRV ohne staatliche Hilfe wie jede andere Korporation des öffentlichen oder privaten Rechts von ihren Mitgliedern erheben können. Art. 137 Abs. 6 WRV betrifft nicht das generelle Recht der Kirchen von ihren Mitgliedern Angaben zur Deckung ihres Finanzbedarfs zu verlangen, sondern lediglich die Verpflichtung des Staates, den Kirchen seine hoheitlichen

766 BVerfGE. 19, S. 258.
767 BVerfGE. 30, S. 422.
768 BVerfGE 19, S. 217.

Zwangsmittel zur Durchsetzung dieses Rechts zur Verfügung zu stellen. Die Rechtskontrolle über die Anwendung dieses Zwanges unterliegt wie bei allen staatlichen Hoheitsakten den staatlichen Gerichten. Die Abhängigkeit der Kirchensteuer von der staatlichen Maßstabssteuer ist – auch aus kirchlicher Sicht – nicht unproblematisch, denn die staatliche Steuerpolitik verfolgt u. U. Zwecksetzungen, die für die Berechnung der Kirchensteuer unangebracht sind.[769] Zudem führt diese Berechnungsart zu einer unter kirchlichen Gesichtspunkten unangemessenen Besteuerung hoher Einkommen, während Kirchenmitglieder, die nicht zu der staatlichen Maßstabssteuer veranlagt werden, kirchensteuerfrei bleiben. Diese abgaberechtlichen Probleme versuchen die Kirchen durch Kirchensteuerhöchstbeträge und eine Mindestkirchensteuer zu lösen. Die Erhebung der Kirchensteuer im Lohnabzugsverfahren, bei dem der Arbeitgeber durch Gesetz verpflichtet ist, die Kirchensteuer vom Lohn seines Arbeitnehmers unmittelbar einzubehalten und an das Finanzamt abzuführen, wird heute allgemein als verfassungsrechtlich zulässig angesehen. Es liegt darin kein Verstoß gegen die negative Glaubensfreiheit des Artikel 4 GG. Auch Artikel 12 GG ist nicht verletzt, da die dem Arbeitgeber auferlegten Verpflichtungen eine verfassungsrechtlich unbedenkliche Regelung seiner Berufsausübung darstellen.[770] Der zwangsweise Einzug der Kirchensteuer im Lohnabzugsverfahren wirft für den betroffenen Bürger vor allem die Frage auf, ob und unter welchen Umständen er als Schuldner der Kirchensteuer in Anspruch genommen werden kann. Eine Reihe von Problemen in diesem Bereich ist durch die Rechtsprechung, vor allem auch des Bundesverfassungsgerichts, einer Klärung zugeführt oder zumindest näher gebracht worden.

„Das Grundgesetz verbietet dem Staat, einer Religionsgemeinschaft hoheitliche Befugnisse gegenüber Personen zu verleihen, die keiner Religionsgemeinschaft angehören."

Dieser Leitsatz im Urteil des BVerfG vom 14.12.1965[771] ist die Richtschnur, an der sich alle späteren Entscheidungen zur Frage des Kirchensteuerschuldners ausgerichtet haben. Das kirchliche Besteuerungsrecht als ein vom Staat abgeleitetes Hoheitsrecht ist danach streng an die **Mitgliedschaft**[772] des Bürgers in der jeweiligen Religionsgemeinschaft gebunden. Da die Regelung der Mitgliedschaft unbestritten zu den eigenen Angelegenheiten der Kirchen gehört, die diese gem. Art. 140 GG in V. m. Art. 137 Abs. 3 WRV im Rahmen des für alle geltenden Gesetzes selbst regeln, ist der Staat grundsätzlich verpflichtet, bei der Kirchensteuerpflicht an das innerkirchliche Mitgliedschaftsrecht anzuknüpfen. Es ist daher verfassungsrechtlich unbedenklich, wenn der Staat die Taufe und den Wohnsitz als innerkirchliche Voraussetzung der Mitgliedschaft

769 Vergl. dazu: *F. Kirchhof*, in: *K.-H. Kästner, K. W. Nörr, K. Schlaich* (Hrsg.), Festschrift *Martin Heckel*, Tübingen 1999, S. 373 ff.

770 Vgl. zur Problematik: G. *Tröger*, ZevKR 14 (1968/69) S. 101 f.; BVerfG, NJW 1970, S. 1282; *J. Wasmuth, G. Schiller*, NVwZ 2001, S. 852 ff.

771 BVerfGE 19, S. 206.

772 Siehe dazu den nachfolgenden Exkurs.

auch als Anknüpfungspunkt für die Kirchensteuerpflicht übernimmt.[773] Unter Berücksichtigung von Art. 4 Abs. 1 und 2 GG scheidet jedoch jede innerkirchliche Regelung als Grundlage der Steuerpflicht aus, *„die eine Person einseitig und ohne Rücksicht auf ihren Willen der Kirchengewalt unterwirft."*[774] Das bedeutet, der Staat hat vor allem dafür Sorge zu tragen, dass der Bürger die Wirkungen seiner Kirchenmitgliedschaft für den staatlichen Rechtskreis jederzeit durch den Kirchenaustritt beenden kann. Verfassungsrechtlich unzulässig sind daher **„Überlegungsfristen"**, die den Austrittswilligen über den Zeitpunkt seiner Austrittserklärung hinaus mit Wirkung für den staatlichen Rechtsbereich an der Mitgliedschaft und damit an der Kirchensteuerpflicht festhalten sollen.[775] Das nötigt den Gesetzgeber allerdings nicht dazu, die Kirchensteuerpflicht unmittelbar mit der Austrittserklärung erlöschen zu lassen. Es bleibt vielmehr auch verfassungsrechtlich Raum, praktische Bedürfnisse der Steuerverwaltung und Steuerberechnung zu berücksichtigen. Unter diesem Gesichtspunkt hat das Bundesverfassungsgericht die in § 5 Abs. 2 HessKirchStG enthaltene Regelung, nach der die Kirchensteuerpflicht mit dem Ablauf des auf die Austrittserklärung folgenden Kalendermonats entfällt, noch für zulässig gehalten. Der Gesetzgeber habe sich mit dieser Frist *„an der äußersten, durch den Grundsatz der Verhältnismäßigkeit gezogenen Grenze seiner Gestaltungsfreiheit gehalten, ohne diese bereits zu überschreiten."*[776]

Die enge Verknüpfung von kirchlicher Mitgliedschaft und kirchlichem Besteuerungsrecht hat nicht nur zur Folge, dass die Kirche ein nach staatlichem Recht ausgetretenes Mitglied auch nicht vorübergehend an der Kirchensteuerpflicht festhalten kann, sondern schließt auch die Besteuerung **juristischer Personen**[777] und die Anwendung des Halbteilungsgrundsatzes bei glaubensverschiedenen Ehen aus.[778] Ausgeschlossen ist es also, dass Einkommen des der Kirche nicht angehörenden Ehegatten bei der Kirchensteuerveranlagung des anderen Ehegatten, der Mitglied der Kirche ist, zu berücksichtigen. Auch eine subsidiäre Haftung des konfessionslosen Ehegatten für die Kirchensteuerschuld des anderen Ehegatten ist verfassungsrechtlich unzulässig.[779] Halbteilungs- und Haftungsgrundsatz ist jedoch bei „konfessionsverschiedenen" Ehen, in denen beide Ehegatten der Kirchensteuerpflicht verschiedener Kirchen unterliegen, verfassungsrechtlich nicht zu beanstanden, sofern ihnen die Möglichkeit gelassen wird, durch die Wahl der getrennten Veranlagung zur Lohn- und Einkom-

773 Vgl. dazu: BVerfGE 30, 415.
774 BVerfG ebd., S. 423.
775 BVerfG NJW 1975, S. 1279.
776 BVerfG NJW 1975, S. 1281 (1282).
777 Dazu: BVerfGE 19, S. 206 ff.
778 BVerfGE 19 S. 226. Beim Halbteilungsgrundsatz wird die Kirchensteuer jedes Ehegatten nach der Hälfte des gemeinsamen Einkommens festgesetzt. Zu den hier erwähnten Kirchensteuerurteilen des Bundesverfassungsgerichts vgl. die Besprechung von *A. Hollerbach*, Bundesverfassungsgericht und Staatskirchenrecht, AöR 92 (1967), S. 99 (112 f.).
779 BVerfGE 19, S. 242.

menssteuer nur den Kirchensteuerbetrag zahlen zu müssen, der dem Einkommen des jeweiligen Ehegatten tatsächlich entspricht.[780]

Literatur:

Fr. Giese, Deutsches Kirchensteuerrecht, Stuttgart 1910, Nachdruck Amsterdam 1965; *H. Engelhardt*, Die Kirchensteuer in der Bundesrepublik Deutschland, Bad Homburg v.d.H. 1968; *Ders.*, Die Kirchensteuer in den neuen Bundesländern, Köln 1991; *G. Tröger*, Die verfassungsrechtliche Problematik des Kirchenlohnsteuerabzugsverfahrens, ZevKR 14 (1968/69) S. 101 ff.; *A. v. Campenhausen, Th. Maunz, U. Scheuner, H. Scholtissek*, Die Mitwirkung der Arbeitgeber bei der Erhebung der Kirchensteuer, Vier Rechtsgutachten, Berlin 1971, Staatskirchenrechtliche Abhandlungen Bd.2; *W. Lienemann* (Hrsg.), Die Finanzen der Kirche, Studien zu Struktur, Geschichte und Legitimation kirchlicher Ökonomie, München 1989, Forschungen und Berichte der Evangelischen Studiengemeinschaft, Bd. 43; *H. Marré*, Das kirchliche Besteuerungsrecht, HdbStKirchR[2] Bd. 1, Berlin 1994, S. 1101 ff.; *Ders.*, Die Kirchenfinanzierung in Kirche und Staat der Gegenwart[4],Essen 2006; *F. Fahr* (Hrsg.), Kirchensteuer, Notwendigkeit und Probleme, Regensburg 1996; *F. Kirchhof*, Verwerfungen der Kirchenzuschlagssteuern wegen des Maßstabes der Einkommensteuer, in: *K.-H. Kästner, K. W. Nörr, K. Schlaich* (Hrsg.), Festschrift *Martin Heckel*, Tübingen 1999, S. 373 ff.; *A. Hollerbach*, Kirchensteuer und Kirchenbeitrag, in: *J. Listl, H. Schmitz* (Hrsg.), HdbKathKR[2] Regensburg1999, S. 1078 ff.; *A. Mösenthin*, Systeme der Kirchenfinanzierung in der Europäischen Union und ihre europäischen Rahmenbedingungen, KuR 2000, S. 129 ff. (= 110, S. 133 ff.); *J. Wasmuth, G. Schiller*, Verfassungsrechtliche Problematik der Inpflichtnahme von Arbeitnehmern und Arbeitgebern beim Kirchenlohnsteuerabzug, NVwZ 2001, S. 852 ff.; *F. Hammer*, Rechtsfragen der Kirchensteuer, Tübingen 2002, Jus Ecclesiasticum Bd. 66; *R. Althaus*, Aktuelle Probleme der Kirchenfinanzierung in der Bundesrepublik Deutschland, in: *Chr. Grabenwarter, N. Lüdecke* (Hrsg.), Standpunkte zum Kirchen- und Staatskirchenrecht, Würzburg 2002, S. 9 ff.; *J. Petersen*, Kirchensteuer und § 51 a EStG i. d. F. des Gesetzes zur Regelung der Bemessungsgrundlage für Zuschlagssteuern vom 21. 12. 2000, KuR 2002, S. 39 ff. (= 410, S. 87 ff.); *D. Zacharias*, Besonderes Kirchgeld, KuR 2002, S. 33 ff. (= 81 ff.); *F. Hammer*, Kirchenmitgliedschaft und Kirchensteuerpflicht, in: Bochumer Kirchensteuertag: Grundlagen, Gestaltung und Zukunft der Kirchensteuer, Frankfurt a.M. 2004, S. 77 ff., Bochumer Schriften zum Steuerrecht Bd. 1; *S. Schoppe*, Die Kirchensteuer versus Trennung von Staat und Kirche, Eine Analyse verfassungs- und steuerrechtlicher Aspekte unter spezieller Berücksichtigung des besonderen Kirchgeldes, Hamburg 2008.

780 BVerfGE 20, S. 40; zur Problematik der Besteuerung von solchen Kirchenmitgliedern, deren Ehegatten mit ihnen steuerlich zusammen veranlagt werden, die aber keiner steuererhebenden Religionsgemeinschaft angehören vergl.: *D. Zacharias*, KuR 2002, S. 33 (= 410, S. 81 ff.).

G. Exkurs zur Kirchenmitgliedschaft

Wegen der strikten Bindung der Kirchensteuer an die Kirchenmitgliedschaft kommt der Frage, wer in Deutschland rechtlich als Kirchenmitglied zu betrachten ist, eine besondere Bedeutung zu. Mit dem Begriff **„Kirchenmitgliedschaft"** wird – im Unterschied zur **„Gliedschaft"** in der Kirche, die auf die geistige Dimension der Zugehörigkeit zur Kirche verweist, – der rechtliche Status einer Person im Hinblick auf eine konkrete kirchliche Organisation bezeichnet. In allen christlichen Kirchen ist die **Taufe** Grundlage und Voraussetzung für den Erwerb der Kirchenmitgliedschaft.[781] Die rechtliche Zuordnung zu einer bestimmten Kirche erfolgt durch die weiteren Kriterien des **Bekenntnisstandes** und des **Wohnsitzes**.

Im Bereich der evangelischen Kirche ist die Kirchenmitgliedschaft für alle Gliedkirchen der EKD durch das *„Kirchengesetz über die Kirchenmitgliedschaft, das kirchliche Meldewesen und den Schutz der Daten der Kirchenmitglieder"* vom 10. November 1976 einheitlich geregelt.[782] Nach § 1 Abs. 1 dieses Gesetzes sind Kirchenglieder die getauften evangelischen Christen, die ihren Wohnsitz oder gewöhnlichen Aufenthalt im Bereich einer Gliedkirche der Evangelischen Kirche in Deutschland haben, es sei denn, dass sie einer anderen evangelischen Kirche (Freikirche) oder Religionsgemeinschaft angehören. Primärer Bezugspunkt der Kirchenmitgliedschaft ist im evangelischen Bereich die jeweilige Ortsgemeinde, die zugleich die Mitgliedschaft in der Landeskirche und zur Gemeinschaft der deutschen evangelischen Christenheit vermittelt. Das **Territorialprinzip**, das für das kirchliche Mitgliedschaftsrecht grundsätzlich gilt und dafür kennzeichnend ist, ist nur partiell durch das **Personalprinzip** durchbrochen.[783]

Nach § 8 Abs. 1 des Kirchenmitgliedschaftsgesetzes der EKD setzt sich die Kirchenmitgliedschaft bei einem Wohnsitzwechsel in den Bereich einer anderen Gliedkirche in der Gliedkirche des neuen Wohnsitzes fort.[784] Das Bundesverfassungsgericht hat 1971 entschieden, dass es nicht gegen die Glaubens- und Bekenntnisfreiheit nach Artikel 4 GG verstößt, die Kirchenmitgliedschaft in dieser Weise von Taufe und Wohnsitz abhängig zu machen, sofern der Kirchenzugehörige jederzeit die Möglichkeit hat, seine Mitgliedschaft zu beenden.[785]

781 Vergl. dazu: *Chr. Lienemann-Perrin*, (Hrsg.), Taufe und Kirchenzugehörigkeit, München 1983.

782 Abl. EKD, S. 389, zuletzt geändert am 8. November 2001, Abl. EKD, S. 486.

783 Siehe dazu die Vereinbarung über die Kirchenmitgliedschaft in besonderen Fällen vom 7. Dezember 2005, die die Gliedkirchen der EKD untereinander abgeschlossen haben, Abl. EKD, S. 237.

784 Das gilt allerdings nicht, wenn das zuziehende Kirchenmitglied sich einer anderen Kirche im Bereich der Gliedkirche seines neuen Wohnsitzes anschließt und dies der nach kirchlichem Recht zuständigen Stelle innerhalb eines Jahres nach Zuzug nachweist („Votum negativum").

785 BVerfGE 30, S. 415 (423).

Die Kirchenmitgliedschaft endet nach § 9 des Kirchenmitgliedschaftsgesetzes der EKD

1. mit dem Fortzug aus dem Geltungsbereich des Gesetzes, d. h. beim Umzug ins Ausland;
2. durch Übertritt zu einer anderen Kirche oder Religionsgemeinschaft;
3. mit dem Wirksamwerden der nach staatlichem Recht zulässigen Austrittserklärung, die beim Amtsgericht bzw. in Baden-Württemberg vor dem zuständigen Standesamt abzugeben ist.

Nach der Lehre der römisch-katholischen Kirche wird der Christ durch das Sakrament der Taufe für immer in das Mysterium Christi und seiner Kirche eingebunden.[786] Einen Austritt aus der Kirche kann es deshalb nach ihrem Selbstverständnis nicht geben.[787]

In Literatur und Rechtsprechung ist in den siebziger Jahren vor allem die Zulässigkeit des sogenannten „modifizierten Kirchenaustritts" kontrovers verhandelt worden.[788] Dabei handelte es sich um Fälle, in denen die Austrittswilligen gegenüber den zuständigen staatlichen Stellen erklärten, dass sich ihr Austritt lediglich auf die Kirche in ihrer Eigenschaft als Körperschaft des öffentlichen Rechts beziehe, ihre Zugehörigkeit zur Glaubensgemeinschaft aber im Übrigen nicht berühren solle. Als Motiv für eine solche Erklärung kann in der Regel das Bestreben unterstellt werden, die Rechtswirkungen des Kirchenaustritts auf den Wegfall der Kirchensteuerpflicht zu beschränken.[789] In den Kirchensteuergesetzen der Länder ist der Streit inzwischen in der Weise entschieden, dass die Erklärung über den Kirchenaustritt *„keine Bedingungen oder Zusätze enthalten darf"*.[790]

Die staatskirchenrechtliche Debatte der siebziger Jahre hat die Klarstellung gebracht, dass der Staat notwendig auf die Protokollierung der **„bürgerlichen"** Rechtswirkungen des Kirchenaustritts verwiesen ist und nicht darüber zu entscheiden hat, welche Auswirkungen dieser Erklärung innerkirchlich zukommt. Darüber zu befinden ist anerkanntermaßen eine eigene Angelegenheit der Kirche im Sinne von Art. 140 GG in Verbindung mit Art. 137 Abs. 3 WRV, über die sie ohne Mitwirkung des Staates allein zu entscheiden hat. Es steht daher der Kirche frei, eine nach staatlichem Recht ausgetretene Person nach ihrem inneren Recht weiterhin als ihr Mitglied zu betrachten, obwohl nach staatlichem Recht für den staatlichen Bereich die Wirkungen der Mitgliedschaft beendet sind. Wegen des Verbots der Einmischung in innerkirchliche Angelegenheiten kann der Staat der Kirche weder die Mög-

786 Zur katholischen Auffassung vergl.: *W Aymans,* ArchKathKR 142 (1973), S. 397 ff.; *A. v. Campenhausen*, ZevKR 41 (1996), S. 133 ff.; *P. Krämer*, in: *J. Listl*, *H. Schmitz*, (Hrsg.) HdbKathKR ^{2}, Regensburg 1999, S. 200 ff.

787 Zur Beurteilung des Kirchenaustritts in der katholischen Kirche vergl.: *M. Graulich*, KuR 2008, S. 1 ff.

788 *D. Pirson*, JZ 1971, S. 608 ff.; OVG Hamburg, NJW 1975, 1900 ff. (mit Anm. v. *J. Listl* und *H. Weber*); BVerwG, NJW 1979, S. 2322 ff.

789 *Pirson* JZ 1971, S. 609.

790 Vergl. z. B. § 26 Abs. 1 KiStG Baden-Württemberg i. d. F. v. 15. 6. 1978.

lichkeit nehmen, noch die Notwendigkeit ersparen *„über die innerkirchlichen Wirkungen selbst in der nach den Vorstellungen der Kirche angemessenen Weise zu befinden und notfalls neues innerkirchliches Recht zu schaffen“.*[791]

Besondere Probleme ergeben sich im Bereich der evangelischen Kirche hinsichtlich der Kirchenmitgliedschaft bei **Zuzug** aus dem Ausland.

Für den Zuzug eines evangelischen Ausländers in eine deutsche evangelische Kirchengemeinde gilt nach § 9 des Mitgliedschaftsgesetzes des EKD folgende Regelung:

„(1) Zuziehende Evangelische, die keiner Kirche angehören, erwerben die Kirchenmitgliedschaft durch Erklärung gegenüber der nach kirchlichem Recht zuständigen Stelle

a) ….
b) *wenn sie bisher Mitglieder einer evangelischen Kirche im Ausland waren.*

(2) Zuziehende Evangelische, die einer evangelischen Kirche oder Religionsgemeinschaft angehört haben, mit der eine Vereinbarung über die Kirchenmitgliedschaft abgeschlossen worden ist, erwerben die Kirchenmitgliedschaft nach den Bestimmungen dieser Vereinbarung.

(3) Die Angaben gegenüber der staatlichen Meldebehörde gelten als Erklärung im Sinne von Abs. 1.“

Das Bundesverfassungsgericht hat in seinem Beschluss vom 31. März 1971 den Grundsatz ausgesprochen, dass Art. 4 Abs. 1 und 2 GG es verbieten, als Grundlage für die Kirchensteuerpflicht eine kirchliche Mitgliedschaftsregelung heranzuziehen, die eine Person einseitig und ohne Rücksicht auf ihren Willen der Kirchengewalt unterwirft.[792] Keine rechtlichen Bedenken ergeben sich unter diesem Gesichtspunkt gegen die Regelung in § 9 Abs. 1, Buchst. b. Die Kirchenmitgliedschaft wird danach durch eine positive Willenserklärung des Ausländers erworben, so dass der Einwand einer verfassungsrechtlich unzulässigen **„Zwangsmitgliedschaft“** nicht erhoben werden kann. Derartige Bedenken sind aber gegen die Bestimmung des § 9 Abs. 3 geltend gemacht worden, nach der auch die Angaben gegenüber der staatlichen Meldebehörde als Erklärung zum Erwerb der Kirchenmitgliedschaft gewertet wird. Dabei kann es vorkommen, das sich der zuziehende Ausländer über die Tragweite seiner Erklärung keineswegs im Klaren ist und ein subjektiver Wille zum Erwerb der Kirchenmitgliedschaft in einer deutschen Territorialkirche – einschließlich der Pflicht zur Zahlung von Kirchensteuern – nicht besteht. Der Bundesfinanzhof hat dazu in einem Urteil vom 18. 1. 1995 Folgendes ausgeführt:

„Zu Unrecht folgert das FG aus der Religionsfreiheit, daß der Eintritt des Kl. in eine Gliedkirche der Ev. Kirche in Deutschland dessen auf den Erwerb der Mitgliedschaft gerichteten Willen voraussetzt. Bestehen deren wesentliche

791 BVerwG, NJW 1979, S. 2323.
792 BVerfGE 30, S. 415 (423).

Merkmale in der konfessionellen und räumlichen Beziehung einer Person zu einer bestimmten Kirche und ist die räumliche Beziehung – wie im Streitfall – unstreitig gegeben, so ist letztlich allein entscheidend, daß der Kl. sich in der Schweiz durch die Taufe zur reformierten Kirche bekannte und daß zwischen der reformierten Kirche in der Schweiz und der Ev. Kirche in Deutschland Bekenntnisidentität besteht. Die Rechtfertigung für die Mitgliedschaft zuziehender ausländischer Bekenntnisverwandter ohne deren „förmliche" Beitrittserklärung ist in den Beziehungen der Kirchen untereinander zu suchen. Dies ist nicht gleichbedeutend mit einer Zwangsmitgliedschaft des Kl. in der Ev. Kirche in Deutschland. Tatsächlich behielt der Kl. sein Bekenntnis trotz seines Zuzuges nach Deutschland bei. Auch nahm er die Möglichkeit nicht wahr, aus der Kirche auszutreten bzw. beim Einwohnermeldeamt in D. zu erklären, daß er trotz seines evangelischen Bekenntnisses nicht Mitglied der Ev. Kirche in Deutschland werden wolle."[793]

In gleicher Richtung hatte sich bereits früher das Bundesverwaltungsgericht in einem Urteil zum Zuzug einer Dänin in das Gebiet der Nordelbischen Kirche geäußert. Auch das Bundesverwaltungsgericht geht – u. a. unter Hinweis auf die **„Leuenberger Konkordie** reformatorischer Kirchen in Europa"[794] – davon aus, dass es keine unzulässige Zwangsmitgliedschaft darstellt und das Grundrecht auf negative Religionsfreiheit nicht verletzt, *„wenn der Kirchenzugehörige durch die Taufe Kirchenmitglied geworden ist und sein Bekenntnis beibehalten hat, wenn zwischen der Kirche, deren Gebiet er verlassen hat, und der Kirche, in deren Gebiet er verzogen ist, Bekenntnisidentität besteht und er ferner jederzeit die Möglichkeit hat, seine Mitgliedschaft zu beenden.*"[795]

Das Bundesverwaltungsgericht folgt damit ausdrücklich nicht der von *Obermayer* vertreten Auffassung, nach der es für eine automatische mitgliedschaftliche Erfassung seitens der Gliedkirche des neuen Wohnsitzes in Deutschland einer normativen Grundlage etwa in Form einer Vereinbarung

793 ZevKR 40 (1995), S. 353 (356/357) m. Anm. *Chr. Mayer.*

794 Die Konkordie vom 16. März 1973 bildet die theologische Grundlage für die Kirchengemeinschaft der inzwischen über 100 lutherischen, reformierten und unierten Kirche in Europa, die ihr beigetreten sind. Diese Kirchen erklären die zwischen ihnen bestehenden Lehrunterschiede als nicht mehr kirchentrennend und gewähren sich untereinander volle Kanzel- und Abendmahlsgemeinschaft, einschließlich der Anerkennung der Ordination ihrer Amtsträger. Die ehemalige Leuenberger Kirchengemeinschaft führt seit dem 1. November 2003 den Namen „Gemeinschaft Evangelischer Kirchen in Europa (GEKE) und organisiert regelmäßige Lehrgespräche. Ihr Sekretariat bestand lange Zeit in der Kirchenkanzlei der EKU in Berlin und wird jetzt in Wien geführt; zur Geschichte und Bedeutung der Konkordie vergl.: *E. Schieffer*, Von Schauenburg nach Leuenberg, Entstehung und Bedeutung der Konkordie reformatorischer Kirchen in Europa, Paderborn 1983 (Konfessionskundliche und kontroverstheologische Studien Bd. XLVIII); *E. Stiller*, Rechtliche Aspekte und Konsequenzen der Leuenberger Konkordie, ZevKR 40 (1995), S. 181 ff.; *F. O. Scharbau*, Leuenberg. Theologische und kirchenrechtliche Folgerungen, ZevKR 40, (1995), S. 321 ff.

795 BVerwG, NVwZ 1991, S. 66 (67).

mit der ausländischen Kirche des bisherigen Wohnsitzes bedarf.[796] In diesem Falle sei der Zugezogene bereits durch das Recht seiner bisherigen Kirche zur Annahme der Mitgliedschaft in der EKD-Gliedkirche verpflichtet worden. Darin liege deshalb keine Zwangseingliederung, weil den Kirchen rechtlich keine territorialen Grenzen gesetzt sind, so dass sie aufgrund ihrer Kirchengewalt mit bindender Wirkung für ihre Mitglieder die Fortsetzung der Mitgliedschaft in einer anderen evangelischen Kirche bestimmen können.[797] Bloße Einigkeit zwischen den Kirchen des bisherigen und des neuen Wohnsitzes darüber, dass beide in den wesentlichen Punkten des Glaubens übereinstimmen, genügt nach dieser Auffassung zur Fortsetzung der Kirchenmitgliedschaft aber nicht. Nach Ansicht des Bundesverwaltungsgerichtes berührt dagegen das Vorliegen oder Fehlen einer derartigen Regelung nur das Verhältnis der Kirchen untereinander, ist aber unter dem Blickwinkel einer unzulässigen Zwangsmitgliedschaft unerheblich.

Eine besondere **Aufklärungspflicht** gegenüber dem Ausländer bezüglich der kirchensteuerrechtlichen Folgen seiner Erklärung besteht nach Auffassung des BFH nicht. Das Bundesverwaltungsgericht hält sie jedenfalls dann für entbehrlich, wenn beide Kirchen eine Kirchensteuer erheben und der Zuziehende daher vom Bestehen der Kirchensteuerpflicht ausgehen muss. Nach Auffassung des OVG Lüneburg besteht eine Aufklärungspflicht dagegen einem Ausländer gegenüber, der die kirchenrechtlichen Konsequenzen der Konfessionsangabe auf den Meldepapieren nicht kennt.

Der Unterschied zwischen beiden Positionen besteht im Wesentlichen in der Frage, ob für den Erwerb der Kirchenmitgliedschaft bei Zuzug aus dem Ausland eine darauf gerichtete Willenserklärung des Betroffenen erforderlich ist, oder ob es zum automatischen Erwerb der Kirchenmitgliedschaft genügt, dass zwischen der abgebenden Kirche im Ausland und der aufnehmenden Kirche im Inland Bekenntnisidentität oder doch zumindest Bekenntnisverwandtschaft besteht. Während die erste Position sich dem Verdacht aussetzt, die Kirchenmitgliedschaft im Sinne vereinsrechtlicher Kategorien umzudeuten, liegt die Schwierigkeit der zweiten in dem notwendigen Bekenntnisvergleich. Dieser stößt auf erhebliche konstruktive und verfassungsrechtliche Probleme, nicht zuletzt im Hinblick auf die Definitionsmacht der staatlichen Gerichte, die diesen Vergleich nicht ohne theologische Bewertungen vornehmen können. Damit aber würden sie in das Selbstbestimmungsrecht der Kirchen nach Art. 140 GG i. V. m. Art. 137 Abs. 3 WRV eingreifen.[798] Auch der Ausweg jedenfalls unter den Kirchen eine mitgliedschaftsrechtliche relevante Bekenntnisverwandtschaft anzunehmen, die die „Leuenberger Konkordie" unterschrieben haben, dürfte nicht gangbar sein. Dieser Erklärung kann eine förmliche Vereinbarung über den Erwerb der Kirchenmitgliedschaft nicht

796 *K. Obermayer,* NVwZ 1985, S. 77 ff.; in diesem Sinne auch: *H. Engelhardt*, NVwZ 1992, S. 239; *Ders.*, ZevKR 41 (1996), S. 142 ff. (156).

797 Vergl.: OVG Lüneburg, Urt. V. 4. 5. 1988, KirchE 26, S. 101 (105).

798 Vergl. dazu ausführlich: *M. Haß*, Der Erwerb der Kirchenmitgliedschaft nach evangelischem und katholischem Kirchenrecht, Berlin 1997.

ersetzen, wie sie § 9 Abs. 2 des Mitgliedschaftsgesetzes der EKD vorsieht.[799] Deshalb spricht viel dafür, der Auffassung zu folgen, nach der die bloße Angabe einer Bekenntniszugehörigkeit beim Zuzug aus dem Ausland gegenüber der staatlichen Meldebehörde nicht zum automatischen Erwerb der Kirchenmitgliedschaft in der deutschen Territorialkirche führt. Etwas anderes könnte im Einzelfall nur dann angenommen werden, wenn der Zuziehende nach entsprechender Aufklärung dabei ausdrücklich zum Ausdruck bringt, Mitglied der am Ort bestehenden Landeskirche werden zu wollen oder jahrelang der Festsetzung der Kirchensteuer im Steuerbescheid nicht widersprochen hat.[800] Das Bundesverfassungsgericht hat zwar in seinem bereits erwähnten Beschluss von 1971 entschieden, dass es nicht gegen die Glaubens- und Bekenntnisfreiheit verstößt, die Kirchenmitgliedschaft von Taufe und Wohnsitz abhängig zu machen, sofern der Kirchenzugehörige jederzeit die Möglichkeit hat, seine Mitgliedschaft zu beenden. Durch die Taufe in einer im konkreten Fall evangelisch-lutherischen Kirchengemeinde sei hinreichend sichergestellt, dass ein Kirchenangehöriger für die Kirchensteuer nicht ohne oder gegen seinen Willen der steuerberechtigten Kirche zugeordnet werde, auch wenn diese Erklärung für den Regelfall der Kindertaufe von den sorgeberechtigten Eltern abgegeben worden ist. Der entscheidende Unterschied zum Zuzug aus dem Ausland liegt aber darin, dass nicht davon ausgegangen werden kann, die Taufe in einer ausländischen Kirche umfasse im Falle eines späteren Umzuges zugleich auch die Zustimmung zur Fortsetzung der Kirchenmitgliedschaft in einer konfessionsverwandten deutschen Kirche, zu der eine Rechtsbeziehung bisher nicht bestanden hat.[801]

Im Ergebnis bleibt festzuhalten, dass sich die Kirchenmitgliedschaft eines nach Deutschland zuziehenden evangelischen Ausländers – anders als bei einem Umzug innerhalb Deutschlands – nicht automatisch in der Kirchengemeinde seines neuen Wohnsitzes fortsetzt. Dazu bedarf es vielmehr einer besonderen Erklärung. Umstritten ist dabei, ob die Regelung in § 9 Abs. 3 des Mitgliedschaftsgesetzes der EKD, nach der dafür die Angaben gegenüber der staatlichen Meldebehörde genügen soll, verfassungskonform ist.

Beim **Wegzug** eines deutschen evangelischen Kirchenmitgliedes ins Ausland geht nach dem Mitgliedschaftsgesetz der EKD die Kirchenmitgliedschaft in Deutschland grundsätzlich verloren.[802] Das Recht der Gliedkirchen kann aber ausnahmsweise bestimmen, *„dass aufgrund ausdrücklicher Erklärung die Rechte und Pflichten aus der Kirchenmitgliedschaft bestehen bleiben, wenn die Lage des Wohnsitzes im Ausland die regelmäßige Teilnahme am Leben der*

799 Vergl. dazu: *M. Haß ebd.*, S. 190 ff.

800 Vergl. dazu für den Fall eines aus dem Ausland Zugezogen, der sich als Ungetaufter jahrelang in der Einkommensteuererklärung als römisch-katholisch bezeichnet und der Festsetzung der Kirchensteuer nicht widersprochen hat: OVG Koblenz, NVwZ 2002, S. 1010 f.

801 Siehe dazu: *H. Engelhardt*, ZevKR 41 (1996), S. 158.

802 § 10 Nr. 1; zu den damit zusammenhängenden Problemen vergl.: *J. Winter*, ZevKR 47 (2002), S. 544 ff.

inländischen Kirchengemeinde zulässt und ökumenische Belange nicht entgegenstehen.“[803] Die Öffnungsklausel soll flexiblere Regelungen im Blick auf die zunehmende Mobilität im zusammenwachsenden Europa ermöglichen. In jedem Fall aber geht bei einem Wegzug ins Ausland die Pflicht zur Zahlung von Kirchensteuern verloren, da diese einen inländischen Wohnsitz voraussetzt.[804]

Literatur:

H. Liermann, Die kirchliche Mitgliedschaft nach geltendem evangelischen Kirchenrecht, ZevKR 4 (1955), S. 382 ff.; *D. Pirson*, Die Mitgliedschaft in den deutschen Evangelischen Landeskirchen als Rechtsverhältnis, ZevKR 13 (1967/68), S. 337 ff.; *W. Aymans,* Die Kanonische Lehre von der Kirchengliedschaft im Lichte des II. Vatikanischen Konzils, ArchKathKR 142 (1973), S. 397 ff.; *P. Meinhold* (Hrsg.), Das Problem der Kirchenmitgliedschaft heute, Darmstadt 1979, Wege der Forschung Bd. 524; *Chr. Lienemann-Perrin* (Hrsg.), Taufe und Kirchenzugehörigkeit, Studien zur Bedeutung der Taufe für Verkündigung, Gestalt und Ordnung der Kirche, München,1983, Forschungen und Berichte der Evangelischen Studiengemeinschaft, Bd. 39; *A. Stein*, Kirchengliedschaft als rechtstheologisches Problem, ZevKR 29 (1984), S. 58 ff.; *K. Obermayer,* Der automatische Erwerb der Kirchenmitgliedschaft nach evangelischem Kirchenrecht, NVwZ 1985, S. 77 ff.; *H. Engelhardt*, Kirchensteuer bei Zuzug aus dem Ausland, NVwZ 1992, S. 239; *Ders.*, Einige Gedanken zur Kirchenmitgliedschaft im kirchlichen und im staatlichen Recht, ZevKR 41 (1996), S. 142 ff.; *A. v. Campenhausen*, Entwicklungstendenzen im kirchlichen Gliedschaftsrecht, ZevKR 41 (1996), S. 133 ff.; *W. Pleister*, Ausgewählte Probleme zur Kirchen(mit)gliedschaft und der daraus folgenden öffentlichrechtlichen Beitragspflicht unter besonderer Berücksichtigung der bayerischen Verhältnisse, in: *M. Kriechbaum* (Hrsg.), Festschrift für *Sten Gagnör* zum 3. März 1996, Ebelsbach 1996, S. 342 ff.; *J. Winter,* Über die Notwendigkeit von Differenzierungen im Mitgliedschaftsrecht der Evangelischen Kirche, in: *Nikolaus Becker, Dietrich Dehnen* (Hrsg.), Dienen – Ordnen – Planen, Festschrift *Erhard Krause*, Neukirchen-Vluyn 1997, S. 59 ff.; *Ders*, Probleme des Territorialprinzips im Mitgliedschaftsrecht der Evangelischen Kirche, KuR 1999, S. 6 (= 550, S. 25 ff.); *Ders.,* Die neuere Entwicklung des Rechts der Kirchenmitgliedschaft bei Umzug ins Ausland, ZevKR 47 (2002), S. 544 ff.; *M. Haß*, Der Erwerb der Kirchenmitgliedschaft nach evangelischem und katholischem Kirchenrecht, Berlin 1997 (Münsterische Beiträge zur Rechtswissenschaft, Bd. 109); *P. Krämer*, Die Zugehörigkeit zur Kirche, in: *J. Listl, H. Schmitz* (Hrsg.), HdbKathKR^2, Regensburg 1999, S. 200 ff.; *F. Hinrichs*, Kirchenmitgliedschaft und Kirchenaustritt, NordÖR 2003, S. 346 ff.; *M. Graulich*, Ist der Kirchenaustritt ein *actus formalis defectionis ab Ecclesia catholica*? – Ein Beitrag zur Diskussion, KuR 2008, S. 1 ff.

803 § 11 Abs. 4.

804 Vergl. z. B. § 3 Abs. 1 des baden-württembergischen Kirchensteuergesetzes.

H. Die Weltanschauungsgemeinschaften (Art. 137 Abs. 7 WRV)

Art. 137 Abs. 7 WRV stellt den Religionsgesellschaften die Vereinigungen gleich, die sich die gemeinsame Pflege einer Weltanschauung zur Aufgabe gemacht haben. Erfasst werden davon solche Vereinigungen, die keinen transzendenten Bezug haben, sondern unter rein irdischen Aspekten auf die letzten Fragen nach Ursprung, Sinn und Ziel der Welt eine Antwort zu geben versuchen.[805] Die Gleichstellung ist *„von prinzipiellem Gewicht, weil sie anerkennt, daß Selbst- und Weltdeutung und entsprechende Sinnstiftung nicht nur in den überkommenen Formen von Religion erfolgen können, daß diese Funktion vielmehr auch dem zukommen kann, was seit dem 19. Jahrhundert, Weltanschauung' genannt zu werden pflegt."*[806] Die Abgrenzung zu einer Religionsgemeinschaft ist im Einzelfall allerdings schwierig. *„Deshalb sprechen gute Gründe für die Auffassung, daß dem Begriff ‚Weltanschauungsgemeinschaft' eine ‚Ergänzungsfunktion' zukommt. Es sollen ohne diskriminierende Unterscheidung alle Gemeinschaften erfaßt werden, ‚deren Grund und Ziel eine sinnstiftende Überzeugung im umfassenden Sinn ist'. Dabei kommt es im Rechtsbereich letztlich nicht auf eine eindeutige Zuordnung zu der einen oder anderen Kategorie an."*[807]

Bei einer Weltanschauungsgemeinschaft muss es sich ebenso wie bei einer Religionsgemeinschaft um einen Zusammenschluss von mindestens zwei oder mehr natürlichen Personen handeln, der vom weltanschaulichen Konsens seiner Mitglieder getragen wird, und der auf eine umfassende Bezeugung dieses Konsenses abzielt. Auf die Existenz eines systematischen Lehrgebäudes, das wissenschaftlichen Ansprüchen genügt, kommt es dabei nicht an. Allerdings reicht die Vermittlung und Ausübung einer geistigen Technik ohne bestimmte gedankliche Inhalte oder die Gewährung bloßer Lebenshilfe nicht aus.[808]

Strittig ist, ob diese Gleichstellung zu einem einheitlichen Begriff der Religions- und Weltanschauungsgemeinschaft führt, der jede Differenzierung zwischen beiden verbietet.[809] Dazu ist zunächst festzustellen, dass Art. 137 Abs. 7 WRV nach seinem Wortlaut *„sich nur auf die in Art. 137 bezeichneten Rechte und Vorteile, insbesondere auf den Erwerb der Rechtsfähigkeit(Abs. 4) und der Eigenschaft als Körperschaft des öffentlichen Rechts (Abs. 5 Satz 2), sowie auf das Besteuerungsrecht (Abs. 6)"*[810] bezieht. *„Vollständige Gleichstellung ist nicht beabsichtigt."*[811]

---

805 Vergl.: *A. v. Campenhausen*, Art. 140, in: *v. Mangoldt-Klein-v.Campenhausen*, Das Bonner Grundgesetz[3], Rd.Nr 216; zum Begriff der Weltanschauung vergl. eingehend: *Chr. Mertesdorf*, Weltanschauungsgemeinschaften, S. 89 ff.

806 *A. Hollerbach*, Grundlagen, § 137, RdNr. 137.

807 *Hollerbach*, ebd., RdNr. 139.

808 BVerwGE 32, S. 76 (78).

809 So: *K. Obermayer*, DVBl 1981, S. 615 ff.

810 *G. Anschütz*, Die Verfassung des Deutschen Reiches[14] Berlin 1933 (unveränderter Nachdruck, Darmstadt 1960), S. 648.

811 *Anschütz*, ebd.

Das Bundesverwaltungsgericht hat zu dieser Frage – gegen den Widerspruch in der Literatur[812] – in Bezug auf das „Geistlichenprivileg" im Wehrrecht ausgeführt:

„Daß die Grenzen zwischen Religion und Weltanschauung fließend geworden sind, mag die Abgrenzung erschweren. Das genügt aber nicht, auf sie gänzlich zu verzichten, wenn und solange eine gesetzliche Vorschrift erkennbar auf sie abstellt .... § 11 Abs. 1 Nr. 3 WPflG ist aus sich heraus nach Wortlaut und Zweck dahin auszulegen, daß die Vorschrift an die Unterscheidung zwischen Religionsgemeinschaften und Weltanschauungsgemeinschaften und an traditionelle Auffassungen von Religion anknüpft und nur Bekenntnisse religiösen Charakters im Auge hat, die also den Menschen nicht lediglich aus innerweltlichen („immanenten") Bezügen begreifen, sondern von einer den Menschen überschreitenden und umgreifenden (‚transzendenten') Wirklichkeit ausgehen."[813]

Zu beachten ist in diesem Zusammenhang, dass – im Gegensatz zu Art. 135 WRV, der nicht in das Grundgesetz übernommen worden ist, – Art. 4 Abs. 1 GG das religiöse und weltanschauliche Bekenntnis gleichermaßen benennt. Das hat zur Folge, dass jedenfalls im Anwendungsbereich von Artikel 4 eine Differenzierung zwischen beiden nicht mehr möglich ist.

Literatur:

K. Obermayer, Das Verhältnis von Religionsgemeinschaften und Weltanschauungsgemeinschaften nach dem Grundgesetz, DVBl 1981, S. 615 ff.; *A. Hollerbach*, Grundlagen des Staatskirchenrechts, in: *J. Isensee, P. Kirchhof* (Hrsg.), Handbuch des Staatsrechts, Bd. VI Freiheitsrechte², Heidelberg 2001, S. 544 ff.; *Chr. Mertesdorf*, Weltanschauungsgemeinschaften, Eine verfassungsrechtliche Betrachtung mit Darstellung einzelner Gemeinschaften, Frankfurt a.M. 2008, Schriften zum Staatskirchenrecht, Bd. 39.

812 Vergl.: *K. Obermayer*, DVBl 1981, S. 615 ff.
813 BVerwGE 19, S. 152 (156).

VI. Das Vermögen der Religionsgemeinschaften (Artikel 138 WRV)

A. Die Staatsleistungen nach Art. 138 Abs. 1 WRV

Nach Art. 140 GG i. V. m. Art. 138 Abs. 1 WRV sind die auf Gesetz, Vertrag oder besonderen Rechtstiteln beruhenden Staatsleistungen an die Religionsgesellschaften durch die Landesgesetzgebung abzulösen. Die Grundsätze dafür stellt das Reich bzw. heute der Bund auf. Dieser Verfassungsauftrag bezieht sich zunächst nur auf die im Jahre 1919 bestehenden historisch entstandenen finanziellen Verpflichtungen des Staates gegenüber den Kirchen. Hintergrund dafür ist der Prozess der **Säkularisation**, der mit der Reformation einsetzt und bis zum Reichsdeputationshauptschluss von 1803 zu einer umfassenden Enteignung kirchlichen Vermögens geführt hat. Im Gegenzug dafür hat der Staat die Verpflichtung übernommen, die wirtschaftliche Existenz der Kirchen durch entsprechende Staatsleistungen sicher zu stellen. Staatsleistungen in diesem Sinne sind also die Leistungen, die als Kompensation für die Vermögensverluste aus der Säkularisation gewährt werden. Es wäre deshalb verfehlt, sie unter dem Gesichtspunkt von Subventionen zu diskutieren, wie sie der Staat vor allem zur Förderung von Wirtschaft und Kultur in vielfacher Weise gewährt.[814] Auch Entgelte für Leistungen, wie sie von den Kirchen vor allem im sozialen Bereich erbracht werden, sowie Ersatzleistungen für Personalkosten, die den Religionsgemeinschaften im Zusammenhang mit der Erteilung von Religionsunterricht an öffentlichen Schulen entstehen, gehören nicht dazu. Die Staatsleistungen an die Kirchen werden im Wesentlichen in Form von **Dotationen** gewährt, das sind zweckgebundene Zuschüsse zu den kirchlichen Personalkosten und für den allgemeinen Bedarf der kirchlichen Verwaltung. Hinzu kommen vor allem **Baulastverpflichtungen** des Staates in Bezug auf den Unterhalt bestimmter kirchlicher Gebäude.[815] Unter den Begriff der Staatsleistungen fallen auch die gesetzlichen Steuer- und Gebührenbefreiungen, die als **„negative Staatsleistungen“** bezeichnet werden.[816] Nach heutigem Verständnis fallen unter Art. 138 Abs. 1 WRV auch die Leistungen kommunaler Gebietskörperschaften, die ursprünglich nicht als „Staats“-Leistung angesehen wurden.[817]

---

814 Zur Abgrenzung der Staatsleistungen von den Subventionen vergl.: *J. Isensee*, HdbStKirchR² Bd. 1, S. 1020.

815 Vergl. dazu *Th. Lindner*, Baulasten an kirchlichen Gebäuden, staatliche und kommunale Leistungspflichten, Tübingen 1995.

816 Nach Auffassung des BVerfG gilt das allerdings nur für die Steuerbefreiungen, während die Gebührenbefreiungen unter dem allgemeinen Gesichtspunkt der Gemeinnützigkeit zwar verfassungsrechtlich zulässig sind, jedoch keine Staatsleistungen im Sinne des Artikel 138 WRV darstellen. Vergl.: BVerfGE 19, S. 1 ff. (16).

817 Dazu: *J. Isensee*, HdbStKirchR² Bd. 1, S. 1031 ff.

Die von der Weimarer Reichsverfassung vorgesehene Ablösung der Staatsleistungen sollte auf dem Hintergrund des Grundsatzes der Trennung von Staat und Kirche in Art. 137 Abs. 1 WRV einen Beitrag zur Entflechtung der finanziellen Beziehungen von Staat und Kirche leisten, ohne die Kirchen wirtschaftlich zu ruinieren. Zu dieser Ablösung ist es aber bisher nicht gekommen. Der Grund dafür liegt zum einen darin, dass weder das Deutsche Reich noch die Bundesrepublik Deutschland die dafür nach Art. 138 Abs. 1, Satz 2 WRV erforderlichen **„Grundsätze“** aufgestellt haben und dürfte zum anderen darin zu suchen sein, dass der Aufwand für eine Einmalzahlung von den Ländern finanziell nicht zu verkraften wäre.[818] Staat und Kirche haben sich inzwischen aber vielfach auf Regelungen zur Pauschalierung der Staatsleistungen geeinigt.[819] Solche einvernehmlichen Neuregelungen, die vor allem zur Vereinfachung der Berechnungsgrundlagen dienen, sind durch die fehlenden Grundsätze des Bundes nicht ausgeschlossen.[820] Sie tragen vor allem dazu bei, die seit langem überfällige *„Entrümpelung der historischen Verbindlichkeiten“*[821] voranzubringen, die heute als Legitimationsgrundlage vielfach nicht mehr verstanden und akzeptiert werden.[822] Auch die Vereinbarung neuer historisch nicht abgesicherter Leistungen ist durch Art. 138 Abs. 1 WRV nicht ausgeschlossen, da nicht anzunehmen ist, dass diese Norm ein generelles Verbot staatlicher Förderung von Religionsgemeinschaften im Rahmen seines Kultur- und Sozialauftrages aussprechen wollte.[823] Solche neuen Staatsleistungen hat z. B. das Land Nordrhein-Westfalen in dem Vertrag vom 1. Dezember 1992 mit den Jüdischen Landesverbänden vereinbart.[824]

B. Die Vermögensgarantie nach Art. 138 Abs. 2 WRV

Art. 140 GG i. V. m. Art. 138 Abs. 2 WRV gewährleistet *„das Eigentum und andere Rechte der Religionsgemeinschaften und religiösen Vereine an ihren für Kultus-, Unterrichts- und Wohltätigkeitszwecke bestimmten Anstalten, Stiftungen und sonstigen Vermögen“*. Geschützt ist damit das gesamte bewegliche und unbewegliche Vermögen der Religionsgemeinschaften, das unmittelbar oder mittelbar den genannten Zwecken dient. Dazu gehören auch vermögenswerte Ansprüche gegenüber Dritten, z. B. das Recht, ein in fremdem Eigentum stehendes Kirchengebäude für gottesdienstliche Zwecke zu nut-

818 Vergl. dazu: *W. Clement*, in: Essener Gespräche Bd. 28, S. 47.
819 Vergl. z. B. die Art. 12 bis 15 des Vertrages zwischen dem Land Mecklenburg-Vorpommern und der Evangelisch-Lutherischen Landeskirche Mecklenburgs und der Pommerschen Kirche vom 20. Januar 1994 („Güstrower Vertrag“).
820 Vergl.: *A. v. Campenhausen*, Art. 140, in: *v. Mangoldt-Klein-v. Campenhausen*, Das Bonner Grundgesetz [3], Art. 138 WRV, RdNr. 9.
821 *A. v. Campenhausen*, ebd. RdNr. 19.
822 Zu den Legitimationsproblemen siehe: *J. Isensee*, HdbStKirchR[2] Bd. 1, S. 1009 ff.
823 Vergl.: *J. Isensee*, ebd. S. 1057 ff.; *B. Jeand'Heur, S. Korioth*, Grundzüge, RdNr. 347.
824 Vergl.: *W. Clement*, in: Essener Gespräche Bd. 28, Münster 1994, S. 47.

zen.[825] Zu denken ist hier nicht zuletzt auch an die vielfältigen Baulastverpflichtungen des Staates und der Kommunen. Auf die Rechtsform der Religionsgemeinschaften kommt es dabei nicht an. Der Sache nach enthält Art. 138 Abs. 2 WRV ein verfassungsrechtliches **Säkularisationsverbot**, das das religiösen Zwecken gewidmete Vermögen vor jeder Beeinträchtigung der freien Verfügungsmacht der berechtigten Religionsgemeinschaft und vor enteignenden Zugriffen schützt. In seinem Urteil zu dem jahrelang geführten Rechtsstreit zwischen konkurrierenden griechisch-orthodoxen Gemeinden über das Recht zur Nutzung der St. Salvator Kirche in München hat das Bundesverwaltungsgericht ausgeführt:

„Die Kirchengutsgarantie verbietet Eingriffe des Staates, die gerade und speziell das Kirchengut treffen, also Säkularisationen oder säkularisationsähnliche Akte. Ferner ergänzt sie, auch unabhängig von diesem Verbot, die den Kirchen und sonstigen Religionsgemeinschaften in Art. 137 III WRV gewährleistete freie Ordnung und Verwaltung ihrer eigenen Angelegenheiten nach der Seite ihres materiellen Substrats hin. Die Autonomie der Religionsgemeinschaften und ihr freies Wirken müßten Schaden nehmen, wenn ihnen nicht zugleich auch die Erhaltung ihrer materiellen Güter und Mittel gewährleistet wäre, die sie zur Erfüllung ihres religiösen Auftrags benötigen. Art. 138 II WRV will mithin die besondere Funktion des Kirchenguts gegenüber Zugriffen des Staates schützen. Gegenstand des Schutzes ist der Bestand des Vermögens der Religionsgesellschaften und dessen widmungsgemäße Funktion bei der Erfüllung der von ihnen eigenständig gesetzten Aufgaben. Vor allem dieser funktionelle Schutzzweck hebt die Gewährleistung des Art. 138 II WRV über die allgemeine Eigentumsgarantie des Art. 14 GG hinaus und vermittelt ihr im Vergleich zu jener Garantie einen eigenständigen Schutzbereich.“[826]

Im gleichen Fall hat auch das Bundesverfassungsgericht festgestellt, die Garantie des Vermögens der Religionsgemeinschaften diene dazu, *„den durch Art. 4 Abs. 1 und 2 GG und Art. 137 WRV zugesagten Schutz der Stellung und der Freiheit der Kirchen in ihren sächlichen Grundlagen zu gewährleisten.“*[827] Sie schütze alle Religionsgemeinschaften unabhängig von ihrer Rechtsform und erstrecke sich auf ihr zu religiösen Zwecken bestimmtes Vermögen.[828]

Der Schutzbereich des Art. 140 GG i. V. m. Art. 138 Abs. 2 WRV geht über die Eigentumsgarantie des Artikel 14 GG hinaus, der die Möglichkeit einer Enteignung in seinem Abs. 3 vorsieht. Ausnahmslos gilt das freilich nur für die sogenannten **„res sacrae“**, zu denen insbesondere die Kirchengebäude und

825 Vergl. dazu: BVerfGE 99, S. 100 ff. (120 f.).
826 BVerwG, ZevKR 36 (1991), S. 56 ff (60).
827 BVerfGE 99, S. 100.
828 BVerfG ebd.

ihre Ausstattung gehören.[829] Bei dem übrigen kirchlichen Vermögen ist der Schutz „nachgiebiger", d.h. er wird in dem Maße schwächer, in dem die Nähe zur spezifisch kirchlichen Funktion abnimmt.[830] Zu denken ist hier z.B. an kirchliche Verwaltungsgebäude, die ohne Schaden für den religiösen Auftrag der Kirche *„durch andere Gebäude von entsprechender Größe, Zweckmäßigkeit und Güte"* ersetzt werden können.[831]

Mit der staatskirchenrechtlichen Garantie des kirchlichen Vermögens korrespondiert auf der kirchenrechtlichen Seite die Selbstverpflichtung, das gesamte kirchliche Vermögen der Verkündigung des Wortes Gottes und ihrer Diakonie zu widmen. Es darf deshalb *„nur zur rechten Ausübung des Auftrags der Kirche verwendet werden."*[832]

Literatur:

E.-R. Huber, Die Garantie der kirchlichen Vermögensrechte in der Weimarer Verfassung: zwei Abhandlungen zum Problem der Auseinandersetzung von Staat und Kirche, Tübingen 1927; *W. Weber,* Die Ablösung der Staatsleistungen an die Religionsgesellschaften, Stuttgart 1948; *J. Heckel*, Kirchengut und Staatsgewalt. Ein Beitrag zur Geschichte und Ordnung des heutigen Staatskirchenrechts, in: Rechtsprobleme in Staat und Kirche, Festgabe *Rudolf Smend*, 1952, S. 103 ff., wieder abgedruckt in: *Ders.* Das blinde undeutliche Wort „Kirche", Gesammelte Aufsätze, hrsg. von *S. Grundmann*, Köln, Graz 1964, S. 328 ff.; *H.-J. Brauns*, Staatsleistungen an die Kirchen und ihre Ablösung: Inhalt, Grenzen, Aktualität, Berlin 1970; *K.-H. Kästner*, Die Verfassungsgarantie des kirchlichen Vermögens, HdbStKirchR² Bd. 1, Berlin 1994, S. 891 ff.; *J. Isensee*, Staatsleistungen an die Kirchen und Religionsgemeinschaften, HdbStKirchR² Bd. 1, Berlin 1994, S. 1009 ff.; *W. Clement*, Die politische Praxis staatlicher Kirchenförderung, in: *J. Krautscheidt, H. Marré*, Essener Gespräche zum Thema Staat und Kirche, Bd. 28, Münster 1994, S. 47 ff.; *R. Mainusch*, Die öffentlichen Sachen der Religions- und Weltanschauungsgemeinschaften, Tübingen 1995, Jus ecclesiasticum Bd. 54; *Th. Lindner*, Baulasten an kirchlichen Gebäuden, staatliche und kommunale Leistungspflichten, Tübingen 1995, Jus Ecclesiasticum Bd. 52; *Ders.,* Verfassungsrechtliche Aspekte kommunaler Kirchenbaulasten, in: *H. de Wall, M. Germann*, Bürgerliche Freiheit und Christliche Verantwortung, Festschrift *Christoph Link*, Tübingen 2003, S. 317 ff.; *M. Droege*, Staatsleistungen an Religionsgemeinschaften im säkularen Kultur- und Sozialstaat, Berlin 2004, Schriften zum öffentlichen Recht, Bd. 945; *G. Czermak*, Die Ablösung der historischen Staatsleistungen an die Kirchen, DÖV 2004, S. 110 ff.; *P. Axer*, Der verfassungsrechtliche Schutz der res sacrae durch die Kirchengutsgarantie (Art. 140 GG i. V. m. Art. 138 WRV), in: *W. Rees* (Hrsg.) Recht in Kirche und Staat, Festschrift *Joseph Listl*, Berlin 2004, S. 553 ff.; *F. Tappen*, Kirchliche Vermögensverwaltung am Beispiel des ethischen Investments, Frankfurt a.M. 2005, Schriften zum Staatskirchenrecht Bd. 29; *A. v. Campenhausen, H. de Wall*, Staatskirchenrecht⁴, München 2006, S. 269 ff./S. 281 ff.

829 Zu den res sacrae vergl. im Einzelnen: *R. Mainusch*, Die öffentlichen Sachen der Religions- und Weltanschauungsgemeinschaften, Tübingen 1995; *P. Axer*, in: *W. Rees* (Hrsg.), Recht in Kirche und Staat, Festschrift *Joseph Listl*, Berlin 2004, S. 553 ff.

830 So: *A. v. Campenhausen, H. de Wall,* Staatskirchenrecht⁴, S. 274.

831 *v. Campenhausen, de Wall*, ebd.

832 So Art. 101 Abs. 2 der Grundordnung der Evangelischen Landeskirche in Baden; vergl. dazu: *F. Tappen*, Kirchliche Vermögensverwaltung, Frankfurt a.M. 2005.

VII. Der Schutz von Sonn- und Feiertagen (Artikel 139 WRV)

Nicht erst seit den Auseinandersetzungen über die Abschaffung des Buß- und Bettag als gesetzlich geschützten Feiertag zugunsten der Pflegeversicherung und die Erosion des Ladenschlussrechtes vor allem in den neuen Bundesländern[833] ist der Schutz von Sonn- und Feiertagen Gegenstand harter Konflikte. Bereits 1988 haben die Deutsche Bischofskonferenz und der Rat der EKD in ihrer gemeinsamen Erklärung *„Unsere Verantwortung für den Sonntag"*[834] auf die technischen, wirtschaftlichen und sozialen Entwicklungen in unserer Gesellschaft hingewiesen, die den Schutz des Sonntages und der kirchlichen Feiertage gefährden.

Verfassungsrechtliche Grundlage für den Schutz von Sonn- und Feiertagen ist Art. 140 GG i. V. m. Art. 139 WRV. Diese Bestimmung lautet:

„Der Sonntag und die staatlich anerkannten Feiertage bleiben als Tage der Arbeitsruhe und der seelischen Erhebung geschützt."

Es handelt sich dabei um einen Verfassungskompromiss, der in gelungener Weise das sozialpolitische und sozialethische Anliegen einer regelmäßigen allgemeinen Arbeitsruhe verbindet mit der – freilich ins Säkulare gewandelten – Forderung zum Schutz der religiösen Bedürfnisse des Menschen. Beide Aspekte sind nicht nur miteinander vereinbar, sie gehören vielmehr zusammen. Sie sind so sehr ineinander verschränkt, dass sie sich *„gegenseitig tragen und als Kernstück der verfassungsstaatlichen Identität des GG selbst gelten können"*.[835] Die **„Arbeitsruhe"** stellt dabei gleichsam die negative Seite dar, weil sie auf das grundsätzliche Verbot werktäglicher Geschäftigkeit abzielt, während die **„seelische Erhebung"** der positiven Ausfüllung durch den einzelnen Menschen bedarf. Während die Arbeitsruhe vom Gesetzgeber vorgeschrieben und erzwungen werden kann, ist die „seelische Erhebung" nicht mehr als die Gewährung eines Freiraumes und ein Angebot. Zwischen beiden besteht aber ein notwendiger innerer Zusammenhang, weil die „seelische Erhebung" das Fehlen werktäglicher Arbeit voraussetzt. Das OVG Rheinland-Pfalz[836] hat dazu im Jahre 1992 in einem Urteil zum Verbot von Veranstaltungen zur beruflichen Aus- und Fortbildung im Friseurgewerbe Folgendes ausgeführt:

---

833 Vergl. dazu: *J. Rozek*, NJW 1999, S. 2921 ff.

834 EKD-Texte 22.

835 *P. Häberle*, Der Sonntag, S. 72.

836 Eine Übersicht über die Rechtsprechung über das feiertagsrechtliche Arbeitsverbot findet sich bei *K.-U. Martens*, Feiertagsrechtliches Arbeitsverbot und Wirtschaftswerbung, Bergisch –Gladbach, Köln 1995, S. 141 ff. (Steuern, Wirtschaft und Recht, Bd. 128).

„Sonn- und Feiertage sind also ihrer eigentlichen Zweckbestimmung nach ‚Nichtwerktage und empfangen gerade aus dieser Eigenschaft ihre besondere ethisch-kulturelle Prägung'. Sie sollen zu einer im öffentlichen Leben spürbaren Unterbrechung des werktäglichen Arbeits- und Erwerbsprozesses, zu einer Atmosphäre der äußeren und inneren Ruhe, frei von Arbeit und Geschäftigkeit führen. Mithin haben alle Tätigkeiten zu unterbleiben, die ihrem äußeren Erscheinungsbild nach üblicherweise an Werktagen stattfinden und dem täglichen Gelderwerb zuzurechnen sind. Denn diese nehmen den Sonn- und Feiertagen den Charakter des Besonderen, nämlich ‚Nichtwerktage' zu sein, durch die die Menschen aus dem werktäglichen Berufsstreß und der allgemeinen Hektik und dem Konkurrenzdruck des Erwerbs- und Arbeitslebens herausgelöst werden. Dieser tiefere Sinn der Sonn- und Feiertagsruhe kann nur erreicht werden, wenn sich nicht nur der einzelne für sich genommen von seiner Werktätigkeit distanziert, sondern wenn an diesen Tagen das Erwerbs- und Geschäftsleben allgemein ruht. Denn jede Art werktäglichen Tätigseins, das sich in der Öffentlichkeit abspielt, kann den äußeren Eindruck zerstören, die Arbeit ruhe allgemein, und birgt die Gefahr, daß die Bereitschaft anderer sinkt, dem Bedürfnis nach sonntäglicher Ruhe zu entsprechen (…) Es soll insgesamt gewährleistet sein, daß jeder Bürger ungestört von äußeren Einflüssen und frei von inneren Skrupeln seinen Freizeitbedürfnissen nachgehen kann, wobei, wie schon ausgeführt, in diesem Zusammenhang gerade das Gefühl des Einzelnen und das kollektive Bewußtsein der gesamten Bevölkerung, daß es sich um einen für alle verbindlichen Ruhetag handelt, von Bedeutung sind (…). Erst dieses Wissen stellt den Einzelnen wirklich von den Zwängen des Werktages frei und versetzt ihn in die Lage, in Ruhe und Muße entsprechend seinen persönlichen Neigungen an kirchlichen, kulturellen oder gesellschaftlichen Veranstaltungen teilzunehmen oder seinen sonstigen Freizeitinteressen nachzugehen."[837]

Nun gilt freilich das Gebot der Arbeitsruhe nicht ausnahmslos. Zu den möglichen Ausnahmen hat das Bundesverwaltungsgericht im Jahre 1992 in einem Urteil über die Zulässigkeit des Betriebs eines Bräunungsstudios das Folgende ausgeführt:

„Art. 139 WRV i. V. mit Art. 140 GG laufen naturgemäß solche Beschäftigungen nicht zuwider, die die Zweckbestimmung der Sonn- und Feiertage verwirklichen. Das Freihalten dieser Tage von werktäglicher Geschäftigkeit soll jedem einzelnen grundsätzlich die Gestaltung dieser Tage nach seinen Vorstellungen und Bedürfnissen ermöglichen. Dementsprechend widerstreitet die Befriedigung ‚sonntäglicher Bedürfnisse' nicht der Zweckbestimmung dieser Tage. Darüber hinaus ist eine an sich werktägliche Geschäftigkeit, einschließlich gewerblicher Tätigkeiten, zulässig, sofern sie als ‚Arbeit für den Sonntag' gerade der Befriedigung sonn- und feiertäglicher Bedürfnisse dient oder – … – zur Wahrung von dem Sonn- und Feiertagsschutz gleichwertigen Rechtsgütern

837 DVBl. 1993, S. 44.

in Wahrnehmung gesetzgeberischer Regelungsmacht durch Gesetz oder aufgrund eines Gesetzes besonders zugelassen ist (...)."[838]

Es gibt also zwei Arten zulässiger Ausnahmen vom allgemeinen Gebot der Arbeitsruhe an Sonn- und Feiertagen. Ausgenommen sind solche Arbeiten, die in keinem inneren Zusammenhang mit dem Zweck des Sonn- und Feiertages stehen, aber zur Wahrung gleichwertiger Rechtsgüter notwendig sind **(„Arbeit trotz Sonntag")**. Ein klassisches Beispiel dafür ist der Betrieb von Hochöfen in der Stahlindustrie, der aus technischen Gründen nicht unterbrochen werden kann. Zu denken ist hier auch an Krankenhäuser, die auch an Sonn- und Feiertagen die Versorgung und Betreuung ihrer Patienten sicherstellen müssen. Die andere Ausnahme betrifft solche Arbeiten, die der „Arbeitsruhe" und der „seelischen Erhebung" tendenziell dienen und auf diese Weise dazu beitragen, dass der Zweck dieser besonderen Tage erst erreicht werden kann **(„Arbeit für den Sonntag")**. Diese Ausnahmen betreffen vor allem das Dienstleistungsgewerbe, z. B. im Verkehrswesen, in Gaststätten und im Bereich kultureller Angebote. Nicht zuletzt gehört hierher der Sonntagsdienst kirchlicher Amtsträger im Gottesdienst und bei Gemeindeveranstaltungen, sofern man diesen als „Arbeit" ansehen kann und will. Auf diesem Hintergrund wird verständlich, dass die Gesetze zum Schutz der Sonn- und Feiertage der einzelnen Bundesländer einen stark differenzierten Katalog von Verbots- und Ausnahmebestimmungen enthalten.

Zum Beispiel sind nach § 6 des baden-württembergischen Gesetzes über die Sonn- und Feiertage an Sonntagen und gesetzlichen Feiertagen alle öffentlich bemerkbaren Arbeiten verboten, die geeignet sind, die Ruhe des Tages zu beeinträchtigen, soweit in gesetzlichen Vorschriften nichts anderes bestimmt ist. Auch bei den zulässigen Arbeiten ist allerdings auf das besondere Wesen des Tages Rücksicht zu nehmen. Nach § 7 dieses Gesetzes sind an Sonn- und gesetzlichen Feiertagen in der Nähe von Kirchen und anderen dem Gottesdienst dienenden Gebäuden alle Handlungen zu vermeiden, die geeignet sind, den Gottesdienst zu stören. Während der Zeit des Hauptgottesdienstes, die von der Ortspolizeibehörde nach Anhörung der Pfarrämter bekannt gemacht wird, sind verboten:

1. Öffentliche Versammlungen unter freiem Himmel, Aufzüge und Umzüge, soweit sie geeignet sind, den Gottesdienst unmittelbar zu stören;
2. alle der Unterhaltung dienenden öffentlichen Veranstaltungen;
3. öffentliche Veranstaltungen und Vergnügungen, zu denen öffentlich eingeladen oder für die Eintrittsgeld erhoben wird.

Soweit Messen und Märkte an Sonntagen oder gesetzlichen Feiertagen zugelassen sind, dürfen sie erst nach 11:00 Uhr beginnen. Einen noch darüber hinausgehenden Schutz genießen die „stillen Feiertage" Karfreitag und der Sonntag vor dem 1. Advent als Totengedenktag.[839] Besondere Bestimmun-

838 DVBl 1993, S. 41.

839 Zur Zulässigkeit der Beschränkung öffentlicher Veranstaltungen an stillen Feiertagen (Musical "Starlight Express") vergl.: BVerwG, NJW 1994, S. 1975.

gen – wie z. B. hinsichtlich der Zulässigkeit öffentlicher Tanzveranstaltungen – gelten auch für den Gründonnerstag, Karsamstag, Ostersonntag, Pfingstsonntag, Fronleichnam, Allerheiligen, Volkstrauertag, den 1. Weihnachtsfeiertag sowie nach wie vor für den Allgemeinen Buß- und Bettag. In besonderen Ausnahmefällen können die Ortspolizeibehörden bzw. die Kreispolizeibehörden von den Verbotsvorschriften befreien. Das Innenministerium kann aus wichtigem Grund von der allgemeinen Sonn- und Feiertagsruhe Ausnahmen zulassen. Vor der Erteilung einer Ausnahmebewilligung sind die zuständigen kirchlichen Stellen zu hören, sofern es sich nicht um den 1. Mai oder den 3. Oktober handelt.

Auch einzelne Bundesgesetze – wie z. B. das Arbeitszeitgesetz[840] und die Gewerbeordnung[841] – enthalten Bestimmungen zur Regelung der Arbeitsruhe an Sonn- und Feiertagen. So regeln die §§ 9-13 des Arbeitszeitgesetzes bundeseinheitlich die Sonn- und Feiertagsruhe der Arbeitnehmer. Bei den nach § 69 der Gewerbeordnung notwendigen behördlichen Festsetzungen zur Durchführung von Messen und Märkten ist auf das Feiertagsrecht der Länder Rücksicht zu nehmen. Ein Antrag auf Festsetzung einer Messe oder eines Marktes an Sonn- und Feiertagen ist daher abzulehnen, wenn er gegen das Feiertagsrecht des Landes verstößt.

Nach herrschender Auffassung enthält Art. 140 GG i. V. m. Art. 139 WRV eine objektive Institutsgarantie, aus der sich keine konkreten subjektiven Abwehransprüche gegen Beeinträchtigungen des Sonn- und Feiertagsschutzes ableiten lassen.[842] Allerdings ist im Zusammenhang mit der sogenannten „Bäder- und Fremdenverkehrsregelung 1999-2003" des Landes Mecklenburg-Vorpommern den betroffenen Arbeitnehmern – in Unterschied zu den Geschäftsinhabern – gegen die Erweiterung der Ladenöffnungszeiten an Sonntagen eine Klagebefugnis nach § 42 Abs. 2 VwGO zuerkannt worden. Interessanterweise hat das OVG Mecklenburg-Vorpommern[843] eine solche auch einer katholischen und einer evangelischen Kirchengemeinde eingeräumt und sich dabei auf die zwischen dem Land und den Kirchen geschlossenen Staatskirchenverträge bezogen, die einen ausdrücklichen Schutz der *„Sonntage und der kirchlichen Feiertage"* enthalten.[844] Nach Auffassung des Gerichts ist damit eine subjektive Berechtigung der Kirchen begründet worden, die den bestehenden verfassungsrechtlichen Schutzbereich erweitert. Angesichts der Tatsache, dass einzelne Bundesländer offensichtlich nicht

840 Vergl. dazu: *R. Richardi, G. Annuß*, Sonn- und Feiertagsarbeit unter der Geltung des Arbeitszeitgesetzes, Baden-Baden 1999.

841 Vergl. dazu: *P. J. Tettinger*, Der Schutz der Sonn- und Feiertagsruhe im Gewerberecht, KuR 1999, S. 91 ff. (= 160, 7 ff.).

842 Vergl.: *K.-H. Kästner*, HdbStKirchR ^{2} Bd. 2, S. 340 f.

843 NVwZ 2000, S. 948; vergl dazu die Kommentierungen von *H. de Wall*, ZevKR 45 (2000), S. 626 ff und *Ders.*, NVwZ 2000, S. 857 ff.; *M. Heinig, M. Morlock*, KuR 2001, S. 25 ff (= 160, S. 13 ff.); *Dies.,* NVwZ 2001 S. 846 ff.

844 Vergl.: Artikel 23 des Vertrages zwischen dem Land Mecklenburg-Vorpommern und der Evangelisch-Lutherischen Landeskirche Mecklenburgs und der Pommerschen Landeskirche vom 20. Januar 1994 („Güstrower Vertrag").

mehr bereit sind, ihrer verfassungsrechtlichen Verpflichtung in ausreichender Weise nachzukommen, ist diese neuere Tendenz zur Begründung subjektiver Abwehransprüche zu begrüßen, die die Möglichkeiten schafft, den Schutz der Sonn- und Feiertage auch rechtlich durchzusetzen.

Die gesetzlichen Regelungen können nicht darüber hinwegtäuschen, dass auch die Sonn- und Feiertage einem kulturellen Wandel unterliegen. Von einer religiös bestimmten „Sonntagskultur" kann weithin nicht mehr gesprochen werden. Die gesellschaftlichen und wirtschaftlichen Entwicklungen haben sich auf das Verständnis und die praktische Gestaltung der Sonn- und Feiertage durch die Bevölkerung nachhaltig ausgewirkt. Im Vordergrund stehen in der Regel individuelle Freizeitinteressen, wie z. B. sportliche Betätigungen und Veranstaltungen, die zum sonntäglichen Kirchgang in unmittelbare Konkurrenz treten. Hinzu kommen tatsächliche oder vermeintliche wirtschaftliche Notwendigkeiten und Zwänge, die etwa aus Gründen der internationalen Konkurrenzfähigkeit der deutschen Wirtschaft den Druck verstärken, die allgemeine Arbeitsruhe an den Sonn- und Feiertagen zu lockern. Auch der Handel hat verständlicherweise ein Interesse daran, an diesen Tagen Kunden zu bedienen, weil er sich davon eine Steigerung der Umsätze verspricht. Er trifft sich dabei mit der Interessenlage vieler Konsumenten, die das „Shopping" als sonntägliches Freizeitvergnügen genießen wollen.

Als symptomatisch für diese Situation kann die Verfassungsbeschwerde der Kaufhof AG angesehen werden, mit der diese sich gegen die Verurteilung zur Unterlassung der Öffnung ihres Kaufhauses am Berliner Alexanderplatz an Samstagen nach 16 Uhr und an Sonntagen gewandt hat. Das Bundesverfassungsgericht hat in seiner Entscheidung darüber Folgendes ausgeführt:

„Der Schutz des Art. 140 GG in Verbindung mit Art. 139 WRV ist nicht auf einen religiösen und weltanschaulichen Sinngehalt der Sonn- und Feiertage beschränkt. Umfasst ist zwar die Möglichkeit der Religionsausübung an Sonn- und Feiertagen. Die Regelung zielt aber in der säkularisierten Gesellschafts- und Staatsordnung aber auch auf die Verfolgung profaner Ziele wie die der persönlichen Ruhe, Besinnung, Erholung und Zerstreuung. An den Sonn- und Feiertagen soll grundsätzlich die Geschäftstätigkeit in Form der Erwerbsarbeit, insbesondere der Verrichtung abhängiger Arbeit, ruhen, damit der Einzelne diese Tage allein oder in Gemeinschaft mit anderen ungehindert von werktäglichen Verpflichtungen und Beanspruchungen nutzen kann. Von Bedeutung ist auch die Möglichkeit zur zeitlichen Verzahnung des sozialen Lebens der Bürger und insbesondere zur gemeinsamen Freizeit und gemeinsamen Gestaltung des Familienlebens. Besonders wichtig ist, dass die Bürger sich an Sonn- und Feiertagen von der beruflichen Tätigkeit erholen und das tun können, was sie je individuell für die Verwirklichung ihrer persönlichen Ziele und als Ausgleich für den Alltag als wichtig ansehen. Die von Art. 139 WRV ebenfalls erfasste seelische Erhebung soll allen Menschen unbeschadet einer religiösen Bindung zuteil werden."[845]

845 BVerfGE 111, S. 10 ff. (51).

Dass das grundsätzliche Verbot der Ladenöffnung an den Sonn- und gesetzlich geschützten Feiertagen ein geeignetes Mittel zur Realisierung dieser Zielsetzungen ist, bedarf nach Auffassung des Gerichts keiner weiteren Begründung. Der Gesetzgeber darf deshalb auch angesichts einer geänderten sozialen Wirklichkeit an der deutschen Tradition eines grundsätzlichen Sonntagsschutzes festhalten und andere Interessen nur über Ausnahmetatbestände berücksichtigen. Bei der Ausgestaltung seines gesetzgeberischen Spielraumes darf er zwar auch andere Belange als den Schutz der Arbeitsruhe und der seelischen Erhebung zur Geltung bringen, ein *„Kernbestand an Sonn- und Feiertagsruhe aber ist unantastbar"*[846] Eine Freigabe des Sonn- und Feiertagsschutzes zur Selbstentscheidung des Einzelhandels kommt deshalb verfassungsrechtlich nicht in Betracht, denn sie würde *„den regelmäßigen Schutz des Sonn- und Feiertages nicht in gleicher Weise wie das Verbot der Ladenöffnung sichern"*.[847]

Wie weit der tatsächliche Spielraum des Gesetzgebers tatsächlich geht, ist damit allerdings noch nicht entschieden. In den letzten Jahren hat es durch eine zum Teil exzessive Praxis der Behörden bei der Erteilung von Ausnahmegenehmigungen eine starke Zunahme legaler Sonntagsarbeit gegeben. Auch der Gesetzgeber hat die Sonntagsarbeit weiter erleichtert. Mit Spannung darf man deshalb einer erneuten Entscheidung des Bundesverfassungsgerichts über die von kirchlicher Seite eingelegte Verfassungsbeschwerde entgegen sehen, die sich gegen die Berliner Regelung richtet, nach der an zehn Sonntagen im Jahr, einschließlich der vier Adventssonntage die Geschäfte geöffnet sein dürfen.

Festzuhalten ist, dass der verfassungsrechtliche Schutz der Sonn- und Feiertage kein unzeitgemäßes Relikt vergangener gesellschaftlicher Verhältnisse ist. Er steht vielmehr im Dienste zentraler Grundrechte unserer Verfassung, an vorderster Stelle der Religionsfreiheit nach Artikel 4 GG und des Schutzes von Ehe und Familie nach Artikel 6 GG, der freien Entfaltung der Persönlichkeit nach Artikel 2 GG, aber auch der Freiheit von Wissenschaft und Kunst und der Versammlungsfreiheit. Der Schutz des Sonn- und Feiertages ist ein wesentliches Instrument zur Ausgestaltung und Realisierbarkeit dieser Grundrechte. Es sind deshalb nicht nur eigene Interessen der Kirchen, wenn sie sich für den Erhalt der gesetzlichen Schutzbestimmungen zugunsten der Sonn- und Feiertage einsetzen. Es geht vielmehr um den Erhalt einer Kultur unserer Gesellschaft im Umgang mit der menschlichen Zeit, die weit über die religiöse Dimension hinaus dem sozialen Zusammenleben der Menschen zu dienen bestimmt ist. Der Schutz von Sonn- und Feiertagen ist ein zentrales Element unserer gesamten öffentlichen Ordnung, weil er einen verbindlichen Ordnungsrahmen für einen kollektiven Zeitrhythmus in allen Lebensbereichen vorgibt. Indem der Verfassungsgeber den Sonntag verbindlich als Tag der allgemeinen Arbeitsruhe festlegt, trägt er nicht nur dem Bedürfnis des einzelnen Menschen nach einer regelmäßigen Unterbrechung des Arbeits-

846 BVerfG, ebd., S. 50.
847 BVerfG, ebd., S. 52 f,

prozesses Rechnung, sondern er schreibt zugleich die soziale Synchronisation der Arbeitsruhe vor. Artikel 139 WRV hat damit eine gemeinschaftsstiftende und sozialintegrative Funktion, die weit über das Interesse des Einzelnen hinausgeht. Die Bestrebungen von interessierter Seite, den gesetzlichen Schutz der Sonn- und Feiertage möglichst weit zu lockern, und die Praxis der Ausnahmebewilligungen bedürfen daher der sorgfältigen Beobachtung. Die Grenze des verfassungsrechtlich Zulässigen ist nicht erst dann erreicht, wenn es zu einer allgemeinen Nivellierung der Sonn- und Feiertage mit den üblichen Werktagen gekommen ist. Insbesondere rechtfertigen allein wirtschaftliche Vorteile für einzelne Unternehmen keine Durchbrechung des Feiertagsschutzes. Ausnahmeregelungen können nur dort getroffen werden, wo sie durch unabweisbare Bedürfnisse der Allgemeinheit gefordert sind. Gegen die faktischen Auflösungserscheinungen beim Schutz von Sonn- und Feiertagen ist deshalb die normative Kraft der verfassungsrechtlichen Garantie des Artikels 139 WRV in Erinnerung und aktiv zur Geltung zu bringen. Das liegt nicht nur im Interesse der Gewerkschaften, der Sportverbänden und der Schausteller. Es ist vor allem Aufgabe der Kirchen über die berechtigten Interessen dieser Gruppen hinaus den Schutz von Sonn- und Feiertagen als eine „Conditio humana“ zu verteidigen.

Literatur:

P. Häberle, Der Sonntag als Verfassungsprinzip, Berlin 1988; *A. Mattner*, Sonntagsruhe im Spiegel des Grundgesetzes und der Feiertagsgesetze der Länder, NJW 1988, S. 2207 ff.; *J. Splett*, Fest – Feier – Sonntäglichkeit. Eine zu schützende Dimension des Humanen; *A. Pahlke*, Sonn- und Feiertagsschutz als Verfassungsgut; *R. Richardi*, Der Sonn- und Feiertagsschutz im Arbeitsleben, **alle** in: *H. Marré, J. Stüting* (Hrsg.) Essener Gespräche zum Thema Staat und Kirche Bd. 24, Münster 1990, S. 53 ff.; *L. Renck*, Bestandsschutz für kirchliche Feiertage?, NVwZ 1993, S. 648 ff.; *K.-H. Kästner*, Die „zweiten“ Feiertage als politische Manövriermasse?, NVwZ 1993, S. 148 ff.; *Ders.*, Der Sonntag und die kirchlichen Feiertage, in: HdbStKirchR ^{2} Bd. 2, Berlin 1994, S. 337 ff.; *K.-U. Martens*, Feiertagsrechtliches Arbeitsverbot und Wirtschaftswerbung, Bergisch-Gladbach, Köln 1995, Steuern, Wirtschaft und Recht, Bd. 128; *J. Winter*, Zum rechtlichen Schutz von Sonn- und Feiertagen, KuR 1998, S. 139 ff. (=160, S. 1 ff.); *W. Rüfner*, Die institutionelle Garantie der Sonn- und Feiertage, in: *K.-H. Kästner, K. W. Nörr, K. Schlaich* (Hrsg.), Festschrift *Martin Heckel*, Tübingen 1999, S. 447 ff.; *J. Rozek*, Vorsprung durch Rechtsbruch? Zur Erosion des Ladenschlußrechtes durch sogenannte „Fremdenverkehrsregelungen“, NJW 1999, S. 2921 ff.; *R. Richardi, G. Annuß*, Sonn- und Feiertagsarbeit unter der Geltung des Arbeitszeitgesetzes, Baden-Baden 1999, Schriften der *Hans-Böckler*-Stiftung, Bd. 42; *P. J. Tettinger*, Der Schutz der Sonn- und Feiertagsruhe im Gewerberecht, KuR 1999, S. 91 ff. (= 160, 7 ff.); *H. de Wall*, Zum subjektiven Recht der Kirchen auf den Sonntagsschutz, NVwZ 2000, S. 857 ff.; *M. Heinig, M. Morlock*, Der vertragliche Sonn- und Feiertagsschutz als subjektives Recht der Kirche – eine Besprechung der Entscheidung des Oberverwaltungsgerichts Mecklenburg-Vorpommern vom 22. 12. 1999 – 2 M 99/99, KuR 2001, S. 25 ff (= 160, S. 13 ff.); *dies.*, Feiertag! Freier Tag? Die Garantie des Sonn- und Feiertagsschutzes als subjektives Recht im Lichte des Art. 139 WRV, NVwZ 2001 S. 846 ff.; *S. Kirste*, Flexibilisierung des Ladenschlusses zum

Segen des Sonn- und Feiertagsschutzes, NJW 2001, S. 790 ff.; *H. Schiepek*, Der Sonntag und kirchlich gebundenen Feiertage nach kirchlichem und weltlichem Recht: eine rechtshistorische Untersuchung, Frankfurt a. M. 2003; *A. Grube*, Der Sonntag und die kirchlichen Feiertage zwischen Gefährdung und Bewährung. Aspekte der feiertagsrechtlichen Entwicklung im 19. und 20. Jahrhundert, Frankfurt a.M. 2003, Schriften zum Staatskirchenrecht Bd. 16; *K. Westphal*, Die Garantie der Sonntage als Grundlage subjektiver Rechte?, Berlin 2003; *F. Stollmann*, Der Sonn- und Feiertagsschutz nach dem Grundgesetz, Stuttgart u. a., 2004; *T: Kingreen, B. Pieroth*, Verfassungsrechtliche Grenzen einer Aufhebung der Ladenschlusszeiten, NJW 2006, S. 1221 ff.; *A. Huber*, Feiertagsschutz für Minderheiten, Frankfurt a.M. 2007, Friedensauer Schriftenreihe, Reihe B, Gesellschaftswissenschaften, Bd. 11; *W. Mosbacher*, Sonntagsschutz und Ladenschluß. Der verfassungsrechtliche Rahmen für den Ladenschluß an Sonn- und Feiertagen und seine subjektiv-rechtliche Dimension, Berlin 2007.

VIII. Die Anstaltsseelsorge (Artikel 141 WRV)

Durch Artikel 140 GG i. V. m. Artikel 141 WRV wird das Recht der Religionsgemeinschaften auf Zulassung zur Vornahme religiöser Handlungen *„im Heer, in Krankenhäusern, Strafanstalten und sonstigen öffentlichen Anstalten"* garantiert, soweit das Bedürfnis nach Gottesdienst und Seelsorge besteht, wobei jeder Zwang fernzuhalten ist. Diese Bestimmung dient dazu, die Ausübung der Rechte aus Artikel 4 GG auch unter den besonderen Bedingungen der genannten staatlichen Einrichtungen sicherzustellen. Nicht erforderlich ist eine Organisationsform als „Anstalt" im rechtlichen Sinne. Darunter sind *„alle staatlich getragenen Einrichtungen zu verstehen, die zu einer besonderen Eingliederung des Betroffenen führen und damit die Ausübung der Religionsfreiheit beeinträchtigen."*[848]

Adressat dieser Norm sind nur die Religionsgemeinschaften, denen ein Zutrittsrecht zu diesen Einrichtungen gewährt wird, während die subjektiven Ansprüche der Menschen in diesen „Anstalten" auf Gottesdienst und Seelsorge allein durch Art. 4 GG gesichert sind. Artikel 141 verpflichtet den Staat, den organisatorischen Rahmen zur Verfügung zu stellen, der es den Religionsgemeinschaften erlaubt, den religiösen Bedürfnissen ihrer Mitglieder in den Anstalten in ihrer Verantwortung zu entsprechen. Der sachliche Grund für die besondere Verankerung der „Anstaltsseelsorge" liegt in der Tatsache, dass die tatsächlichen Möglichkeiten zur Wahrnehmung religiöser Freiheitsrechte bei Menschen, die sich in einer „Anstalt" befinden, eingeschränkt sind.[849]

Die Aufzählung in Artikel 141 WRV ist dabei nur beispielhaft zu verstehen. Zu den *„religiösen Handlungen"* gehören alle Handlungen korporativer Ausübung religiöser Grundrechte sowie die individuelle Seelsorge. Die verfassungsrechtliche Garantie bewirkt, dass es hinsichtlich der Zulassung solcher Handlungen keinen Ermessensspielraum der Leitung der jeweiligen Einrichtung gibt. Voraussetzung ist auch nicht, dass ein konkreter Wunsch dazu von den einzelnen Gläubigen geäußert worden ist. Ein „Bedürfnis" dafür ist vielmehr zu unterstellen, solange keine ausdrückliche Ablehnung einer religiösen Betreuung geäußert worden ist.[850] Dass diese Niemandem aufgezwungen werden darf, ist im Übrigen bereits selbstverständliche Folge des Art. 4 GG, so dass der ausdrückliche Hinweis darauf in Artikel 141 GG lediglich deklaratorischer Charakter zukommt.

Die Gewährleistung der Anstaltsseelsorge ist über Artikel 140 GG i. V. m. Artikel 141 WRV hinaus Gegenstand vertraglicher Vereinbarungen zwischen

848 *C. D. Classen*, Religionsrecht, RdNr. 559.
849 *C. D. Classen*, ebd.
850 *Classen*, ebd., RdNr. 560.

dem Staat und den Kirchen. Von besonderer Bedeutung sind in diesem Zusammenhang die vertraglichen Vereinbarungen, die die evangelische und die römisch-katholische Kirche mit der Bundesrepublik Deutschland über die **Militärseelsorge** getroffen haben.[851] Der Abschluss des Militärseelsorgevertrages 1957 war innerhalb der evangelischen Kirche von Anfang an heftig umstritten und war der maßgebliche Anstoß zur Trennung der damaligen Gliedkirchen in der DDR von der EKD. Nach der staatlichen Wiedervereinigung und dem Wiederbeitritt der östlichen Landeskirchen zur EKD entzündete sich an der Militärseelsorge erneut eine heftige Kontroverse, die nach schwierigen Verhandlungen mit dem Staat durch eine „Rahmenvereinbarung" zu einer bis Ende 2003 befristeten Sonderlösung für die Militärseelsorge in den neuen Bundesländern geführt hat.[852] Als besonders strittige Punkte haben sich in diesem Zusammenhang die Übernahme der Militärgeistlichen in das staatliche Beamtenverhältnis[853] und der „Lebenskundliche Unterricht", der von den ihnen erteilt wird,[854] erwiesen. Inzwischen haben sich die EKD und das Bundesverteidigungsministerium durch eine Protokollnotiz vom 13. Juni 2002 *„zur Auslegung"* des Militärsseelsorgevertrages darauf geeinigt, dass Militärgeistliche unter bestimmten Voraussetzungen auch nur als Angestellte des Bundes in den Staatsdienst übernommen werden können.[855]

Literatur:

D. Pirson, Die Seelsorge in staatlichen Einrichtungen als Gegenstand des Staatskirchenrechts; *B. Gareis,* Seelsorge in Vollzugsanstalten, Begründung – Situation – Zukunftsperspektiven; *E. Niermann*, Zur Lage der katholischen Militärseelsorge, **alle** in: *J. Krautscheidt, H. Marré* (Hrsg.), Essener Gespräche zum Thema Staat und Kirche Bd. 23, Münster 1989, S, 4 ff.; *S. Eick-Wildgans,* Anstaltsseelsorge, Möglichkeiten und Grenzen des Zusammenwirkens von Staat und Kirche im Strafvollzug, Berlin 1993, Staatskirchenrechtliche Abhandlungen Bd. 22; *Dies.*, Anstaltsseelsorge, in: HdbStKirchR^2 Bd. 2, Berlin 1994, S. 995 ff.; *J. Ennuschat*, Sollen Militärgeistliche Staats- oder Kirchenbeamte sein? Verfassungs-, völker- und beamtenrechtliche Aspekte, ZevKR 41 (1996), S. 419 ff.; *J. Kremsmair*, Anstaltsseelsorge, in: *J. Listl, H. Schmitz*, (Hrsg.) HdbKathKR^2, Regensburg 1999, S. 530 ff.; *A. E. Hierold*, Militärseelsorge, in: *J. Listl, H. Schmitz* (Hrsg.), HdbKathKR^2, Regensburg 1999, S. 555 ff.; *V. Kruk*, Die Militärseelsorge, KuR 2001, S. 67 ff. (=140, S. 1); *S. Korioth*, in: *Maunz-*

851 Vergl.: Vertrag über die evangelische Militärseelsorge vom 22. Februar 1957, in: *J. Listl*, Die Konkordate und Kirchenverträge in der Bundesrepublik Deutschland, Bd. 1, Berlin 1987, S. 94 ff.; für die römisch-katholische Kirche gilt Art. 27 des Reichskonkordats vom 20. Juli 1933, abgedruckt bei *Listl*, ebd. S. 49; zur katholischen Militärseelsorge vergl.: *E. Niermann*, in: Essener Gespräche Bd. 23, S. 110 ff.

852 Vergl. dazu: *H. U. Anke,* Die Neubestimmung des Staat-Kirche-Verhältnisses in den neuen Ländern durch Staatskirchenverträge, Tübingen 2000, S. 3 ff., Jus Ecclesiasticum Bd. 62; *S. Korioth*, in: *Maunz-Dürig-Herzog*, Grundgesetz, Art. 140/Art. 141 WRV, RdNr. 16; *H. Claessen*, Grundordnung, S. 367.

853 Vergl. dazu: *J. Ennuschat*, ZevKR 41 (1996), S. 419 ff.

854 Vergl. dazu: *S. Korioth*,. in: *Maunz-Dürig-Herzog*, Grundgesetz, Art. 140/Art. 141 WRV, RdNr. 15; *V. Kruk*, KuR 2001, S. 67 ff. (83 ff.).

855 Vergl. dazu: *H. Claessen*, Grundordnung, S. 367 f.

Dürig-Herzog, Grundgesetz (Stand Februar 2003), Art. 140/Art. 141 WRV; *A, v. Campenhausen, H. de Wall*, Staatskirchenrecht, München 2006, S. 197 ff.; *H. Claessen*, Grundordnung der Evangelischen Kirche in Deutschland, Kommentar und Geschichte, Stuttgart 2007, S. 366 ff.

IX. Schlussbetrachtung

Der Autor dieser Einführung in das Staatskirchenrecht der Bundesrepublik Deutschland ist davon überzeugt, dass sich die in das Grundgesetz übernommenen staatskirchenrechtlichen Artikel der Weimarer Reichsverfassung auch für die Zukunft als tragfähige Grundlage der religionsrechtlichen Ordnung in Deutschland erweisen. Sie sind bewährte Instrumente, mit deren Hilfe auch die aktuellen Herausforderungen bewältigt werden können. Im Sinnzusammenhang des Grundgesetzes haben sie bisher eine Balance von Distanz und Nähe zwischen dem Staat und den Religionsgemeinschaften ermöglicht, wie sie einem Gemeinwesen besonders angemessen ist, das sich der Religionsfreiheit als eines der vornehmsten aller Menschenrechte verpflichtet weiß. Auch wenn einzelne der aus der Weimarer Reichsverfassung übernommen Institute und Garantien in ihrer heutigen Bedeutung und Berechtigung als solche strittig sein mögen, bleibt festzuhalten, was *Rudolf Smend* schon bald nach den Inkrafttreten des Grundgesetzes überzeugend begründet hat, dass es auf diese Einzelheiten nicht entscheidend ankommt, denn: *„Qualitativ wesentlich ist der Status der liberalen Freiheit, wie sie den Kirchen eingeräumt wird.“*[856] Diesen Geist liberaler Freiheit, wie er das Staatskirchenrecht bisher geprägt hat, gilt es gegen alle restriktiven Tendenzen zu verteidigen.

Gefährdungen für das bewährte staatskirchenrechtliche System ergeben sich nicht zuletzt auf dem Hintergrund der Frage, wie mit der zunehmenden Ausbreitung nicht-christlicher religiöser und weltanschaulicher Vorstellungen umgegangen werden soll. Die Pole der Auseinandersetzung liegen dabei – vereinfacht gesagt – in den Versuchen zur „Hierarchisierung“ der Religionsgemeinschaften auf der einen Seite und den Modellen einer verstärkten Distanzierung und Trennung auf der anderen Seite.[857] Während das erste Modell hinsichtlich der Teilhabe an den verfassungsrechtlichen Garantien eine differenzierte Betrachtungsweise der Religionsgemeinschaften unter dem Gesichtspunkt ihres Beitrages zur kulturellen Identität des Verfassungsstaates vornimmt, legt das andere Modell auf eine strikte Distanz des Staates zu den Religionsgemeinschaften besonderen Wert. Beide Modelle verschieben nach der einen oder der anderen Seite die mittlere Achse, die das Staatskirchenrecht bisher kennzeichnet. Das Hierarchisierungsmodell unterliegt der Gefahr, die Grenze zwischen bloßen Verfassungserwartungen und den „harten“ Verfassungsbestimmungen zu verwischen. Das Distanzierungsmodell schlägt seinerseits die konkreten Verfassungsbestimmungen über den Leisten bestimmter Grundannahmen einer liberalen polischen Philosophie, mit der

856 ZevKR 1 (1951), S. 4 ff. (7).
857 Vergl. dazu: *M. Heinig*, ZevKR 53 (2008), S. 241 ff.

Tendenz, den Einfluss der Religion auf die Politik strikt zu begrenzen.[858] Beide Modelle führen letztlich zu einem Verlust der freiheitlichen Substanz des Staatskirchenrechts. Insbesondere ist das Konzept eines laizistischen Staates kein Instrument zur Sicherung religiöser Freiheit. Es mag seine Berechtigung haben, wenn es für den Staat darum geht, sich der klerikalen Ansprüchen einer einzigen übermachtigen Kirche zu erwehren. Mit dieser Situation haben wir es aber längst nicht mehr zu tun. Auf die Frage, wie sich eine in religiösen Fragen zunehmend pluralisierte Gesellschaft organisieren soll, sind andere und differenziertere Antworten erforderlich, als sie der Laizismus zu bieten hat.

Der Ansatz, das Verhältnis des Staates zu den Religionsgemeinschaften auch in seinen positiven Berührungspunkten aus dem Grundsatz der Religionsfreiheit zu entwickeln, trägt den Prinzipien eines demokratisch verfassten, freiheitlichen und pluralistischen Gemeinwesen am besten Rechnung.[859] Die institutionellen Garantien als die historisch gewachsene Ausformung der Beziehungen des Staates zu den Religionsgemeinschaften werden dadurch keineswegs entwertet. Beide stehen vielmehr in einer inneren Beziehung und Wechselwirkung, auch soweit die institutionellen Regelungen gegenüber der allgemeinen Garantie der Religionsfreiheit einen „Überschuss“ aufweisen.[860]

Dieses Modell gibt auch den etablierten christlichen Kirchen kein Anrecht auf die Beibehaltung einer historisch überholten institutionellen Vorrangstellung gegenüber anderen Religionsgemeinschaften, verhindert andererseits aber auch eine radikale Durchsetzung einer Trennungsideologie, die in kämpferischer Absicht darauf abzielt, die Religion und ihre Gemeinschaften in ihrer öffentlichen Wirksamkeit einzuschränken oder gar ganz zu verdrängen, nach dem Motto: *„Religion ist Privatsache“*. Mit der umfassenden Garantie der Religionsfreiheit in Artikel 4 GG und der Wiederherstellung der Garantien der Weimarer Reichsverfassung nach deren Verlust in der Zeit des Nationalsozialismus, hat der Staat nicht zuletzt den Anspruch der Kirche auf ihre öffentliche Wirksamkeit wieder anerkannt.[861] Bis heute hat der Satz von *Rudolf Smend* aus dem Jahre 1951 nichts von seiner Gültigkeit verloren: *„Man mag den Anspruch auf das Ganze solcher Wirksamkeit als den ‚Öffentlichkeitsanspruch‘ der Kirche bezeichnen, oder wie sonst auch immer: jedenfalls ist kraft ihres Auftrages und ihres damit gegebenen Wesens die Anerkennung eben dieses Anspruchs das Erste, was sie heute vom Staat fordern muß.“*[862]

858 Siehe dazu: *M. Heinig*, ebd., S. 245 f.

859 Vergl. dazu im Ganzen: *Chr.* Walter, Religionsverfassungsrecht, Tübingen 2006; *M. Heinig*, ebd., S. 235 ff.

860 Vergl.: *M. Heinig*, ebd., S. 250.

861 Zum Öffentlichkeitsauftrag der Kirche vergl.: *G: Klostermann*, Der Öffentlichkeitsauftrag der Kirchen, Tübingen 2000; *A. Schilberg*, KuR 2002, S. 1 ff. (=150, S. 1 ff.).

862 ZevKR 1 (1951), S. 4 ff. (9).

In einem demokratischen Staat sollte es zu den Selbstverständlichkeiten gehören, dass auch religiös motivierte Positionen in der Gestaltung gesellschaftlicher Prozesse und der staatlichen Rechtsordnung einen legitimen Platz haben.[863] Insofern ist der „Vorrang“ christlichen Gedankengutes in der staatlichen Rechtsordnung jedenfalls prinzipiell unproblematisch, solange er sich auf einen fortbestehenden oder aktuell erneuerten demokratischen Mehrheitswillen stützen kann. Der freiheitliche Charakter des Grundgesetzes stellt gleichzeitig sicher, dass dieser Mehrheitswille die grundrechtlich geschützten Rechtspositionen von religiösen Minderheiten nicht beeinträchtigt. So wenig das Staatskirchenrecht als Instrument zur kulturellen Assimilation religiöser Minderheiten in der modernen Einwanderungsgesellschaft missbraucht werden darf,[864] so wenig können diese anderseits beanspruchen, die gesellschaftlichen Prozesse über das Maß ihrer tatsächlichen Potenz hinaus zu bestimmen. Das ist nicht nur eine Frage der „Quantität“, also nicht allein davon abhängig, mit welchen Mitgliederzahlen aufgewartet werden kann, sondern hängt nicht zuletzt davon ab, mit welcher geistigen und geistlichen Substanz die Religionsgemeinschaften in der Lage sind, die demokratische Willensbildung argumentativ zu beeinflussen. Das gilt auch für die großen christlichen Kirchen.

Die „Besonderheit“ der Religionsgemeinschaften und ihre verfassungsrechtliche Sonderstellung gegenüber anderen gesellschaftlichen Organisationen rechtfertigen sich aus der Tatsache, dass sie sich nicht in erster Linie eigenen organisierten Gruppeninteressen verpflichtet wissen. Nach ihrem Selbstverständnis erheben jedenfalls die christlichen Kirchen den Anspruch, vor allem auch „für andere“ einzutreten und damit der Gesellschaft im Ganzen zu dienen. Die Frage, ob und in welchem Umfang der Staat bereit ist, dies zu respektieren und aktiv zu fördern, ist nicht zuletzt ein Indikator für die freiheitliche Substanz seiner Rechtsordnung im Ganzen.

Literatur:

R. Smend, Staat und Kirche nach dem Bonner Grundgesetz, ZevKR 1 (1951), S. 4 ff.; *G. Klostermann*, Der Öffentlichkeitsauftrag der Kirchen – Rechtsgrundlagen im kirchlichen und staatlichen Recht, Tübingen 2000, Jus Ecclesiasticum Bd. 64; *A. Schilberg*, Staat, Kirche, Öffentlichkeit, KuR 2002, S. 1 ff. (= 150, S. 1 ff.); *Chr. Walter*, Religionsverfassungsrecht in vergleichender und internationaler Perspektive, Tübingen 2006, Jus Publicum Bd. 150; *M. Heinig*, Ordnung der Freiheit – das Staatskirchenrecht vor neuen Herausforderungen, ZevKR 53 (2008), S. 235 ff.

863 Insofern erweist sich die von *S. Huster*, Die ethische Neutralität des Staates, Tübingen 2005, vertretene Unterscheidung zwischen „Wirkungsneutralität“ und „Begründungsneutralität“ als problematisch, zur Kritik vergl.: *M. Heinig*, ebd., S. 244 f.

864 Siehe dazu: *Chr. Walter*, Religionsverfassungsrecht, S. 610.

Anhang
Zusammenstellung von Rechtsquellen zum Staatskirchenrecht

A. Historische Texte

I. Allgemeines Landrecht für die preußischen Staaten (ALR) 1794 Teil II, Titel 11 (Auszug)

§ 1

Die Begriffe der Einwohner des Staats von Gott und göttlichen Dingen, der Glaube und der innere Gottesdienst können kein Gegenstand von Zwangsgesetzen sein.

§ 2

Jedem Einwohner im Staate muß eine vollkommene Glaubens- und Gewissensfreyheit gestattet werden.

§ 3

Niemand ist schuldig, über seine Privatmeinungen in Religionssachen Vorschriften vom Staat anzunehmen.

§ 17

Die vom Staate ausdrücklich aufgenommenen Kirchengesellschaften haben die Rechte privilegierter Corporationen.

§ 18

Die von ihnen zur Ausübung ihres Gottesdienstes gewidmeten Gebäude werden Kirchen genannt und sind als privilegirte Gebäude des Staates anzusehen.

§ 19

Die bey solchen Kirchengesellschaften zur Feier des Gottesdienstes und zum Religionsunterrichte bestellten Personen haben mit anderen Beamten im Staate gleiche Rechte.

§ 20

Eine Religionsgesellschaft, welche der Staat genehmigt, ihr aber die Rechte öffentlich aufgenommener Kirchengesellschaften nicht beygelegt hat, genießt nur die Befugnisse geduldeter Gesellschaften.[865]

---

865 Zitiert nach: *E. R. Huber/W. Huber*, Staat und Kirche im 19. und 20. Jahrhundert, Bd. 1, Berlin 1973, S. 3. ff.

II. Verfassung des Deutschen Reiches vom 28. März 1849 („Paulskirchenverfassung“) Artikel V

§ 144

Jeder Deutsche hat volle Glaubens- und Gewissensfreiheit. Niemand ist verpflichtet, seine religiöse Überzeugung zu offenbaren.

§ 145

Jeder Deutsche ist unbeschränkt in der gemeinsamen häuslichen und öffentlichen Übung seiner Religion. Verbrechen und Vergehen, welche bei Ausübung dieser Freiheit begangen werden, sind nach dem Gesetz zu bestrafen.

§ 146

Durch das religiöse Bekenntniß wird der Genuß der bürgerlichen und staatsbürgerlichen Rechte weder bedingt noch beschränkt. Den staatsbürgerlichen Pflichten darf dasselbe keinen Abbruch thun.

§ 147

Jede Religionsgesellschaft ordnet und verwaltet ihre Angelegenheiten selbständig, bleibt aber den allgemeinen Staatsgesetzen unterworfen. Keine Religionsgesellschaft genießt vor anderen Vorrechte durch den Staat; es besteht fernerhin keine Staatskirche. Neue Religionsgesellschaften dürfen sich bilden; eine Anerkennung ihres Bekenntnisses durch den Staat bedarf es nicht.

§ 148

Niemand soll zu einer kirchlichen Handlung oder Feierlichkeit gezwungen werden.

§ 149

Die Formel des Eides soll künftig lauten: „So wahr mir Gott helfe.“

§ 150

Die bürgerliche Gültigkeit der Ehe ist nur von der Vollziehung des Civilactes abhängig; die kirchliche Trauung kann nur nach der Vollziehung des Civilactes Statt finden. Die Religionsverschiedenheit ist kein bürgerliches Ehehinderniß.

§ 151

Die Standesbücher werden von den bürgerlichen Behörden geführt.[866]

---

866 Zitiert nach: *E. R. Huber/W. Huber*, Staat und Kirche im 19. und 20. Jahrhundert, Bd. 2, Berlin 1976, S. 33 ff.

B. Geltende Texte

I.

Artikel des Bonner Grundgesetzes vom 23. Mai 1949

zuletzt geändert durch das Gesetz vom 28. Aug. 2006 (BGBl. I S. 2034)

(Auszug)

Art. 3:
(Gleichheit vor dem Gesetz)

(1) Alle Menschen sind vor dem Gesetz gleich.

(2) Männer und Frauen sind gleichberechtigt. Der Staat fördert die tatsächliche Durchsetzung der Gleichberechtigung von Frauen und Männern und wirkt auf die Beseitigung bestehender Nachteile hin.

(3) Niemand darf wegen ... seines Glaubens, seiner religiösen oder politischen Anschauungen benachteiligt oder bevorzugt werden ...

Art. 4:
(Glaubens- und Bekenntnisfreiheit)

(1) Die Freiheit des Glaubens, des Gewissens und die Freiheit des religiösen und weltanschaulichen Bekenntnisses sind unverletzlich.

(2) Die ungestörte Religionsausübung wird gewährleistet.

Art. 6:
(Ehe, Familie, uneheliche Kinder)

(2) Pflege und Erziehung der Kinder sind das natürliche Recht der Eltern und die zuvörderst ihnen obliegende Pflicht. Über ihre Betätigung wacht die staatliche Gemeinschaft.

Art. 7:
(Schulwesen)

(1) Das gesamte Schulwesen steht unter der Aufsicht des Staates.

(2) Die Erziehungsberechtigten haben das Recht, über die Teilnahme des Kindes am Religionsunterricht zu bestimmen.

(3) Der Religionsunterricht ist in den öffentlichen Schulen mit Ausnahme der bekenntnisfreien Schulen ordentliches Lehrfach. Unbeschadet des staatlichen Aufsichtsrechtes wird der Religionsunterricht in Übereinstimmung mit

den Grundsätzen der Religionsgemeinschaften erteilt. Kein Lehrer darf gegen seinen Willen verpflichtet werden, Religionsunterricht zu erteilen.

Art. 9:

(Vereinigungsfreiheit)

(1) Alle Deutschen haben das Recht, Vereine und Gesellschaften zu bilden.

(2) Vereinigungen, deren Zwecke oder deren Tätigkeit den Strafgesetzen zuwiderlaufen oder die sich gegen die verfassungsmäßige Ordnung oder gegen den Gedanken der Völkerverständigung richten, sind verboten.

(3) Das Recht, zur Wahrung und Förderung der Arbeits- und Wirtschaftsbedingungen Vereinigungen zu bilden, ist für jedermann und für alle Berufe gewährleistet. Abreden, die dieses Recht einschränken oder zu behindern suchen, sind nichtig, hierauf gerichtete Maßnahmen sind rechtswidrig....

Art. 19:

(Einschränkung von Grundrechten)

(2) In keinem Fall darf ein Grundrecht in seinem Wesensgehalt angetastet werden.

(3) Die Grundrechte gelten auch für inländische juristische Personen, soweit sie ihrem Wesen nach auf diese anwendbar sind.

Art. 33:

(Staatsbürgerliche Gleichstellung aller Deutschen)

(3) Der Genuss bürgerlicher und staatsbürgerlicher Rechte, die Zulassung zu öffentlichen Ämtern sowie die im öffentlichen Dienste erworbenen Rechte sind unabhängig von dem religiösen Bekenntnis. Niemandem darf aus seiner Zugehörigkeit oder Nichtzugehörigkeit zu einem Bekenntnisse oder einer Weltanschauung ein Nachteil erwachsen.

(4) Die Ausübung hoheitsrechtlicher Befugnisse ist als ständige Aufgabe in der Regel Angehörigen des öffentlichen Dienstes zu übertragen, die in einem öffentlich-rechtlichen Dienst- und Treueverhältnis stehen.

(5) Das Recht des öffentlichen Dienstes ist unter Berücksichtigung der hergebrachten Grundsätze des Berufsbeamtentums zu regeln und fortzuentwickeln.

Art. 48:

(Ansprüche der Abgeordneten)

(2) Niemand darf gehindert werden, das Amt eines Abgeordneten zu übernehmen und auszuüben. Eine Kündigung oder Entlassung aus diesem Grunde ist unzulässig.

Art. 137:
(Wählbarkeit von Beamten, Richtern, Soldaten u. a.)

(1) Die Wählbarkeit von Beamten, Angestellten des öffentlichen Dienstes, Berufssoldaten, freiwilligen Soldaten auf Zeit und Richtern im Bund, in den Ländern und den Gemeinden kann gesetzlich beschränkt werden.

Art. 140:
(Recht der Religionsgesellschaften)

Die Bestimmungen der Artikel 136, 137, 138, 139 und 141 der Deutschen Verfassung vom 11. 8. 1919 sind Bestandteil dieses Grundgesetzes.

Art. 136
(Weimarer Verfassung)

(1) Die bürgerlichen und staatsbürgerlichen Rechte und Pflichten werden durch die Ausübung der Religionsfreiheit weder bedingt noch beschränkt.

(2) Der Genuss bürgerlicher und staatsbürgerlicher Rechte sowie die Zulassung zu öffentlichen Ämtern sind unabhängig von dem religiösen Bekenntnis.

(3) Niemand ist verpflichtet, seine religiöse Überzeugung zu offenbaren. Die Behörden haben nur soweit das Recht, nach der Zugehörigkeit zu einer Religionsgesellschaft zu fragen, als davon Rechte und Pflichten abhängen oder eine gesetzlich angeordnete statistische Erhebung dies erfordert.

(4) Niemand darf zu einer kirchlichen Handlung oder Feierlichkeit oder zur Teilnahme an religiösen Übungen oder zur Benutzung einer religiösen Eidesform gezwungen werden.

Art. 137
(Weimarer Verfassung)

(1) Es besteht keine Staatskirche.

(2) Die Freiheit der Vereinigung zu Religionsgesellschaften wird gewährleistet. Der Zusammenschluss von Religionsgesellschaften innerhalb des Reichsgebiets unterliegt keinen Beschränkungen.

(3) Jede Religionsgesellschaft ordnet und verwaltet ihre Angelegenheiten selbstständig innerhalb der Schranken des für alle geltenden Gesetzes. Sie verleiht ihre Ämter ohne Mitwirkung des Staates oder der bürgerlichen Gemeinde.

(4) Religionsgemeinschaften erwerben die Rechtsfähigkeit nach den allgemeinen Vorschriften des bürgerlichen Rechts.

(5) Die Religionsgesellschaften bleiben Körperschaften des öffentlichen Rechts, soweit sie solche bisher waren. Anderen Religionsgesellschaften sind auf ihren Antrag gleiche Rechte zu gewähren, wenn sie durch ihre Verfassung und die Zahl ihrer Mitglieder die Gewähr der Dauer bieten. Schließen sich mehrere derartige öffentlich-rechtliche Religionsgesellschaften zu einem Ver-

band zusammen, so ist auch dieser Verband eine öffentlich-rechtliche Körperschaft.

(6) Die Religionsgesellschaften, welche Körperschaften des öffentlichen Rechtes sind, sind berechtigt, aufgrund der bürgerlichen Steuerlisten nach Maßgabe der landesrechtlichen Bestimmungen Steuern zu erheben.

(7) Den Religionsgesellschaften werden die Vereinigungen gleichgestellt, die sich die gemeinschaftliche Pflege einer Weltanschauung zur Aufgabe machen.

(8) Soweit die Durchführung dieser Bestimmungen eine weitere Regelung erfordert, liegt diese der Landesgesetzgebung ob.

Art. 138
(Weimarer Verfassung)

(1) Die auf Gesetz, Vertrag oder besonderen Rechtstiteln beruhenden Staatsleistungen an die Religionsgesellschaften werden durch die Landesgesetzgebung abgelöst. Die Grundsätze hierfür stellt das Reich auf.

(2) Das Eigentum und andere Rechte der Religionsgesellschaften und religiösen Vereine an ihren für Kultus-, Unterrichts- und Wohltätigkeitszwecke bestimmten Anstalten, Stiftungen und sonstigen Vermögen werden gewährleistet.

Art. 139
(Weimarer Verfassung)

Der Sonntag und die staatlich anerkannten Feiertage bleiben als Tage der Arbeitsruhe und der seelischen Erhebung gesetzlich geschützt.

Art. 141
(Weimarer Verfassung)

Soweit das Bedürfnis nach Gottesdienst und Seelsorge im Heer, in Krankenhäusern, Strafanstalten oder sonstigen öffentlichen Anstalten besteht, sind die Religionsgesellschaften zur Vornahme religiöser Handlungen zuzulassen, wobei jeder Zwang fernzuhalten ist.

II.

Verfassung des Landes Baden-Württemberg
vom 11. November 1953 i. d. F. vom 6. Mai 2008

(Auszug)

I. Mensch und Staat

Art. 1:
(Personenwert und Gemeinschaft)

(1) Der Mensch ist berufen, in der ihn umgebenden Gemeinschaft seine Gaben in Freiheit und in der Erfüllung des christlichen Sittengesetzes zu seinem und der anderen Wohl zu entfalten.

II. Religion und Religionsgemeinschaften

Art. 4:
(Kirchen)

(1) Die Kirchen und die anerkannten Religions- und Weltanschauungsgemeinschaften entfalten sich in der Erfüllung ihrer religiösen Aufgaben frei von staatlichen Eingriffen.

(2) Ihre Bedeutung für die Bewahrung und Festigung der religiösen und sittlichen Grundlagen des menschlichen Lebens wird anerkannt.

Art. 5:
(Weimarer Kirchenartikel)

Für das Verhältnis des Staates zu den Kirchen und den anerkannten Religions- und Weltanschauungsgemeinschaften gilt Artikel 140 des Grundgesetzes für die Bundesrepublik Deutschland. Er ist Bestandteil dieser Verfassung.

Art. 6:
(Religiöse Karitas)

Die Wohlfahrtspflege der Kirchen und der anerkannten Religions- und Weltanschauungsgemeinschaften wird gewährleistet.

Art. 7:
(Staatsverpflichtungen gegenüber den Kirchen)

(1) Die dauernden Verpflichtungen des Staates zu wiederkehrenden Leistungen an die Kirchen bleiben dem Grunde nach gewährleistet.

(2) Art und Höhe dieser Leistungen werden durch Gesetz oder Vertrag geregelt.

(3) Eine endgültige allgemeine Regelung soll durch Gesetz oder Vertrag getroffen werden.

Art. 8:

(Kirchenverträge)

Rechte und Pflichten, die sich aus Verträgen mit der evangelischen und katholischen Kirche ergeben, bleiben von dieser Verfassung unberührt.

Art. 9:

(Ausbildung der Geistlichen)

Die Kirchen sind berechtigt, für die Ausbildung der Geistlichen Konvikte und Seminare zu errichten und zu führen.

Art. 10:

(Theologische Fakultäten)

Die Besetzung der Lehrstühle der theologischen Fakultäten geschieht unbeschadet der in Artikel 8 genannten Verträge und unbeschadet abweichender Übung im Benehmen mit der Kirche.

III. Erziehung und Unterricht

Art. 12:

(Erziehungsziel, Träger der Erziehung)

(1) Die Jugend ist in der Ehrfurcht vor Gott, im Geiste der christlichen Nächstenliebe, zur Brüderlichkeit aller Menschen und zur Friedensliebe, in der Liebe zu Volk und Heimat, zu sittlicher und politischer Verantwortlichkeit, zu beruflicher und sozialer Bewährung und zu freiheitlicher demokratischer Gesinnung zu erziehen.

(2) Verantwortliche Träger der Erziehung sind in ihren Bereichen die Eltern, der Staat, die Religionsgemeinschaften, die Gemeinden und die in ihren Bünden gegliederte Jugend.

Art. 13:

(Jugendschutz)

Die Jugend ist gegen Ausbeutung und gegen sittliche, geistige und körperliche Gefährdung zu schützen. Staat und Gemeinden schaffen die erforderlichen Einrichtungen. Ihre Aufgaben können auch durch die freie Wohlfahrtspflege wahrgenommen werden.

Art. 15:
(Volksschulformen; Elternrecht)

(1) Die öffentlichen Volksschulen (Grund- und Hauptschulen) haben die Schulform der christlichen Gemeinschaftsschule nach den Grundsätzen und Bestimmungen, die am 9. Dezember 1951 in Baden für die Simultanschule mit christlichem Charakter gegolten haben.

(3) Das natürliche Recht der Eltern, die Erziehung und Bildung ihrer Kinder mitzubestimmen, muss bei der Gestaltung des Erziehungs- und Schulwesens berücksichtigt werden.

Art. 16:
(Charakter der christlichen Gemeinschaftsschule)

(1) In christlichen Gemeinschaftsschulen werden die Kinder auf der Grundlage christlicher und abendländischer Bildungs- und Kulturwerte erzogen. Der Unterricht wird mit Ausnahme des Religionsunterrichts gemeinsam erteilt.

(2) Bei der Bestellung der Lehrer an den Volksschulen ist auf das religiöse und weltanschauliche Bekenntnis der Schüler nach Möglichkeit Rücksicht zu nehmen. Bekenntnismäßig nicht gebundene Lehrer dürfen jedoch nicht benachteiligt werden.

(3) Ergeben sich bei der Auslegung des christlichen Charakters der Volksschule Zweifelsfragen, so sind sie in gemeinsamer Beratung zwischen dem Staat, den Religionsgemeinschaften, den Lehrern und den Eltern zu beheben.

Art. 17:
(Toleranz, Schulaufsicht, Berechtigungswesen, Elternbeiräte)

(1) In allen Schulen waltet der Geist der Duldsamkeit und der sozialen Ethik.

Art. 18:
(Religionsunterricht)

Der Religionsunterricht ist an den öffentlichen Schulen ordentliches Lehrfach. Er wird nach den Grundsätzen der Religionsgemeinschaften und unbeschadet des allgemeinen Aufsichtsrechts des Staates von deren Beauftragten erteilt und beaufsichtigt. Die Teilnahme am Religionsunterricht und an religiösen Schulfeiern bleibt der Willenserklärung der Erziehungsberechtigten, die Erteilung des Religionsunterrichts der des Lehrers überlassen.

Art. 19:
(Lehrerausbildung)

(1) Die Ausbildung der Lehrer für die öffentlichen Grund- und Hauptschulen muss gewährleisten, dass die Lehrer zur Erziehung und zum Unterricht

gemäß den in Art. 15 genannten Grundsätzen befähigt sind. An staatlichen Einrichtungen erfolgt sie mit Ausnahme der in Absatz 2 genannten Fächer gemeinsam.

(2) Die Dozenten für Theologie und Religionspädagogik werden im Einvernehmen mit der zuständigen Kirchenleitung berufen.

III.

Schulgesetz für Baden-Württemberg

vom 1. August 1983 (GBl. S. 397) – zuletzt geändert durch das Gesetz vom 8. Januar 2008 (Gbl. S. 12)

(Auszug)

§ 1: (Erziehungs- und Bildungsauftrag der Schule)

(1) Der Auftrag der Schule bestimmt sich aus der durch das Grundgesetz der Bundesrepublik Deutschland und die Verfassung des Landes Baden-Württemberg gesetzten Ordnung, insbesondere daraus, dass jeder junge Mensch ohne Rücksicht auf Herkunft oder wirtschaftliche Lage das Recht auf eine seiner Begabung entsprechende Erziehung und Ausbildung hat und dass er zur Wahrnehmung von Verantwortung, Rechten und Pflichten in Staat und Gesellschaft sowie in der ihn umgebenden Gemeinschaft vorbereitet werden muss.

(2) Die Schule hat den in der Landesverfassung verankerten Erziehungs- und Bildungsauftrag zu verwirklichen. Über die Vermittlung von Wissen, Fähigkeiten und Fertigkeiten hinaus ist die Schule insbesondere gehalten, die Schüler in Verantwortung vor Gott, im Geiste christlicher Nächstenliebe, zur Menschlichkeit und Friedensliebe, in der Liebe zu Volk und Heimat, zur Achtung der Würde und zur Überzeugung anderer zu Leistungswillen und Eigenverantwortung sowie zu sozialer Bewährung zu erziehen und in der Entfaltung ihrer Persönlichkeit und Begabung zu fördern, zur Anerkennung der Wert- und Ordnungsvorstellungen der freiheitlich-demokratischen Grundordnung zu erziehen, die im einzelnen eine Auseinandersetzung mit ihnen nicht ausschließt, wobei jedoch die freiheitlich-demokratische Grundordnung, wie in Grundgesetz und Landesverfassung verankert, nicht in Frage gestellt werden darf, auf die Wahrnehmung ihrer verfassungsmäßigen staatsbürgerlichen Rechte und Pflichten vorzubereiten und die dazu notwendige Urteils- und Entscheidungsfähigkeit zu vermitteln, auf die Mannigfaltigkeit der Lebensaufgaben und auf die Anforderungen der Berufs- und Arbeitswelt mit ihren unterschiedlichen Aufgaben und Entwicklungen vorzubereiten.

(3) Bei der Erfüllung ihres Auftrages hat die Schule das verfassungsmäßige Recht der Eltern, die Erziehung und Bildung ihrer Kinder mitzubestimmen, zu achten und die Verantwortung der übrigen Träger der Erziehung und Bildung zu berücksichtigen.

§ 38: (Lehrkräfte)

(2) Lehrkräfte an öffentlichen Schulen nach § 2 Abs. 1 dürfen in der Schule keine politischen, religiösen, weltanschaulichen oder ähnliche äußeren Bekundungen abgeben, die geeignet sind, die Neutralität des Landes gegenüber Schülern und Eltern oder den politischen, religiösen oder weltanschaulichen Schulfrieden zu gefährden oder zu stören. Insbesondere ist ein äußeres Verhalten unzulässig, welches bei Schülern oder Eltern den Eindruck hervorrufen kann, dass eine Lehrkraft gegen die Menschenwürde, die Gleichberechtigung der Menschen nach Artikel 3 des Grundgesetzes, die Freiheitsgrundrechte oder die freiheitlich-demokratische Grundordnung auftritt. Die Wahrnehmung des Erziehungsauftrags nach Artikel 12 Abs. 1, Artikel 15 Abs. 1 und Artikel 16 Abs. 1 der Verfassung des Landes Baden-Württemberg und die entsprechende Darstellung christlicher und abendländischer Bildungs- und Kulturwerte oder Traditionen widerspricht nicht dem Verhaltensgebot nach Satz 1. Das religiöse Neutralitätsgebot des Satzes 1 gilt nicht im Religionsunterricht nach Art. 18 Satz 1 der Verfassung des Landes Baden-Württemberg.

(3) Die Ernennung eines Bewerbers nach § 9 des Landesbeamtengesetzes für eine Tätigkeit an öffentlichen Schulen nach § 2 Abs. 1 setzt als persönliches Eignungsmerkmal voraus, dass er die Gewähr für die Einhaltung des Absatzes 2 in seiner gesamten voraussichtlichen Dienstzeit bietet. Für die Versetzung einer Lehrkraft eines anderen Dienstherrn in den baden-württembergischen Schuldienst gilt Satz 1 entsprechend.

(4) Für die Ableistung des Vorbereitungsdienstes für ein Lehramt können auf Antrag Ausnahmen von den Absätzen 2 und 3 im Einzelfall vorgesehen werden. soweit die Ausübung der Grundrechte es zwingend erfordert und zwingende öffentliche Interessen an der Wahrung der amtlichen Neutralität und des Schulfriedens nicht entgegenstehen.

(5) Absätze 2 bis 4 gelten entsprechend für Lehrkräfte im Angestelltenverhältnis.

§ 96: (Religionsunterricht Grundsätze)

(1) Der Religionsunterricht ist ordentliches Lehrfach an allen öffentlichen Schulen.

(2) Der Religionsunterricht wird, nach Bekenntnissen getrennt, in Übereinstimmung mit den Lehrern und Grundsätzen der betreffenden Religionsgemeinschaft von deren Beauftragten erteilt und beaufsichtigt.

(3) Für eine religiöse Minderheit von mindestens acht Schülern an einer Schule ist Religionsunterricht einzurichten.

(4) Wird für eine religiöse Minderheit von weniger als acht Schülern religiöse Unterweisung erteilt, hat der Schulträger den Unterrichtsraum unentgeltlich zur Verfügung zu stellen.

§ 97: (Religionslehrer)

(1) Zur Erteilung des Religionsunterrichts und zur religiösen Unterweisung können neben Geistlichen und staatlich ausgebildeten Lehrern, Diplomtheologen und graduierten Religionspädagogen, die zur Erteilung des Unterrichts bereit und von der Religionsgemeinschaft dazu bevollmächtigt sind, nur solche Personen zugelassen werden, die eine katechetische Ausbildung erhalten haben.

(2) Die Voraussetzungen für die Bevollmächtigung der Lehrer zur Erteilung des Religionsunterrichts und zur religiösen Unterweisung werden von den Religionsgemeinschaften bestimmt. Die Richtlinien für die Ausbildung und den Nachweis der Eignung und Lehrbefähigung der kirchlich ausgebildeten Religionslehrer werden zwischen dem Kulturministerium und den Religionsgemeinschaften vereinbart.

(3) Wegen der Übernahme von Geistlichen als Religionslehrer in den Landesdienst und deren Rückruf in den Kirchendienst in besonderen Fällen kann das Kultusministerium im Einvernehmen mit dem Finanzministerium Vereinbarungen mit den Kirchen treffen.

§ 98: (Lehrplan und Schulbücher)

Die Religionsgemeinschaft stellt den Lehrplan für den Religionsunterricht auf und bestimmt die Religionsbücher für die Schüler; die Bekanntgabe besorgt das Kultusministerium. § 94 Abs. 2 bleibt unberührt.

§ 99: (Aufsicht über den Religionsunterricht)

(1) Die Aufsicht der Religionsgemeinschaften über den Religionsunterricht wird durch religionspädagogisch erfahrene Beauftragte der Religionsgemeinschaften wahrgenommen.

(2) Die allgemeine Aufsicht des Staates erstreckt sich darauf, dass bei der Erteilung des Religionsunterrichts der Stundenplan beachtet, die Unterrichtszeit eingehalten und die Schulordnung gewahrt wird.

§ 100: (Teilnahme am Religionsunterricht)

(1) Über die Teilnahme am Religionsunterricht bestimmen die Erziehungsberechtigten. Nach Eintritt der Religionsmündigkeit steht dieses Recht aus Glaubens- und Gewissensgründen dem Schüler zu.

(2) Die Erklärung über die Abmeldung vom Religionsunterricht ist gegenüber dem Schulleiter schriftlich, von einem minderjährigen, religionsmündigen Schüler persönlich abzugeben. Zum Termin zur Abgabe der persönlichen Erklärung des religionsmündigen Schülers sind die Erziehungsberechtigten einzuladen.

(3) Die Abmeldung vom Religionsunterricht ist nur zu Beginn eines Schulhalbjahres zulässig.

(4) Das Kultusministerium wird ermächtigt, für Schüler, die am Religionsunterricht nicht teilnehmen, ein Ersatzfach einzuführen.

IV.

Gesetz über die religiöse Kindererziehung

vom 15. Juni 1921 (RGBl. S. 939) – zuletzt geändert durch das Gesetz vom 12. Sept. 1990 (BGBl. I. S. 2002)

(Auszug)

§ 1

Über die religiöse Erziehung eines Kindes bestimmt die freie Einigung der Eltern, soweit ihnen das Recht und die Pflicht zusteht, für die Person des Kindes zu sorgen. Die Einigung ist jederzeit widerruflich und wird durch den Tod eines Ehegatten gelöst.

§ 5

Nach der Vollendung des vierzehnten Lebensjahres steht dem Kinde die Entscheidung darüber zu, zu welchem religiösen Bekenntnis es sich halten will. Hat das Kind das zwölfte Lebensjahr vollendet, so kann es nicht gegen seinen Willen in einem anderen Bekenntnis als bisher erzogen werden.